ZhongWai XiaoXue ShuXue

KeCheng BiaoZhun BiJiao YanJiu

中外小学课程标准比较研究丛书

潘洪建　刘久成　主编

中外小学数学课程标准比较研究

刘久成　徐建星等　著

中外小学课程标准比较研究，有助于我们了解不同国家小学课程改革的背景、动态、特点，揭示课程标准研制的内在规律，拓展小学课程设计视野，提高课程编制的科学化水平；有助于我们借鉴国外的成功做法，结合我国小学教育的实际与问题，完善我国小学课程标准文本，推动我国小学课程改革的理论研究和实践探索。

甘肃教育出版社

图书在版编目（CIP）数据

中外小学数学课程标准比较研究 / 刘久成等著. --
兰州 ： 甘肃教育出版社，2017.6（2020.10 重印）
（中外小学课程标准比较研究丛书）
ISBN 978-7-5423-4142-6

Ⅰ．①中… Ⅱ．①刘… Ⅲ．①小学数学课—课程标准
—对比研究—世界 Ⅳ．①G623.502

中国版本图书馆 CIP 数据核字（2017）第 165185 号

中外小学数学课程标准比较研究

刘久成　徐建星等　著

责任编辑　刘正东
封面设计　石　璞

出　版　甘肃教育出版社
社　址　兰州市读者大道 568 号　730030
网　址　www.gseph.cn　　E-mail　gseph@duzhe.cn
电　话　0931-8436105（编辑部）　0931-8435009（发行部）
传　真　0931-8773056
淘宝官方旗舰店　http://shop111038270.taobao.com

发　行　甘肃教育出版社　　印　刷　山东龙岳文化传媒有限公司
开　本　787 毫米×1092 毫米　1/16　印　张 27.25　插页 2　字数 340 千
版　次　2017 年 7 月第 1 版
印　次　2020 年 10 月第 2 次印刷
印　数　1 001~6 000
书　号　ISBN 978-7-5423-4142-6　　定　价 78.00 元

总　序

随着全球化进程的加快，基础教育课程改革在很大程度上就是借鉴他国改革经验、满足本国发展需要、不断融于国际教育改革大潮的过程。由于各国的社会制度、文化传统和教育政策不同，其课程理念、内容、结构和形式均存在诸多差异，但也存在一些共同趋势。纵观已有研究，小学课程改革的比较研究还不够全面、系统。从研究涉及的国别来看，有关美国、加拿大、英国、日本、澳大利亚的课程评介稍多，其他国家的甚少；从研究的内容来看，局限于某一方面(如课程目标、教材内容、教学方法)的比较研究较多，而对课程进行整体比较研究的较少。为此，我们选择了五大洲的一些代表性国家现行的小学课程标准和改革文献进行研究，并与我国小学课程标准进行比较。中外小学课程标准比较研究，有助于我们了解不同国家小学课程改革的背景、动态、特点，拓展小学课程设计视野，揭示课程标准研制的内在规律，提高课程编制的科学化水平，推动我国小学课程改革与发展。

该项研究属于国际教育比较研究，它是将国外最新颁布的小学课程标准与我国当前正在实施的小学课程标准进行横向比较。比较研究涉及的国家有欧洲、美洲、亚洲、非洲、大洋洲的众多国家，涵盖小学主要学科。每一科目比较研究主要探讨的问题包括：

1.课程标准文本的形成和起源。课程标准文本是怎么形成的，什么情境、问题引发了此种课程的开发；该课程标准试图回应的是什么社会、经济、政治、文化和教育问题，哪些因素决定了该课程的开发过程；课程表现的是什么视角或理念，课程设计的基本思路是什么，其理论基础和基本原则有哪些。

2.课程的目标。课程目标的维度与层次是如何划分的；课程目标是如何表述的；课程目标的类型有哪些；课程目标背后所蕴藏的预设是什么。

3.课程的内容。课程内容的构成有哪些；课程内容的选择准则是什么；课程内容是如何组织的；课程内容的广度、深度如何平衡；课程内容是否考虑到多元文化及其教育功能；隐含在课程内容选择与组织背后的理论假设有哪些。

4.课程的实施。课程标准在课程实施方面提出了哪些建议，在政策、法规、时间、物质等方面对课程实施有何要求；教学中应当处理好哪些关系。

5.课程的评价。不同国家课程标准对课程评价理念、评价主体、评价标准、评价方法有哪些建议与要求，这些建议与要求能否判断课程目标的达成程度。

6.课程改革的启示。国外不同课程标准存在的共性、差异有哪些，其基本走向是什么；国外标准能为我国小学课程改革与课程标准完善带来哪些有益启示；我国当下的课程标准应该做哪些调整与改进，相关的政策建议有哪些。

该项研究的主要特色有：

1.比较研究所涉及的国家范围较广。从已有研究涉及的国家来看，有关欧美等发达国家的课程评介与比较较多，研究其他国家的较少。本研究涉及的国家范围有欧洲、美洲、亚洲、非洲、大洋洲五大洲共十六个国家，包括英国、德国、俄罗斯、芬兰、荷兰、爱尔兰、美国、加拿大、日本、韩国、新加坡、印度、泰国、南非、澳大利亚、新西兰。

2.比较研究的学科较为齐全。包括小学五个学科：语文、数学、社会、科学、外语。音乐、美术、体育科目因较为特殊未列入其中。

3.比较研究的内容较为系统、完整。包括课程文本形成背景、课程理念、课程目标、课程内容、课程实施和课程评价等内容；考察不同国家小学课程的诸多异同，探讨这些异同产生的原因，厘清它们之间的复杂关系。

小学课程比较研究是小学课程改革与发展的一项基础性工作，有助于我们借鉴国外的成功做法，结合我国小学教育的实际与问题，完善我国小学课程标准文本,推动我国小学课程改革的理论研究和实践探索。

"他山之石,可以攻玉。"丛书作者广泛搜寻研究资料,耗费了大量时间、精力,付出了艰辛的劳动。但囿于资料、学识和视野,研究可能存在不少疏漏与错误,恳请读者批评指正。

该套丛书的出版得到扬州大学出版基金的资助,特别致谢!

《中外小学课程标准比较研究丛书》编委会

2017 年 1 月

扬州瘦西湖畔

目　录

前　言

20 世纪初,数学教育国际比较默默无闻,些许比较分析也主要是一些资料汇编的描述性工作;20 世纪中期,数学成就引起社会广泛关注,数学教育国际比较从幕后走向前台;20 世纪八九十年代,数学教育研究范围扩大,数学教育国际比较快速发展。如今,数学教育国际比较已成为数学教育研究的重要课题,成为现代数学教育改革与发展的重要推动力与特征之一。立足本土,放眼世界,借鉴先进经验不仅是我们需要持有的应然立场,也是全球化时代的一个必然选择。正如国际著名数学教育家毕晓普(A.Bishop)在其主编的《数学教育国际手册》中所指出:"数学教育是一项国际性的事业……一个思想或一种实践并不能由一个国家直接移植到另一个国家,但人们无疑可以从具有不同哲学、进行着不同实践的其他同行的经验中学到很多东西。其他国家、其他同行的经验可以为他自己的经验提供有趣的对照。"这一点对我国的数学教育改革更为重要。回顾近百年来我国数学教育的发展历程,先是效仿日本,接着模仿欧美,再全盘照搬苏联,至 20 世纪 60 年代初开始探索中国特色的数学教育体系,直到当下我国数学教育理念、教法、教材等的国际输出,形成了一定的具有鲜明华人特色的数学学与教的理论与实践。从我国数学教育的输入、构建到输出,数学教育国际比较对我国数学教育的改革与发展影响甚巨。

从世界范围看,课程标准的层级一般有国家统一课程标准、地方课程标准和学校课程标准三种形式。各国因社会制度、教育政策和文化传统的不同,其课程标准的内容和形式具有一定差异。但总的来说,课程标准均是学校教育教学的指导性文件,具有确保国家、地方和学校的教育水准,为国民提供接受基本教育机会的功能。结合数学所具有的国际统一性,构成了数学课程标准比较研究的可行性基础。小学数学课程标准规定了小学数学教育的基本规范和小学生数学学习应达到的水准。它包括小学数学课程的性质、理念、目标、内容、实施和评价等,是编写教材、教学、考试和评价的依据。面对我国基础教育改革新形势、新任务,小学数学教育如何处理好继承与发展的关系,如何处理好打好基础与培养创新能力的关系,如何处理好联系实际与学生知识体系建构的关系等,不同国家数学课程标准和教育改革实践可以为我们提供"镜子"。通过对相关资料的分析和中外小学数学课程标准比较研究,可以了解不同国家基础教育改革的背景和现状、小学数学课程改革的特点,能概览国际数学教育改革的趋势,发现其与我国当前的课程改革的差异,有利于我们借鉴国外小学课程标准研制的成功做法,拓展课程设计视野,丰富课程设计理论,揭示课程标准研制的内在规律,推进课程编制的科学化。

近年来,我们对中外小学数学教育比较给予了较大关注,几位导师带领研究生投入大量精力,就美国、英国、俄罗斯、澳大利亚、加拿大、荷兰、日本、新加坡等一些代表性国家现行的小学数学课程标准和相关文献进行研究,并与我国最新颁布的《义务教育数学课程标准(2011 年版)》做比较。具体包括:课程设计与基本理念,课程目标的维度和具体表述,课程的学习领域划分和课程内容的组织、主题的设计、内容的广度和深度、纵向和横向上的结构,课程内容组织背后所依赖的文化传统与现实背景等。

本书由三部分组成,第一部分即第一章,主要概述我国建国六十多年来小学数学课程改革的发展历程和主要特点;第二部分即第二章至第十四章,是中国分别与十三个国家的小学数学课程标准的比较研究;第三部分即最后一章,是对比较研究的概括与反思。本书撰写者有:刘久成(第一章)、高雅(第二章)、张星婷(第三章)、赵春红(第四章)、宋丽瑾(第五章)、吴一枝(第六章)、何佳(第七章)、张雨薇(第八章)、黄燕(第九章)、汤飞燕(第十章)、史雪萍(第十一章)、李玉媛

(第十二章)、朱灵媛(第十三章)、束君(第十四章)、徐建星(第十五章),最后由刘久成、徐建星修改定稿。

本书适合基础教育研究者、小学数学教师、小学教育专业的本科生和研究生阅读。小学数学课程的国际比较研究是我们的一次尝试,由于国别较多、文化多元、制度多样,研究过程中不仅收集资料与翻译的工作量巨大,而且也存在对相应国家生活体验与教育研究的不足,书中难免存在不妥与谬误之处,敬请读者批评指正。

作者

2017 年 1 月

第一章 新中国成立以来小学数学课程改革

1949年中华人民共和国成立，经过六十多年的探索实践，小学数学教育取得了巨大成就。先后进行了八次课程改革，颁发了十一部教学大纲（课程标准），小学数学课程、教材、教法改革不断迈向新台阶，逐步形成了具有中国特色的小学数学教育体系。纵观新中国成立以来的历次小学数学课程改革，可以发现，特定时期的政治、经济、科技、文化决定着基础教育改革的方向，也影响教学大纲（课程标准）指导思想、目标、内容和结构的调整。回顾、总结这段历程，有助于人们继承、借鉴前人的经验，有助于客观比较中外现行课程标准，改进、完善我国小学数学课程标准，建立符合本国实际、面向未来的小学数学课程体系。

一、前七次小学数学课程改革的简要回顾

新中国成立至20世纪末，小学数学的七次课程改革，大致经历了以俄为师，全面学习苏联；"大跃进"后的精雕细刻，初步建立小学数学课程体系；以及从"算术"到"数学"，逐步实施九年义务教育等几个主要阶段。其课程理念、目标、内容不断发生变化。

（一）改造旧教育，统一小学数学课程（1949—1952）

1949年9月29日，中国人民政治协商会议第一届全体会议通过的《中国人民政治协商会议共同纲领》规定："中华人民共和国的文化教育为新民主

主义的，即民主的、科学的、大众的文化教育。人民政府的文化教育工作，应以提高人民文化水平，培养国家建设人才，肃清封建的、买办的、法西斯的思想，发展为人民服务的思想为主要任务"，"中华人民共和国的教育方法为理论与实践一致，人民政府应有计划有步骤地改革旧的教育制度、教育内容和教学方法"。同年 12 月 23 日，召开了新中国第一次全国教育工作会议，会议讨论和研究了接受旧教育和发展新中国教育的一系列问题。会议提出："以老解放区新教育经验为基础，吸收旧教育有用经验，借助苏联经验，建设新民主主义教育。" 1950 年 7 月，教育部根据第一次全国教育工作会议精神制定了《小学算术课程暂行标准（草案)》，要求在五年的时间内学完原来六年的算术内容。

《暂行标准》规定的课程目标有四条，分别是：增进儿童关于新社会日常生活中数量的正确观念和常识；指导儿童具有正确和敏捷的计算技术和能力；训练儿童善于运用思考、推理、分析、综合和钻研问题的方法和习惯；培养儿童爱国主义思想，并加强爱科学、爱护公共财物等的国民公德。

课程目标包括知识、能力（计算能力、逻辑思维能力）和思想品德教育三大方面。和新中国成立前相比，知识方面的教学目标变化不大，培养计算能力、逻辑思维能力的目标更为明确，特别是第一次明确提出在算术教学中对儿童进行思想品德教育的要求，反映了教育观念从"学科教育"到"人的教育"的转变，体现了新的教育方针。

《暂行标准》中的课程内容分笔算和珠算两大部分，并规定了各部分教材大纲和每周的教学时数。珠算单独设科，安排在三、四年级教学。课程内容突出了以四则计算为中心，计量单位的知识按其进率和难易程度结合计算知识分散出现；整数的教学划分为七个循环圈：10 以内加减法，20 以内加减法，百以内四则运算，千以内四则运算，万以内四则运算，多位数（百万以内）四则运算，整数（第七阶段在初中算术中）；小数的教学集中在四年级上学期，分数的教学集中在五年级上学期，几何初步知识教学集中在四年级下学期，没有代数初步知识；统计初步知识主要是统计表、统计图的认识和制作，同时根据当时的社会实际，介绍合作社的实用方法。

《小学算术课程暂行标准（草案）》的各项指示意见，对新中国小学算术教学具有推动作用。由于与之相应的小学算术课本没有编出来，因此国家临时选定两套算术课本，即北方采用刘松涛等编写的由华北人民政府审定的老解放区课本，南方采用俞子夷编写的大东书局出版的课本。1951 年秋季起，全国都统一采用俞子夷编写的课本。可以说，在新中国成立初期的三年中，国家在课程建设方面主要是对国民党统治时期遗留下来的各级各类学校的教材进行改造、修订，为我所用。同时对广大解放区已经形成了的中小学教材做了进一步修订，提供各级各类学校使用。

（二）学习、模仿和初步总结苏联经验（1952—1957）

新中国成立初期，政府在教育方面开始大力推行统一的社会主义教育体制。1951 年 10 月，政务院颁布了《关于改革学制的决定》。随后教育部于 1952 年 3 月 18 日，颁发了《小学暂行规程（草案）》。这是新中国成立后颁发的第一个全面规范小学课程的政府文件。它明确了小学的性质、任务及培养目标等，正式确定小学实行五年一贯制，小学儿童入学年龄以七足岁为标准。

1.《小学算术教学大纲（草案）》和《小学珠算教学大纲（草案）》颁布

与此同时，教育部着手制定全国统一的小学算术教学大纲，确定参考苏联小学算术教学大纲，根据中国具体情况，适当加以改编。1952 年 12 月，教育部颁布了《小学算术教学大纲（草案）》和《小学珠算教学大纲（草案）》。两个大纲从内容到形式都有了很大变化。如果说，上次《小学算术课程暂行标准（草案）》的变化主要在思想体系和联系实际方面，那么这一次的变化就在于算术内容的体系和形式方面了。从这个意义上讲，这可以看作是新中国成立后第二次基础教育课程改革。新大纲的颁布，使全国小学算术教学有了统一的依据和要求。

1952 年算术大纲提出的教学任务是：保证儿童自觉地和巩固地掌握算术知识和直观几何知识，并使他们获得实际运用这些知识的技能；培养和发展儿童的逻辑思维，使他们理解数量和数量间的相依关系，并能做出正确的判断；利用算术知识使儿童理解我们祖国建设的基本知识与其伟大的意义，并培养儿童对劳动有自觉的态度；培养儿童自觉的纪律性，工作的明确性与准确性等优良品质；培养儿童善于钻研、创造、克服困难、有始有终等意志和性格。

1952年珠算大纲提出的教学要求是：学会加、减、乘、除四种基本算法，并成为熟练技巧；学会"斤两歌"的简单应用；在笔算中所学到的各种应用题，在解答的步骤和算法确定之后，可以运用珠算来计算。

可以看出，课程目标中包括知识、能力和思想品德教育三方面。在知识目标中，提出了算术知识和直观几何知识，以及珠算的知识，强调掌握知识和获得技能的双重任务（即后来称为"双基"）。在智能性目标中，明确提出了培养和发展儿童的逻辑思维的要求。在思想品德教育目标中，提出了对儿童进行学习意义、学习习惯、劳动态度等其他非智力因素教育的任务。这说明人们不仅认识到了数学的认识价值、应用价值和智力价值，而且认识到了数学的教育价值。

1952年算术大纲规定的各年级课程内容包括：整数及其四则运算、复名数及其四则运算、直观几何知识、分数、小数和百分率、应用题。同时颁布的珠算大纲，规定的课程内容是传统的算法，包括加、减、乘、除四种运算。注重珠算在生产、生活中的简单应用。

由于1952年的大纲（草案）是新中国成立后第一个全国统一施行的小学算术教学大纲，这个大纲基本上是参照当时苏联的初等学校算术教学大纲制定的，脱离了当时中国的实际，机械地照搬外国经验，把苏联小学四年的教学内容拉成五年，致使分数、小数、百分数等内容没有学全，初中还要学一年算术，降低了中国小学算术的程度。而另一些内容，如应用题、和差积商的变化等又要求偏高。这样就不能使五年一贯制小学毕业生受到在完全小学所应受到的数学教育。

2. 学习苏联的初步总结，制定《小学算术教学大纲（修订草案)》

1952年公布的五年制小学算术教学大纲只执行了一年多时间，便开始执行四二学制。到 1955 年 12 月人民教育出版社已出齐了四二制小学算术教科书 12 册和初小、高小珠算教材。这样，1956 年 12 月，教育部制定的《小学算术教学大纲（修订草案）》（四二学制），实际上是在原五年一贯制《小学算术教学大纲（草案）》和《小学珠算教学大纲（草案）》的基础上，参考苏联新修订的小学算术大纲，并总结新编四二制小学算术课本使用经验修改而成的，是学习苏联小学算术教学经验的一次总结。

1956 年大纲（修订草案）将小学算术和珠算合并在一起，提出小学算术教学的目的是：使儿童能够自觉地、正确地和迅速地进行整数运算，能够运用已经获得的知识、技能和技巧去解答算术应用题和解决日常生活中简单的计算问题；算术教学必须有助于儿童智慧的发展和道德品质的培养，以促进全面发展的教育任务的实现；算术学习应该做到使数和量成为儿童认识周围现实的工具。

上述目标包含三个方面的任务：一是教养的任务，使儿童获得一定的算术知识、技能和技巧；二是教育的任务，必须发展儿童的智慧，培养儿童的共产主义道德品质；三是实用的任务，使儿童将所学的算术知识、技能运用于日常生活和生产实践。与 1952 年大纲（草案）中规定的教学目的和任务相比，更加强调了整数运算是小学算术学习的重点；将培养和发展儿童的逻辑思维，扩展为发展儿童智慧；从原来的培养儿童的劳动态度、良好学习习惯和认真负责的工作态度等教育，提升为培养儿童道德品质，促进儿童全面发展。

1956 年大纲（修订草案）与 1952 年大纲（草案）相比，在课程内容上，除增加简单统计图表和简单簿记的初步知识以外，其他方面变化不大。

（三）开展"教育革命"，中学内容下移小学，初步探索小学数学课程体系（1957—1961）

1957 年 1 月 1 日，《教师报》发表社论，称"教学计划、教学大纲和教材还不够切合实际""必须认真克服学习外国先进经验中的教条主义"。1958 年 5 月，中共八大二次会议召开，会后全国迅速掀起"大跃进"热潮。教育战线也提出了"教育大革命"的口号，认为教育内容一是陈旧落后、重复烦琐，落后于青少年的智力发展；二是脱离政治、脱离生产、脱离中国实际。1958 年 6 月 17 日，《教师报》发表社论《改革小学算术教学》，指出："目前中小学数学教学中的主要缺点是：内容较浅，分量较轻，缺少与生产有密切联系而又为学生迫切需要和掌握的数学知识和技巧，严重地脱离学生的学习实际，满足不了他们学习数学知识的要求，并且内容也很陈旧，很少接触到新近发展起来的数学知识。"1958 年 8 月，中共中央和国务院发布的《关于教育事业管理权力下放问题的规定》中指出，今后教育部的任务之一是"组织编写通用的基本教材、教科书""各地根据因地制宜、因校制宜的原则，可以对教育部和中央主管部门颁发的各级各类学校指导性教学计划、教学大纲和通用的教材、教科书，领导学校进行修订补充，也可以自编教材和教科书"（《中华人民共和国大事记》，第 228 页）。同年 9 月，教育部发出通知：今后各地可以自编教材，教育部不再颁发教学用书表。

1. 中学课程内容下放小学，进行地方性教材改革

根据上述精神，此时课程教材改革主要是把初中算术下放到小学，使小学学完全部算术，提高了小学算术教学程度。1960 年 10 月，人民教育出版社草拟了《十年制学校数学教材的编辑方案（草稿）》，作为编写全国十年制试点学校试用的数学教材的依据，并于 1961 年出版了《十年制学校小学课本算术（试用本）》共十册和《珠算（试用本）》一册，供当时五年制试点学校使用，一直用到 1966 年。这套教材的教学内容和程度与四二制算术暂用本相当，也就是用五年的时间学完初中下放后的全部算术内容。这在当时来说，是人民教育出版社编写的程度最高的一套算术教材，被看作是教材改革史上一个新的起点。

此时，北京、上海、江苏、浙江、福建等许多地方也进行了课程教材改革试验。这些地方性试用课本的具体做法是：改革教材体系，在精简过去教材内容的基础上，不同程度地把初中代数、几何的内容下放到小学；精简了整数及其四则运算教学的循环圈，减少重复；把珠算合并到小学算术中，使

得笔算和珠算相结合；教材内容强调为政治服务，贯彻理论与实际相结合的精神。但受当时"大跃进"高指标的影响，各地编写的教材大多存在许多问题。比如，中学代数、几何的内容下放过多，学生难以接受；教材中增加了许多政治内容，名为体现教育为无产阶级政治服务，实际上是后来人们批评的"形式主义""贴标签"。

20 世纪 50 年代末、60 年代初，中国"教育大革命"时期，正值国际上轰轰烈烈地开展中小学数学教育现代化运动，国际、国内的数学教育改革可谓不谋而合。总结这段历史，为推进中国特色的基础教育课程改革，具有重要的借鉴作用。

2. 教学改革实验

其间，一些地方进行了教学改革实验。比如，辽宁省黑山县北关小学课程和教学改革实验的经验；北京市第二实验小学的"算术和代数混合教学"实验等。其中，北关小学的改革经验在当时产生了广泛影响。他们认为：原教材对儿童的接受能力估计过低，因而禁忌很多，使得教材的编排产生了分散、割裂、重复、烦琐、重点不突出和脉络不清的现象。为此，他们在教材内容的安排上，从儿童生活范围出发，从具体到抽象，由简到繁，从整体出发，集中揭示知识的本质特征，把知识的规律和掌握知识的方法教给学生。

（四）纠正急躁冒进，注重基础知识教学和基本能力培养，初步构建中国小学数学课程体系（1961—1966）

1961 年 1 月，中共八届九中全会以后，中央开始认真调查研究，总结"大跃进"以来的经验教训，提出了"调整、巩固、充实、提高"的八字方针，一直到 1966 年，这是中国政治稳定、经济好转的时期。1961 年下半年，人民教育出版社赶编的《十年制学校小学课本算术（试用本）》出版后，根据教育部指示，人民教育出版社立即着手编写十二年制学校算术课本，同时参加起草新的小学算术教学大纲。1963 年 7 月，教育部颁发了《关于实行全日制中小学新教学计划（草案）的通知》。同年，教育部相应地颁发了六年制的《全日制小学算术教学大纲（草案）》。这是新中国成立后教育部颁发的第四个小学算术教学大纲。

1963 年大纲（草案）规定的教学目的是：使学生牢固地掌握算术和珠算的基础知识；培养学生正确地、迅速地进行四则计算的能力和正确地解答应用题的能力；具有初步的逻辑推理的能力和空间观念，以适应他们毕业后参加生产劳动和进一步学习的需要。与 1956 年的大纲（修订草案）相比，这个大纲（草案）第一次提出了培养"空间观念"的要求，明确提出了"掌握算术和珠算的基础知识"，培养"解答应用题的能力"。但它忽视了数学学科的教育性，没有提出思想品德教育的要求。

这个大纲（草案）是在总结新中国成立以来正反两方面的经验、教训的基础上制定的。既改变了新中国成立初期由于生搬当时苏联的大纲，将四年的教学内容拉长到六年导致的程度下降，又改变了 1958 年"教育大革命"中，受"大跃进"高指标的影响把程度提得太高的问题，比较切合中国当时的实际。可以说，这是对适合中国国情的小学数学课程教材体系的初步构建。

1963 年大纲（草案）指出："在确定小学算术教学内容时，必须选择算术中的基础知识，并且注意这些基础知识在生产劳动和科学技术上的应用。此外，还必须注意与中等学校的有关学科衔接，注意反映中国算术教学上的优良传统。"确定的课程内容包括：整数、分数、小数的四则运算以及百分法和比例；解答应用题；计量的知识；几何形体的知识；记账的知识；统计图表的知识和珠算等。

整数四则运算由原来的七个循环圈改为四个循环圈："二十以内""百以内""万以内""亿以内"，每个阶段各有重点，在五年级再把整数四则运算的知识加以概括和提高。分数、小数的教学各分两个阶段，规定在初小阶段四年级下学期在学习分数的初步认识之后，学习一些简单的小数四则运算；高小阶段在进一步学习分数的意义和性质之后，再在此基础上进行对小数的补充和提高。上述做法对以后的课程教材改革影响较大，其整数、分数、小数教学阶段的划分基本上沿用至今。

（五）掀起"文化大革命"运动，实行区域自主，片面强调联系实际（1966—1976）

1966 年，在全国范围内掀起"文化大革命"运动，新中国成立十几年以来形成的统一的、稳定的课程教材体系被否定，造成教育质量的倒退。"文革"期间，人民教育出版社被解散，各省市区自行组织编写一些地方数学教材，这些教材存在实用主义倾向，片面强调联系生产生活实际，数学知识体系支离破碎，习题数量少，教学程度和教学要求明显降低。

（六）从"算术"到"数学"，重建小学数学课程（1976—1986）

1976 年，中央根据"四化"建设的要求，提出编写全国通用的中小学教材。1977 年 8 月 8 日，邓小平同志主持召开科学和教育工作座谈会，在会上指出："关键是教材，教材要反映出现代科学文化的先进水平，同时要符合中国的实际情况。"①此时，各地实行的中小学学制并不统一，1977 年教育部确定以十年制为基本学制，制定教学计划。1978 年 1 月 18 日颁发了《全日制十年制中小学教学计划试行草案》。《试行草案》指出：全日制中小学学制为十年制，小学五年、中学五年（初中三年、高中二年）。统一为秋季始业。《试行草案》强调，数学课要加强数学基础知识的教学和基本技能的训练；从小学起就要注意反映现代数学的观点；小学和中学都要适当提高程度。在这样的精神指导下，教育部制定了《全日制十年制学校小学数学教学大纲（试行草案)》，并于 1978 年 2 月正式公布。

1978 年大纲（试行草案）规定的小学数学教学的目的是：使学生理解和掌握数量关系和空间形式的最基础的知识；能够正确地、迅速地进行整数、小数和分数的四则运算，初步了解现代数学中的某些最简单的思想，具有初步的逻辑思维能力和空间观念，并能够运用所学的知识解决日常生活和生产中的简单的实际问题；结合教学内容对学生进行思想政治教育。

该大纲是在 1963 年大纲的基础上修订的，对"文革"期间的不当做法进

---

①中共中央文献编辑委员会.邓小平文选［M］.北京：人民出版社，1983：52.

行了拨乱反正，体现了传统教育经验的不断完善，以及与外国先进经验的结合。大纲（试行草案）第一次把小学算术课程拓展为小学数学课程，并将原"小学算术"改名为"小学数学"；第一次提出"初步了解现代数学中的某些最简单的思想"；第一次比较全面地提出了知识、能力和思想教育三方面的教学目标。

1978年大纲（试行草案）在选择小学数学教学内容时，采取了三项具体措施：一是精选传统的算术内容；二是适当增加代数、几何的部分内容；三是适当渗透一些现代数学的思想，如集合、函数、统计方法。经改革，传统的算术内容约占95%，新增的内容仅占5%。[1]主要包括：算术知识（整数、小数、分数、百分数、比和比例）；代数初步知识（正数、负数、有理数、简易方程）；几何初步知识（一些简单的几何形体及其周长、面积、体积、容积计算，简单的土地丈量和土、石方计算）。总之，大纲（试行草案）大大地更新了教学内容，删去了过繁的四则计算、繁难的应用题和繁杂的复名数化聚，增加了不少代数、几何的初步知识，直观地渗透了现代数学思想。由于处理方法恰当，既提高了程度，又切实可行，避免了走国外"新数学运动"的弯路。[2]

1978年至1985年，经过修订形成了十年制和十二年制的两套中小学教学计划。小学形成了五年制、六年制并存的两种学制。小学数学教材经过修订、改编也已出版了五年制、六年制两套小学数学课本。1978年颁发的《全日制十年制学校小学数学教学大纲（试行草案）》，在试行过程中，教育部根据各地意见对教学内容做过一些调整，但没有进行过全面修订，大纲（试行草案）已难以起到指导教学的作用。1985年5月《中共中央关于教育体制改革的决定》和1986年4月《中华人民共和国义务教育法》先后颁布，为贯彻中央文件精神，总结八年来教学实践经验，结合当前中国小学数学教学实际，国家

①刘久成.小学数学课程60年 [M].镇江：江苏大学出版社，2011：95.

②李润泉，陈宏伯，蔡上鹤等.中小学数学教材五十年 [M].北京：人民教育出版社，2008：59.

教委组织对中小学各科教学大纲进行全面修订。1986 年 11 月全国中小学教材审定委员会召开扩大会议，审定并通过了修订后的教学大纲。1986 年 12 月国家教委颁发了《全日制小学数学教学大纲》。这是新中国成立后颁发的第六部小学数学教学大纲，也是新中国成立以来第一部不带"草案"字样的正式大纲。由于全国将要开始实施九年义务教育，因此这部大纲也是一部过渡大纲。修订的《全日制小学数学教学大纲》与 1978 年大纲（试行草案）相比，在指导思想，发展智力、培养能力，结合教学内容进行思想品德教育，减轻学生过重的学习负担，改革教学方法等方面，都提得更加明确、具体，便于执行。

（七）实行"一纲多本""编审分离"，构建义务教育课程体系（1986—2001）

本次课程改革是在邓小平提出"三个面向"以及《中共中央关于教育体制改革的决定》《中华人民共和国义务教育法》颁布实施的大背景下进行的，从思想观念到课程体制，从课程内容到课程类型诸多方面均有很大的变化。[1]长期使用的一个计划、一部大纲、一套教材的高度集中的管理体制被打破，教材管理由国定制改为审定制，建立了一纲多本的符合国际普遍趋势的全新的教材管理体系。1986 年 9 月，国家教委成立了新中国第一个权威性的中小学教材审定机构——全国中小学教材审定委员会，明确提出"教材要一纲多本""教材要多元化""教材要编审分离"，决定组织编写不同类型、不同层次、不同风格的中小学教材。此后，根据《九年义务教育全日制小学数学教学大纲》的要求和"一纲多本"的精神，北京、上海、江苏、浙江、四川、广东、福建等省市，陆续出版了本地区适用的义务教育小学数学教科书，河北编写了供农村小学中低年级使用的复式教材（称半套）。

其间，1988 年、1992 年、2000 年国家教委先后颁布的《九年义务教育全

---

①田慧生.我国基础教育课程改革：回顾与前瞻［J］.中国教育科学，2015（2）：83-103.

日制小学数学教学大纲》（初审稿、试用版、试用修订版）分别是新中国成立以来的第七、第八、第九部教学大纲。其中1988年、1992年两部大纲的课程目标一致，采取三条并列的提法，具体为：使学生理解、掌握数量关系和几何图形的最基础的知识；使学生具有进行整数、小数、分数四则运算的能力，培养初步的逻辑思维能力和空间观念，能够运用所学的知识解决简单的实际问题；使学生受到思想品德教育。三条目标体现了掌握知识、培养能力、思想品德教育同等重要。2000年"试用修订版"的课程目标做出了明显修改，在能力培养的教学目标中，将"逻辑思维能力"改为"思维能力"，表明不但要求培养学生的逻辑思维，而且要求培养学生的非逻辑思维，包括直觉思维、形象思维、求异思维、发散思维和创新思维等。增加了能够"探索和解决简单的实际问题"，以及培养学习数学的兴趣和信心的要求，反映了对学生学习情感的关注，具体教学要求方面也有所变化。课程内容方面适当降低了难度。减少了大数目的笔算和四则混合运算，删去了繁分数、扇形面积计算，以及较为繁难的求积题和应用题；四则运算的要求有所降低，不再笼统地要求"正确、迅速"，而是有区别地、分层次地提出要求，符合时代发展和社会实际的需要。课程内容的编排也体现出一定的灵活性，各年级的教学内容不分学期，而且允许在年级间做适当的调整，以适应"一纲多本"的需要。

二、第八次小学数学课程改革标准的颁布与实施

2001年，在国务院直接领导下，教育部启动了新中国成立以来的第八次基础教育课程改革，制定了《基础教育课程改革纲要（试行）》，提出"大力推进基础教育课程改革，调整和改革基础教育的课程体系、结构、内容，构建符合基础教育要求的新的基础教育课程体系"。同年7月，教育部颁发《全日制义务教育数学课程标准（实验稿）》（以下简称《课标（实验稿）》）。经过十年改革实践，在广泛调查研究的基础上，对《课标（实验稿）》进行了修订和审议，2011年12月，教育部颁布了《义务教育数学课程标准（2011年

版)》（以下简称《课标（2011年版》）。

（一）《课标（实验稿)》的实施与修订

2001年9月，义务教育阶段的新课程开始在27个省（市、区）的42个国家级实验区开始实验，到2004年全国有90%的区县起始年级使用新课程教材，2005年全部起始年级使用新课程教材。这意味着2005年全国所有义务教育阶段的学校都进行了新课程实验，新课程改革进入到了全面推广阶段。本次课程改革是一场全面的改革，涉及培养目标的变化、课程结构的改革、课程实施与教学改革、教材改革、评价体系的改革等。[1]10年的新课改取得了巨大成就，有力地推动了基础教育发展。教师认为："《课标（实验稿)》基本理念较新，较实用化。""课程标准和教材知识点突出；课后作业适中，减轻了学生的负担；数学新教材有了很大的突破；学生主动学习的方法非常好。""学生的创新思维能力和兴趣得到改善。"[2]正如有学者所说，"变革是一个过程，而不是一次事件"。[3]由于在较短的时间内进行如此大规模的实验，课程改革也出现了一些问题，产生了一些不同的看法，引发了人们的研究与思考。

2005年5月，教育部成立义务教育阶段《数学课程标准（实验稿)》修订组，启动修改工作。修订组成员分别来自大学、科研机构、教学研究室以及中小学。修订的基本原则是：坚持课程改革的大方向，促进学生全面发展，推进课程改革和素质教育；认真调查研究，注重听取各方面的意见，总结多年来课程改革的经验；坚持民主集中制的原则，在充分讨论的基础上求同存异。[4]修订组到实验区实地调研，通过问卷、听课和访谈等方式，听取一线教

---

①靳玉乐，张丽.中国基础教育新课程改革的回顾与反思［J］.课程·教材·教法，2004（10）：9-14.

②史宁中.义务教育数学课程课标（2011年版）解读［M］.北京：北京师范大学出版社，2012：25-26.

③［美］吉纳·E.霍尔，雪莱·M.霍德.实施变革：模式、原则与困境［M］.吴晓玲译.浙江：浙江教育出版社，2004：4.

④史宁中.义务教育数学课程课标（2011年版）解读［M］.北京：北京师范大学出版社，2012：39.

师的意见，针对课程标准的框架、设计理念、课程目标、内容标准、实施建议等部分，进行了认真的讨论与研究，完成修改初稿。2006 年 6 月至 9 月，向全国三十多位专家、学者和一线教师寄发修改稿的初稿和征求意见表，邀请几位中科院院士和数学家座谈，征求对修改稿的意见。在听取意见的基础上，修订工作组对修改初稿又进行了认真修改，于 2010 年完成修订稿，2011 年 5 月通过审议，并于 2011 年 12 月正式颁布。

（二）　《课标（2011 年版）》颁布实施

《义务教育数学课程标准（2011 年版）》是在保持《课标（实验稿）》基本结构不变的基础上修改的。"前言"由原来的两部分（课程基本理念、课程设计思路）改为三部分（课程性质、课程基本理念、课程设计思路）。课程目标中的行为动词分成两类。一类是描述结果目标的行为动词，包括：了解、理解、掌握、运用；一类是描述过程目标的行为动词，包括：经历、体验、探索，并将这些行为动词和相关同义词的解释统一列入附录。同时，课程内容和实施建议中的案例也统一放在附录中，案例的说明和解释比较完整，能较好地发挥指导作用，并且统一编号，便于查找，减少了正文篇幅。"实施建议"中的教学建议、评价建议、教材编写建议由原来按学段表述，改为三个学段整体表述，避免不必要的重复，并且增加"课程资源开发与利用的建议"。对《课标（实验稿）》的具体内容也做了一定幅度的调整和修改。修改后的《课标（2011 年版）》与《课标（实验稿）》在结构上所做的修改与调整见表 1.1。

修改后的《课标（2011 年版）》主要内容分析如下：

1. 数学的意义、价值及数学教育的作用

《课标（2011 年版）》在"前言"中首先阐述了数学的意义与价值，认为"数学是研究数量关系和空间形式的科学"。它表明了数学的研究对象是"数"和"形"，改变了《课标（实验稿）》中把数学看作是"过程"的说法，这与高中数学课程标准中的提法保持一致。数学的作用主要表现在：一方面，数学更加广泛应地用于社会生产和日常生活的各个方面；另一方面，数学作为对于客观现象抽象概括而逐渐形成的科学语言与工具，不仅是自然科学和技术科学的基础，而且在人文科学与社会科学中发挥着越来越大的作用。数学被人们看成普遍适用的、赋予人能力的技术，直接推动着社会生产力的发展。

表 1.1 《课标（2011 年版）》与《课标（实验稿）》结构比较

《课标(2011 年版)》			与《课标(实验稿)》比较
前言	课程性质		新增加部分,进行了明确表述。
	课程基本理念		具体内容做了较大修改。
	课程设计思路		
课程目标	总目标	知识技能、数学思考、问题解决、情感态度	总目标由四条改为三条;四方面目标名称及具体内容进行了修改。
	学段目标		
课程内容	第一学段	数与代数、图形与几何、统计与概率、综合与实践	仍分为三个学段,各学段中的课程内容仍分成四个领域,领域名称及各部分内容做了修改。
	第二学段		
	第三学段		
实施建议	教学建议		由原来按学段表述，改为三个学段整体表述,增加了"课程资源开发与利用的建议"。
	评价建议		
	教材编写建议		
	课程资源开发与利用建议		
附录	有关行为动词的分类		仍分两类;原"知识技能目标动词"改为"结果目标动词",更加准确,并置于附录。
	课程内容及实施建议中的实例		统一编号,置于附录。

"前言"中同时强调："数学是人类文化的重要组成部分，数学素养是现代社会每一个公民应该具备的基本素养""要发挥数学在培养人的思维能力和创新能力方面的不可替代的作用"。这说明数学教育在义务教育阶段的重要性。只有人们从根本上认识到数学的本质、特点，认识到数学的文化价值和教育功能，才能使数学教育从"教"与"学"两方面都成为自觉、自信和有兴趣的活动。

2. 数学课程的基本属性

《课标（2011 年版）》首先指出："义务教育阶段的数学课程是培养公民

素质的基础课程，具有基础性、普及性和发展性。"它表明了义务教育阶段的数学课程的基本属性。这一属性是由义务教育的性质所决定的。2006 年颁布的《中华人民共和国义务教育法》明确规定："义务教育是国家统一实施的所有适龄儿童、少年必须接受的教育，是国家必须予以保障的公益性事业。"所有适龄儿童"依法享有平等接受义务教育的权利，并履行接受义务教育的义务"。2010 年颁布的《教育规划纲要》也强调指出："义务教育是国家依法统一实施，所有适龄儿童、少年必须接受的教育，具有强制性、免费性和普及性。"义务教育阶段的数学课程是这一阶段的重要课程，就必然具有上述属性。

3. 数学课程的基本理念

《课标（实验稿）》提出的基本理念总体上反映了基础教育改革的方向，本次修订基本保留基本理念原来的结构，将原来的六个核心理念修改为：数学课程、课程内容、教学活动、学习评价、信息技术这五个核心理念，并做了具体阐述。

关于"数学课程"。《课标（2011 年版）》将原来"人人学有价值的数学，人人获得必需的数学，不同的人在数学上得到不同的发展"，改为"人人都能获得良好的数学教育，不同的人在数学上得到不同的发展"。这样把单纯从数学课程内容的取舍上升到数学教育理念的高度，强调了义务教育是为了每一个人的教育，而不是选拔教育，体现了育人为本的思想。

关于"课程内容"。提出三个重要的影响因素：社会需要、数学的特点、学生的认识规律，并且提出了课程内容的选择、组织、呈现应注意的问题。

关于"教学活动"。《课标（2011 年版）》从整体上阐述了数学教学活动的特征，指出"教学活动是师生积极参与、交往互动、共同发展的过程。有效的教学活动是学生学与教师教的统一，学生是数学学习的主体，教师是数学学习的组织者、引导者与合作者"。并从数学教学、学生学习、教师教学三个方面做了具体阐述。

关于"学习评价"。强调"学习评价的主要目的是为了全面了解学生数学学习的过程和结果，激励学生学习和改进教师教学"。使得学习评价成为促进学生发展的有效方式和手段。实践中采用的数学档案袋、数学反思日记、数学作文、数学调查报告、数学观察、数学小课题研究、数学口试等方式都是值得提倡的评价方式。

关于"信息技术"。强调信息技术的运用要做到合理，要注重实效。也就是说，要充分了解信息技术的使用功能，熟悉它在数学教学中的运用特点，正确把握信息技术运用于教学实际的长处与不足；要清楚运用信息技术的目的是为了解决数学教学上的难点，有利于学生更好地理解与思考，运用信息技术不是用它去代替以前行之有效的教学方式，而是希望它比传统的教学方式解决问题更加有效。

4. 数学课程的整体设计思路

《课标（2011 年版)》对学段划分、课程目标、课程内容进行了整体设计。

根据国家义务教育的总体要求和学生发展的生理和心理特征，将九年的学习时间划分为三个学段：第一学段（一至三年级)、第二学段（四至六年级)、第三学段（七至九年级)。

课程目标分为总目标和学段目标两个层次，每个层次都从四个方面，即知识技能、数学思考、问题解决、情感态度方面进行描述。

课程内容仍分成四个领域，领域名称及各部分内容在《课标（实验稿)》的基础上做了修改。将"空间与图形"改为"图形与几何"，将"实践与综合应用"改为"综合与实践"。这样四个方面的课程内容为"数与代数""图形与几何""统计与概率""综合与实践"，并明确规定了各领域的主要内容。将《课标（实验稿)》中课程内容的六个核心概念增加、修改为十个，分别是：数感、符号意识、空间观念、几何直观、数据分析观念、运算能力、推理能力、模型思想、应用意识和创新意识。

5. 分层次表述课程目标

《课标（2011 年版)》中的课程总目标是：通过义务教育阶段的数学学

习，学生能：（1）获得适应社会生活和进一步发展所必需的数学的基础知识、基本技能、基本思想、基本活动经验。（2）体会数学知识之间、数学与其他学科之间、数学与生活之间的联系，运用数学的思维方式思考，增强发现和提出问题的能力、分析和解决问题的能力。（3）了解数学的价值，提高学习数学的兴趣，增强学好数学的信心，养成良好的学习习惯，具有初步的创新意识和科学态度。

上述三点分别表明了学生学习数学所要达到的三方面要求，即获得"四基"、增强"四能"、培养情感态度。内容完整、内涵丰富，具有全局性、方向性和指导性。"四基"是一个有机整体，相互联系、相互促进。基础知识、基本技能是数学教学的主要载体，所需要的教学时间相对较多，数学思想是数学的精髓，是统领数学教学的主线，能使学生受益终身，而数学活动是不可或缺的教学形式。分析问题和解决问题的能力受到了广泛关注，《课标（2011年版）》在此基础上，进一步提出培养学生发现问题和提出问题的能力。这是从培养学生的创新意识和创新能力考虑的，是对数学教学提出的新要求。然而，过去教学大纲中关于小学生数学能力一般是指"3+1"能力，即：计算能力、思维能力、空间观念和解决简单实际问题的能力。如此改变突出了"问题解决"能力，但数学学科特征似有弱化。总目标集中表达了通过数学学习学生在情感、态度、价值观方面的发展。兴趣是最好的老师，有兴趣的学习活动会促进学习效率的提高，当学生了解到数学的价值并在实践中体会到时，就能引起学习数学的兴趣。培养良好的学习习惯，一直是数学教育的目标之一，养成良好的学习习惯不仅对数学学习有益，对今后的人生都是极其重要的。科学态度有许多内涵，包括：坚持真理、修正错误、严谨周密、实事求是。实事求是是科学态度的核心。数学具有逻辑严密性，数学结论是非分明，有利于培养学生实事求是的科学态度。

《基础教育课程改革纲要》提出了三维培养目标：知识与技能、过程与方法、情感态度与价值观。这里"四基"不仅涉及其中的第一条目标，也涉及另外两条目标，体现了以人为本的思想，突出了完整的人的教育。然而有学者认为，基础知识、基本技能（双基）在中国数学教育的历史上是值得肯定的，基本活动经验和数学思想也是知识的范畴，可以通过丰富"双基"的内涵，不必再提"四基"。落实数学的"四基"目标也好，培养数学"四能"也好，一定要确立"基础知识"和"基本技能"的基础地位。[①]《课标（2011年版)》学段目标按"知识技能""数学思考""问题解决""情感态度"四个方面做了具体阐述。具体目标结合了每个学段的具体学习内容，主要针对数与代数、图形与几何、统计与概率三个领域，也考虑了该学段学生的年龄特征。

6. 按四个领域设计课程内容

《课标（2011年版)》课程内容分为四个领域，分别是：数与代数、图形与几何、统计与概率、综合与实践。这使得四部分内容均以课程的形态出现，而不仅仅是一种教学活动。各领域的具体内容与结构如下表：

表 1.2 《课标（2011年版)》课程内容与结构

学段	第一学段(一至三年级)	第二学段(四至六年级)	第三学段(七至九年级)
数与代数	·数的认识 ·数的运算 ·常见的量 ·探索规律	·数的认识 ·数的运算 ·式与方程 ·正比例、反比例 ·探索规律	·数与式 ·方程与不等式 ·函数
图形与几何	·图形的认识 ·测量 ·图形的运动 ·图形与位置	·图形的认识 ·测量 ·图形的运动 ·图形与位置	·图形的性质 ·图形的变化 ·图形与坐标
统计与概率	·统计与概率	简单数据统计过程 随机现象发生的可能性	·抽样与数据分析 ·事件的概率
综合与实践	·综合与实践	·综合与实践	·综合与实践

相对于《课标（实验稿)》，"统计与概率"内容适当降低了难度。"数与代数"内容略有增加，进一步理清了"综合与实践"的设计思路。

---

①汤雪峰.嬗变与坚守：中国小学数学课程110年 [J].福建教育，2014（9)：30-32.

"数与代数"的主要内容有：数的认识，数的表示，数的大小，数的运算，数量的估计；字母表示数，代数式及其运算；方程、方程组、不等式、函数等。

"图形与几何"的主要内容有：空间和平面基本图形的认识，图形的性质、分类和度量；图形的平移、旋转、轴对称、相似和投影；平面图形基本性质的证明；运用坐标描述图形的位置和运动。

"统计与概率"的主要内容有：收集、整理和描述数据，包括简单抽样、整理调查数据、绘制统计图表等；处理数据，包括计算平均数、中位数、众数、方差等；从数据中提取信息并进行简单的推断；简单随机事件及其发生的概率。

"综合与实践"是一类以问题为载体、以学生自主参与为主的学习活动。在学习活动中，学生将综合运用数与代数、图形与几何、统计与概率等知识和方法解决问题。

7. 提出四方面实施建议

《课标（2011 年版）》的实施建议中包括：教学建议、评价建议、教材编写建议、课程资源开发与利用建议四个部分。

教学建议指出，数学教学活动要注重课程目标的整体实现，要通过教学活动的整体设计和注重过程来实现；要重视学生在学习活动中的主体地位，具体表现为在学习活动中，积极参与观察、操作、实验、讨论、交流，积极参与探索，积极开展思维，教师是学习活动的组织者、引导者、合作者，为学生的发展提供良好的环境和条件；注重学生对基础知识、基本技能的理解和掌握。这是中国小学数学教育的传统之一，不仅要注重学生对所学知识的理解，还要体会数学知识间的联系；不仅要掌握技能的操作程序和步骤，理解其意义，还要适度训练，提高实际效果。《课标（2011 年版）》将"双基"发展为"四基"，提出通过独立思考、合作交流，逐步感悟数学思想，积累数学活动经验；关注学生情感态度的发展，把情感态度目标有机地整合在数学教学过程中。"综合与实践"是独立设置的学习领域之一，是以问题为载体、以学生自主参与为主的学习活动，重在实践、重在综合。同时，教学中要处理好面向全体学生与关注学生差异、"预设"与"生成"、合情推理与演绎推理、使用现代信息技术与教学手段多样化等几个关系。

评价建议指出："评价的主要目的是全面了解学生数学学习的过程和结果，激励学生学习和改进教师教学。""评价不仅要关注学生的学习结果，更要关注学生在学习过程中的发展和变化。应采用多样化的评价方式，恰当呈现并合理利用评价结果，发挥评价的激励作用，保护学生的自尊心和自信心。"通过评价获得的信息，有助于了解学生数学学习达到的水平和存在的问题，帮助教师总结与反思，调整和改进教学内容和教学过程。要根据课程目标对学生在知识技能、数学思考、问题解决和情感态度等方面全面评价。要注意定性与定量相结合，并且可以对部分学生采取"延迟评价"，帮助其树立信心。要重视在平时教学和具体问题情境中进行评价，让评价体现在整个教学过程中。书面测试仍然是考查学生课堂目标达标状况的重要方式，情感态度的评价的主要方式有课堂观察、活动记录、课后访谈等。

教材编写建议指出："数学教材为学生的数学学习活动提供了学习主题、基本线索和知识结构，是实现数学课程目标、实施数学教学的重要资源。"数学教材的编写应以本标准为依据。标准中的课程内容是按照学段制定的，并未规定学习内容的呈现顺序。在当前"一标多本"的政策下，教材可以在不违背数学知识逻辑关系的基础上，根据学生的数学学习认知规律、知识背景和活动经验，合理地安排学习内容，形成自己的编排体系，体现出自己的风格和特色。同时强调，教材的编写应体现科学性、整体性、可读性，教材内容的呈现应体现知识的形成过程、应用过程和一定弹性，并贴近学生的实际。

数学课程资源是指应用于教与学活动中的各种资源。主要包括文本资源、信息技术资源、社会教育资源、环境与工具、生成性资源等。数学教学过程中恰当使用上述资源，将有助于提高学生从事数学活动的水平和教师从事教学活动的质量。特别需要指出的是，生成性资源产生于师生交流的过程中，是将学习主动权交给学生这一课程理念的实践。如，师生交互、生生交流过程中产生的新情境、新问题、新思路、新方法、新结果等，它具有非设计性、动态性和开放性特征。面对生成性教学资源，教师应及时调整预设的教学程序，将其转化为可以利用的资源，提高教学的有效性。

三、新中国成立以来小学数学课程改革的特点

(一) "教学大纲""课程标准"的文件名称交替出现

新中国成立后，关于数学教学的第一部指导性文件是以"课程标准"的名称颁发的，此后至20世纪末的50年中，均采用"教学大纲"的文件名称，始于21世纪初的课程改革，相应的文件名称又采用"课程标准"。这一方面是受到国际范围内课程标准改革运动的影响，另一方面，从教学大纲到课程标准的转变，反映了中国基础教育管理体制由"高度集中"向"分级办学、分级管理"的转变；教育理念由"知识为本"到"育人为本"的转变；教学目标由"统一要求"到"目标引领、增加弹性"，扩大学校办学自主权的转变；内容方法由"注重结果"到"结果与过程并重"的转变；评价目标与方法由"单一"到"多元"的转变；课程开发由专门机构到鼓励地方、学校自主开发的转变。

(二) 从借鉴、仿照外国，到逐步增强中国特色

20世纪初学习日本，我国的教学计划、教材均仿照日本编制；二三十年代转而学习欧美，注重实用，强调儿童的活动和经验；50年代学习苏联，注重知识的系统性，以及基础知识、基本技能的学习；50年代末60年代初，特别是改革开放以来在充分考虑本国经济、科技和社会进步，充分考虑本国教育实际与师生发展变化的基础上，总结经验教训，开阔国际视野，不断改革创新，逐步形成了自己的特色。中国的数学教育经验走上了国际舞台，受到了广泛关注。

(三) 从"一纲一本"到"一纲多本"，实行教材多样化

在"癸卯学制"以前，中国没有统一的教育法规，数学教学只有通过选定教材实施教学。"癸卯学制"以后，无论是民国初期还是南京国民政府时

期，都颁发过全国统一的课程标准。新中国成立以后，除少数特殊时期（如"大跃进"时期、"文化大革命"时期）都有全国统一的教学大纲（或课程标准），教材也由国家指定有关人员或专门机构编写，在全国范围内统一使用。1986 年 9 月，国家教委成立了新中国第一个"全国中小学教材审定委员会"，开始实行中小学教材"编审分离"，进入了中小学教材"一纲多本"的时代。课程也由全国统一过渡到实行国家、地方、学校三级管理。

（四）课程目标不断完善，更加符合儿童实际和时代要求

课程目标是学生课程学习应达到的结果及其程度要求。它是设计课程内容、实施教学活动与评价的依据，在课程标准中处于核心地位，每次课程改革都会依据教育方针、基础教育人才培养目标，精心设计课程目标。新中国成立六十多年来，从目标结构上看，大体上经过了：知识技能—知识技能，数学能力—知识技能，智力能力，思想品德—知识技能，数学思考，问题解决，情感态度这样一个发展变化过程。目标维度的增加和内容调整，更加完整、合理，符合儿童实际，反映了小学数学教育越来越重视人的整体素质发展。

从知识技能的要求看，由局限于算术和珠算，偏重于"数"，发展为"数"与"形"两方面结合，并明确规定在"最基础"的范围内；提出由"基本知识、基本技能"（双基）到"基本知识、基本技能、基本思想、基本活动经验"（四基）的学习目标；由只提程度和结果，发展为兼顾教法、学法和教学过程，并要求让学生在获得数学知识、运用数学知识的过程中学会合作、学会探究，生成学生所需要的数学知识，以适应未来"终身教育"社会中个体发展的需要。

从能力发展的要求看，新中国成立以后至 20 世纪末的 50 年中，大体上经过了计算能力，逻辑思维能力—计算能力，逻辑思维能力，解答应用题能力—计算能力，逻辑推理能力，解答应用题能力，空间观念—计算能力，逻辑思维能力（思维能力），空间观念，解决简单实际问题能力这样一个发展变化过程。新课程着眼于学生的整体发展，强调培养学生的创新精神和实践能

力，进而提出"数学思考"（抽象思维，形象思维，合情推理，演绎推理，空间观念，统计观念等）和"问题解决"（发现和提出问题的能力、分析和解决问题的能力，建模能力，实践能力，合作交流能力，评价与反思意识等）作为新课程的能力培养目标。①并且突出了"发现和提出问题的能力""分析和解决问题的能力"，以新"四能"代替了旧"四能"。总体来看，能力培养目标，将朝着有利于培养学生终身学习的愿望和能力，以及培养学生创新精神和实践能力的方向发展。

历次大纲修订都将思想品德教育纳入课程目标，形成了知识、能力和思想品德教育三维目标。21世纪的素质教育是以促进学生全面、可持续发展为本的教育，课程改革要从关注学科内容转变到建立学生动态发展的机制上，关注人的生命的整体发展，关注每一个学生的个性、道德情感、态度、兴趣、动机和需要。为此，新世纪的小学数学教育提出了"情感态度"目标。这样，目标比较完整，既切合学生实际，又符合时代要求，体现了发展素质、健全人格的教育思想。

（五）以算术内容为主干，不断更新课程内容

课程内容坚持以"算术"内容为主干并逐渐精简，不断充实、调整代数、几何、统计与概率的初步知识，渗透数学思想方法。由注重计算和推理，到关注学习过程的实践性、操作性、开放性和探索性，删减繁难的内容，贴近学生的生活实际，注重创新意识和实践能力的培养。

1950年的课程内容由算术和珠算两部分组成，具体包括：整数及其四则运算，复名数及其四则运算，直观几何知识，分数、小数和百分率，应用题，简单统计图表和农业社的简单簿记等。

1963年，教育部颁发了六年制《全日制小学算术教学大纲（草案）》，课程内容增加了棱柱、棱锥的体积，复比例，一些典型应用题和记账初步知识，并注意与初中数学的衔接。

---

①金成梁，刘久成.小学数学课程与教学［M］.南京：南京大学出版社，2013：44.

改革开放以来，课程内容采取了精选传统的算术内容，适当增加代数、几何初步知识，适当渗透集合、函数、统计等一些现代数学思想方法。课程名称由原来的"小学算术"改为"小学数学"。体现了义务教育大纲提出的"精简、更新和增加弹性"的要求。

进入 21 世纪，课程内容进行了整合，划分为"数与代数""图形与几何""统计与概率""综合与实践"四个学习领域。知识领域有所拓展，教材内容更加注重联系实际和应用能力的培养，但教学程度总体保持稳定。

可以说，六十多年的课程内容改革大体上经历了"重视计算、强调实用"—"注重基础、培养能力"—"精减、增加、渗透，增加弹性"—"注重实践、加强应用"的发展过程。[①]随着时代发展、科技进步，更新课程内容是必然趋势。几十年来的实践表明，目前中国小学数学课程内容的程度是适当的，绝大多数小学生是能够接受的，与国外相比，这个程度也处于领先地位。

---

①刘久成.小学数学教材内容和结构改革六十年 [J] .课程·教材·教法，2012（1）：70-76.

第二章 中澳小学数学课程标准比较

澳大利亚位于南半球，国土面积位居世界第六，是由六个州和两个行政区形成的联邦制多元文化移民国家。1788年成为英国的殖民地，1901年获得了国家独立，20世纪50年代开始发展自己独立的教育体系。在中央政府的作用下，1960年后澳大利亚的教育真正起飞。20世纪70年代，由于教育的公平性和质量降低，社会对教育机构产生了不满；90年代中期，澳大利亚教育举棋不定、充满困惑；21世纪最初十年的后半段，这种举棋不定的局面仍在加深，因此有关教育的全国性政策不断改进。

一、澳大利亚小学数学教育概况

澳大利亚虽然只有200多年的建国历史，但它的教育事业却发展迅速，其基础教育是在适应本国政治、经济、文化的发展过程中不断改革和发展起来的。20世纪80年代以来，课程问题一直成为澳大利亚基础教育改革的一项重要内容，大规模课程改革主要有两次，即国家课程的建立和国家统一课程标准的颁布。

（一）国家课程的建立

20世纪80年代中期至90年代中期，澳大利亚的中小学课程设置存在不少问题，如课程内容的狭窄，课程管理存在问题，以及课程设置不能满足移民子女的教育。另外又受到如美国、英国等西方国家教育思潮和课程改革的影响，澳大利亚开始掀起了有史以来最大规模的课程改革，确立了"国家十大教育目标"，建立了具有划时代意义的澳大利亚国家课程。1989 年的《霍巴特教育宣言》拉开了新一轮课程改革的序幕，并对艺术、英语、健康与体育、社会和环境、数学、外语、科学和技术这八个领域做了改革。这八大关键学习领域中的大多数在各州（区）的中小学教育中得到发展和修订，基本能满足全国的普遍需要。其中作为提高人口素质的根本基础，英语读写和算术两门基础学科还开发出全国性监控标准。

此次改革还规定了，每个学习领域的课程标准由各州自行编排。关于数学课程改革的标志性成果来源于维多利亚州制定的《维多利亚数学课程标准》，因为维多利亚州的文化教育一直比较发达，能够代表澳大利亚教育的发展状况。[①]

（二）国家统一课程标准的颁布

2010 年之前，澳大利亚没有全国统一的课程标准和教材，是由各州根据八个学习领域自行制定课程标准。这带来的弊端便是要学的内容和要达到的水平不利于教师、家长与学生了解，加剧和凸显了学生和教师的流动性带来的问题。澳大利亚有日益增多的流动学生和教师，全国统一课程标准将大大提高全国教育的一致性。[②] 建立国家统一课程标准可以让学校和课程编制者通过合作来确保高质量的教与学资源被所有学校使用；可以更加重视向澳大利亚青少年传授必要的技术、知识和能力，使他们将来能高效地参与社会并取得成功，在全球化的世界中勇于竞争，并在未来信息丰富的工作场所中更好地发展。

2008 年，澳大利亚教育部门同意编写并且实施世界一流的全国统一课程标准，并由澳大利亚课程评估与报告局（Australian Curriculum, Assessment and Reporting Authority，缩写为 ACARA）制定从学前到 12 年级全国统一的课程标准，之后还让教育工作者、家长和社会其他人士对相关文件、课程标准

---

①康玥媛.澳大利亚全国统一数学课程标准评析 [J].数学教育学报，2011 (5)：81-85.

②郭玉峰，由岫.澳大利亚数学课程的最新变化、特点及启示 [J].课程·教材·教法，2012 (3)：118-121.

草案提出建议。经过对课程标准的设计、编写、实施和评价回顾后，2010 年
12 月，澳大利亚颁布了第一个全国性的统一的国家课程标准（The Australian
Curriculum，缩写为 AC），英语、数学、科学和历史作为第一阶段公布的课程
标准于 2011 年正式开始实施，各州和行政区可根据当地的实际情况选择具体
的实施时间。事实上，各州都有实施时间较长、相对成熟的课程标准，只有
个别地区率先实施了全国性的统一课程标准，但教育部规定最迟到 2013 年，
各州和行政区都将实施全国统一的课程标准。澳大利亚数学课程标准（The
Australian Curriculum Mathematics，缩写为 ACM）是 ACARA 第一阶段公布的
课程标准，也于 2011 年在部分地区开始使用。

2010 年《澳大利亚课程标准》的颁布说明了澳大利亚的课程由原来的各
州联邦分权过渡到国家统一管理，意图提供给学生高质量的教育和世界一流
的课程，并且向教师、家长和学生明确各阶段的学生需要学什么、掌握到什
么程度。同时，此次课程标准还参考了各州和行政区原有的课程标准，例如
在课程内容方面，"数与代数""测量与几何"大部分沿用了各州已出台的
文件资料。基于 21 世纪的人才培养，AC 提出的理念，例如关注学生的发展、
培养自信和有创造力的学生等也都同已有的文件相符。

《澳大利亚课程标准》不仅继承了各州和行政区部分数学课程标准的理
念和内容，也增加了适应国际数学课程发展趋势的内容，例如为了培养学生
的数学分析和处理能力，课程标准内容上增加了"统计与概率"。此外，课程
更加注重信息技术的应用，增强了数学与其他学科的联系，体现了澳大利亚
文化多元化的特点等。澳大利亚还借鉴了国际课程发展的趋势，将原来过细
的学习水平转变为学段的划分（由六个学习水平转变为四个学段），并且对各
学段的学习要求加以明确。总而言之，此次数学课程标准更加与国际数学课
程接轨，体现出全球性和开放性。

二、中澳数学课程设计的比较

2011 年正式实施的《澳大利亚数学课程标准》（以下简称《澳大利亚标

准》）和中国的《义务教育数学课程课标（2011 年版）》（以下简称《课标（2011 年版）》）都经由国家官方部门组织编制，作为各地区开发、实施课程的指导性文件，并对义务教育阶段内的学生提出了数学学习的要求。

（一）课程文本的组织开发

《澳大利亚标准》是由澳大利亚课程、评估与报告局（ACARA）制定并颁布的。ACARA 是澳大利亚 2009 年 5 月成立的一个独立机构，通过国家课程、国家评估方案和国家数据的收集和分析，为全国的教育提供严谨和全面的内容。此机构与教师、校长、政府、各州及行政区的教育机构、社会团体和广大市民合作，开发适合国内所有学校适用的国家教育标准。每年，ACARA 都会在其网站上公布学校教育的年度报告，并且还专门为幼儿园到 12 岁的儿童提供全国统一的课程标准体系。

《课标（实验稿）》和《课标（2011 年版）》是由我国国家数学课程标准研制工作组研制，中华人民共和国教育部颁布的。国家数学课程标准研制工作组是 1999 年 2 月由教育部基础教育司组建的，其中成员由百分之七十的大学教师和百分之三十的中小学教研员、教师组成。另外，研制组成员是开放的，人员又是流动的，还有一个十五人的核心成员小组，无论是全体还是核心成员，人员构成比例是不变的。其制定课标主要有三个途径：提出关于数学课程标准理念、框架和内容的设想；多次组织专家、学者和一线数学教师的座谈会；印制并发放一万份《课标（实验稿）》草案，征求社会各界人士的意见和建议。2001 年，在以上工作的基础上，《课标（实验稿）》完成。2003年，研制组对超过一千位使用新标准的教师进行了问卷调查并开始了第一次修订，2004 年 6 月修订稿完成。2005 年 5 月由教育部统一组织，课程标准修订工作组针对课程标准在实施过程中出现的问题，以及采纳了一线教师的意见，又做了第二次修订，并于 2011 年正式颁布课程标准修改稿。

比较两国小学数学课程标准的文本，笔者发现，两国课程标准的文本均关注知识和技能。澳大利亚教育部理事长 Sharyn O'Neill 在《聚焦 2014 年学校发展规划》一文中提及：学校要提高在数学方面的标准，并且把重点放在必要的数学技能上，加强理解方面的教学。[①]另外教育部官方网站中的《国际伙伴在文学和数学方面的共识》一文强调要从政府、学校、教师的层面来共同制定提高文学、数学技能的措施。可见，澳大利亚数学教育中的素养和技能培养受到极大的重视。中国的数学教育一直注重"双基"，并在此基础上又明确提出要使学生获得适应社会生活和进一步发展所必需的数学的基本思想和基本活动经验。可见，两国对数学教育中的知识和技能均具有较强的关注。由于中澳两国的国家性质不同，在文本制定的过程中有一些差异性。在课程标准文本制定的组织机构上，澳大利亚数学课程标准是由课程、评估与报告局（ACRAR）制订和颁布的，而ACRAR是常设机构；中国的数学课程标准是教育部基础教育司临时组建的数学课程标准研制组研制的。由于两国国家性质不同，澳大利亚虽然规定了全国统一的数学课程标准，但是各州和行政区根据其实际情况可对标准做部分调整，以及延迟实施；而中国的数学课程标准是强制性的，必须在各地区统一使用。

（二）课程设计的理念

1. 两国小学数学课程基本理念

数学课程标准的基本理念是建构整个数学课程的指导思想，能在整体上把握数学课程内容的选择、确立教与学的方法、实施教与学的评价。无论是《澳大利亚标准》的Rational，还是《课标（2011年版）》的课程基本理念都在第一部分阐述，其中《课标（2011年版）》的课程基本理念安排在第一部分"前言"中。因此，对小学数学课程基本理念的解读是两国数学课程标准比较的关键。中澳两国小学数学课程标准基本理念所涉及的关键内容如图2.1：

---

① Department of Australian education.Focus 2014：Directions for schools.http：//www.education.wa.edu.au/home/detcms/navigation/about−us/public−education−at−a−glance/our−strategic−directions/page=1#toc5.

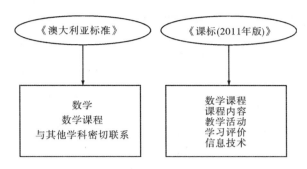

图 2.1 两国小学数学课程标准基本理念涉及的内容

2. 小学数学观下的课程标准比较分析

（1）两国都强调数学与社会生活相联系

数学观是人们对于数学及数学与客观世界关系的总看法，其主要内容涉及数学的研究对象、数学与其他学科的关系、数学的特点、数学的地位和作用等。因此，小学数学观是小学数学课程标准首先要阐述的问题。从社会文化角度看，数学不仅包括知识层面，还包括观念成分。两国在数学观上都注重从社会文化的角度阐述。其中《澳大利亚标准》指出："数学课程试图让学生欣赏到数学推理的美，尤其是数学思想的历史发展悠久，几乎涉及所有文化，并将继续发展下去，为数学带来新的活力。""数字技术的发展不仅对数学思想的发展有所贡献，还为数学中的探究活动提供了新的工具支持。"《课标（2011年版）》指出："数学与人类发展和社会进步息息相关，随着现代信息技术的飞速发展，数学更加广泛应用于社会生产和日常生活的各个方面。""数学是人类文化的重要组成部分。"由此可见，数学与社会生产和日常生活紧密联系，同时高新技术的发展推动了数学在社会生活中的应用。

（2）两国小学数学课程都重视体现数学本身的价值

从数学的组成角度看，数学由理论、方法、问题和符号语言组成的多元复合体。《澳大利亚标准》指出："数学有其自身的价值和美。""数学课程试图让学生体会数学推理的美。"《课标（2011年版）》指出："数学是研究数量关系和空间形式的科学。""数学作为对于客观现象抽象概括而逐渐形成的科学语言与工具，不仅是自然科学和技术科学的基础，而且在人文科学与社会科学中发挥着越来越大的作用。"前者并没有对数学进行详细的解释，而是从数学本身加以概括，认为"数学美""数学推理美"；后者从多元化的角度对数学加以阐述，认为数学是"科学"和"抽象概括而形成的工具"，不仅是"自然科学的基础"，而且"在人文科学与社会科学"中发挥作用。

3. 小学数学课程价值观下的课程标准比较分析

（1）两国注重课程标准客观和应用的双重价值

《澳大利亚标准》和《课标（2011年版)》都体现出对小学数学课程双重价值的认识。首先，都重视小学数学课程的客观价值，承认数学学科知识的逻辑性体系，并提出培养学生的数学能力和思维。《澳大利亚标准》指出："数学理解的精确程度、数学应用的熟练程度、逻辑推理的严谨性、分析思考的过程性以及问题解决的技能，有利于学生应用数学策略做出明智的决定，并高效地解决数学问题，从而应对相似甚至是陌生环境中的数学问题。"《课标（2011年版)》指出："数学课程能使学生掌握必备的基础知识和基本技能，培养学生的抽象思维和推理能力，培养学生的创新意识和实践能力，促进学生在情感、态度与价值观等方面的发展。"其次，两国都十分重视数学在实际生活中的应用。《澳大利亚标准》指出"提高学生在工作、日常生活中所需要的计算能力""应用数学策略做出明智的决定"。《课标（2011年版)》虽然没有在文字上明确反映，但指出"义务教育阶段的数学课程是培养公民素质的基础课程"，从侧面强调数学的应用性。

（2）两国小学数学课程带来的其他价值

在小学数学课程价值观的描述上，《澳大利亚标准》还提出"数学各部分内容要与其他学科紧密联系，期望学校确保所有学生在经历数学推理的过程中受益，并能创造性地、高效地运用他们的数学理解力"，并认为"具有挑战性的数学探究活动能帮助学生成为自我激励、充满自信的学习者"，深层次的含义便是要求学生不仅要掌握数学基本知识、技能和思想方法，还需要通过数学探究活动增强个人的基本素质，例如自信心。而《课标（2011年版）》在这点上则没有做出说明。

（二）课程设计的整体框架

1.《澳大利亚标准》的整体框架

澳大利亚全国统一课程标准特别重视课程标准的整体设计，其中包含四个部分：理念和目标、组织构成、课程、专业术语。第二部分"组织构成"又分为：内容结构，数学整体课程F-12，成就标准，学习者的多样性，一般能力，跨课程，与其他学习领域的关系，对教学、评价及报告的影响八个方面。第三部分"课程内容标准"，按照年级顺序划分，还包括十年级的选修内容，即为10A。另外，提供第四部分"专业术语"是为了让教师对教学内容描述中的重要术语有共同的理解；为了让教师更好地理解这些专业术语，还附带了一些额外的信息和案例。课程标准的最后还提供了"教学内容范围与顺序"的列表，作为教学参考。《澳大利亚标准》的整体框架如图2.2所示。

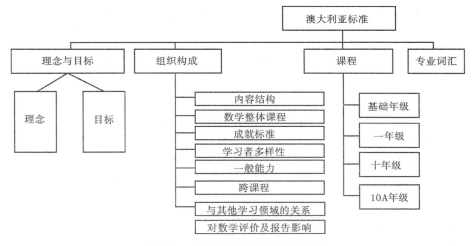

图2.2 《澳大利亚标准》整体框架

2.《课标（2011年版）》整体框架

《课标（2011年版）》分为四个部分，分别是前言、课程目标、课程内容和实施建议，最后还有两个附录。附录部分是有关行为动词的分类和课程内容及实施建议中的实例。具体框架如图2.3所示。

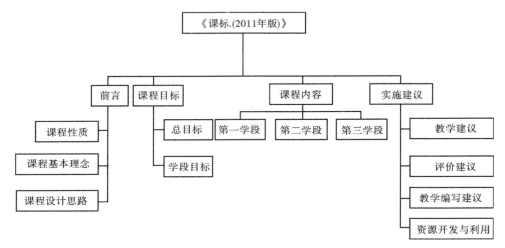

图 2.3 《课标（2011 年版）》整体框架

3. 学科结构视角下的整体框架比较分析

《澳大利亚标准》在框架设计上不仅考虑到课程目标、内容标准，还涉及课程组织的其他方面，例如一般能力的培养、成就标准和学习者的多样性等方面。另外，内容标准上更加细化，对各年级的数学内容标准进行详细描述。《课标（2011 年版）》分为课程目标和内容标准两个部分，总体目标是让学生通过义务教育阶段的数学学习达到的学习要求，其中又根据知识与技能、数学思考、问题解决、情感态度四个维度提出了每个学段学习的目标。内容标准则分别阐述各个学段中数与代数、图形与几何、统计与概率、综合与实践四个领域的内容标准。

"学科基本结构"是由布鲁纳提出的，指的是学科的基本概念和基本原则。他指出："不论我们选教什么学科，务必使学生理解该学科的基本结构。这是在运用知识方面的最低要求，这样才有助于学生解决在课堂外所遇到的问题和事件，或者日后课堂训练中所遇到的问题。"①另外，学科结构视角认为：在学校的学科和它们起源的学术性学科之间，存在着太大的鸿沟。要利用学科少数真正基本的观念，使所有年龄段的学生投入到真正的研究中来，从而缩小这种差距。而学生既能增加对自己智能的信心，又能发展对范围广

①乔治·J.波斯纳.课程分析［M］.上海：华东师范大学出版社，2007：63.

泛的现象的理解。[①]两国的数学课程标准作为法定的课程文件，框架结构都较为系统和全面，强调数学课程完整的结构，也明确体现了其课程的概念和结构。在整体框架中还设置了学生在不同学段及年级所要达到的教学目标，并且规定了课程内容呈现的顺序，为教材的设计和教师的教学提供必要的指导。但相比较澳大利亚课标，中国课标的内容结构更加清晰、设计更加注重条理性，不论是课程目标还是内容标准的分类都遵循一定的标准，而澳大利亚在内容结构上不如中国有条理，显得零散，但是课程内容却是完整、详细的。

三、中澳小学数学课程目标的比较

课程目标属于教育目标系列中的一个层次，是学生课程学习应达到的结果及其程度要求，是关于学习活动结束之后行为变化的描述。[②]课程目标直接受教育目的、培养目标的制约，是教育目的、培养目标在一门学科中的具体化，是教师进行教学设计的基础，同时规定了学生学习应达到的水平。

（一）两国小学数学课程目标

课程目标的表述是小学数学课程标准的关键。《课标（2011年版）》是由总目标和学段目标组成的，其中总目标与《澳大利亚标准》课程目标对应，《澳大利亚标准》课程目标与基本理念共同在第一部分呈现出来。两国的数学课程总体目标如表2.1所示。

（二）基于两国基础教育目的比较分析

斯宾塞提出了"什么样的知识最有价值"这一问题，并认为自我保存、获得生活必需品、养育子女、理解社会和政治关系、对文化的欣赏应当成为主要的教育目的，无用的学习可以被抛弃。随着进步主义运动的继续，教育目的继续保持狭隘的智育目的，但又有新的对课程标准和标准化测试的强调。

---

① 杰罗姆·西摩·布鲁纳.教育过程［M］.北京：文化教育出版社，982：36-48.
② 潘洪建，刘华，蔡澄.课程与教学论基础［M］.镇江：江苏大学出版社，2012：75-76.

表 2.1 中澳两国数学课程标准总体目标

课程目标	
《澳大利亚标准》	《课标(2011 年版)》
·确保学生成为有信心、有创意的学习者，并且作为数学的交流者还能够研究、描述并解释他们个人及生活中的情境，做一名积极有用的公民。 ·培养对于日益复杂的数学概念的理解与认识，完善分析过程的顺畅程度，能够提出并解决问题，在数与代数、测量与几何、统计与概率领域能够进行推理。 ·认识到数学各个领域与其他学科之间的联系，并将数学看作是可以学好、乐于学习的一门科学。	·获得适应社会生活和进一步发展所必需的数学基础知识、基本技能、基本思想、基本活动经验。 ·体会数学知识之间、数学与其他学科之间、数学与生活之间的联系，运用数学的思维方式思考，增强发现和提出问题的能力、分析和解决问题的能力。 ·了解数学的价值，提高学习数学的兴趣，增强学好数学的信心，养成良好的学习习惯，具有初步的创新意识和科学态度。

两国的课程目标都基于本国的教育目的提出，在提倡智育目的的同时也加强了公民教育。20 世纪末，澳大利亚政府制定的多元文化教育政策规定，不论任何性别、种族、经济状况和宗教信仰的学生，都可以得到同等发挥他们潜能的机会，很好地适应瞬息万变的世界。澳大利亚小学教育的教育目的旨在发展学生的基本表达能力和基本技能。①中国小学教育的目的提出使学生具有适应终身学习的基础知识、基本技能和方法。②两国在课程上强调了对数学基本知识和技能的掌握，注重数学的价值、数学问题的解决和重视培养学生的数学思维，力求增强学生学习数学的信心。另外，两国都提到了数学学科与其他学科之间的联系，可以利用数学思维解决其他学科的知识，同时也体现了数学的范围之广大，不局限于数学一门学科内。

《澳大利亚标准》和《课标（2011 年版)》在课程目标的设置上也存在不同之处：《澳大利亚标准》的课程目标只有一个层次，而《课标（2011 年版)》的课程目标分两个层次，即总目标和学段目标；两国的课程目标在表述的顺序上有差异：《澳大利亚标准》将"成为一名合格的公民"要求放在了

①汪霞.澳大利亚中小学培养目标和课程设置 [J].现代中小学教育，1998（1）：30-34.
②教育部基础教育课程改革纲要（试行）[EB/OC].http：//www.gov.cn/gongbao/content/2002/content_61386.htm，2010.

第一点，数学课程内容的目标放在了第二点；而《课标（2011年版）》将"四基"放于第一点，强调了知识、技能、思想和活动经验的重要性，了解数学的价值、培养创新意识则放于第三点。可见，两国虽然在课程目标的表述上对学生的期望值大致相同，但《澳大利亚标准》更注重学校为社会培养合格公民，通过数学课程提供给学生必需的数学能力。《课标（2011年版）》则重视数学作为基础学科的教育，这与中国传统注重"双基教学"相吻合。《澳大利亚标准》强调学生要作为数学的交流者。事实上澳大利亚数学课程标准在设计的过程中就对数学交流相当重视，除了在总体目标中提到了学生应该学会数学交流，还在一般能力中把"个人交往和社会适应的能力"作为一个独立能力提出，并且贯穿于各个年级段中。数学语言的表达是数学思维活动的重要载体，数学语言有其特殊性，是科学思想的通用语言，具有高度的抽象性、逻辑性和应用性。[①]数学交流反映的是数学语言的表达，对学生的思维培养具有较大的作用，因此，强调学生作为数学的交流者是实现教育目的的一种途径。

四、中澳小学数学课程内容的比较

澳大利亚将小学数学分成三大领域，而中国则分为四大领域，考虑到两国各课程领域的名称不同，笔者按"数与代数""几何""统计与概率"三个部分进行比较分析。

（一）"数与代数"领域对比

作为义务教育阶段数学课程标准的基础内容之一，《澳大利亚标准》中的"数与代数"（Number and Algebra）与《课标（2011年版）》的"数与代数"在名称上相一致，具体安排如表2.2所示。

1."数与代数"呈现的方式相同，包含的具体子内容部分不同

中澳两国在"数与代数"领域呈现的方式基本相同，均分为数和代数部分。在数的领域方面，《澳大利亚标准》的"数与位值""小数和分数"与

---

① 黎明.如何加强数学语言的教学［J］.科学咨询，2011（2）：74-75.

《课标（2011 年版）》中的"数的认识""数的运算"相对应；《澳大利亚标准》的"货币与金融数学"与《课标（2011 年版）》中的"常见的量"相对应。在代数领域方面，《澳大利亚标准》的"模式与代数"与《课标（2011 年版）》中的"式与方程""正比例、反比例""探索规律"相对应。另外，内容上又为师生提供了连贯的体系：《澳大利亚标准》从整数到分数再到小数及其运算，从模式到代数式再到方程；《课标（2011 年版）》从整数到分数到小数再到百分数，从正比例、反比例到代数式再到方程。但是，澳大利亚代数领域的四个部分是并列存在，并贯穿于一到六年级的各个年级；《课标（2011 年版）》的内容根据实际教学与学生的身心发展特点在第一学段、第二学段有所区分，这种安排切合学生的认知特点。主要原因是小学低年级学生没有接触太多有关代数的内容，而到了小学高年级，学生才逐步学习代数式和方程，这样便于学生理解和接受。

表 2.2　两国"数与代数"的子内容

数与代数	《澳大利亚标准》	数与位值 小数和分数 货币与金融数学 模式与代数	
	《课标(2011 年版)》	第一学段	第二学段
		数的认识 数的运算 常见的量 探索规律	数的认识 数的运算 式与方程 正比例、反比例 探索规律

《澳大利亚标准》在小学阶段将"数与代数"分成了"数与位值""小数和分数""货币与金融数学""模式与代数"四个子内容，在每个年级段都做出了详细的目标叙述。"数与位值"有四条主线：计数序列、加减乘除运算、心算笔算策略、整数的因子与倍数。"小数和分数"则围绕小数和分数的大小、排序和运算贯穿整个小学阶段。"货币与金融数学"主要针对澳大利亚钱币的价值及其大小、应用做了内容表述。"模式与代数"是数与代

数的结合，以数字模式为主线开展整数模式、分数模式和小数模式的学习和创建，其中理解模式、用模式表征和理解数量关系是此部分的关键。这样编排的优点有利于"数与代数"教学内容的深入与细化，且将两个部分紧密联系。

2. 重视基础知识的学习，但对运算能力的要求不同

比较历部教学大纲，不难发现：中国小学数学一贯重视计算教学，计算教学的目标包括理解掌握运算知识、形成计算技能以及良好情感态度的养成等。为了适应时代发展对人才培养提出的要求，《课标（2011 年版）》在不弱化学生数学素养的前提下，进一步精选了数的运算内容，降低了学习难度，力求宽度不求深度。同时，还强调重视口算，加强估算，精简大数目笔算，使用计算器计算，注重加强口算、笔算、估算等各种计算方式之间的内在联系。不仅如此，中国强调的计算能力的培养不仅是掌握算法，更要理解算理。小学阶段，学生对于算理和算法的学习，主要体现在整数、小数和分数的口算和笔算中。中国计算教学的另一大特色是将运算与实际问题相结合，通过解决实际问题加强计算能力的培养，同时也让学生体会计算在实际生活中的广泛运用。

《澳大利亚标准》区别于《课标（2011 年版）》提倡的估算，而是更关注培养学生有效的心算。心算是不凭借任何工具、运用大脑直接运算的方法。它和中国的口算相一致，同时也包括估算的内容。口算的目的是为了培养学生迅速的计算技巧，也发展学生的注意力、记忆力和思维能力。澳大利亚除了一年级外，在各年级都提出了心算和心算策略的要求，到了六年级还要求能解释运算中的心算策略。澳大利亚提出不同年级的心算要求如图 2.4 所示。

由此可看出，澳大利亚课标中更多关注的是学生口算能力的培养，降低了笔算的要求，同时还强调利用计算器检验心算结果的正确性以及解决相关实际问题，体现出计算工具在数学中的应用。中国提倡选择合适的运算来解决问题，口算和笔算是常用的计算方式，估算和使用计算器也是常用的计算

方式，比较简单的计算，可以口算，较大数目的计算，如果要得到精确结果，可以笔算或者使用计算器，如果不要求精确结果，可以估算。从培养学生的观察、记忆、思维等能力和方法多样化的角度，中国的课程内容更符合学生的思维发展，具有科学性和实际操作性。但澳大利亚课标值得学习的是在数学学习中要灵活选择应用现代科学技术，让学生体会现代科技的先进和给人们带来的方便。

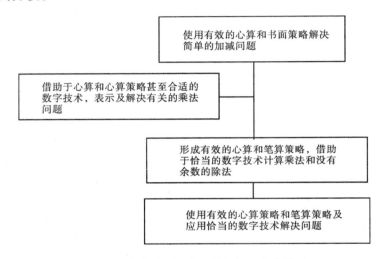

图 2.4　澳大利亚提出不同年级的心算要求

3. 对传统文化的重视程度不同

为了体现本国特色，各国的数学课程标准也都结合本国的实际情况加入了各自特有的内容，将文化教育渗透在小学数学教育中。《澳大利亚标准》强调澳大利亚货币在实际生活中的运用，理解澳大利亚硬币的价值不依赖于硬币自身的大小，并且还和亚洲一些国家的货币进行比较及兑换。由于澳大利亚有将近四万年的时间完全是土著居民居住的地方，因此课程标准中还加入了利用原土著居民的串珠计数、土著居民和托雷斯海峡居民的计算方法，包括空间模式和推理，帮助学生建立加法模型。由此可见《澳大利亚标准》对本土传统文化的重视和提倡。不仅如此，澳大利亚还注重与亚洲国家的数学交流，正如"Asia and Australia's engagement with Asia"（澳大利亚与亚洲的合作）内容中所强调的。《课标（2011年版）》结合中国的传统文化，还新增加了"用算盘表示多位数"，不仅让传统文化得以发扬，还让学生认识了算盘这种认数工具。中国需要向澳大利亚学习的是，加强国际的数学交流内容，例如货币的兑换等课程内容的设置。

（二）"几何"领域对比

两国在"几何"领域各自的名称及其子内容，如图2.5所示。

1."几何"领域名称设置有差异，具体子内容部分相同

《澳大利亚标准》的"几何"领域称为"Measurement and Geometry"，可翻译成"测量与几何"。从字面的翻译来看，澳大利亚的几何课程包括测量和几何两个部分。根据百度百科的解释，"测量"指按照某种规律，用数据描述观察到的现象，即对事物做出量化描述。测量对象是几何量，主要包括长度、面积、角度、体积等，测量的尺度为定类测量、定序测量、定距测量和定比测量。根据解释可看出，测量本身就属于几何范畴。澳大利亚将"几何"领域分为测量和几何，说明对测量内容的重视，并且将测量单独列出并作为课程内容的重难点。

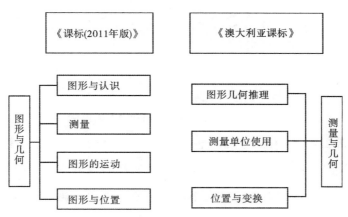

图 2.5 两国"几何"领域的子内容

《课标（2011年版）》的"几何"领域称为"图形与几何"，分为图形和几何两个部分。实际上在2001年之前，中国的"几何"领域都称为"几何初步知识"，2001年的《课标（实验稿）》修改为"空间与图形"，《课标（2011

年版)》又更改为"图形与几何"。之所以这样修改，是因为"几何初步知识"显得内容较为宽泛、不具体，而"几何"比"空间"更为广泛，目的是为了拓展空间与图形领域的内容范围，并且四个子内容也体现了研究几何的推理、度量、变换等方法，在此过程中形成了概念、性质等体系，也就是"几何"的内容。

《课标（2011 年版)》中"图形与几何"包含测量内容，并将其作为独立的一部分表示出来。实际上两国"几何"领域的名称不同只是源于表达方式和习惯，在本质上并没有区别。对比发现，"图形与几何"和"测量与几何"的子内容基本相同，"图形的认识"相当于"图形"。在此要说明的是，澳大利亚的"几何推理"这个子内容从三年级开始学习。总结"几何推理"所学习的几个方面如图 2.6 所示。

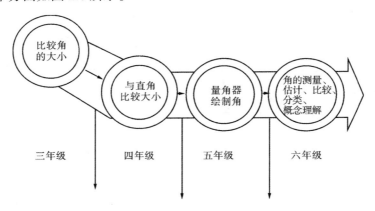

图 2.6　澳大利亚"几何推理"的内容

通过图 2.6 可以看出"几何推理"的内容实际是包含在《课标（2011 年版)》"测量"当中的，并且在整个小学阶段都围绕角展开。从比较简单角的大小出发，到通过与直角比较大小认识锐角和钝角，再到用量角器绘制角，最后到角的测量等内容，让学生初步体会推理在几何中的运用，并为初中学习打下基础。此外，澳大利亚"测量单位使用"同样也包含在中国"测量"的内容中。两国在"几何"领域都涉及变换几何。图形的变换和运动进入几何领域，主要源于 F.克莱因用变换群将几何学分类。中国的"图形的运动"

和"图形与位置"相当于澳大利亚的"位置与变换",可见内容设置上两国基本相同。《澳大利亚标准》在"测量单位使用"分支中提及比较轻重、大小,认识钟表以及年月周日,这些内容在《课标(2011 年版)》"数与代数"的子内容"常见的量"中出现,其内容划分的维度表现出不同。"数与代数"子内容"常见的量"一般包括人民币的单位、24 时计时法、年月日、重量单位等内容,而这些内容在《澳大利亚标准》中分别属于"货币与金融数学"和"测量单位使用"。

2. 关注几何学习的心理特征,但内容难度有差异

依据皮亚杰的观点,小学阶段的学生对几何的认知处于投影几何与欧几里得几何阶段之间,正是几何知识学习的关键期,因此,选择合适的课程内容是课程标准制定的关键。《澳大利亚标准》从学生的心理特征考虑,首先是认识几何对象,再到利用几何性质认识几何对象,最后利用几何性质解决问题。这一系列的过程都建立在儿童年龄特征的基础上开展,易让学生产生兴趣。《课标(2011 年版)》从学生已有的生活经验出发,通过实物和模型辨认二维和三维图形,结合生活情境认识角,恰当地选择长度单位,认识图形的平移、旋转和轴对称以及认识图形的位置。此内容贯穿小学整个阶段,不仅考虑学生的知识经验积累,同时也考虑到几何知识的系统和连贯性。

但两国在直观几何、度量几何和变换几何内容的难度设置上有一定的区别,尤其是变换几何。主要有:①对旋转的处理不同。澳大利亚在二年级提出识别并描述物体 180 度的旋转及直角旋转,而中国在第一学段提出通过实例感受旋转的现象,第二学段才提出将简单图形进行 90 度旋转。②对平移的处理不同。中国在第一学段提出结合实例感受平移现象,辨认简单图形平移后的图形,而澳大利亚提出研究物体滑动和跳跃的效果。中国提出的"平移"体现的是数学性,而"滑动"和"跳跃"更加生动地体现了生活性。③对相对位置的处理不同。中国在第一学段主要让学生描述相对位置,而澳大利亚则让学生创建网格地图,并使用路标和方向性词语描述路线。另外,在学前期,澳大利亚对"位置与变换"就提出了描述位置和运动的要求。④对确定位置的

处理不同。澳大利亚在六年级提出使用四个象限介绍笛卡尔坐标系，而中国在第二学段提出在方格纸上用数对表示位置，为学习直角坐标系打下基础。

就变换几何而言，澳大利亚所提要求的难度、广度比中国大，注重知识的拓展，而中国着眼于双基的牢固，难度略显小。几何是重要的数学基础知识，有相当比重的就业职位和专业方向需要相当的几何知识，应循序渐进地开展几何基础知识的教学，为学生以后的学习和生活打好坚实的基础。

（三）"统计与概率"领域对比

两国在"统计与概率"领域各自的名称及其子内容，如图2.7：

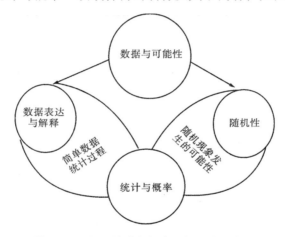

图 2.7 两国"统计与概率"领域的子内容

1. 名称的设置有差异，但具体子内容基本相同

《澳大利亚标准》的"Statistics and Probability"可翻译为"数据与可能性"，《课标（2011年版）》取名为"统计与概率"。维基百科对"统计"的解释是：研究如何测定、收集、整理、归纳和分析反映客观现象总体数量的数据，以便给出正确认识的方法论科学。[①]统计学是通过数据来分析和推断的，因此，统计研究的基础是数据，核心是通过数据分析对相关问题进行了解和确定。而"概率"又可称为"几率""可能性"，是一个在 0 到 1 之间的实

---

① 维基百科.统计学［EB/OL］.http：//zh.wikipedia.org/wiki/%E6%A6%82%E7%8E% 87，2013.

数，对随机事件发生可能性的度量。①因此，虽名称的字面不同，但从名称的含义看，两国的具体内容实属相同，没有实质性区别，只不过中国的"统计与概率"比澳大利亚的"数据与可能性"范围更广。

《澳大利亚标准》以两条线索展开"数据与可能性"，"随机性"和"数据表达与解释"作为两条线索贯穿于两个学段。这两条线索明确要求学生收集信息、完成数据的表示并构建、解释这些数据提供的信息，能描述日常事件的结果。《课标（2011 年版）》也是以两条线索展开"统计与概率"，即"简单数据统计过程"和"随机现象发生的可能性"。《澳大利亚标准》的"随机性"和《课标（2011 年版）》的"随机现象发生的可能性"对应；《澳大利亚标准》的"数据表达与解释"与《课标（2011 年版）》"简单数据统计过程"相对应。"随机性"和"随机现象发生的可能性"同属于"概率"初步知识，"数据表达与解释"与"简单数据统计过程"同属于"统计"初步知识。可见，两国的这部分内容虽然名称不同，但实属同一个范畴。在内容结构上，两国都把这部分内容分为统计和概率两部分，其中统计知识较概率知识多一些，因为统计数据中隐藏着概率的特性。

2. 内容的倾向和案例的特点有区别

澳大利亚在一至三年级的"统计与概率"教学中涉及两个方面，即"随机性"和"数据的表示和解释"，而中国只涉及初步的统计活动，围绕着收集数据、表示数据和分析数据展开，不确定性还没有涉及。中国在《课标（实验稿）》的第一学段涉及不确定性，但 2011 年版的《课标（2011 年版）》将这部分内容后移至第二学段，主要原因是为了降低学生学习的难度。另外，不确定性的知识实际可以隐含在统计活动中，将统计的过程与概率的知识紧密结合起来。两国在四至六年级都提出了数据统计活动和概率，数据统计活动较第一学段开始学习利用统计图表示数据，更注重对于数据的解释和分析。

---

① 维基百科.统计学［EB/OL］.http：//zh.wikipedia.org/wiki/%E7%BB%9F%E8%AE%A1%E5%AD%A6，2013.

概率方面，《课标（2011 年版）》注重随机事件发生可能性大小的定性描述，实际就是判断事件发生的概率，只是没有直接在文本上出现"概率"一词。《澳大利亚标准》不仅要求了解随机事件发生可能性的大小，还要求会用分数、小数和百分数表示事件发生的概率，难度加大。两国在收集数据、表示数据、分析数据的内容上基本一致，中国标准对数据分析的要求相对澳大利亚较高一些。在对概率内容的处理上，澳大利亚在这个学段提出了概率的概念和内容，中国则重在让学生感受概率思想。

两国在"统计与概率"领域都设置了实践性较强的活动性问题，与重点交叉的学科相对应，供学生利用统计的方法去进行。但澳大利亚对于这类问题开放性较强，例如澳大利亚提出关于昆虫多样性的问题，让学生在操场上铺一块一平方米的纸，通过记录一段时间内昆虫在纸上的种类和数量来收集数据。这类属于科学课上的内容，澳大利亚却将之与统计、概率的知识相联系。一方面与澳大利亚是植物王国与鸟类繁多这种特殊的国家自然特征相关，另一方面也突出了他们将数学知识与国家自然资源相结合的特点。中国受传统教学理念的影响，在问题设置上偏于与学生日常生活紧密联系的内容，例如对全班同学身高的数据进行整理和分析，对报纸或杂志上出现的统计图做文字解释等。

五、中澳课程实施与评价的比较

中国在《课标（2011 年版）》中独立地将"实施建议"纳入一个章节，包括教学建议、评价建议、教材编写建议、课程资源开发与利用建议。《澳大利亚标准》没有单独阐述"实施建议"和"评价建议"，但也渗透在各年级课程内容标准的"成就标准"和"明细"中，这必然存在相似和差异。

（一）课程实施建议的比较分析

教学实施是将教学设计变为具体的教学行为，是一种动态的过程，在实施过程中，要正确处理讲授与学生自主学习的关系，合理把握预设与生成的关系，实现教与学的统一。教学实施的水平决定教学设计的达成度。[1]中国的

---

①金成梁，刘久成.小学数学课程与教学［M］.南京：南京大学出版社，2013：196.

实施建议部分写得较为详细，且建立在教育学、心理学理论的基础之上，提供给一线教师大量的理论依据，澳大利亚则更多地从课程的具体内容出发。尽管如此，两国在实施建议中也凸显出共同性和差异性。

1. 整体建议倾向于数学能力的培养

心理学认为"能力"是指人顺利完成某种活动所必须具备的那些心理特征。数学能力总是和人们从事的数学活动相联系并表现在活动中。①数学能力与数学知识和数学技能有联系又有区别，数学能力是在掌握知识和技能的过程中形成和发展的，但数学能力并不等同于知识和技能。在教学过程中，教师不仅要向学生传授知识，更要注重对能力的培养，这样才能使他们更好地接受新知识，发现新问题并加以解决。

《澳大利亚标准》强调数学能力的同时也十分重视一般能力，如理解数学、掌握一定的数学技能、学会推理、会用数学思维思考问题、采取策略并解决问题。澳大利亚还特别提出了七项一般能力，包括：读写能力、运算能力、信息通信技术的能力、批判性思维和创造性思维、符合道德规范的品行、个人交往和社会适应的能力、跨文化理解能力。②能力可分为一般能力和特殊能力，这里提出的七项一般能力是进行数学活动表现出的能力以外的其他综合性智能。可见，澳大利亚基础教育已充分认识到，学生想要在生活和工作中取得成功，除了学科技能外，必备的基本技能与特质也相当重要。

《课标（2011年版）》在实施建议中主要强调：数学教学活动要注重课程目标的整体实现，重视学生在学习活动中的主体地位，注重学生对基础知识、基本技能的理解和掌握，感悟数学思想、积累数学活动经验，关注学生情感态度的发展，合理把握"综合与实践"的实施，处理好教学中应注意的几个关系。③中国从教学活动的本身、学生等因素出发关注的内容较为全面、具体，

①黄希庭.心理学导论［M］.北京：人民教育出版社，1999：599.

②曹一鸣.十三国数学课程标准评介（小学初中卷）［M］.北京：北京师范大学出版社，2012：4.

③中华人民共和国教育部.义务教育数学课程标准（2011年版）［M］.北京：北京师范大学出版社，2012：42.

不仅包含了数学教学的新理念，也能提示教师如何合理利用课程标准展开教学。因此，两国都十分注重学生在学习过程中的地位，强调由数学能力而展开其他能力的培养。

2. 具体建议侧重于对教师的要求

就名称而言，"实施建议"更多的是对教师的建议，也是对一线教师提出的具体教学要求。《澳大利亚标准》在课程内容旁还附有具体的"明细"，实际为具体实施的建议，这些建议具有针对性和拓展性，能为教师在教学中提供有效的方法。例如一年级学生理解 100 以内数字的正确顺序，要求从 0 开始能够以 2、5、10 为单位跳着计数，"明细"部分建议使用一种韩国古老的计数游戏来理解跳数，能够很熟练地在有意义的情境中来回计数，比如在一种围成一圈的游戏中进行。《课标（2011 年版）》并没有像《澳大利亚标准》那样具体地给出每个内容标准的实施建议，但个别内容标准附有的例子及说明等同于实施建议。另外，在教学建议中从课程和学生角度出发对教师提出了更为具体的要求，在课程目标、学生在数学活动中的地位、学生对知识与技能的掌握、学生的情感态度等方面都有所体现。此部分对于教师规范教学，提高自身素养具有一定的参考作用，也为教师提供了合理的教学方法、教学评价的参考。

3. 分类指导针对不同群体的学生

因为课堂中的学生有多重、多样、变化的需求，这些需求的形成源于个人的学习历史、个人的能力，以及个人的文化语言背景和社会经济因素。《澳大利亚标准》还有专门的一部分关于"学习者的多样性"的建议，对 students with disabled（残疾学生）、gifted and talented students（天才学生）、students for whom English is an additional language or dialect（移民学生）提供了合理的建议。[①]例如澳大利亚的外来移民者较多，课堂中也存在多元文化，因此，澳大利亚的课堂还要关注那些母语非英语的学生，他们要先学习一门

---

① ACARA.Student Diversity［EB/OL］.http：//www.australiancurriculum.edu.au/Student Diversity/EAL-D，2013.

新的语言，再来学习数学知识、理解数学、掌握数学技能。

《课标（2011年版）》关注的是每一位学生，要求发展每一位学生，并且要正确处理全体学生和个体差异的关系。对有困难的学生，教师要给予及时的关注与帮助，鼓励他们主动参与数学学习活动，并能尝试用自己的方法解决问题。对学有余力并对数学有兴趣的学生，教师要为他们提供足够的材料和思维空间，指导并发展他们的数学才能。比较而言，澳大利亚关注的个别对象范围较广，学习的对象覆盖面较大，对学生提供的帮助也明显。

（二）课程评价的比较分析

评价既是对教师教学的评价，也是对学生数学学习的评价。两国课程标准中的评价更多地关注了对学生数学学习的评价，通过对学生的评价来重新审视教师的教学。数学学习评价的理念受数学课程基本理念的制约，有什么样的课程理念就有什么样的学习评价理念。受到国际课程改革影响，尤其是为了改变过度传授知识的倾向，强调学生形成积极主动的学习态度，使学生在获得基础知识和基本技能的同时形成正确的价值导向。两国在对学生数学学习的评价中突出显示了以下两点。

1. 多视角的课程评价

通过课程的评价标准可以确定课程成功的标准，不同的评价标准体现了不同的问题和不同的方法。多视角的评价可从不同的方面评价问题，传统视角、经验主义视角、行为主义视角、学科结构视角和建构主义视角是课程评价的几个关键视角。[①]传统视角的课程强调事实的回忆、基本技能的掌握和传统价值观的传承；行为主义视角的评价问题在于学生是否已经获得课程所致力达成的技能。而澳大利亚对学生评价的内容包括知识掌握的程度、理解的深度、技能的熟练性，若学生的学习质量良好，说明学生很适合开始下一阶段的学习。这里对学生的评价是以课程目标和课程内容为依据，体现了数学课程的基本理念集中在知识和技能层面。

①乔治·J.波斯纳.课程分析［M］.上海：华东师范大学出版社，2007：253–254.

《课标（2011年版）》的评价目的是全面了解学生数学学习的过程和结果，评价学生在知识技能、数学思考、问题解决和情感态度等方面的表现，激励学生学习和改进教师教学。相比而言，中国的评价内容较广，在传统的视角和行为主义的视角基础之上，还强化了经验主义的视角和建构主义的视角。不仅注重知识和技能方面，还关注学生的学习情感和态度；不仅注重结果的评价，还关注学习过程的评价。

2. 多元化的评价方法

两国都认为评价是教学的一个重要组成部分，评价既能够帮助教师了解学生的学习状况，激励学生的学习，更能借此帮助教师改进教学，成为教师决策的工具。此外，两国都重视评价的过程，强调评价方法的多元化。

《澳大利亚标准》不仅对F-10年级的学生有整体的"成就标准"，在每个年级段的内容标准后还有"成就标准"，即每个年级都有评价标准。成就标准指明了学生通过学校的学习应该达到的学习目标，还包含了一份已经写好说明的学生工作样本，每一个工作样本都包括相关的评价任务、学生的反馈以及有关学习质量的一些解释，目的在于帮助教师判断学生是否达到了课程标准的要求。[①]另外，在每学期末还会组织学生学业水平达标考试，以便检测学生的数学学习水平。可见，澳大利亚将质化和量化的评价方法相结合，体现出评价方法的科学性和合理性。

中国对学生学习评价，一直以来都是以考试为主，随着2001年新课改的开展，中国也关注到对学生评价方式的多元化，尤其是将形成性评价与总结性评价相结合。因为知识和技能、数学思考、问题解决和情感态度是学生数学学习过程中不可孤立的几个组成部分，这些综合体现在学习的过程之中。对学生每一方面评价的同时，还要注重对学生学习过程的整体评价，以及分析学生在不同阶段的表现和变化。口头测试、书面测试、开放式问题、活动

---

①曹一鸣.十三国数学课程标准评介（小学初中卷）［M］.北京：北京师范大学出版社，2012：4-5.

报告、课堂观察、作业、成长记录等都是评价方法的多样化体现。

在实践操作中，评价方法的多样化为教师增加了工作量，因此，教师可结合数学学习的内容和学生学习的特点选择适当的评价方式，如从课堂中观察了解学生学习的过程和学习情感，从课堂活动中了解学生合作交流及独立思考的意识，从作业中了解学生基础知识掌握的情况，从成长记录袋中了解学生的发展变化。

六、澳大利亚小学数学课程标准对中国的启示

（一）强调数学能力的同时重视一般能力的发展

澳大利亚小学数学课程标准提出"一般能力"的发展，这些能力包括读写能力、运算能力、信息通信技术的能力、批判思维和创造性思维、符合道德规范的品行、个人交往和社会适应的能力、跨文化理解能力。这些能力是除数学能力以外的各方面的综合能力。中国的小学数学课程标准提出了注重发展学生的数感、符号意识、空间观念、几何直观、数据分析观念、运算能力、推理能力和模型思想，这些能力统统都类属于数学能力。随着新课改的发展，中国已经意识到小学数学课程不仅要关注学生的基础知识和基本技能，同时也要关注学生学习过程中表现的情感、态度和价值观。

这种一般能力可以在课程标准中很好地体现出来，但是怎样保证在具体教学过程中实施，对于一线教师来说有一定的困难。这便涉及课程内容的评价。一般能力怎样在实践中得到评价，正是解决如何培养学生除数学能力以外一般能力的重要问题。尤其在中国（"儒家文化圈"），考试取向把许多良好的意愿扭曲了，一种很强的思想倾向，就是将每一件事物都纳入与利害关系重大的考试有关的轨道。教育目标当然有扩展的必要，但一旦与"考试文化"挂钩，学生的学习态度、自信心、操行、道德品行以及高层次思维就变成各种不同的、可测量的评价标准。[①]但实际上，数学学习过程中的一般能力往往

①范良火，黄毅英，蔡金发.华人如何学习数学［M］.南京：江苏教育出版社，2005：45.

难以用量化的标准去衡量，这就造成了数学学习更多关注学生的数学能力培养，而忽视了一般能力的培养。

课程内容评价的多元化可有效地解决上述这个问题。例如澳大利亚的学生个体样本评价，类似于国际上流行的档案袋评价，能对学生数学学习的任务和过程中出现的问题加以记录和描述，还可随时记下学生学习时表现的情感、态度以及与人交往、道德品行等方面的内容。中国在教学中虽然也提出了不同的评价方式，但在实际教学中书面考试替代了其他评价方式，成为起主导性作用的评价。针对这个问题，还需从考试制度的根源入手进行改革，这样，数学学习过程中一般能力的发展才能得以实现。

（二）进一步加强数学知识与其他学科间的联系

为了加强数学知识间的联系，中国特意在第四部分增加了"综合与实践"领域，其成为"数与代数""图形与几何""统计与概率"三者之间的桥梁，并加强了数学各部分间内在的联系。但一线教师发现，这部分知识往往在操作上花时间，知识间的内在联系也远远不够。要加强数学内部知识的联系和与其他学科建立联系，笔者认为可参考澳大利亚的做法。澳大利亚的数学课程使数学各部分内容与其他学科联系紧密，通过数学推理的学习可迁移到其他学科知识的学习。例如观察操场上的鸟类生活的多样性，用提前准备好的表格记录观察结果，这就将数学学科与科学学科相联系；识别原著居民石洞或艺术中的对称性，识别自然环境和建筑环境中的对称性，就将数学与社会和环境学相联系。澳大利亚所列举的案例既不脱离数学课程内容的本质，也能很好地与其他学科相联系，这一做法值得中国学习。

另外，《墨尔本宣言》确立了 21 世纪学习者必备的技能，如读、写、算、信息和通信技术、批判和创造性思维、伦理道德和跨文化理解能力，提到要成为成功的学习者、自信并有创造力的个体和道德合格的公民。这提醒我们每一门学科都是相通的，具有密切联系的，因为，成为一名合格的公民需要具备的技能可以在各门学科中培养。因此，解决数学问题的方法可在其他学科的学习中体现。尤其是观察、理解、分析、推理、统计等，都可帮助学生学习其他学科的知识。

（三）注重多民族数学文化的融合

中国数学课程的内容趋向国际化，但就课程案例的选择方面，还局限于中国传统的与学生日常生活紧密联系的内容。笔者认为，选择学生身边熟悉的内容作为课程案例有必要性，因为是建立在学生已有生活经验的基础上，数学课程便能化难为易。但从开阔学生视野的角度看，却不能很好地将知识迁移到学生未知的领域，数学与其他学科得不到很好的交流。

在此，笔者建议可向澳大利亚学习，在课程内容中加入国际化元素。例如澳大利亚一直以来与亚洲各国存在政治、经济、文化等方面的合作，和亚洲各国是友好国家，同时大量的来自于亚洲国家的移民影响了澳大利亚的历史，并将继续影响其文化和社会。在数学课程中，澳大利亚的课程案例中加入了许多亚洲文化的内容，旨在通过与亚洲的合作发展学生的知识、技能和理解力。数学也提供给学生了解亚洲国家数学学习情况的机会，包括吸取亚洲的数、形、测量、对称和数据方面的知识，以及来自于亚洲国家的例如计算、金钱、艺术、建筑、设计和旅游等方面的案例。[①]

注重与各国数学文化的交流并不是将其照搬，而是选取与课程内容相匹配，具有国家特色又便于学生理解和接受的内容。如澳大利亚在对称图形的案例选择上，利用了中亚纺织品的图案、中国西藏文物、印度的莲花图案，以及雍古族或是中西部沙漠艺术中的对称性。这些内容不仅能在直观上便于学生理解对称，还能激发学生对外国文化的兴趣，以及加强国家间的数学交流。

（四）继承中国优良传统的基础上与各国数学教育进行优势互补

"双基"教学一直是中国传统的特色，"双基"指的是基础知识和基本技能。基础知识实际上是对概念及命题的记忆和理解，基本技能主要指运算

---

①ARA. Asiaand Australia's engagement with Asia[EB/OL]. http：//www. austra liancurriculum. edu.au/CrossCurriculumPriorities/Asia-and-Australias-engagement-with-Asia，2013.

技能及证明技能。人才的培养是从基础教育阶段开始的，没有扎实的基础，何来创新型人才。2011 年中国的数学教育在原有"双基"的基础上又提出了"四基"，即重视学生对基础知识、基本技能、基本思想和基本活动经验的获得。这一改变是在继承中国优良教学传统之上提出的，并且体现了对数学课程价值的全面认识。学生在数学学习的过程中不仅要获得知识和技能，还要在学习中积累经验，取得解决和处理问题的思想。几次国际大型数学竞赛，中国学生的成绩都在前列，而澳大利亚不如中国，说明中国长久坚持基础教育的做法是可取并值得向其他国家推广的，也说明了任何国家数学教育的发展既需要扎实的基础知识和基本技能，也需要问题解决的意识和策略。但是，另一些研究者发现，当在比较中使用更富挑战性的问题时，华人学生在数学上并不能显现出他们的卓越表现。[1]因此，怎样在打牢基础知识和基本技能的同时兼顾发展学生的创新思维，是中国小学数学课程改革中要重点思考和解决的问题。

课程和教科书工作组（Curriculum and Textbook Workgroup，2002）在比较研究中注意到国家之间的课程差异正在不断缩小。在国家新一轮的课程改革中，中、东、西方课程的差异正在逐渐地模糊起来。事实上，在核心学习领域，课程的标准化等方面越来越成为全球通用的常用术语。远东地区的课程开始由高度集中的体系转向地区的发展，并力求课程的分化，而西方国家的课程似乎正在走向相反的道路。此外，内容与过程，基本技能和高层次能力，在全球都得到了重视。[2]近些年，中国的数学课程也逐渐加入了西方色彩，甚至是直接移植过来，但当我们试着向西方发达国家学习的时候，我们是否应考虑到它们特殊的文化内涵和价值观。更重要的是，在运用其他国家的新理念时，我们是否研究了这种新理念的缺陷和局限性？如何在找到国家间课程内容的共通点外仍保持差异，既保持中国自身文化传统的强项，同时又考虑其他国家和地区的新理念，这对于中国的课程发展是一项挑战。

---

[1]范良火，黄毅英，蔡金发.华人如何学习数学［M］.南京：江苏教育出版社，2005：18.

[2]范良火，黄毅英，蔡金发.华人如何学习数学［M］.南京：江苏教育出版社，2005：51.

第三章 中俄小学数学课程标准比较

俄罗斯是世界大国和强国之一。20 世纪以来，其在社会、政治、经济、文化等领域均取得了令人瞩目的成就，颇受世界各国的关注。俄罗斯如今取得的发展很大程度上要归功于教育事业的发展，尤其是与国家高度重视基础教育改革密不可分。新中国成立初期曾以俄为师，全面学习其小学数学教育。现在，研究俄罗斯小学数学教育能为我们当前的小学数学课程改革提供借鉴。

一、俄罗斯小学数学课程标准制定背景与过程

俄罗斯在苏联时期，未曾用过"国家教育标准"这个概念，而是采用统一计划、统一大纲、统一教材的课程模式。自 20 世纪 80 年代以来，俄罗斯数学教育进入了现代改革时期，特别是 90 年代以后，1991 年苏联解体，俄罗斯整个教育体系进行了重大变革，下放教育职权，推行教育民主化。俄罗斯《数学教育标准》的出台经历了十几年的时间，大致有以下三个阶段。

（一）初创时期

俄罗斯于 1992 年颁布的《教育法》第一次规定制定临时教育标准，并实行教育标准。此举在保证俄罗斯拥有统一教育空间的同时，也为俄罗斯教育系统的巩固埋下伏笔。1992 年底，研究工作正式展开，政府于 7 月颁布《俄罗斯联邦教育法》，使得数学教育从体制、教学方法和教学形式等方面呈现出个性化和多样化发展的趋势。虽然苏联的集权统治使教育受到一定限制，但

苏联的数学教育在世界数学教育领域是首屈一指的，世界各国专家学者都积极关注其发展。对此，俄罗斯很多专家学者都忧虑灵活的改革会让优秀的传统丢失，随后引发了一场激烈的争论，形成了数学教育中的改革派和保守派。莫斯科数学会中学组于 1993 年研制完成了数学教育标准的第一个方案《国家数学教育标准（讨论稿）》。此外，还制定了首个成绩评价指标方案，用于判断学生是否达到数学教育标准所规定的要求。1993 年末，俄罗斯联邦教育部部务委员会会议决议将《数学教育标准》作为编写数学教材的依据。1994 年末，俄罗斯教育部宣布整个俄罗斯境内的各个学术团体均可以就《国家数学教育标准联邦部分（草案）》展开讨论。1995 年，俄罗斯教育部举行了第一次关于教育标准的国际会议，有 22 个国家参与此次会议。①1996 年底，又一个方案出台，俄罗斯联邦教育部开始对两者进行研究和整理，并在整合的基础上制定了《普通教育国家教育标准联邦法（草案）》。该方案虽被教育部部务委员会批准，但却被俄罗斯联邦政府退回，并要求对其精细加工。追根究底是由于两部草案之间是存在矛盾的，忽略了联邦政府与地方政府利益的合理分配。至此，数学国家教育标准的研制工作进入了僵持阶段。1998 年，由俄罗斯教育科学学院研制完成并出版了《联邦（国家）各科普通教育标准》和《莫斯科地区数学教育标准》。以上数学教育标准的出版引起社会各界的强烈反对，因此并没有在俄国实施。

（二）发展时期

1998 年之后的两年，对数学国家教育标准的研制并未有任何起色。2000 年，俄罗斯联邦教育部成立临时科研团体，该团体由费尔索夫领导，主要工作是对最低限度教育内容和具有何种水平的毕业生进行研究规定。此项研究工作颇具争议。赞同者认为教育标准的基本目标是减轻学生的负担，根本目的并不是要求学生掌握多少书本知识，而是培养学生的学习能力。这些内容

①高玉洁.俄罗斯《普通教育国家教育标准》研究［D］.南京：南京师范大学硕士学位论文，2007.

是面向大部分学生的。学习能力较强的学生在完成国家教育标准规定的任务之后，可以利用多余的时间去发展自己的爱好，拓展自己其他方面的知识，从而更好地促进自我发展；反对者则认为规定最低限度的必修内容会降低教学质量，影响学生更进一步的发展，遏制了学生能力的提升，对学习能力一般的学生或者学习能力很差的学生来说，这可能会是一种很好的规定，但对于优秀的学生来说，是对其无限发展潜力的抑制。2001 年，由议会两院议员和国家杜马不同政党代表组成了联合工作组，在俄罗斯联邦教育部的支持下，拟定了《普通教育国家标准》的教育法律草案，经反复修改后于 2001 年颁布实施。在之后的实施过程中，暴露出颇多问题。2002 年，经俄罗斯联邦政府批准，颁布的《2010 年前俄罗斯教育现代化构想》对俄罗斯在新世纪的理想做出描述，希望在 2010 年前实现教育的现代化。为此，俄罗斯教育部部长领导包含五十多名工作人员的临时科学研究团体，推出新的《普通教育国家标准的联邦成分（草案）》。同年，新的《普通教育国家标准的联邦成分（草案）》在《教师报》上刊登。草案在定稿之前仍然有争议，为此，俄罗斯教育部呼吁社会各界对此草案展开热烈的讨论。

从以上一系列的文件可以看出，俄罗斯数学教育标准已经逐渐具有实质性的发展。俄罗斯联邦教育部其实已经变相地确定了与数学教育标准相配套的基础教学计划，确定了最低限度的必修内容和对培养毕业生水平的要求。

（三）形成阶段

经过广泛的讨论与反复的修改，俄罗斯联邦教育部于 2003 年 12 月 23 日召开会议，会议正式通过《普通教育国家标准的联邦成分（草案）》的决定。2004 年 2 月，《教师报》刊登了该草案的具体内容。与之前的多个草案相比，2004 年颁布的教育标准草案将教学计划作为独立的文件从教育标准联邦成分中移除，而另行规定，不过教学计划与教学大纲的制定必须建立在国家教育标准的基础上。直至 2004 年，俄罗斯教育部才正式颁布了本国第一个《普通教育国家标准的联邦成分（草案）》。草案确定了联邦成分的国家教育标准的基础性地位，要求所有俄罗斯联邦各类教育机构都应以此项草案为准绳。

2004 年 3 月 5 日，俄罗斯教育部正式颁布《普通教育国家教育标准》，该标准由三部分组成——联邦部分、地区（民族）部分以及教育机构部分。本文所研究的是标准的联邦部分。

二、中俄小学数学课程设计的比较

中俄两国的标准内容丰富，值得比较的部分较多。现从两国标准的学段划分、整体框架结构、内容领域、基本理念、实施建议等方面进行比较研究。

（一）学段划分比较

俄罗斯普通学校基础教育可以分为三个阶段：第一阶段为一至三年级或一至四年级，第二阶段为四至九年级或五至九年级，第三阶段为十至十一年级。本研究所采用的是俄罗斯小学阶段一至四年级。学校基础教育提出小学四至五年级教育应实现与第一阶段的衔接。

中国《课标（2011 年版）》为表现出义务教育数学课程的整体性，对九年的数学课程内容进行统筹考虑，同时以儿童生理和心理特点为基础，将义务教育小学阶段的学习时间具体划分为两个学段：第一学段（一至三年级），第二学段（四至六年级）。中国的学段划分充分考虑了学生身心发展的规律、学生认知的差异性以及学习内容难度的特点。

两国标准的学段划分有明显差异，主要原因是两国小学的学制不同。中国的小学是六年制，而俄罗斯的小学是四年制，两国划分的基本理念是一致的，都考虑到学生的身心发展特点和学习内容难度。

中国学段划分比较详细且明确。中国实行的是义务教育九年一贯制，其中小学一年级至三年级为低年级学段，四年级至六年级为高年级学段。俄罗斯虽然也显现出相近的划分理念，但是没有具体而明确地划分出学段，而是在对标准进行解释时提出四年级是一个过渡年级，与一至三年级有一个分界。此外，对两国数学课程学段的划分可做解释性比较，而不是评价性比较。虽然新中国成立之初与苏联有着近乎相同的基础教育课程设计，但中国在后来的发展中吸取世界先进数学教育理念，逐步打破了对苏联课程设计的生搬硬套，这对中国来说也是个突破。

（二）整体框架结构比较分析

中国《课标（2011 年版）》由五部分构成，分别是前言、课程目标、课程内容、实施建议和附录。俄罗斯《国家教育标准》由四部分构成，分别是教学目的、规定必学的最少内容、对培养毕业生水平的要求、示范性教学大纲。中国的标准比俄罗斯的标准丰富许多。相比较而言，中国的课程标准更为具体和详细。中国将课程目标分为总目标和学段目标两部分，在总目标的前提下，依据知识技能、数学思考、问题解决、情感态度四个维度规定了具体明确的学段目标。俄罗斯在其国家教育标准中提出了教学目的，这与中国的总目标是一致的，在对具体学段目标方面并没有详细说明。中国的课程内容对应俄罗斯的规定必学的最少内容，两国皆较详细地列出了课程教学内容。此外，俄罗斯的《国家教育标准》也没有单独列出类似中国的实施建议部分的类项，而是在具体的课程内容中给出实施建议。

（三）内容领域总体比较分析

《课标（2011 年版）》中将课程内容分为四大学习领域：数与代数、图形与几何、统计与概率、综合与实践。在此基础上，中国标准重点规定在以上四个领域的学习过程中对学生能力的培养：发展学生的数感、符号感、空间观念、统计观念以及运用推理的能力。[①]

俄罗斯《国家教育标准》中将课程内容划分为两大块：数与计算，空间关系、几何图形、几何量的测量。与中国标准相比，俄罗斯标准中没有统计与概率、综合与实践部分。并不是标准中没有这方面的内容，而是没有像中国标准中那样单独列出来，这两方面的内容在标准中是存在的。比如在空间关系、几何图形和几何量的测量这一领域，第三部分为实践活动要求，这项所表达的意思与中国标准中综合与实践板块的要求是基本一致的。

---

①谢毅承.论学生"数感"与"符号感"的关系及相关教学策略［J］.中国科教创新导刊，2011（11）：85-85.

在学习内容分布上，中国的标准明显地由浅入深、由具体到抽象。而俄罗斯标准中并未涉及课程内容学习的顺序，只是一一列出小学阶段需要学习的基础知识。

（四）基本理念比较分析

中国《课标（2011年版）》的基本理念主要从"数学教育""课程内容""教学方式""评价体系"和"现代信息技术"五个方面阐述。俄罗斯《国家教育标准》中并没有明确提出"基本理念"这个类目，也未提及类似的项。2000年，俄罗斯政府通过了"俄罗斯联邦国家教育学说"。该学说指出教育的战略目标是在必须形成终身教育和终身学习的基础上，促进儿童与青少年以及他们的创造能力的全面、和谐的发展。学校应该构建让学生有可能表现自己的教学过程，学生在此过程中要坚持自己的个性。[①]制定国家教育标准是为了促进学生的发展，同时还应该实现学生的文化发展、精神发展、审美发展、道德发展、创造发展、智力发展。

（五）实施建议比较分析

中国的标准单独列出了实施建议部分，并从教学建议、评价建议、教材编写建议、课程资源开发建议四个方面给出具体的建议与要求。此部分包含25条建议，其中教学建议7条、评价建议7条、教材编写建议6条、课程资源开发建议5条。首先，此25条建议建立在课标的基本理念的基础上，在改善教师的教学方式、提高教学质量等方面产生了积极的导向作用，使得中国的标准在内容以及形式上更加具体且明确。其次，四个部分的具体建议的条目数量相差不大，这表明了中国在教学、教材编写、教学评价、课程资源开发与利用这几个方面等量齐观。

俄罗斯在其标准中并未单独列出与实施建议相关的类目，但在查阅其示范性教学大纲部分时，有对教师的教学提出要求的内容，比如课程教学时数

---

①曹一鸣.十三国数学课程标准评介（小学初中卷）[M].北京：北京师范大学出版社，2012：265.

的示范分配。此部分规定小学普通教育阶段（一至四年级）每周学习数学 4 学时，该阶段共 540 学时。其中包括具体分配：数与计算为 350—370 学时；空间关系、几何图形和几何量的测量为 120—140 学时。小学阶段的四年学习过程中可以分配相当于 54 学时的占整体课时分配比例达 10%的课时，用于实现创造者利用各种形式组织教学过程，贯彻现代的教学方法和教育艺术。[①]以上所述的要求与中国的教学建议部分有相同之处，但也有不同之处。

两者相同之处在于，两国此方面的建议都是针对教师教学过程、教学活动的建议。与此同时，两国在此部分的具体内容也大相径庭。教学活动是师生积极参与、交往互动、共同发展的过程。中国在教学建议方面提出了以下几点：数学教学活动要注重课程目标的整体实现、重视学生在学习活动中的主体地位、注重学生对基础知识和基本技能的理解和掌握、感悟数学思想、积累数学活动经验、关注学生情感态度的发展、合理把握"综合与实践"的实施、教学中应当注意的几个关系。俄罗斯在此部分的建议只包括具体的课程教学时间分配，并未涉及具体教学过程中的与学生密切联系的具体实施建议。相比较而言，中国更倾向于对教学过程的建议，而俄罗斯则倾向于对教师教学的建议。

三、中俄小学数学课程目标的比较

课程目标是在国家教育方针、教育目的的指导下，从学生的身心发展规律出发，通过制定科学、合理的教育任务与学科内容进行教学活动，要求学生在某门课程上达到的水平。它是指导课程设置、编排、实施和评价的准则，也是课程自身性质和理念的具体体现。同时，它也是教师进行教学设计、开展教学活动的基本依据，规定了学生学习应达到的水准。[②]

---

①朱文芳.俄罗斯数学教育的最新进展［M］.北京：北京师范大学出版社，2011：72.
②潘洪建，刘华，蔡澄.课程与教学论基础［M］.镇江：江苏大学出版社，2012：75.

(一) 两国小学数学课程总目标的比较分析

中国《课标（2011年版）》的总目标一改以往强调获得数学基础知识、发展数学能力，而将关注重点聚焦于关注学生的情感态度和价值观以及学生数学一般能力的提高，并致力于学生获取最基本的数学知识和数学技能，以更好地适应现代生活。[1]

总目标具有指导性、方向性和全局性。总目标指出：经过义务教育阶段的数学学习，学生能：①获得适应社会生活和进一步发展所必需的数学的基础知识、基本技能、基本思想、基本活动经验。中国曾经的课程目标导向坚持"双基"，《课标（2011年版）》实现了从"双基"到"四基"的转变，不仅强调"基础知识"和"基本技能"，还增加了"基本思想"和"基本活动经验"，这个转变让中国的课程标准的内容和理念更好地反映了数学教育教学的本质。②体会数学知识之间、数学与其他学科之间、数学与生活之间的紧密关系，积极选取合适的数学思维方式进行推理，从而在发现问题和提出问题的能力以及分析问题和解决问题的能力方面有所突破。数学教学过程不仅是传递数学知识的过程，也是对学生数学思维的培养，更是培养学生创新意识和创新能力的重要手段。③通过对数学价值的理解，提高数学学习的兴趣，增强学好数学的信心，养成好的数学学习习惯，并具有创新意识和初步的科学态度。[2]

总目标还从知识技能、数学思考、问题解决和情感态度四个方面进行具体阐述。在具体阐述过程中，"数与代数""图形与几何""统计与概率""综合与实践"四个维度的内容渗透在其中共同构成一个密切联系、相互交融的有机整体。

俄罗斯的《国家数学教育标准》中并未出现"总目标"的字眼，而是用"教学目的"来表述数学课程的总目标。总目标可以概述为一句话：注重个性

①刘久成.小学数学课程60年 [M].镇江：江苏大学出版社，2011：178.

②中华人民共和国教育部.义务教育数学课程标准（2011年版）[M].北京：北京师范大学出版社，2012：8.

和能力的发展。义务教育小学数学阶段应该努力达成以下各项教学目的：

①发展学生的形象思维、逻辑思维和想象力；能够顺利地解决教学中和实际中的问题，掌握后续教育所必需的数学技能并形成习惯。

②掌握基础数学知识，形成关于数学的初步概念。

③培养对数学的兴趣，力求将数学知识应用到日常生活中去。

通过比较分析，我们可以发现：

1. 表述方式不同，凸显不同的设置理念

在中国，关于目标体系有上位和下位的关系，依次是"教学目的""课程目标""教学目标"。中国《课标（2011年版）》中对目标的定义围绕"课程目标"这一词汇展开，俄罗斯在国家数学教育标准中则是用"教学目的"来代替"课程目标"。从制定的依据来看，无论是"课程目标"还是"教学目的"，都必须服从、服务于国家的教育目的，这是两者的共性。从两者对教学所起的作用来看，都对课程内容的组织、教学计划的制定等起着重要的导向作用。从两者所使用的动词来看，中国《课标（2011年版)》的"课程目标"与俄罗斯《标准》的"教学目的"所使用的动词都是一致的，都采用了"了解、体会、获得、掌握、应用"等词语。由此可见，两者是存在一定共性的。

但从两者所着眼的主体来看，"教学目的"是以教师为主体进行阐释的，主要是对教师的教学活动的期望，着眼于教师的教，且其对于教学活动产生的结果缺乏可检测性和可预料性。"课程目标"所着眼的主体则是教师和学生，不仅对教师提出具体的教学要求，还规定了学生通过学习所应达到的基本水平，较全面地涵盖了标准所要求的准则，从标准的编制到实施，再到评价，都是依据课程标准来衡量实施的。从两者直接作用的对象来看，课程目标对教师的教和学生的学都具有导向作用，使得教和学的目标一致，从而较好地发挥教师的主导作用和学生的主体作用。教学目的仅对教师的教有直接导向作用，只单方面地促进教师主导作用的发挥。

2. 较之俄罗斯，中国课程目标更具层次性中国《课标（2011 年版）》中的课程目标层次分明并且具体，不但规定了总目标，还规定了学段目标，进而明确了教学活动应该达到的最终结果，对教学活动的深度和广度都有明确的指导作用，促进具体的教学目标落到实处，具有全局性和指导性的特点。《课标（2011 年版）》还从知识技能、数学思考、问题解决、情感态度四个维度具体阐述总目标。俄罗斯国家教育标准中明确表述出了课程目标，且清楚地描述了对学生的期望。除去这个目标以外，俄罗斯并没有其他对其"教学目的"进行具体阐述的目标类目。俄罗斯的课程目标显示出结构单一的特点，缺乏明确的层次。相比较而言，中国《课标（2011 年版）》分层次、分领域的总分结构，更便于从不同的视角全面深入地理解。俄罗斯只提出了相当于中国总目标的教学目的，而未在总目标的基础上详细划分各个子目标，缺乏条理性和层次性。

3. 重视双基，引领学生茁壮成长

在中国新标准中，虽然从"双基"发展成"四基"，但是对"双基"的要求并未减弱，"双基"依然是学生适应社会生活和进一步发展所需要的重要部分。俄罗斯的课程总目标明确提出：掌握基础数学知识，形成关于数学的初步概念；掌握数学教育所必需的数学技能并形成习惯。由此可以看出，中俄两国对数学基础知识和基本技能都给予足够重视。注重基本技能和基本思想的掌握，注重知识的实践性和应用性。

4. 重视问题解决能力培养，发展学生的创造性能力

小学数学问题解决的教学是新课程标准中规定的课程目标之一，是近年来国际数学教育的研究热点。这里所提到的问题是指小学生在学习数学的过程中或者是在数学实践活动中所遇到的，而且用自身已有的知识经验没有办法直接解决的新问题、新情境。[①]解决问题的过程，是一个使得小学生能初步理解解决问题的基本思想和方法，从而提高小学生解决问题时所具有的意识和能力，进一步加深学生对数学知识和技能理解程度，最终达到培养学生创

① 衷万明.小学数学解决问题策略教学的思考与实践［J］.新课程（下），2012（2）：181-182.

新意识和创新精神的程度。^①

中国《课标（2011 年版）》在总目标的第二条列出"运用数学的思维方式进行思考，增强发现和提出问题的能力、分析和解决问题的能力"，并且在具体阐述中单独列出一个维度来解释，表明中国对学生问题解决能力培养的重视。数学问题解决的学习是数学知识学习的自然延伸，是高级形式的数学活动，其对于发展学生的能力、培养创造精神具有极其重要的作用。俄罗斯国家教育标准在第一条列出了有关问题解决能力培养的目标要求，即"能顺利地解决教学过程中和实际中的问题"，要求学生能够更好地分析和解决问题。与之相比，中国在分析和解决问题的基础上，更强调了发现和提出问题能力的培养，这是对学生创造性能力的一种培养与要求。"问题解决"无论在内涵、呈现方式上，还是在教学方式、教学步骤上都更加丰富，都更有利于学生数学素质的全面发展。^②

（二）两国小学数学课程具体目标的比较分析

中国《课标（2011 年版）》中的学段目标与总目标相比过于细节化。为便于层次清晰地进行比较，笔者经过整理与归纳，将中国小学阶段的两个学段的目标以表格的方式呈现，如表 3.1：

表 3.1 中国《课标（2011 年版）》小学数学课程具体目标内容

领域	具体内容
知识技能	自然数、分数、小数、百分数、负数、数感、数的运算、估算、常见的量、式与方程、正比例与反比例、常见的平面图形、几何体、图形的运动(平移、旋转、轴对称)、物体的相对位置、测量、识图、画图、探索规律、感受随机现象、随机事件及事件发生的可能性、体会数学基本思想
数学思考	发展数感、发展空间观念、数据归类、猜想、独立思考、发展数据分析观念、发展推理(合情推理、演绎推理)能力
问题解决	发现和提出问题、分析和解决问题、了解解决问题方法多样性、合作交流、回顾解决问题过程
情感态度	主动参与数学活动、感受数学活动中的成功、尝试克服困难、感受数学与生活的联系、尊重客观事实、体会数学的价值、养成良好品质

① 刘久成.小学数学课程 60 年 [M].镇江：江苏大学出版社.2011：181.
② 刘久成.小学数学课程 60 年 [M].镇江：江苏大学出版社.2011：225.

俄罗斯除了有本国的总目标，还有其具体目标，在俄罗斯国家教育标准中，以"对培养毕业生水平的要求"作为其具体目标，并且有独特的划分维度，并未按照学段来划分，而是按照三个不同的要求来划分。这些要求分为三部分：知道/理解、会、把所学的知识与技能应用于实践活动和日常生活中。具体如表3.2。

表 3.2　俄罗斯《标准》小学数学课程具体目标内容

要求	具体内容
知道/理解	百万以内的数的顺序、数的运算、算式的运算
会	读写和比较百万以内的数、数学术语、四则运算、百以内的带余除法、笔算、含有零的计算、检验计算、算术方法解应用题、画线段并测量、识别几何图形、画图、计算图形周长及面积、比较大小
把所学知识与技能应用于实践活动和日常生活中	在空间环境中定位、按物体特征比较和分类、按小时确定时间、解决与日常生活有关问题、目测物体大小、独立设计活动

三个不同的要求中包含着"知识技能""数学思考""问题解决"以及"情感态度"四个方面的内容，同时"数与代数""图形与几何""统计与概率"和"综合与实践"四个维度的内容也穿插在其中。以上三个部分的目标是一个有机整体，经过整理与融合，更能体现出具体目标的要求。

通过比较分析，我们会发现：

1. 编排结构不一，突出目标弹性差异

中国的"学段目标"是紧随着课程总目标设定的，在结构上承接得比较自然。而俄罗斯的"对培养毕业生水平的要求"部分是设在"课程内容"之后，此编排结构与中国截然不同。笔者认为不管是总目标还是阶段性目标，只要是目标，结构安排上应具有层次性，中国的结构安排较合理些。此外，中国《标准》还将小学阶段分为两个学段具体表述目标要求，并从"知识技能""数学思考""问题解决""情感态度"四个领域具体阐述目标。分类阐述目标便于读者理解目标的属性，并能更好地把握目标。但领域或维度的固定，容易造成千篇一律的现象，导致课程设置缺乏活力，最终造成缺乏弹性的现象。俄罗斯国家教育标准中的"对培养毕业生水平的要求"结构与中国的"学段目标"完全不同，"对培养毕业生水平的要求"分为三部分：知道/理解、会、把所学的知识与技能应用于实践活动和日常生活中，其具体内容的表述也是按照这三部分展开。与中国的"学段目标"相比，俄罗斯的"对培养毕业生水平的要求"并没有按照具体学段具体年级来划分，而是将小学部分所提出的要求综合在一起，然后按照以上所提及的三部分来划分，此种划分方式充分尊重了学生身心发展规律以及学生之间的差异性。

2. 规范使用目标动词，增强目标可操作性

中国《课标（2011年版）》中陈述的目标动词可分成两类：一类是刻画结果的目标动词，如了解（认识）、理解、掌握等；一类是刻画数学活动过程的目标动词，如经历（感受）、体验（体会）、探索等。[①]这些目标动词充分体现了《课标（2011年版）》对学生数学学习的不同要求。俄罗斯的目标内容中也使用了目标动词，具体提炼如表3.3。

表 3.3 中俄两国"课程目标"中使用的行为动词

国家	维度	目标动词
中国	知识技能	了解、理解、体会、掌握、知道、认识、感受、经历、能
	数学思考	运用、发展、体验、会、能、探索
	问题解决	能、尝试、体验、了解、探索
	情感态度	感受、了解、尝试、知道、能
俄罗斯		知道、理解、掌握、会、应用

由此来看，中国使用的目标动词比俄罗斯更加全面而丰富，且对于目标的分类更加具体，以便于学生在对照《课标（2011年版）》时能更明确更清晰地了解自己在学习过程中所达到的程度，同时也便于教师在教学过程中根据学生的实际掌握情况，及时而正确地对课程内容做出相应的变动，提高教学效率及学生的学习水平。

---

① 刘久成.小学数学课程60年 [M].镇江：江苏大学出版社，2011：181.

3. 注重知识技能的实践与应用，贴近学生日常生活

中国传统的数学课程比较注重学科知识体系，与学生的生活实际联系不够。中国现行《课标（2011 年版）》要求教师关注学生的主体性和生活经验，注重让学生自主学习，学会用数学方法解决生活中的常见问题，让学生充分感受到数学的实用性，从而增强他们学习数学的兴趣，提高学习效率。在俄罗斯国家教育标准颁布之前，其对学生学习数学的要求是"培养学生的数学思维能力，以便其在从事数学活动时或是自身在社会活动中充分显示出卓越的才能"，把数学能力与人的发展、生存紧密联系在一起，特别强调数学思维能力在日常社会生活中的应用。[1]2004 年颁布的《国家教育标准》在"对培养毕业生水平的要求"部分的第三点目标明确要求把所学的知识与技能应用于实践活动和日常生活中，并且详细列出实践与应用的具体内容，如：在空间环境中定位等。这表明俄罗斯在传统的基础上，更加注重学生的实践能力以及将数学知识与技能运用于日常生活的能力。从认知的角度看，学生将数学与生活经验相联系，有助于他们更好地理解和掌握抽象的数学概念和知识，进而能体会到数学"源于生活、寓于生活、用于生活"的思想，认识数学的价值，从而激发学生学习数学的兴趣，增强他们运用数学的信心和能力。[2]

四、中俄小学数学课程内容的比较

《课标（2011 年版）》中占有较大比重的当属课程内容部分，中国课程内容从"数与代数""图形与几何""统计与概率""综合与实践"四个领域分两个学段来表述。与中国不同的是，俄罗斯并未作此详细具体的划分。为了便于两国课程内容的比较，我们对俄罗斯《标准》的分类做了必要的整合。

（一）"数与代数"领域比较分析

"数与代数"部分是小学阶段数学课程学习分量最重的部分，其在发展

---

①宋晓平.论中俄两国数学目标之差异［J］.固原师专学报（自然科学版），2001（22）：86–88.

②刘久成.小学数学课程 60 年［M］.镇江：江苏大学出版社，2011：226.

学生数感、符号感、运算能力和模型意识方面极其重要。与此同时，"数与代数"的思想与方法的合理运用有效地促进了学生对数学意义的理解，从而使学生的问题解决能力得到发展，最终形成正确、科学而又完整的数学观。通过对此部分内容学习，学生能够在知识结构中对数的概念进行构建与整合，并提高数的运算能力，也为之后的数量关系的把握奠定了基础。

为了方便研究，笔者将俄罗斯《标准》的内容按照中国的内容划分来分类，具体分成数的认识、数的运算、常见的量、探索规律四部分。由于俄罗斯小学阶段只有一至四年级，而且未分具体学段，所以本研究将忽略中国的"数与代数"领域按学段划分的特点，直接从整个小学阶段出发来完成与俄罗斯此部分的对比研究。在进行具体部分研究之前，本研究先将"数与代数"领域部分的内容做大纲式的分析。从此领域的命名来看，中国《课标（2011年版）》命名为"数与代数"，而俄罗斯《标准》中将此领域命名为"数与计算"。具体见表3.4。

表 3.4　中俄两国 "数与代数" 领域主要内容

中国		俄罗斯	
数与代数	数的认识 数的运算 常见的量 式与方程 正比例与反比例 探索规律	数与计算	数的认识 数的运算 常见的量

从两国对"数与代数"领域内容的呈现可以看出，俄罗斯在"数与计算"部分对学生要求的内容明显少于中国"数与代数"领域的要求。两国在此领域均涉及"数的认识""数的运算""常见的量"方面的知识。与中国相比，俄罗斯缺少了"式与方程""正比例与反比例""探索规律"三部分的内容。由于俄罗斯的小学只有四年，所以对学习内容的深度与广度的要求相对要低些。此外，由于俄罗斯制定国家教育标准时，认为数与计算的教学是小学数学教学的主要目的之一（但绝不是唯一的目的），所以与中国相比，其标准中

要求的学习内容在某些方面有缺失。以下将对"数的认识""数的运算"
"常见的量"三部分的内容进行比较分析。

1. "数的认识"部分比较分析

作为数与代数中第一部分内容，"数的认识"在两国的标准中都受到了
相当程度的重视，以下是中国《课标（2011 年版)》与俄罗斯《标准》中关于
数的认识部分的内容标准，详见表 3.5。

表 3.5　中俄"数的认识"部分内容的对照表

		中国	俄罗斯
数的认识	整数	·理解万以内数的意义 ·会认、读、写万以内的数 · 认识万以上的数 ·用万、亿表示大数 ·知道 2、5、10 的倍数特征 ·了解整数、自然数、偶数、奇数、质数、合数	·物体的计数 ·会认读和书写从 0 到 1000000 的自然数 ·理解数"0"的意义 ·知道一位数，两位数，三位数等数组和数位 ·了解十进制数相加之和的意义
	小数	·初步认识小数 ·小数大小比较 ·两个一位小数大小比较 ·小数、分数、百分数的转化	
	分数	·初步认识分数 ·比较同分母分数的大小 ·分数和百分数的转化 ·理解百分数意义 ·比较分数大小	
	负数	·了解负数的意义	
	符号	·理解符号>、=、<的含义	·数的"相等""大于""小于"关系，以及相应的符号表示"="">""<" ·掌握比较数的大小，多位数的大小比较

通过表 3.5 可以看出，中俄两国标准中所含有的共同内容包括整数和符
号。

从整数部分来看，两国都重视数的读写算，都看到了其作为数学学习根
基的重要性，例如中国要求在第一学段会认、读、写万以内的数；在第二学
段能够认识万以上的数，并且会使用万、亿两个单位表示大数；而俄罗斯则

要求会认读和书写从 0 到 1000000 的自然数；理解数 "0" 的意义；知道一位数，两位数，三位数等数组和数位。相比较而言，中国更明确地指出对低年级与高年级此方面数学学习的不同难度的要求，在相应的年级或层级中逐级扩大对数系的认识，继而提及与数的学习有密切关系的要求。而俄罗斯则是很笼统地表述出小学阶段对 "数的认识" 整数方面的知识要求，并没有按照由易到难的层次做出要求。此外，俄罗斯较中国多的是 "理解数 0 的意义" 和 "数组与数位" 两项。对于这两项，虽然中国的《课标（2011 年版)》并未涉及 "数组与数位" 的概念，但中国在具体教学中涉及这两项方面的知识，只是并未在《课标（2011 年版)》中单独列出而已。中国较俄罗斯多的是 "知道 2、5、10 的倍数特征" "了解整数、自然数、偶数、奇数、质数、合数"，俄罗斯并未对此两项做出要求，其具体教学内容也并未提及。

从符号部分来看，两国都要求 "理解符号>、=、<的含义"，说明两国对数的大小比较都十分重视。这是认识数的基础知识，不仅强调会比较一位数的大小，还要会比较多位数的大小，这也是对学生数感的提升做出的要求。

两国在此部分除以上两部分相似外，其余部分则存在很大差异。俄罗斯《标准》对 "小数" "分数" "负数" 三方面并未做出任何表述，此三方面的知识则是初中部分要求的知识。由此可以看出，俄罗斯小学数学教学内容的深度及广度类似于中国的第一学段的知识要求。

总体来说，中国对数的认识方面的要求高于俄罗斯。

2. "数的运算" 部分比较分析

除了数的认识的学习，"数的运算" 则是数与代数领域中的重点部分。以下是中国《课标（2011 年版)》与俄罗斯《标准》中关于数的运算部分的内容标准，详见表 3.6。

表 3.6 将两国的 "数的运算" 部分进行了详细罗列。中国《标准》提出："应重视口算，加强估算，提倡算法的多样化。" 虽然中国有提倡，但在具体内容中并没有详细表述。与中国相比，俄罗斯的课程内容中并未提及估算的内容，也未提及与算法相关的词汇。在数学运算中，算法有很多种，包括：

口算、笔算、估算、计算器和计算机，这些算法均可以达到算出结果的目的。针对不同的要求可以选择不同的算法，比如要求算出近似答案，就可以使用估算，既方便又快捷；又比如需要算出精确的答案，就可以选择心算、笔算、使用计算机、使用计算器。由此可以看出，算法的多样性是值得我们深入研究的。

表 3.6　中俄"数的运算"部分内容的对照表

	中国	俄罗斯
数的运算	·加减法笔算部分:计算两位数和三位数加减法;同分母分数(分母小于10)的加减运算;一位小数的加减运算;简单分数、小数加减法 ·加减法口算部分：口算 20 以内加减法;能口算百以内加减法 ·乘除法笔算部分：表内乘除法;一位数乘两位数和三位数、两位数乘两位数的乘法；两位数和三位数除以一位数的除法；三位数乘或除以两位数;简单分数、小数乘除法 ·乘除法口算部分:口算一位数乘两位数 ·四则运算部分:认识小括号,能进行简单的整数四则混合运算(两步) ·估算部分:能进行简单的估算 ·运算律:了解和运用运算律	·加减法笔算部分:理解具体运算的意义和名称;加减法各部分的名称;加减法计算的含义;加法表;百万以内数的加法和减法运算的算法;含有 0 的加法和减法 ·加减法口算部分:100 以内数的口算；两位数和一位数的加法;从两位数中减去一位数;两位数的加减法;在优秀学生中进行超过百的口算 ·乘除法笔算部分:具体运算的意义和名称;乘除法各部分的名称;一位数的乘法表和相应的除法表;乘和除以;求已知数的几倍或几分之一的数;带余除法;带余除法的检验;两位数至四位数乘一位数或两位数;三位数至六位数除以一位数或两位数 ·乘除法口算部分:两位数乘一位数的乘法;两位数除以两位数或一位数的除法；在优秀学生中进行乘数或除数是 10,100,1000 的乘法和除法 ·四则运算部分:会计算含有括号的算式;定义完成算式运算的顺序;求含有括号或不含括号的算式的值;利用四则运算的性质完成计算 ·运算律:加法和减法的交换律、结合律;乘法对加法的分配律;和乘上一个数与一个数乘和;和除以一个数

经比较分析，两国均涉及加减法的口算与笔算、乘除法的口算与笔算、四则运算以及运算律几个部分，可以看出这些内容在小学数学教学中占有很大比重。

3."常见的量"部分比较分析

此部分与人类日常生活息息相关，具体情境中会出现不同的量及其单位。对于学生来说较好地掌握常见的量，有利于其解决实际问题，体会各个量的具体意义。中俄两国对常见的量的要求也不尽相同，两国内容对照表详见表

3.7。

表 3.7 中俄"常见的量"部分内容的对照表

	中国	俄罗斯
常见的量	·能够在现实情境中,认识货币单位:元、角、分,并且了解三者间的转化关系 ·能够认识钟表,并且能够了解 24 时计时法;同时根据学生自己的实际生活经验,体会出时间的长短 ·认识时间单位:年、月、日,并且能够理解此三者间的转化关系 ·能够在现实的情境里,感受并认识克、千克、吨,对简单的单位能够进行换算 ·能根据具体日常生活,解决与有关常见的量相关联的各类问题[①]	·按不同特征比较物体:长度、质量、容积 ·认识长度单位:毫米、厘米、分米、米、千米,并了解它们之间的关系 ·认识质量单位:克、千克、吨,同时能理解此三者之间的关系 ·认识时间单位:秒、分、时、昼夜、星期、月、年、世纪,并了解它们之间的关系 ·了解以下几类关系:运动、工作、买卖等;速度、时间、工作效率;商品数量、它的价格和价钱等

两国"常见的量"的要求既有共同点,也有不同点。共同点是两国都重视学生在具体的生活实际中运用常见的量,解决相关实际问题;两国对质量单位的划分与要求大致相同。不同点在于两国对具体方面的要求各有侧重。比如说,中国课程内容侧重于对货币、时间和重量的认识,俄罗斯课程内容则侧重于对长度、质量、容积和时间的认识。中国将长度部分的知识设置在第一学段的"图形与几何"部分,并且出现在"测量"这一板块里;而将容积方面的知识设置在第二学段的"图形与几何"部分,也出现在"测量"这一板块里。这体现了中国与俄罗斯划分知识点领域的理念之间的差异。

(二)"图形与几何"领域比较分析

几何是一门直观视觉的艺术,也是一个培养逻辑思维的载体。学习几何能培养学生空间想象的能力,认识图形、把握图形的能力,以及逻辑思维能力。

先将两国几何部分的主要课程内容分别列出。详见表 3.8。

---

①中华人民共和国教育部.义务教育数学课程标准（2011 年版）[M].北京：北京师范大学出版社，2012：17-18.

表 3.8　中俄两国几何部分主要内容对照表

	中国	俄罗斯
主要内容	图形的认识 测量 图形的运动 图形与位置	空间关系 几何图形 几何量的测量

从表 3.8 可以看出两国对几何部分课程内容的共同点是两国都重视几何图形的认识、测量和位置。中国在此部分安排了"图形的运动"知识，这在认识图形的基础上提出了更高的要求，而俄罗斯几何课程内容并没有单独将图形的运动列出来，表明了中国与俄罗斯对小学生的图形与几何能力要求有差异，也表明两国对知识体系的划分有差异。

笔者将按照中国的划分方式，从图形的认识、测量、图形的运动、图形与位置四部分对两国的具体内容的异同之处展开具体比较。

1. "图形的认识"部分比较分析

表 3.9　中俄两国"图形的认识"部分具体内容对照表

		中国	俄罗斯
图形的认识	第一学段	·辨认长方体、正方体、圆柱和球等几何体 ·能辨认长方形、正方形、三角形、平行四边形和圆等简单图形 ·会用长方形、正方形、三角形、平行四边形或圆拼图 ·认识角，了解直角、锐角和钝角 ·能对简单几何体和图形分类	·识别和想象几何图形：点、直线、线段、角、多边形、三角形、长方形、正方形 ·识别圆与圆周、球与球面
	第二学段	·结合实例了解线段、射线和直线 ·体会两点间所有连线中线段最短，知道两点间的距离 ·知道平角与周角，了解周角、平角、钝角、直角、锐角之间的大小关系 ·了解平面上两条直线的平行与相交(包括垂直)关系 ·认识平行四边形、梯形和圆，知道扇形，会用圆规画圆 ·认识三角形，并了解三角形两边之和大于第三边、三角形内角和是 180° ·认识(等腰、等边、直角、锐角、钝角)三角形 ·能辨认从不同方向看到的物体的形状图 ·认识长方体、正方体、圆柱和圆锥，认识长方体、正方体和圆柱的展开图	

首先，两国关于此部分的命名不同。中国称之为"图形的认识"，俄罗斯称之为"几何图形"。从字面上来看，似乎俄罗斯的"几何图形"要比中国的"图形的认识"包含的知识点更多，但经比较发现，结果恰恰相反。所以两国对此部分的命名并不存在本质差异，只是各国的表达习惯不同而已。其次，俄罗斯关于此部分的内容与中国第一学段的内容基本相似，其并未提及任何有关中国第二学段关于此部分的知识。由于俄罗斯在制订国家数学教育标准时，要求必须掌握小学生的数与代数领域的相关内容，而对图形与几何方面的知识并没有太高要求。此外，中国还重视操作能力的培养。在几何知识的学习过程中注重直观体验，发挥其想象力。并且，学生在自己动手操作的过程中也能培养自己学习几何知识的兴趣，从而为后续课程内容的学习奠定良好基础。

3. "测量"部分比较分析

测量是把待测定的量同一个作为标准的同类量进行比较的过程，它使物体的属性具有了量化的特征。此部分知识一直是各国小学数学教育中的重要内容。

表 3.10 中俄两国"测量"部分具体内容对照表

		中国	俄罗斯
测量	第一学段	·体会并认识长度单位千米、米、厘米，知道分米、毫米，能进行简单的单位换算，会选择长度单位 ·能估测一些物体的长度，并测量 ·认识周长，掌握长方形、正方形的周长公式 ·认识面积单位平方厘米、平方分米、平方米，会简单的单位换算 ·掌握长方形、正方形的面积公式，会估计简单图形的面积	·测量线段的长度，作已知长度的线段 ·计算多边形的周长 ·认识几何图形的面积及面积单位(平方毫米、平方厘米、平方米) ·会计算长方形的面积
	第二学段	·能用量角器量并能画指定度数的角，会用三角尺画 30°、45°、60°、90°角 ·探索并掌握三角形、平行四边形和梯形的面积公式，并能解决简单的实际问题 ·知道面积单位:平方千米、公顷 ·了解圆的周长与直径的比为定值，掌握圆的周长公式和面积公式，并解决简单的实际问题;会用方格纸估计不规则图形的面积 ·通过实例了解体积的意义及度量单位，能进行单位之间的换算 ·掌握长方体、正方体、圆柱的体积和表面积以及圆锥体积的计算方法，并能解决实际问题 ·体验某些事物体积的测量方法	

由表 3.10 可以看出两国在此部分的异同：

（1）内容的广度不同。中国将之命名为"测量"，其实就是指几何量的测量。中国在第一学段"测量"部分要求学生掌握长度的测量、长方形和正方形的周长与面积。第二学段要求学生掌握画角、规则和不规则多边形的面积以及几种几何体的表面积和体积。相比之下，俄罗斯在"几何量的测量"部分所要求的内容与中国第一学段对学生的要求基本相似，并未涉及难度有明显提升的多边形面积和几何体的表面积。

（2）内容的划分不同。将中国"测量"的第一学段课程内容与俄罗斯"几何量的测量"课程内容相比，对长度方面的知识划分有所不同。中国在此部分要求："体会并认识长度单位（千米、米、厘米……），知道分米和毫米，能进行简单的单位换算。"俄罗斯在此部分并未设置此项知识，而是将其设置在"数与计算"领域中"常见的量"部分。两国对此部分知识的划分差异，表示两国对此知识点的要求与理解不同。笔者认为，长度方面的知识是几何部分中线段的测量和周长、面积计算的基础，所以放在"图形与几何"部分更为妥当，起到使知识点连贯一致的作用。

（3）内容呈现的方式不同。中国标准在"测量"部分提到"结合生活实际，探索、体验某些测量方法"等，表明中国强调对实物的观察，对操作能力以及创造能力的培养。学生通过对生活中出现的实物进行观察和操作，能更直观地认识图形，以促进其对知识的理解。

（4）对估测的不同要求。日常生活中，并不是都需要得到精确的测量结果，学生可以通过比较和推理等认知过程大致估计出测量结果。合理地利用估计，可以帮助学生缩小测量范围，最终提高解决问题的效率。中国在此部分指出："能估测一些物体的长度，并进行测量。"俄罗斯在几何部分并未出现与估测相关的词汇。估测作为长度测量教学的一个重要方面，与精确测量有机结合，构成"先估再量，再利用精确测量的结果调整之前的估测结果，逐步提高学生估测的水平"。

4. "图形与位置" "图形的运动" 部分比较分析

"图形与位置" 能使学生更好地把握生活的空间，也可以发展学生的空间观念和推理能力。"图形的位置" 与 "图形的运动" 两个部分有着千丝万缕的联系，图形运动过后可以研究其具体位置，而依据图形的现有位置也可以研究其运动过后的位置。由于俄罗斯没有独立的 "图形的运动" 部分的内容，所以这里只列出两国 "图形与位置" 具体内容对照表。

表 3.11　中俄两国 "图形与位置" 内容对照表

		中国	俄罗斯
图形与位置	第一学段	·会用左、右、上、下、前、后描述位置 ·能辨认东、南、西、北、东北、西北、东南、西南八个方向，会描述物体所在的方向	·通过比较确定空间位置关系：上与下，前与后，高与低，近与远，左与右，在……之前，在……之后，在……之间等 ·物体在平面上以及空间里的位置及其关系 ·运动方向：从左向右，从右向左，从上到下，从下到上 ·按大小和形状比较物体（大与小，高与低，较长与较短等），按照较大、较小和同样大将物体分类
	第二学段	·了解比例尺；在给出的情境中，能够按照给定的比例换算实际距离和图上距离 ·会依照物体相对于参照点的实际距离和具体方向明确该物体的位置 ·会描述简单的路线图 ·在具体情境中，对于给定的方格纸，会用数对表示其位置，并且了解数对和方格纸上点的一一对应	

通过比较可以看出：

（1）知识的深度与广度不同。中国 《课标（2011 年版）》 要求能辨认八个方向、换算图上距离与实际距离、会描述简单的路线图等知识，这几项内容俄罗斯均未提及。俄罗斯除去与中国相同的知识点，还要求能按照大小和形状比较物体，这是中国此部分知识的缺失项。但经过总体比较可以看出，中国在知识的深度与广度上远超于俄罗斯。

（2）内容的划分不同。俄罗斯在此部分要求学生掌握运动方向：从左向右，从右向左，从上到下，从下到上。该知识点属于平移方面的知识，中国将其划分在 "图形的运动" 部分中，与 "图形与位置" 区分开。俄罗斯如此划分应该有两个原因：①俄罗斯有关图形运动方面的知识要求较低、较少，没有必要单独列出；②图形运动的知识与其本国的 "空间关系" 领域有着必然的联系，将其划分在此领域具有可行性、合理性。

（3）部分内容的缺失。中国《课标（2011 年版）》要求掌握图形的平移、旋转和对称等内容，通过此部分内容的学习，可以有效地发展学生的空间观念。俄罗斯在几何部分并未提及图形的运动方面的知识，造成了此部分内容的缺失。此部分内容比较注重学生的直观感受和对运动现象的观察，所以在小学阶段安排具有合理性。笔者认为，应该安排此方面课程内容的学习，更有利于促进学生思维和空间观念的发展。

（三）"统计与概率"领域比较分析

国际数学课程改革越来越重视对统计与概率部分的研究，义务教育课程体系已经将该部分以基本数学素养的形式纳入其中，这是一个必然的趋势。小学阶段进行统计与概率的学习，可以使学生逐步形成统计观念，形成尊重事实、用数据说话的科学态度。在学习此部分内容的过程中，会涉及解决问题、计算、推理以及整数、小数、分数、百分数等许多数学知识，所以对此部分内容的学习起到了温故而知新的作用，同时也能发展学生解决问题的能力。

中国《课标（2011 年版）》指出："能对事物或数据进行分类；会收集和整理数据，并能呈现数据整理的结果；会分析数据；会设计简单的调查表；会计算平均数；读懂简单的统计图表；根据统计结果进行简单的推测和判定；了解随机现象发生的可能性。"中国在此部分要求帮助学生做出合理的推测与判定，主要通过收集、整理和分析数据以及描述事件发生的可能性。其最终目的在于培养学生运用随机观点去体会多姿多彩的现实世界，提高解决问题的能力，并且形成用数学分析和思考的意识。

俄罗斯《标准》中并未将此部分知识单独开辟一个单元，而是渗透在其他课程内容中，并且涉及的内容非常少。纵观俄罗斯《标准》的课程内容部分，只在几何部分提及，比如：按大小和形状比较物体（大与小，高与低，较长与较短等）；按照较大、较小和同样大将物体进行分类。这表明统计与概率的学习并未作为俄罗斯小学数学教育的内容。

（四）"综合与实践"领域比较分析

中国《课标（2011 年版）》中指出："通过实践活动，感受数学在日常生活中的作用；在实践活动中，了解解决问题的过程；经历有目的、有设计、有步骤、有合作的实践活动；了解所学知识之间的联系，获得数学活动经验。"俄罗斯的《标准》未单独列出类似于"综合与实践"这一领域，而是结合在其他课程内容中。比如在"数与计算"领域指出："利用尺子测量长方体形状的物体某方向上的长度；称物体质量；按小时确定精确到分的时间，精确到小时的时间；利用已知量器比较两个器皿的容积。"此外，还在几何部分指出："获得直角的模型；用实际用具制作出直角和长方形；以直角模型为主要用具，在模型中找出直角，并且能在已知多边形中找出长方形；借助于方格纸测量几何图形的面积。"表明综合与实践活动既能使学生感受到数学知识与实际生活的密切联系，还能开阔学生的数学视野，更能体验数学的应用价值。

五、中俄小学数学课程标准比较的启示

比较教育从一开始就具有强烈的借鉴取向，教育借鉴成为比较教育非常重要的历史传统和价值选择。[1]比较的意义主要在于"取其精华，去其糟粕"，通过对中俄两国小学数学课程标准各个方面的具体比较分析，能够促进中国课程标准的改进。

（一）合理对待"精英"教育，增强课程内容的弹性

精英教育在现代环境下，是实现强国之梦的有效途径。如今精英教育面临着现实困境：精英教育与大众教育的冲突。[2]大众教育与精英教育本是与高等教育阶段有关联的话题，义务教育阶段被认为是大众化教育的主阵地，但

---

①陈时见，王涛.比较教育借鉴认识论的历史意义与发展走向［J］.西南大学学报（社会科学版），2014（1）：52-57.

②靳占忠，孙健敏.精英教育的现代意蕴［J］.河北科技大学学报（社会科学版），2013（3）：93-103.

并非义务教育就仅仅只是大众教育。中国《课标（2011 年版）》中所有类目的制定并没有与精英教育相关的内容，严格遵守近年来饱受关注的教育公平原则。但俄罗斯《国家数学教育标准》中在具体教学内容的阐述中有所提及：在"自然数的口算"中要求学生掌握 100 以内数的口算，但对大于 100 的数的口算，只要求在优秀学生中进行，体现出一定的弹性。其教师在面向全体学生实施大众教育的同时，也进行着合理的精英教育，这在很大程度上能扩大有限的教育资源，促进大众化教育的整体发展。所以，大众教育和精英教育不应该处于对立状态，而应该进行最优化的融合。①

俄罗斯在《国家数学教育标准》中涉及精英教育的内容，并且有较好的数学学习方式的有力支撑。俄罗斯在苏联时期就已经形成一个由数学家与小学生一起建立的学习数学的形式，即与数学天才儿童一起做课外活动，这是其他国家少有的方式。俄罗斯具有许多数学学习活动方式，如数学课外小组、数学奥林匹克竞赛、夜校、数学专业学校等等。②通过这种学习方式，小学生能获得大量的科学普及知识和数学补充文献的知识。

（二）坚持加强数学知识的应用

数学知识的学习离不开应用。"数学源于生活、寓于生活、用于生活"，并存在于生活的每个角落。数学学习以生活实践为依托，将数学经验数学化。③日常生活中出现的很多难题都是靠数学来解决的，因此数学也为生活增添了色彩。

俄罗斯对于知识的使用与应用非常关注，并且在"教学目的"部分单独列出一条来阐释，其《国家数学教育标准》的课程目标中明确指出：培养对数学的兴趣，加强数学知识的应用。《课标（2011 年版）》应该加强数学实用性知识的介绍，同时加大对数学知识的使用与应用的要求，使得教师在教学过程中积极地引导学生在日常生活中认识和理解数学，让学生主动把数学基

---

①姚燕娟.浅议大众教育与精英教育［J］.时代教育，2014（12）：78.

②朱文芳.俄罗斯数学教育的最新进展［M］.北京：北京师范大学出版集团，2011：6.

③吴松旺.小学数学教学生活化的实践研究［J］.小学教学参考，2014（12）：64-65.

础知识运用到各类生活情境中，并且在教学的整个过程中积极地培养学生在日常生活中使用和应用数学基础知识的意识，让学生体验到数学的价值和意义，树立用数学知识解决实际问题的意识的信心。以往的数学教学中，学生主要依据已掌握的解题技巧，逐步解决问题，而没必要在意这些问题的出处和价值，更没必要使用数学基础知识解决日常生活中所遇到的各类问题。如今，素质教育得到积极响应，学生通过应用和使用数学，验证数学知识在日常生活实践中的应用，进一步完善自身的知识结构。比如，"平面图形的面积"的学习时，可以组织学生去田间测量土地的面积，使学生了解现实中的土地，并不是以规则的平行四边形、长方形或梯形呈现的，而是经过化整为零，进而转变成学生所理解的平面图形面积的问题。[1]所以，把数学知识运用到实际生活中去，会用数学的观点和方法来认识周围事物，并能解决一些简单的实际问题，这是学习数学的一个重要方面。

（三）注重估算教学的数感功能

在以往的数学教学中，估算教学并未引起足够的重视，造成学生估算意识薄弱的现象。中国《课标（2011 年版）》在第一学段要求学生"能选择适当的单位进行简单估算，并体会估算在生活中的作用"；在第二学段要求"在解决问题的过程中，能选择合适的方法进行估算"。两个学段对估算内容的要求均太过宏观，并未具体阐释。在工农业生产和日常生活中，近似值被广泛使用，如计算重量、时间、速度、面积等所得的数，一般不是精确的数。俄罗斯《标准》中未对估算做出要求，这对学生全面理解数学有不利影响。

估算与口算互为基础，相辅相依，两者有效地整合，有利于培养学生精确计算能力。此外，估算对笔算还带有相当的校正作用。比如，数学习题"104×11=?"，如果把 104 看成 100，11 看成 10，那么 100×10=1000；如果把 104 看成 110，那么 110×11=1210；由于 104 在 100 和 110 之间，所以 104×11 的积肯定在 1000 和 1210 之间，此时，估算对计算结果起到了预测效果。经

---

①韦金球.数学在生活中的运用［J］.课程教育研究（新教师教学），2012（8）：34-35.

过先估算，再计算，最后验证的过程，不但能提高学生的估算能力、推理能力，计算正确率也能得到保证。学生在学习估算过程中，如果目的是为了解题而学习，而不明白估算的价值，则很难产生对估算的兴趣。在一定的具体情景中，通过各种实践活动，有意识地注重学生估算意识的培养，可以帮助学生养成运用估算的好习惯，使得学生充分感受到运用估算的必要性。让学生了解估算学习的意义很重要，教师的教学应与学生的实际生活经历相结合，注重不同估算方法的学习。目前，中国对估算要求也逐渐提高，这是值得肯定并需要坚持的方面，但对具体的知识要求及落实上仍有待加强。估算教学是数学教学改革的一个新的课题，中国《课标（实验稿）》中便明确指出：要"重视口算，加强估算，提倡算法多样化"。经过 10 年的探索和实验，对实验教材中初次引入的估算问题进行了完善。例如，对估算教学的处理，如何让学生体会到估算的价值，如何培养学生的估算意识等。

此外，新课标对估算教学实施要求的侧重点有所变化，对第一、二学段的估算要求有较为明显的降低，新旧课标估算要求变化的实质是淡化估算的知识与技能，强调估算的思想方法，注重估算的实践功能等；新课标对估算的要求更合理，既重视估算的实际背景，又强调估算的单位选取，更强调估算作为一种培养数感、增强数学活动经验的功能。所以，在认真贯彻实施新课标的过程中，对估算的教学应采取正确的方式。

（四）改善目标呈现形式，尊重学生个性差异

俄罗斯在其《国家数学教育标准》中对课程目标的阐述主要分为总目标和具体目标，总目标即为"教学目的"，而具体目标则为"对培养毕业生水平的要求"。与中国《课标（2011 年版）》中的课程目标相比，俄罗斯的课程目标的呈现形式较中国更加体现出对学生个性差异的尊重。中国除了总目标和具体阐述之外，还划分出"学段目标"，每个学生必须掌握自己所处学段的具体知识内容。俄罗斯阐述了总目标之后，所呈现出的"对培养毕业生水平的要求"，则是从三部分进行罗列（知道/理解、会、实践运用），只要求小学生毕业所需要达到的水平。不同年级的内容框架并不固定，说明俄罗斯在制

定《标准》的课程目标是充分考虑到了个体差异性等方面，避免受统一模式的限制，因此，课程具有较大的弹性。众所周知，每个学生都有自己的认知方式，其在每个阶段的认知能力并不是完全相同的。所以按照固定的规范去要求学生，有违尊重学生的主体性。

此外，由于区域间经济情况存在差异等原因，并不是所有学校的学生都能掌握所处学段的知识。对课程目标按学段划分，容易受统一模式的影响，在忽视学生个性差异的同时，还会造成课程缺乏相应的弹性，限制了教师的发展空间。

第四章 中芬小学数学课程标准比较

芬兰，位于欧洲北部，是欧洲第七大国家，也是信息产业高度发达的国家。先进科技的发展必定要有发达教育的支撑，对芬兰而言"教育是芬兰的国际竞争力"。芬兰前总统哈洛宁也多次说过，"我们认为，具备世界最强竞争力的秘诀，是教育"。

芬兰人民和政府都极为崇尚教育，视教育为"迈向进步之门的钥匙"。从20世纪60年代起，芬兰就开始大力普及九年制义务基础教育，并实行免费高中和高等教育。芬兰教育经费在国家财政预算中所占比例高达18%，远高于美国和日本。也正是由于芬兰政府对教育事业的高度重视和大力支持，教育已成为芬兰最成功的代名词。[①]自2000年起，芬兰在由世界经济合作与发展组织（OECD）的"国际学生评价项目"（PISA）中连续四届名列前茅，表现优异。

一、芬兰数学教育概况

（一）芬兰基础教育课程的发展历程

芬兰基础教育的发展经历了一个漫长的过程，芬兰政府从1921年就开始实行义务教育，至今已有近一百年的历史，而实现真正意义上的全国范围免

---

①李水山.芬兰优质基础教育的特色及启示［J］.世界教育信息，2010（7）：87-90.

费的义务教育也有四五十年的历史。总之，芬兰实行义务教育较早，发展较快。

为了使义务教育获得长足的发展，芬兰从宏观和微观两个方面入手，保证教育的持续发展。宏观层面，教育当局于 1998 年颁布了《基础教育法》，保证教育的各项工作有法可依。1999 年又取消了六年小学、三年初中的划分，从而实现了九年一贯制的义务教育。①芬兰当局除了在法律层面保障基础教育外，还从经济层面给基础教育提供支持。芬兰当局致力于长期增加教育经费的投入，其增长率已实现高于国内生产总值增长率。教育经费在芬兰政府预算中占比约 13%，居于各项支出第二位。微观层面，为了确保教师的教育质量，国家出台的教育法明文规定，申请义务教育阶段教师职位的，必须获得硕士及以上的学位，这远远高于国际上大多数国家对教师基本文凭的要求。相对于其他国家进行的大刀阔斧的改革，芬兰的教育改革显得温和了许多。它是芬兰用了数十年时间，通过长期坚持不懈的努力，从政策层面给予保证，从经济层面提供支持，使得芬兰教育改革得以平稳的进行，最终形成了现行芬兰独具特色的教育体系。

（二）芬兰现行小学数学课程标准概述

芬兰现行的义务教育数学课程标准，是 2004 年出炉的国家级别的课程标准，为地方课程和校本课程的制定与实施，提供了相当详细的开发依据和理论指导。相应的，后者的展开也必须在《基础教育国家核心课程》这一框架下有序地进行。新的国家核心课程主要强调国家对教育的宏观指导作用。值得注意的是，芬兰并没有把义务教育数学课程标准这一方面的文件单独列出，而是收纳进了《基础教育国家核心课程》，以数学为例，只是在此书的 7.6 节，作为一个单独的科目加以阐述。这一点有别于其他国家。国际上大多数国家的课程标准都是一个独立的文件，而芬兰却独树一帜，这可以看作是芬兰义务教育数学课程标准的特色。对课程标准的目标和内容的描述是分学段进行

①曹一鸣.十三国数学课程标准评介［M］.北京：北京师范大学出版社，2012：90.

的。把整个义务教育分成了三个学段：一至二年级为第一学段、三至五年级为第二学段、六至九年级为第三学段。三个学段具有梯度，分层进行。同时，教育的考核，也是依据这三个学段展开的，而不是具体到每一学年。

二、芬兰小学数学课程设计

公平是芬兰小学教育发展的一条主线，因此在设计课程时，不在于对课程知识规定得如何详细，而在于如何才能保证全体学生享有公平而卓越的教育。

（一）课程性质的定位

数学是影响学生的智力发育，提高有目的的行为和社会交往能力的科学。数学教育在于使学生在数学思维、数学思想、解决问题的方法、创造力等方面获得发展和提高。①

（二）课程设计的理念

芬兰课程标准中没有明确提出课程理念，但是数学教学的核心任务以及数学教学有效展开中穿插着课程理念相关内容的描述。它主要从以下几个方面阐述的：

1. 数学教学目的方面，强调通过数学教育应使学生在数学思维、数学思想、解决问题的方法、创造力等方面获得发展和提高。相对知识技能方面的目标，芬兰更为注重学生实际应用能力的培养。

2. 数学的重要性方面，认为数学的重要性已经得到广泛的认可，而数学为什么重要，是因为数学大大影响了学生的智力发育、有目的的行为以及学生的社会交往能力。数学对智力的发展早已得到证实，但是数学影响学生的社会交往能力，则看到了数学的特殊作用，数学是怎样影响学生的社会交往能力的，课程标准中没有给出明确的说明，这值得我们挖掘。

3. 数学教学的组织与开展方面，强调教学的开展必须要系统，这是与数

---

①曹一鸣.十三国数学课程标准评介［M］.北京：北京师范大学出版社，2012：94.

学学科特点有关。首先，数学具有高度的抽象性，抽象性不仅表现在数学概念本身，还表现在概念的获取方法上；其次，数学逻辑具有高度的严密性，逻辑的严密性表现在数学结论是从一些基本概念（或公理）出发，采用严密的逻辑推理而得到。①这就决定了在进行数学教学时要由易到难、由浅入深、循序渐进。

4. 数学的实用性方面，芬兰认为具体的自然事物规律帮助学生将经验与抽象的数学思维体系联系起来。芬兰在制定课标时着重考虑了学生的思维特点，小学生处于具体形象思维向抽象思维的过渡阶段，认识事物时需要具体事物的支撑，因此，在教学时注意利用学生所熟悉的自然事物规律，在已有的经验和抽象的数学思维之间搭建起一座桥梁。

5. 数学思维方面，强调数学思维是解决问题的关键因素，因此，要重视思维能力的培养，学生一旦具有一定的思维能力，许多问题就迎刃而解了，这就是人们所提倡的"授人以鱼，不如授人以渔"道理所在，教学生知识，不如教会学生思考的方法。

6. 信息技术与通信技术方面，肯定了信息技术的作用，认为通信技术有利于辅助学生的学习，这已经是国际上的通识，得到了普遍的认可。

（三）课程设计的思路

课程的结构除了关注课程类型、课时比例安排，也考虑学段问题。在义务教育阶段数学课程中九年的学习时间划分为三个学段，分别为"一至二年级"为第一学段、"三至五年级"为第二学段、"六至九年级"为第三学段。学段的划分方式是按照九年一贯制的特征而设计的。它淡化了小学和初中的区分。学段的划分方式对课程的目标、内容以及实施等多个方面都带来影响。这使得数学课程标准并没有逐学年进行阐述，而是分学段规定了相应的"目标"与"核心内容"，并给出每个学段结束时学生应达到"良好表现的标准"。②

①金成梁，刘久成.小学数学课程与教学［M］.南京：南京大学出版社，2013：9.
②曹一鸣.十三国数学课程标准评介［M］.北京：北京师范大学出版社，2012：94.

评价主题由于内容主题不同而不同。主要涉及的主题有"数与计算""代数""几何""测量""数据处理与统计""统计与概率""思维能力与方法""函数"等。

三、中芬小学数学课程目标的比较

课程目标即学生通过课程学习应达到的结果及程度要求，是关于学习活动结束之后行为变化的描述。它直接受教育目的、培养目标的制约，是教育目的、培养目标的具体化。课程目标的确立，有助于为课程内容的选择和组织提供依据，有助于为课程实施和课程评价提供准则。课程目标的重要地位，使得中芬两国的小学数学课程标准中都不约而同地提到了课程目标，并且花了很大的篇幅去描述课程目标。

（一）芬兰课程目标

作为《核心课程》整体中的一个章节，芬兰的小学数学课程标准总体而言较为简略。课程标准中并没有明确提出数学课程的总体目标。但在内容标准的具体描述之前，芬兰课标提出了数学课程的教学任务，这既反映了数学课程的设计理念，也可以视为课程总目标的阐述。

具体来说，教学任务是分成两个方面来描述的：第一个方面是数学的教学任务。对此，芬兰这部分是这样描述的：数学的教学任务是培养学生的数学思维，学习数学思想和广泛应用的解决问题的方法，数学是为了培养学生的创造力、严谨的思维，以及引导学生发现、提出并解决问题。[1]相对于知识技能等方面的目标，芬兰的课程总目标更侧重于培养学生的各项能力。在知识爆炸时代，知识正以史无前例的速度增长，更新速度远远地超过了人们的学习速度。如何使人们能够应对知识时代的挑战呢？那么培养学生的"数学思维""创造力""发现、提出并解决问题"等方面的能力就显得尤为重要。事实证明，芬兰课程的总目标尤为重视学生的数学思维能力的发展，而且将数学思维能力的培养贯穿于整个数学课程标准的始终。如还在内容标准中学

---

①曹一鸣.十三国数学课程标准评介［M］.北京：北京师范大学出版社，2012：94.

生应达到的良好表现部分，课标花了很大篇幅阐述了学生在思维和技能方面应达到的要求。第二方面是数学的重要性，它肯定了数学的作用和地位。对此，芬兰这部分是这样描述的：数学的重要性已经得到广泛认可。数学影响学生的智力发育，提高有目的的行为和社会交往能力。①芬兰的课程肯定了数学的重要作用，认为这个重要性不仅表现在"智力发育"上，还表现在"有目的的行为"以及"社会交往能力"的影响上。总之，芬兰课程的表述虽然比较简略，但是字字珠玑，内涵丰富。

芬兰的课程未曾明确提出课程总目标，但对于学段目标的阐述则是具体而清晰的。芬兰课标中的学段目标安排在各学段的"核心内容"之前，并且各学段目标的表述也呈现出一定的统一性和层次性：先是对各学段数学教学核心任务的总体概述，再是具体目标的分点论述。第一部分是各学段的核心任务，它是该学段教学的目标指引，具有全局性、方向性和指导性。如一至三年级的核心任务是这样描述的：一至二年级数学教学的核心任务是开发学生的数学思维、练习集中注意力、倾听与交流，以及为数学概念与知识结构的形成提供经验基础。②从内容广度上说，强调教师要在"数学思考""学习习惯""知识技能"这三个方面做出努力，这种表述方式与中国新课标"学段目标"主题标题是基本一致的。从内容的深度上来说，两个学段对学生的要求明显不同，学段一更为强调培养学生的学习习惯，良好的学习习惯是终身学习的重要保证，它可以为后续学习提供支持。学段二更为强调培养学生的数学思想。数学思想是数学教学的本质，所以教数学必须教数学思想，学数学必须学数学思想。而且一旦学生掌握数学思想，有助于学生解决以后生活和工作所面临的问题。不管是培养学生的学习习惯，还是培养学生的数学思想，都能为终身学习提供支持。第二部分是"目标"，目标是从整体上进行表述的，并未将其划分成相应的维度来呈现。但将它与"数学教学的核心任

---

① 曹一鸣.十三国数学课程标准评介 [M].北京：北京师范大学出版社，2012：94.

② 曹一鸣.十三国数学课程标准评介 [M].北京：北京师范大学出版社，2012：96.

务"相对照，不难发现它是"数学教学的核心任务"的具体化，比如"数学教学的核心任务"中的第一条"开发学生的数学思维"。在目标部分提出"学会集中注意力、倾听、交流，以及发展思维能力"。目标部分更为强调了学生在"数学思考""情感态度""知识技能"这三个方面应该达到何种程度，如第一学段对学生注意力的要求只是学会，并没有提出学生集中注意力的时间，这对学生注意力的要求程度较低。

从横向上来看，芬兰课程学段目标既注重学生知识技能的发展，同时也注重学生数学思考、情感态度的发展，但相对而言，更为重视学生数学思考能力的培养。从纵向来看，结合了每个学段的学习内容，并综合考虑了每个学段学生的年龄特点，在知识的呈现上体现了螺旋上升、循序渐进、层层拔高的特征。

（二）中国课程目标

中国现行义务教育数学课程标准中，对课程目标的表述分为"总目标"和"学段目标"两大部分。中国数学课程标准明确提出了课程总目标，并且课程总目标的表述是具有层次结构的。即把"课程总目标"分为"总目标"、"总目标的四个具体方面"。"总目标"是对课程总目标的总体概述，因此带有全局性、方向性、概括性。从内容编排上看，《课标（2011年版）》非常注重课程的完整性。从具体内容上看，总目标着重强调通过义务教育阶段的学习，使学生获得"四基"（即基础知识、基本技能、基本思想和基本活动经验）、增强发现和提出问题的能力与分析和解决问题的能力、认识到数学的意义并培养科学的态度。"总目标的四个具体方面"主要从知识技能、数学思考、问题解决和情感态度这四个方面表述的。并在阐述的过程中渗透着"数与代数""图形与几何""统计与概率""综合与实践"四个方面的内容。从结构上来说，总目标的这四个方面，不是相互独立和割裂的，而是一个密切联系、相互交融的有机整体。[①]因此，在设计教学时要同时兼顾到这四维目

---

①中华人民共和国教育部.义务教育数学课程标准（2011年版）［M］.北京：北京师范大学出版社，2012：8.

标，缺一不可。

中国的学段目标从内容的具体表述上来看：首先，结合学生的年龄特点，在具体表述每个学段目标时，兼顾到课程标准中"数与代数""图形与几何""统计与概率"和"综合与实践"这四大领域内容，体现了课程目标的综合性；其次，结合了每个学段的学习内容，并综合考虑了每个学段学生的年龄特点，在知识的呈现上体现了螺旋上升、循序渐进、层层拔高的特征，体现了课程目标的层次性。以知识技能为例，第一学段（一至三年级）：经历从日常生活中抽象出数的过程，理解万以内数的意义，初步认识分数和小数；第二学段（四至六年级）：体验从具体情境中抽象出数的过程，认识万以上的数；理解分数、小数、百分数的意义，了解负数的意义。①从认识万以内的数过渡到万以上数的认识，以及从初步认识分数、小数到理解分数、小数、百分数的意义，既符合学生的年龄特点，又符合知识的逻辑结构。总的来说，中国学段目标在内容编排和具体表述上集中体现了课程目标的综合性和层次性。

（三）比较与分析

1. 注重目标的层次性，遵循学生身心发展规律和学科特点

制约课程目标的因素很多，在设计课程目标时不仅要考虑到数学学科本身的逻辑结构，还要考虑到学生原有的知识基础以及学生的接受程度。中芬两国在制定小学数学课程目标时，都将课程目标分了"总目标"和"学段目标"两个层次，使目标纵向衔接，层层保证。这样的目标设置使得学生在螺旋上升、循序渐进、层层拔高的过程中获得知识、形成能力，体现了遵循数学学习规律和尊重数学学科的特点的需要。芬兰新课标在概念学习方面，第一学段提出要"理解概念形成的结构"，第二学段提出"通过调查和观察学习建构数学概念和概念体系"。一个是在教师引导之下理解概念，这具有一定被动性。一个是主动建构概念。从被动的理解概念到主动建构数学概念和概念

①中华人民共和国教育部.义务教育数学课程标准（2011年版）[M].北京：北京师范大学出版社，2012：16-20.

体系，体现了知识的呈现方式，遵循了知识由易到难，由简单到复杂的特点。综上所述，两国在课程目标上的分层设计均体现了课程目标的层次性，这样的设计既符合学科特点，又符合学生的身心发展规律。

2. 芬兰课程目标的表述更显弹性

两国在目标的表述方式上也是极不相同的，中国的学段目标是从"知识技能""数学思考""问题解决""情感态度"这四个方面阐述的，并且这个划分维度是固定不变的，描述得也非常具体和详细，强调课程目标对教师的明确指导。然而这种学段目标设置因为划分维度相同，没有随着学段的变化，目标的框架做出相应的调整，太过整齐划一。与此同时，详细的目标描述虽然能够给教师以具体指导，但给教师留下发挥的空间较小，使得课程目标缺乏弹性。相对中国，芬兰的课程目标颇具弹性，从整体上做表述，并没有把目标划分成几个固定的维度，并且随着学段的变化，内容侧重点也做相应的调整。弹性的课程设置给教师留下了极大的发挥空间。而这种课程的弹性设置是由芬兰基础教育国家核心课程的地位决定的，尽管芬兰国家核心课程是地方课程与校本课程开发的依据，但是国家课程只规定相应课程的目标和内容以及相关的教育因素，地方政府和学校对于课程设置、课时安排、教学方法等具有一定的决定权。如果里面的内容规定得太细和太固定，易受统一模式的影响，不利于地方课程和校本课程的开发。

3. 注重数学价值和思维能力的培养，着眼于学生的长远发展

什么是数学，中国新课标是这样描述的："数学是研究数量关系和空间形式的科学"。[①]数量关系和空间形式，充斥着我们生活的点点滴滴。数学除了能满足日常的需要，数学的逻辑推理，能很好地锻炼人的思维能力。可以说，数学是现代公民必备的基本素养。数学人人必学，否则在社会中是寸步难行。芬兰新课标明确提出"数学的重要性已经得到广泛的认可，数学影响

①中华人民共和国教育部.义务教育数学课程标准（2011年版）[M].北京：北京师范大学出版社，2012：1.

学生的智力发育"。①从芬兰的课程目标的表述来看，它非常强调数学的重要性，因为在芬兰教育界看来，数学在学生智力发育的整个过程中所起到的作用是至关重要的。这一点在国际上已经得到证实。与此相对应的，中国课程目标也明确地提出使学生"了解数学的价值"，并在前言部分中指明：数学是人类文化的重要组成部分，数学素养是现代社会每一个公民应该具备的基本素养。②近些年，在国际上数学素养一直是数学教育中一个热点话题，中国在《高中数学课程标准》中已明确体现，此次课改将培养学生数学素养提前到义务教育阶段，可见培养数学素养的重要性，这也是人们对数学教育认识提高的一个重要表现。③

数学在培养学生思维方面，尤其在培养学生逻辑推理和理性思维方面，具有其他课程无法代替的作用，因此，数学又被称为思维的体操。通过数学教育，除了要让学生掌握基本的知识技能之外，更为重要的是要训练学生的思维，能够"数学地"解决日常生活中所遇到的各种问题。所以教数学一定要教思维，学数学也一定要学思维。学生学会了"数学方式的理性思维"，将受用无穷。④正因为数学思维的重要性，使得数学思维成了数学教学的一个重要组成部分。这在中芬两国的数学课程标准中均有体现。如芬兰新课标中明确地提出数学的教学任务是"培养学生的数学思维"。芬兰将培养学生的"数学思维"放在总目标的第一点来阐述，而且在学段目标的描述中也开宗明义地提出数学教学的核心任务是"开发学生的数学思维"。由此可见芬兰小学数学教育中对"数学思维"的重视程度。与此相对应的，中国新课标总目标部分也明确地提出通过义务教育阶段的学习，学生能"运用数学的思维方式进

---

①曹一鸣.十三国数学课程标准评介［M］.北京：北京师范大学出版社，2012：94.

②中华人民共和国教育部.义务教育数学课程标准（2011年版）［M］.北京：北京师范大学出版社，2012：1.

③王雪娇，景敏.义务教育数学课程标准"前言部分"的对比分析［J］.中国数学教育，2012，（7）.

④教育部基础教育课程教材专家工作委员会.义务教育数学课程标准（2011年版）解读［M］.北京：北京师范大学出版社，2012：123.

行思考"。学习数学，与其说是学习数学知识，倒不如说学会思考。这种思考是指"运用数学的思维方式"思考。数学的思维方式是指学生能够用数学的眼光解决自己所面临的问题。总而言之，想要用数学的思维方式思考问题和解决问题，必须要教思维，学生一旦掌握数学思维，具备一定的数学思维能力，将终身受益。

4. 目标侧重存在差异，体现不同的文化传统

相对芬兰，中国课程目标更为重视目标各维度的均衡发展。相比以往数学教育只重视知识技能（即"双基"）忽视能力的状况有了很大的改善，这是中国数学教育努力了近三十年的结果。对传统数学教育的批判与反思，也就意味着清楚地认识到本国数学教育的优良传统以及不足，为了弥补本国基础教育的不足，放眼国际，努力学习西方先进的教育成果和理论。现行中国课程在继承原有"双基"的基础上形成了独具特色的"四基"教育。中国在学习西方时为什么没有全盘的接受外国的理论，是因为是否从本国数学教育所需出发，是否注重将外来成分本土化等，都是决定改革成败的重要因素。①"双基"植根于中国教育的优良传统，有着悠久的历史，是我国的教育传统，在课程改革时必须尊重自身的教育传统。虽然中国一再强调"四基"，但是不可避免地受到"双基"的影响。

相对而言，芬兰更为重视学生能力的发展，尤其是创新精神和解决问题等方面的发展。这是因为一直以来芬兰坚信经济和教育直接相关，而创新能力和解决问题的能力是教育的核心。芬兰国内有句教育名言"教育是芬兰的国际竞争力"。

四、中芬小学数学课程内容的比较

教什么永远比怎么教更重要，对课程的内容掌握是根本。②课程内容是一门课程所教授的内容的总和，它通常是按一定逻辑序列编排而成的知识和经

---

①吴晓红.数学教育国际比较的方法论研究［M］.广州：广东教育出版社，2007：306.
②张奠宙，赵小平.教什么永远比怎么教更重要［J］.数学教学，2007（10）：3-5.

验体系，既包括各门学科中特定的事实、观点、原理和问题（直接经验），又包括处理它们的方式（间接经验），涉及学生亲身经历的实践活动。课程内容是构成课程的基本因素，是构成课程的内在要素。由于课程内容在课程内在结构中的重要意义，因此任何一次课程改革都把课程内容作为课程改革的重点之一。

（一）芬兰小学数学课程内容概述

芬兰课程标准的课程内容设计极具特色，它将课程内容分成两个部分，分别是"核心内容"和"良好表现的标准"。具体如表4.1所示。核心内容只简单地列出了相应学段所应掌握的知识点，如"乘法和乘法表"，表述上高度概括。"良好表现的标准"则传达了国家对学生良好表现的期望，主要从思维技能以及主要的知识点进行表述，相对"核心内容"要详细些，明确了课程内容获得的途径和内容掌握的程度。总的来说，芬兰数学课程标准中对于课程内容的表述较为简略，只是从总体上规定了学生在小学阶段应该学习的内容，而对于学生通过什么样方法学习这些内容，以及该学习到什么样的程度，芬兰课程标准并没有给出明确的说明，因为对芬兰来说，课程标准只是课程的大纲，具体的课程开发和实施要交给地方政府和学校。

表 4.1 芬兰小学数学课程内容的框架

学段	第一学段	第二学段
核心内容	数与运算 代数 几何 测量 数据处理与统计	数与运算 代数 几何 数据处理、统计与概率
良好表现	思维与技能 数、计数与代数 几何 测量	思维与技能 数、计算与代数 几何 数据处理、统计与概率

从表4.1可以看出，芬兰是分学段规定相应的"核心内容"。第一学段的核心内容主要包括数与运算、代数、几何、测量、数据处理和统计这五个部

分。第二学段核心内容主要包括数与运算、代数、几何、数据处理、统计与概率这五个部分。从内容的整体框架来说：首先，两个学段的内容框架基本能够对应，核心内容大体没变，如两个学段都包含了数与运算、代数、几何、数据处理和统计。这表明了数与代数、几何、数据处理与统计是芬兰课程内容的重点。其次，不同学段的内容结构并不是完全固定的，随着学段的变化做了相应的调整。如与第一学段相比，第二学段将第一学段中的测量归入几何，并增加了概率的内容。测量对于每个学生的学习和适应未来的生活都是有用的，测量过程中所蕴含的方法和思想有助于提高分析和解决问题的能力。芬兰将测量作为一个内容板块单独列出，足以证明芬兰对学生测量能力的重视，这是着眼于学生长远的发展。最后，芬兰在每个学段结束时提出了关于学生应该达到的"良好表现的标准"，可以说它是学生学习的一个评价标准，这是芬兰新课标的独创之处。由于每个学段的核心内容维度不同，相应的评价维度也不同。如第一学段提出学生在思维与技能，数、计算与代数，几何，测量这四个方面应该达到的较高水平。第二学段提出学生在思维与技能，数、计算与代数，几何，数据处理、统计与概率这四个方面应该达到的较高水平。虽然评价维度不完全一致，但是有相似的内容，如它们都有思维与技能，数、计算与代数，几何这三个部分，这是为了和核心内容相对应。

以课程标准中的具体内容为依据，表4.2、表4.3呈现出芬兰各方面内容的条目数及其所占的百分比（其中条目是课程标准不同内容主题的数量，百分数表示的是该内容占该学段总条目数的比重）。

从表4.2可以看出，(1)两个学段中数与运算、几何所占的比重最大，两个部分所占的比例和已经超过了50%，这表明它们是芬兰课堂教学的重点，而这完全取决于这两个部分在数学中的地位。数与代数、几何是整个数学体系的基石，在义务教育中占有重要的地位。(2)每个维度所占的比例也是随着学段的变化而变化，比如，数与运算、代数、几何、数据处理、统计与概率的比重随着学段的上升而上升，而测量在第一学段就结束了学习。评价内容完全根据核心内容制定的，因而表4.3评价内容条目以及各个条目所占的比重与表 4.2 基本一致。在这里就不做详细阐述了。

表 4.2　芬兰核心内容分布表

核心内容	一至二年级		三至五年级	
	条目	所占百分比	条目	所占百分比
数与运算	9	36%	13	38.24%
代数	2	8%	4	11.76%
几何	6	24%	11	32.35%
测量	5	20%	0	0
数据处理、统计与概率	3	12%	0	17.65%
合计	25	100%	34	100%

表 4.3　芬兰评价内容分布表

评价内容	一至二年级		三至五年级	
	条目	所占百分比	条目	所占百分比
思维与技能	3	23.08%	6	40%
数、计算与代数	6	46.15%	3	20%
几何	2	15.38%	4	26.67%
测量	2	15.38%	0	0
数据处理、统计与概率	3	23.08%	2	13.33%
合计	25	100%	15	100%

(二) 中国小学数学课程内容概述

中国的课程内容也是分学段阐述的，同时，每个学段的课程内容都是按一定的学习领域划分，即从数与代数、图形与几何、统计与概率、综合与实践这四个方面加以展开。孔凡哲教授曾经提出，中国义务教育阶段数学课程标准从主体内容的整体框架上看，存在"四纵、四横"的结构，即四条纵线——知识技能、数学思考、解决问题、情感与态度，四条横线——数与代数、空间与图形、统计与概率、实践与综合应用。虽然 2011 年版的数学课程标准相比于 2001 年版的数学课程标准在课程内容的名称上稍有变动，但仍然划分为四条横线结构——数与代数、图形与几何、统计与概率、综合与实践。与芬兰不同的是，中国的课程标准在每个学习领域之下又细化出了许多子内容。其中，四个学习领域下的条目数及其所占的百分比如表 4.4 所示。

表 4.4 中国课程内容分布表

主要内容	一至三年级		四至六年级	
	条目	所占百分比	条目	所占百分比
数与代数	21	46.66%	28	43.08%
图形与几何	18	40.00%	25	38.46%
统计与概率	3	6.67%	8	12.31%
综合与实践	3	6.67%	4	6.15%
合计	45	100%	65	100%

从横向上看，数与代数、图形与几何所含的内容条目最多，所占的比重最大。作为整个数学教育的基石，数与代数、图形与几何势必成为小学数学课程的核心内容。统计与概率部分的内容条目虽然没有其他的多，但是，在此次课程改革中得到极大的重视，成为四大并列的内容之一。除此之外，综合与实践也是此次课程改革的一大特色，这个部分反映了数学课程与数学教学改革的要求——为学生提供了一种通过综合、实践的过程去做数学、学数学、理解数学的机会。

从纵向上来看，随着学段的上升，四大领域的内容条目也逐渐增加。比如，第一学段"数与代数"只有 21 条，而第二学段却增加到 28 条，统计与概率第一学段只有 4 条，而第二学段却增加到 8 条。这一变化集中体现了我国课程内容的组织和呈现方式采用的是螺旋式结构，它强调课程内容在不同学段重复出现，逐步扩展，不断加深。采用这样的课程内容组织和呈现方式是综合考虑学科的逻辑顺序和学生的心理顺序之后做出的决定。数学学科的逻辑顺序就是按照数学学科本身的系统和内在联系来组织课程内容，而学生的心理顺序就是按照一定年龄阶段学生心理发展特点来组织课程内容。数学学科的逻辑顺序和学生的心理顺序是影响课程内容呈现的重要因素，因此，处理好学科的逻辑顺序和学生的心理顺序就显得尤为重要了。

纵观两国的课程内容的框架，发现两国课程内容结构能够基本对应。均提到了"数与代数""图形与几何""统计与概率"等内容，这是由于它们是整个数学体系的基石，在义务教育中占有重要的地位。但是相较于芬兰，中国的内容条目数明显多于芬兰的内容条目数，这与中国课程的指导性是密不可分的，中国课程强调内容要对教师有明确的指导作用。与中国相比，芬兰课程内容条目却少得多，但是内容所涵盖的范围却和我国不相上下。

（三）两国小学数学课程内容整体比较

1. 条目和表述的详细程度不同，对教材编制和教学起着不同的指导作用

不管是学段一还是学段二，中国的课程内容条目都明显多于芬兰的课程内容条目，如学段一，中国的内容条目是 45 条，而芬兰是 25 条，中国的内容条目比芬兰的多了近一倍。学段二，中国的内容条目是 65 条，而芬兰却只有 35 条，中国的内容条目也比芬兰的多了近一倍。无疑，中国的课程内容较为全面，涵盖的面较广。除了中国课程内容的条目明显多于芬兰之外，中国课程内容表述的详细程度也明显高于芬兰。具体来说，中国的小学数学课程内容部分还附有相关的实例，针对具体的实例，具体指导教师如何教学。芬兰的数学课程标准较少详细说明、高度概括，只有少数的词汇解释，无具体案例说明。总之，两个详略程度不一的课程内容，对于教师的指导和帮助自然不同。中国的课程标准较为详细，可以给教材的编写以及教师的实际教学明确的指导和帮助，而芬兰的课程标准则比较简略，给教师留的发挥空间比较大。

2. 基本标准和学习期望的不同表达，体现不同的社会文化背景

通过语言的描述，可以看出两国的课程标准对学生应掌握的程度要求是

不同的。①中国的课程标准提出的是对学生的最低要求，因为它提出的要求是最基本的，是所有学生必须掌握的，如内容标准中经常提到学生"能""理解""会"等要求。而芬兰的课程标准除了列出了基本的课程内容要求之外，还单独罗列了学生在各学段结束后的"良好表现的标准"。但是提出的"良好表现的标准"只是参考建议，是国家对学生的美好期望，并不是必须达到的。这与两国不同的文化背景有关。中国是一个人口大国，学生人数自然也是非常大的，进而学生的异质性也是非常大的。芬兰提出学生应该达到的良好表现的标准与芬兰本国所建立起来的信任文化是密切相关的。"信任文化"是指政府和人民相信教师、校长、家长和他们所在的团体能为国家的下一代提供尽可能好的教育。②这种信任文化相信任何学生都能学好，这与"掌握学习"的理念是不谋而合。掌握学习坚信只要给学生足够的时间和相应的教学，大多数学生都能够学好学校里的课程。信任文化造就了学生在学习上的良好表现。这一点可以通过芬兰参加近几次的 PISA 测试得到证实，芬兰学生的数学素养不仅名列前茅，而且还表现在成绩，几乎不存在两极分化，表现在最强项和最弱项之间的差异在所有的参与国中是最小的；学校和地区之间的差异是最小的；不同语言群体之间的差异也是最小的。鉴于此，芬兰教育被誉为全球"最优质的教育"。

3. 内容框架不同，体现不同的课程弹性

中国不同学段的内容主题框架是一样的，所有学段都被分为固定的四个学习领域，分别是"数与代数""图形与几何""统计与概率""综合与实践"。而芬兰数学课程标准不同学段的内容框架是不同的，即在各个学段所设置的内容并不固定，如第一学段主要是从"数与运算""代数""几何""测量""数据处理与统计"这五个维度进行阐述的，而第二学段则主要是从

①康玥媛，曹一鸣.中、澳、芬数学课程标准中内容分布的比较研究［J］.教育学报，2012（2）：41-45.

②Teacher Education in Finland：Current Models and New.Http：//www.helsinki.fi/pkansane/Cepes.pdf.

"数与运算""代数""几何""统计与概率"四个维度展开的。尽管两国的划分维度不同，但是芬兰的维度划分是根据各学段具体内容所需而进行适当的调整，体现芬兰的内容标准具有较强的弹性和灵活性。

4. 内容的深度不同，显示芬兰数学教育高难度要求

较之中国，芬兰课程内容的难度更大，这个难度体现在整个知识体系中。以几何与测量为例。芬兰在几何部分，新课标是这样描述：基本的几何概念，例如点、线段、水平直线、射线、直角和角。这是学生在第一学段的核心内容，即这是学生在二年级结束之前必须学习的内容，但是在中国这虽然也归为第一学段，但却是教材中三年级学生应该学习的内容。再比如测量部分，"长度、量、表面积、体积、时间和价格"，这是芬兰第一学段的内容，而"体积、表面积"却是中国第二学段的内容。这说明芬兰的课程内容深度是明显高于中国。而这正是芬兰数学高难度要求的集中体现。

（四）两国小学数学课程内容具体领域比较

因为中芬两国在课程内容表述上名称的不统一，而且芬兰随着学段的变化内容也在变化。为便于比较，以中国课程内容的划分方式为参照，与芬兰的课程内容进行比较。由于芬兰内容标准只提到了数与代数、图形与几何、统计与概率方面的内容，内容标准并没有明确地提及综合与应用方面的内容，因此，下面只就以数与代数、图形与几何、统计与概率三个学习领域进行比较。

1. "数与代数"内容的比较

数与代数部分是数学课程的重要内容之一。"数与代数"对于发展学生的数感、符号感和模型意识，具有其他内容不可替代的作用。同时，"数与代数"的思想与方法对于学生理解数学的意义，进而发展问题解决的能力以及形成正确、完整的数学观具有十分重要的作用。因此，通过这部分内容的学习，使学生建立数的概念、发展数的运算能力，逐步发展为更高层次的对数量关系的把握，在不断地深入学习中，训练数学思维，并认识到数学是解决实际问题和进行交流的工具。

中芬两国在这部分的名称略有不同，但是内容基本上还是能够对应，为了便于比较，笔者将芬兰新课标中"数与运算""代数"两个部分合起来与中国的"数与代数"部分对比。中国"数与代数"部分还包含了几个子内容，并且这些子内容并不是固定不变的，而是随着学段的变化而做出相应的调整，比如第二学段就在第一学段的基础之上增加了"式与方程"和"正比例、反比例"，去掉了"常见的量"。芬兰在"数与运算"和"代数"下面没有再细分子内容，但是仔细研读新课标，不难发现"数与运算"部分主要是从数的认识和数的运算两个部分阐述的，因而基本上能和中国"数与代数"的前两个子目标对应。而"代数"部分是两国差异最大的地方，代数是中国第三学段才出现的内容，芬兰却在第一学段就出现了，但是仔细研读发现代数部分，第一学段主要包含规律性、比例、关联，而中国将规律性单独列了一个标题名为"探索规律"，将比例与关联单独列了一个标题名为"正比例、反比例"。名称不同主要是由于归属类别的不同而形成的。中芬两国在数与代数部分的内容范围设置大致相同，主要在编排上存在差异。具体见表4.5。

表 4.5　中芬小学数学"数与代数"内容框架的对比

		第一学段	第二学段
中国	子内容	数的认识 数的运算 常见的量 探索规律	数的认识 数的运算 式与方程 正比例、反比例 探索规律
芬兰		数的认识 数的运算 代数	数的认识 数的运算 代数
	学期末学生应达到的良好表现标准	思维与技能 数、运算、代数	思维与技能 数、运算、代数

对比两国的"数与代数"部分的内容，可以发现两国在这部分的内容基本能够对应，相对中国，芬兰不仅规定了数与代数的核心内容，还给出了每个学段学生应该达到的"良好表现的标准"。

总体来看，芬兰课程标准中关于"数与代数"部分的内容难度和对学生要求的程度明显高于中国。比如：

（1）数的认识。对于计数单位的掌握，《课标（2011 年版）》中到第二学段才提出要求，而且只要求学生能够了解十进制计数法。芬兰新课标第一学段就提出了十进制原则，要求学生能够理解十进制，知道如何使用十进制。到了第二学段，则要求加强十进制概念，借助于钟表上的时间引入六十进制。这在程度上明显高于中国对计数单位的掌握要求。对于奇数、偶数的认识，《课标（2011 年版）》在第二学段才开始提出，对这部分的要求是"了解奇数、偶数"，而芬兰新课标则希望学生在二年级结束之前就能够了解奇数和偶数。可见，芬兰知识点的难度明显高于中国。

（2）比例。对于比例，《课标（2011 年版）》第二学段才提出来，中国分正比例和反比例两个部分学习，而且对于比例的教学要求结合具体情境。芬兰这部分的内容在第一学段就开始出现。

综合而言，《课标（2011 年版）》中关于"数与代数"部分内容详细程度明显高于芬兰相应的部分。为了便于比较，笔者根据芬兰课程标准中的相关内容，将它分为数的认识、数的运算以及代数这三个子内容。从中可以发现，芬兰这部分的语言表述是高度概括化的，且较少词语解释。具体见表 4.6。

2."图形与几何"内容比较

图形与几何内容有助于发展学生的空间观念、几何直观和推理能力。关于图形与几何内容的表述，芬兰课程标准中所采用的名称与中国的略有不同，它将"几何"和"测量"单独设置，为便于比较，笔者将这两个部分进行适当整合。虽然两国的名称略有不同，但是里面的核心内容基本上能够相对应。《课标（2011 年版）》将"图形与几何"又划分为四个部分，分别是"图形的认识""测量""图形的运动""图形与位置"，且这种划分方式在各学段中都保持相对统一，并没有随学段的变化而变化。而芬兰并没有将"几何"与"测量"两部分内容做进一步的细分。然而，结合具体内容来看，不难发现"几何"部分中也包含着有关图形的认识、图形的运动、图形与位置这三个方

面的内容。此外，芬兰课程标准中的"测量"大体相当于中国课程内容中的
"测量"板块。总体而言，芬兰课程标准中图形与几何的具体内容与中国"图
形与几何"领域中的内容基本对应。

表 4.6 芬兰"数与代数"的子内容

第一学段	数的认识	·数、数词，以及数字符号 ·数字的性质 ·十进制的原则 ·探究数的不同表示方法 ·使用具体的方法介绍分数的概念
	数的运算	·自然数加法与减法，以及两种计算之间的关系 ·乘法与乘法表 ·除法，使用具体工具 ·使用不同的方式和方法计算
	代 数	·通过图片找到规律性、比例和关联 ·简单的数列
第二学段	数的认识	·加强十进制概念，借助于钟表上的时间引入六十进制 ·对数进行分类和组合 ·分数的概念，分数的倒数 ·小数的概念 ·分数、小数和百分数三者之间的关系 ·负整数的概念 ·探索同一个数的不同表示
	数的运算	·乘法 ·按比值划分，划分为部分，可除性 ·算法和心算 ·分数、小数的加减法，及其与自然数的乘、除法 ·计算结果的求解、检查和近似值
	代 数	·代数表达式的概念 ·数列的理解与构造 ·规律、比例和关联 ·用演绎法求解等式、不等式

图形测量的相关知识对于每个学生的学习和适应未来的生活都是有用的，
有利于增强学生的动手实践能力。测量的过程中蕴含的方法和思想有助于提
高学生的分析和解决问题的能力。从芬兰将"测量"独立设置可以看出，芬
兰是十分重视学生的动手实践能力的。

与"数与代数"部分一样，在"图形与几何"部分，芬兰的难度明显高于中国，并且对学生应该达到的要求也明显高于中国。为了更清晰的比较，下面着重从"图形的认识""图形的运动"以及"图形的测量"三个部分做对比。

（1）图形的认识。对于基本的几何概念，如线段、射线、直线，中国2011 年版课标在第一学段并没有涉及这部分的知识，直到第二学段才提出"结合实例了解线段、射线和直线"。对于线段、射线和直线的认识是基于实例进行的，2001 年版课标在此基础上还要求能正确区分直线、线段、射线。相对于2001 年版课标，新课标明显降低了难度，因为与其他的二维和三维图形相比，直线、射线这些基本图形的抽象程度更高，因此必须结合对现实生活中的物体的抽象才能更好地理解它们。[①]芬兰新课标在第一学段就提出"知道基本概念，例如点、线段、水平直线、射线、直线和角"。并期望学生能够在二年级结束之后能知道它们与最简单平面图形的关系。芬兰对这部分知识的表述没有结合具体情境让学生知道基本的概念，而是直接掌握这些概念，很明显芬兰在这部分教学对学生的抽象思维要求很高。

（2）图形的运动。涉及的主要内容是图形的平移、旋转和轴对称。芬兰在第一学段就提出了几何核心内容之一，简单的反射和伸缩，并希望学生能够在二年级结束之前知道如何应用简单的反射和伸缩。图形的反射和伸缩对学生的抽象思维的要求比较高，需要学生有良好基础。

（3）图形的测量。第一学段，中国新课标测量的内容可以分成三个部分：度量单位、长度的测量、面积的测量。芬兰，在此基础上还提出了体积、容积的概念，而这部分知识是中国新课标第二学段的内容，显然芬兰所涉及的知识点比中国要广。

---

①教育部基础教育课程教材专家工作委员会.义务教育数学课程标准（2011 年版）解读[M].北京：北京师范大学出版社，2012：179.

3. "统计与概率"内容比较

统计与概率主要研究现实生活中的数据和客观世界中的随机现象。它通过对数据收集、整理、描述和分析以及对事件发生可能性的刻画，来帮助人们做出合理的决策。将统计与概率纳入义务教育阶段数学课程，在国际上早已达成普遍的共识。中国义务教育阶段数学课程标准和教材对此也做了不懈的努力，将统计与概率作为一个单独的领域提出。

在中国的课程标准中，"统计与概率"作为独立的一个学习领域在各个学段中保持名称上的统一，而在芬兰的课程标准中，有关统计与概率的内容虽然在各个学段都有涉及，但不同学段的称谓均有所不同。在第一学段称为"数据处理和统计"，在第二学段称为"数据处理、统计与概率"，课程内容的名称随学段做相应的调整，也在一定程度上反映出芬兰课程标准极大的课程弹性和灵活性。维基百科对"统计"的解释是研究如何测定、收集、整理、归纳和分析反映客观现象总体数量的数据，以便给出正确认识的方法论科学。[1]因而统计里面就包含了数据处理的内容。因此，虽然内容称谓不同，但从名称的具体含义出发，两国的名称实属相同，并没有实质性区别。

中芬两国小学数学课程标准中的统计内容主要包括三方面的知识：收集、整理、分析数据；认识、制作并能分析统计图或统计表；掌握有关数据统计的一些知识，例如众数、平均数等。从这部分的内容设置可以看出，主要以学习处理数据为主，例如中国新课标中要求学习收集、整理、描述和分析数据，能用各种统计图来表示数据。芬兰课程标准中直接以"处理数据和统计"来命名这部分内容，可见其统计知识的主体也是要求学生掌握数据处理方面的知识和技能。

五、芬兰小学数学课程标准对中国的启示

他山之石，可以攻玉。通过对中芬两国现行小学数学课程标准的比较分

---

①维基百科.统计学［EB/OL］.http：//zh.wikipedia.org/wiki/%E7%BB%9F%E8%AE%A1%E5%AD%A6，2013.

析，加深了对两国课标的理解与把握，并在此基础上得出芬兰小学数学课程标准对中国数学教育教学的几点启示。

（一）关注学生差异，扩大课程内容弹性

由于学生所属民族、地区以及个人能力倾向性的不同，使得学生的差异性客观存在。即使如此，学生仍然是学习的主人。因此，教育应尽量适应每个学生的发展，努力开发他们的潜能。显然，中国教育当局已经注意到了这一点，在制定数学课程标准时强调课程要具有开放性（弹性），这一点可以在课程理念当中得到验证，如在课程理念中提到"不同的人在数学上得到不同的发展"。表明对不同的学生在数学上所需达到的成就是不同的，集中体现了尊重学生的差异性。课程理念的设想是美好的，只是课程内容并没有很好地契合课程理念，具体体现在课程内容的框架结构是固定不变的，这使得课程内容易受统一模式的影响，导致课程内容并没有像课程理念设想的那么具有多样化，也就是课程内容缺乏足够的弹性。

芬兰将关注学生的差异性贯穿于整个课程标准的始终，尤其对数学课程内容的弹性设置，让人印象深刻。主要表现在两个方面：首先，课程内容不仅设置了基本的内容标准，还设置了学生在学段结束后应达到的"良好表现的标准"。基本的内容标准体现了对学生基本要求，学段结束后"良好表现的标准"则体现了对学生较高要求，这种将基本要求和较高要求相统一的课程内容表述方式，既满足了全体学生的需要，又照顾到不同学生的差异。其次，不同学段的内容框架并不固定，说明芬兰数学课程充分考虑到了每个学段所需内容，不受统一模式限制，因而课程具有很大的弹性。再者，它的课程内容表述简单明了，高度概括，给教师和学生，尤其是教师留出了充足的发挥空间。

关注学生的差异性是课程的核心理念之一，遗憾的是，设置课程内容时并没有体现尊重学生的差异性。而芬兰这种弹性的课程设置方式值得学习。故笔者认为，可以根据每个学段所需内容灵活地设置相应的内容框架，打破统一模式的限制。

（二）提高信息技术应用于数学的水平，适应世界课程开发潮流

"信息技术应用于数学"是国际数学课程改革的五大趋势之一。[①]从两国的课程理念中不难看出两国都想通过计算机来辅助学生的学习。信息技术在数学教学中的应用，一方面拓宽了数学学习的内容，传统的一支笔、一张纸的教学使得教学内容受到很多的限制，但是通过计算机教学，可以向学生提供丰富的学习资源。另一方面，丰富了教师的教学方式和学生的学习方式。比如在数与代数中，有大量繁杂、重复的运算，传统的教学使得学生需要花费很多的时间和精力投入到运算中，但是计算机教学却可以把学生的双手解放出来，将更多的精力投入到现实的、探索性的数学活动中去。计算机技术与数学之间的这种"自然天成"的关系，使得在数学课程中运用信息技术成为必然。可是现实却走向了另外一个极端，认为计算机是数学教学的灵丹妙药，一味地追求计算机在数学中的运用，虽然计算机辅助教学具有化抽象为具体、化平面为立体、化静态为动态的神奇功效，但是如果运用不当，计算机辅助教学也会限制学生抽象思维的发展。那如何将信息技术和数学有机地整合，最大限度地发挥计算机对数学的作用，已然成为各国教育者研究的焦点。

（三）注重数学思维和实践能力的培养，着眼于学生的长远发展

中芬两国新课标均注重学生数学思维和实践能力的培养，为学生的长远发展储备能量。在思维能力的培养方面，芬兰新课标多次提到要关注学生的数学思维，可以说将数学思维能力的培养贯穿于整个课程标准的始终。中国新课标中也明确地表达了对数学思维的重视，要求学生能用数学的思维方式思考。通过数学教育，新课标不仅要让学生掌握数学知识，更重要的是让学生学会数学思考，掌握基本的数学思想方法。因为利用数学思维可以解决日

---

①王悦芳.芬兰基础教育改革的逻辑与理念［J］.外国中小学教育.2009（6）：20–24.

常生活中的各种问题，它将使学生终身受益。除了关注学生思维能力的培养，两国也非常重视学生的实践能力。芬兰课程标准主张学生在动手操作中获取知识，而不是死记硬背"啃书本"①。而这一点可以在课程内容中"良好表现的标准"得到证实。与芬兰一样，中国也是非常重视学生实践能力的培养，把综合与实践作为一个独立的内容板块单独提出，可见中国课程标准想要培养学生实践能力的决心。不管是培养学生的数学思维，还是培养学生的实践能力，都是着眼于学生的长远发展，未来的社会比的是创新能力和动手能力，而这取决学生思维和实践能力发展的水平，因此，提升学生的思维水平和实践能力就显得尤为重要了。

（四）课程内容应明确表达学生良好表现的标准，兼顾公平与卓越

两国的课程标准对于学生的要求是不同的，中国课程内容部分只是对学生提出了基本的要求，在内容部分的表述常用的词汇为"能""会""使得"，它突出的是对全体学生的基本要求，试图做到公平。而这种整齐划一的课程标准，不利于学生个性的发展，不利于学生创造性能力的发展。芬兰课程内容部分则突出学生应该达到的"良好表现的标准"（description of good performance），它突出强调的是较高的要求。因此，在课程内容表述时统一使用的词汇是"将要"（will）。这个要求并不是必须达成的，只是国家对学生的期待，是学生良好表现的参照标准。②根据罗森塔尔效应可知，学生会按照教师期待的方向发展，较高的期待有利于学生的发展。芬兰课标在承认学生存在差异的情况下进行的教学才是真正体现教育是为了每一位学生的发展。中国课程内容提出的要求面向的是全体学生，更为重视学生共性的发展，因为学生之间存在着差异，因此容易忽略学生个性的发展，而芬兰课程标准是在面向全体学生的基础之上，提出了进一步的要求。面向全体学生有利于兼

①吴甜.芬兰基础教育改革及对我国的启示［J］.基础教育参考，2005（9）：37-40.
②康玥媛，曹一鸣等.中、澳、芬数学课程标准中内容分布的比较研究［J］.教育学报，2012（2）：41-45.

顾公平，从而促进学生共性的发展，"良好表现的标准"是在承认学生存在差异的前提下提出的，有利于兼顾卓越，从而促进学生个性的发展。正是如此，才使芬兰成为"兼顾公平与卓越"的代名词。这可以通过芬兰在 PISA 中的表现证明。自芬兰参加 PISA 以来，在 2000 年、2003 年、2007 年期间数学成绩连续三次名列第一。根据对 PISA 成绩的分析，得出芬兰教育的优质不仅表现在学生的成绩靠前，还表现在不同学校表现出不同寻常的一致。这表明不同经济文化背景并没有给学生带来很大的影响。这种兼顾公平和卓越的表现，或者说平等的卓越表现，在所有参加 PISA 测评的国家和地区中，是独一无二的。

随着知识经济和全球化时代的来临，各国政府和国际组织再次思考世界教育的未来。公平而卓越成为新世纪教育发展的新追求。①"公平而卓越"是基础教育走向深层次内涵发展阶段需要破解的难题。如何兼顾品质卓越与社会公平，一直是世界教育改革的重点、焦点和难点。但是，芬兰教育的成功表明，追求教育的卓越与公平这两个目标之间并不冲突，相反，完全可以实现兼顾公平的卓越。②所以，芬兰在数学课程内容处理的方面值得借鉴。当然，这并不是要完全照搬芬兰课程模式，而是结合本国的实际情况，将芬兰的课程模式本土化。

数学课程改革的过程也就是运用数学教育国际比较成果的过程。在此意义下，数学课程能否顺利进行，受到诸多因素的影响。其中是否从本国数学教育所需出发，是否注重将外来成分本土化等，都是决定改革成败的重要因素。③因此，积极促进本国数学课程改革的一项重要工作就是必须思考本国的社会文化传统是否适合新理论的生存，即外来的东西能否融入中国文化，并在此基础上探索出一套具有本国特色的课程标准。芬兰课程标准许多地方是

①张民选.公平而卓越：世界教育发展的新追求 [J].教育发展研究，2008（19）：2-5.

②洪健峰.芬兰基础教育改革研究—从兼顾公平与卓越的视角 [D].浙江师范大学，2012.

③吴晓红.数学教育国际比较的方法论研究 [M].广州：广东教育出版社，2007：306.

值得我们借鉴的，但是芬兰与中国有着不同的文化背景、经济背景、教育制度，因此在课程改革时需要合理借鉴芬兰教育成功的经验，创造出适合中国国情的具有中国特色的课程体系。

总而言之，通过对中芬两国现行小学数学课程标准的比较分析，一方面帮助我们认清中国小学数学教育的优势，另一方面也暴露出了其有待改进之处。芬兰作为数学教育成功的先行者，给中国数学课程标准更深层次的修订起到了很好的启发和借鉴作用。

第五章 中韩小学数学课程标准比较

韩国，全称大韩民国，是位于东亚朝鲜半岛南部的国家，与中国同属东亚文化圈，并深受儒家文化的影响。韩国十分重视教育，甚至被外媒评价为"是一个痴迷教育的国家"。教育在韩国被称为促进经济发展的第二经济，《爱尔兰时报》称，教育是韩国从经济废墟中崛起的决定性因素。

得益于教育立国的一贯国策以及对基础教育课程改革与实践的大量投入，尤其是对数学教育的高度重视，韩国在中小学数学教育方面成绩斐然。近年来，在以 TIMSS（国际数学和科学成就趋势研究）、PISA（国际学生评价项目）为代表的国际测试中，韩国学生的数学成绩一度在国际上名列前茅。

一、韩国数学教育概况

（一）韩国数学课程改革概况

自 1945 年建国至今，韩国已进行了七次数学课程改革。1945 年第二次世界大战结束后，韩国决定实施新的国民教育课程，但由于教育资源极度匮乏以及朝鲜战争爆发，课程改革无法顺利推行。在无政府情况下，韩国当时的数学教学内容由美国军政厅学务局负责制定，课程参照日本的课程标准，同时也受到美国的"进步主义"教育思潮的影响。

从 1954 年到 1963 年，韩国进行了第一次数学课程改革。由于受美国杜威实用主义教育思想的影响，改革具有明显的"以现实生活为中心"的特征，强调数学的实用性，以及数学与生活的联系。由于改革过分地强调数学内容与生活的联系，导致了许多混乱现象的产生，使得学生数学能力整体下降。

针对第一次数学课程改革出现的问题，根据当时的国际国内形势，韩国于 1960 年开始着手课程的改革工作。第二次数学课程改革（1963—1973）以赫尔巴特的系统学习理论为基础，将重点转向对数学系统性的重视，强调基础学力的培养和注重加强学生数学基础知识的系统学习。改革纠正了第一次改革过分强调"以生活与经验为中心"的不足，突出数学课程本身所具有的整体性、理论性与逻辑性特征。

20 世纪 60 年代末期，在世界范围内数学教育现代化运动浪潮的影响下，韩国也积极开展了数学教育现代化的研究活动，做了大量课程改革试验工作。1973 年 2 月，韩国正式公布了新编制的数学课程标准，开始了第三次数学课程改革（1973—1981）。改革深受"新数运动"的影响，强调建立"以学问为中心"的数学教育课程体系，大力倡导美国教育家布鲁纳的"发现式"学习，重视诸如集合、函数、代数定律等现代数学概念的早期导入，强调数学教学要注重培养学生的思考能力和创造能力。但由于改革疏忽了对基础学力的重视，加之社会教育条件的限制，因而未能达到预期目的。

在总结反思第三次课改经验教训的基础上，同时受美国"回到基础"运动的影响，韩国进行了第四次数学课程改革（1981—1987）。改革缓和了对数学结构严密性、逻辑严谨性的过分强调，削减学习内容并降低难度，将重点放在了数学基础知识、基本技能和数学基本能力的培养上，致力于提高学生的解题能力。改革强调数学教育各阶段知识体系的连贯性，首次确立了较为完整的新的数学教育课程体系，被视为是"韩国课程史上具有划时代意义的课程革命"。

从 1987 年到 1992 年的第五次数学课程改革是继第四次课程改革后对数学教育课程体系的进一步完善，也被称为"回到基础"的第二次改革。改革基本保持第四次课程的体制，其最核心的特征是强调了解题能力的提高，主要方向是强调数学活动和影响学生学习数学的因素。

第六次数学课程改革（1992—1997）在反省以前的教育课程的基础上顺应国外数学教育的发展趋势，调整数学课程结构，精简课程内容；倡导多样化的数学教学、学习和评价方法以及适应信息化社会实施数学教育；强调使用计算器和计算机等数学工具；提倡数学问题解决，强调实用性的数学教育。此次改革的主要目的是建立适应学生个性、能力和前途选择要求的课程体系，实现全面教育。①

韩国的第七次数学课程改革于1997年正式启动，面向21世纪的第七次数学课程改革与以往各次颇为不同。此次改革以提高学生思考能力、增强数学学习的主动性为基本方向，以差别化数学课程为核心特征，强调以学生为中心。学生可以根据自身的个性特点、兴趣需求和未来出路选修课程，即赋予学生自主选择学习科目的权利和空间。但是，课程在实施过程中暴露出一系列的问题。

第七次课程改革至今，为了调整数学教育课程中存在的问题，课程修订工作从未间断。2006年8月29日韩国教育人力资源部公布了2006年修订的数学教育课程，修订课程提出了注重符合操作实际的差别化的教学方案，在维持差别化数学课程教学理念的基础上进一步将教学内容适当化，强调培养学生的数学思维和数学知识应用意识。2007年2月28日教育人力资源部又公布了2007年修订的数学教育课程，其基本方向是维持第七次教育课程的基本理念及体制，赋予学校设置、实施差别化教学的权限，反映国家和社会的各项需求，强调促进数学能力的提高和情感和态度的培养。②在2007年修订的数学课程还未全面实施的背景下，2009年12月，韩国教育科学技术部印发了《初、中等学校教育课程总论》，并在其理念指导下，于2011年正式发布了新的数学课程标准。

---

①陆书环.韩国基础数学教育课程改革历程、趋势及其启示［J］.教育研究，1998（10）：56-61.

②曹一鸣.十三国数学课程标准评介（小学初中卷）［M］.北京：北京师范大学出版社，2012：218.

（二）课程标准制定背景

课程改革是特定的政治、经济、文化发展下政府对本国教育客观需要做出的反映。2009 年，在 2007 年修订的课程尚未能够全面实施前，韩国政府基于对国内外形势、21 世纪人才培养战略以及传统教育中存在的问题这三方面的考虑，决定对基础教育课程进行再次修订。此次课程修订突出强调国际化和以学生为本，以让学生"学习感兴趣的知识，体验愉快的学校"为目标方向，以提高课程的适切性、合理性、多样性和自主性为旨归，力求打造宽松愉悦和富有创造性的学校教育。①同时，2009 年的课程修订还为中小学教育课程的未来适应性提出了"未来型教育课程"的构想，并确定了"全球化创造型人才教育"的课程培养理念。

相比于前几次的课程修订工作，2009 年的课程修订更加强调对世界全球化趋势的应对和对凸显人性化的全人教育的追求。此次修订对课程的性质、人才培养规格和构成方针等都做了相应的调整，并进一步优化课程设置和完善课程内容，更加强调学生对课程的深化学习。

在 2009 年课程修订理念指导下完成并于 2011 年正式颁布的《数学教学课程》包括两个部分：第一部分是共同课程（从一年级到九年级），这是要求所有学生都必须学习相同的必修课程；第二部分是选修课程（高中一年级到三年级），这一段可以学习的课程内容有"基础课程""一般课程""深化课程"三个层次，旨在建立起有区别的数学课程体系，②实现差别化教学。从纵向来看，与前几版的数学课程标准相比，2011 年版的《数学教学课程》改动幅度较大，其设计理念彰显国际性和时代性，具有划时代的意义。

---

①梁荣华，王凌宇."全球化创造性人才教育"理念下的韩国基础教育课程改革——以 2009 年课程修订为中心 [J].外国教育研究，2012（02）：37–42.

②金康彪，贾宇翔.韩国高中数学课程标准评介 [J].数学教育学报，2013（05）：42–46.

二、韩国小学数学课程设计

韩国教育以弘益人间思想为引领，旨在陶冶国民人格，使国民具备自主生活能力和民主国民应有的基本素质，为实现民主国家的发展和全人类共同繁荣的理想做出贡献。韩国小学教育的重点在于培养学生在日常学习和生活中需要的基本能力并养成基本的学习和生活习惯。

（一）课程性质的定位

数学学科是一门理解数学概念、理论、原理和法则，培养数学学习能力和数学地观察、解释各种现象的能力，培养通过逻辑思考利用数学的方法合理解决各种问题的能力和态度的学科。

在信息化、全球化的现代生活中，社会成员需要的核心力量是创造性思维能力、问题解决能力、沟通能力等。这些能力能通过一系列的数学学习活动得到提升。通过数学学科培养出来的能力不仅可以帮助学生更好地学习其他课程，而且还有利于提高个人专业能力，并在以知识为基础的 21 世纪社会中，为成为民主国民提供必要的素养和竞争力。

（二）课程设计的理念

数学教育不仅在于培养学生的认知能力，而且要激发学生对数学的兴趣和好奇心、培养学生数学学习的自信心和积极的态度，同时培养学生理解他人，相互关怀的良好品德。

数学是个体之间成就存在显著差异的一门学科，因此数学教育应综合考虑学生的认知发展状况、学习水平、学习特征等相关因素，采取适当的教学和学习方法。

（三）课程设计的思路

为打破课程编排和实施的僵化现象，修订后的韩国基础教育课程统一设置年级群。根据学生发展的生理和心理特征，将小学六年的学习时间分为三个年级群，每两个年级为一个年级群。

小学数学课程内容由"数与运算""图形""测量""规律性与问题解

决""概率与统计"这五个领域组成。"数与运算"包括自然数，分数，小数的概念与四则运算；"图形"领域包括平面图形与立体图形的概念和基本性质；"测量"领域包括时间，长度，容量，质量，角度，面积，表面积的概念与应用；"规律性与问题解决"领域包括找规律，比和比例式，正比例和反比例；"概率与统计"领域包括数据的整理和分析，事件发生的可能性。

三、中韩小学数学课程目标的比较

课程目标即学生课程学习应达到的结果及其程度要求，是关于学生学习活动结束之后行为变化的描述①。它不仅制约着课程的设置，而且是课程实施的基本依据和课程评价的主要准则，同时也是教育目的、培养目标的具体体现。②基于不同的教育理念和对课程性质的不同认识，中韩两国的课程目标也彰显其各自的特色。

（一）韩国小学数学课程目标

《数学教学课程》（以下简称《课程》）中，关于数学课程目标的论述是在韩国教育的追求和小学课程教育目标之后展开的，构建了逐层细化的三级目标体系。《课程》指出：

数学学科的目标如下：理解数学的概念、原理和法则，培养数学地思考和交流能力，数学地观察各种现象和问题，合理且富有创造性地解决问题，培养对数学的积极态度③。

1. 通过数学地观察、分析、组织、表达日常生活或者自然中出现的各种现象和体验，培养理解数学的基础概念、原理、法则及其内部之间关系的能力。

---

①潘洪建，刘华，蔡澄.课程与教学论基础［M］.镇江：江苏大学出版社，2012：75.

②靳玉乐，张家军.国外基础教育课程目标的特点及其启示［J］.外国教育研究，2000（04）：28-34.

③教育科学技术部.数学课程［M］.（教育科学技术部第 2011-361 号文件分册 8）首尔：教育科学技术部，2011.

2. 培养数学地思考和交流的能力。培养把握日常生活和自然世界中出现的问题并且合理地解决问题的能力。

3. 激发对于数学学习的兴趣，理解数学的价值，培养对数学的积极态度。

根据课程目标的几个关键点，可以将其划分为认知领域的目标和情感领域的目标两个方面（如图 5.1 所示）。

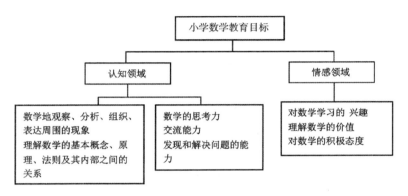

图 5.1 韩国小学数学教育目标

（二）中国小学数学课程目标

中国义务教育阶段数学课程的培养目标是要面向全体学生，适应学生个性发展的需要，使得：人人都能获得良好的数学教育，不同的人在数学上得到不同的发展。①《课标（2011 年版)》中课程目标分为两个部分，即总目标和学段目标。其编排结构如图 5.2 所示。

总目标，其中以"基础知识""基本技能""基本思想""基本活动经验"和"发现和提出问题的能力""分析和解决问题的能力"为具体内容的"四基""四能"的提出是《课标（2011 年版)》相对于前版课标的重大变化之一。在总纲之后，《课标（2011 年版)》又从知识技能、数学思考、问题解决、情感态度四个方面对课程的总目标做了具体阐述，并指出"总目标的这四个方面，不是相互独立和割裂的，而是一个密切联系、相互交融的有机整

①中华人民共和国教育部.义务教育数学课程课标（2011 年版）[M].北京：北京师范大学出版社，2012：2.

体"。强调在教学中必须同时关注这四个方面。

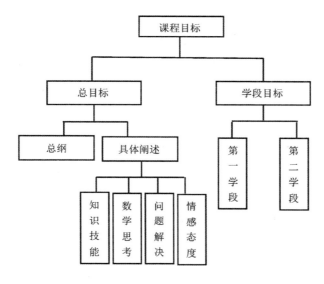

图 5.2 中国课程目标的编排结构

不同的学段对学生在各方面的要求也有所不同。学段目标按学段划分，从知识技能、数学思考、问题解决和情感态度四个方面展开，提出了符合各学段学生身心发展特点的目标要求。学段目标使得课程目标进一步明确，同时也为课程的内容选择、实施和评价提供了更为明确的方向。

此外，课程目标包括结果性目标和过程性目标。结果性目标使用"了解""理解""掌握""运用"等行为动词表述，过程性目标使用"经历""体验""探索"等行为动词表述。并且，为更好地区分和理解不同动词所表述的不同目标水平，《课标（2011 年版)》在附录 1 中对行为动词做了进一步阐释和分类。

（三）比较与分析

1.《课程》的目标陈述更为简略

就课程目标而言，《课程》在陈述上较于《课标（2011 年版)》更为简略。这主要体现在两个方面，一是《课程》中的课程目标在结构编排上较为简单，二是在目标内容的阐述上较为简短。

从编排上看，《课标（2011 年版）》从知识技能、数学思考、问题解决和情感态度四个方面阐述了数学课程的总目标和学段目标。其中，总目标先是总纲概述，再通过四个方面加以具体阐述；学段目标则是对各学段在四个方面的目标要求的进一步细化。概述和四个方面的具体阐述之间、总目标和学段目标之间既相互独立又交叉融合、一以贯之，呈现出从抽象到具体、从概括到翔实的编排特点，体现明显的层次性。而韩国的课程目标陈述既未按目标维度划分也未按学段划分，不涉及具体的学习领域或课程知识点，始终停留在概述性目标的层面，相当于《课标（2011 年版）》总目标中的总纲。陈述方式单一，缺乏层次性。

从目标内容上看，详略差异明显是《课标（2011 年版）》与《课程》在课程目标部分最为直观的比较结果。从总目标到学段目标，《课标（2011 年版）》的总体目标条目数量远远超过《课程》。按中文字符数计算，《课标（2011 年版）》的字符数为 3096 个，而《课程》的字符数仅有 223 个，尚不足前者的十分之一。在内容陈述上，《课标（2011 年版）》注重分点、分层次地加以说明，详细具体；而《课程》则是精而简之的一句话。

陈述方式的不同，一定程度上反映出两国对小学数学课程的不同教育理念。《课标（2011 年版）》指出："人人都能获得良好的数学教育，不同的人在数学上得到不同的发展。"从而明确了数学课程的作用和任务，课程目标即是这一课程理念的反映。以普遍性目标和行为目标取向为主，分维度做具体详尽的说明，为"人人都能获得良好的数学教育"服务；明确各学段目标，注重知识的纵向延伸和深度发展，反映课程编排上螺旋式上升的思路，为"不同的人在数学上得到不同的发展"服务。相反，《课程》以"（教育课程）追求的人的形象"开篇，强调培养具有个性、创造性、生活品质和国际性的人，并指出"数学是一门个人差别化较大的学科"，学校的数学教育应培养学生理解他人、关爱他人的正确素养。因而，在"弘益人间"思想引领下的课程目标以表现性目标和生成性目标取向为主，突出体现了目标的弹性和灵活性，注重照顾学生的兴趣爱好以及自信、独立精神的养成，为学校、教师、家长的个性化解读和差异性培养提供广阔空间。

2.《课程》的行为主体是教师，而非学生

从课程目标的行为主体看，《课标（2011 年版）》课程目标的行为主体是学生，它明确了学生必须达到的各项要求，是对学生学习行为结果的一种规定；而《课程》的课程目标则是以教师为主体陈述的，它指明了教师的教学追求，是对教师教学活动效果的一种预期。

在两国的课程目标中有许多相似的目标要求，例如：《课标（2011 年版）》课程目标的总纲第三条指出"了解数学的价值，提高学习数学的兴趣，增强学好数学的信心，养成良好的学习习惯，具有初步的创新意识和科学态度"。韩国《课程》的课程目标也提出"激发对于数学学习的兴趣，理解数学的价值，培养对数学的积极态度"。两者都属于情感态度方面的目标，但在陈述上却存在不可忽视的差异：两者的行为主体不同。尽管两者陈述中都没有出现"教师""学生"等词语，但通过对"谁来实现上述目标"这一问题的剖析能辨识出其隐含的行为主体。"了解数学的价值""提高学习数学的兴趣"，显然，这都是对学生学习结果的描述，行为主体是学生；而"激发学习兴趣""培养积极态度"则明显都是教师的行为，行为主体是教师。前者描述的是学生学到了什么，着眼于学生的学；后者描述的是教师要教什么，着眼于教师的教。

目标行为主体的差异并非只是陈述方式的不同，它最终反映的是对课程标准以及教学活动中师生主体地位的认识，事实上，"课程标准的检验是评价学生的学习结果有没有达到，而不是评价教师有没有完成某一项工作"[①]，因而，课程目标必须从学生的角度出发，阐明学生通过学习能够学到什么、获得什么、发生怎样的变化，其目标的行为主体必须是学生，而不是教师。同时，以学生为行为主体的目标陈述正与"教师主导，学生主体"的理念相一致。相比而言，《课标（2011 年版）》以学生为目标的行为主体更贴合新课

程理念，更为科学合理。

3.《课程》的目标缺乏可操作性

课程目标是特定阶段的学校课程所达到的预期结果，它是对学生身心发展目标和方向的规定。[①]作为一种预期和规定，课程目标必然是度量教育结果的一个准绳和评价依据，那么它就应该是具体的、明确的、可评估的、可操作的。

《课标（2011 年版)》中用以描述目标的行为动词有两类，一类是用以表述结果目标的行为动词，如"了解""理解""掌握""运用"等；一类是用以表述过程目标的行为动词，如"经历""感受""体验""探索"等。并且，为了便于使用者更好地理解目标水平，《课标（2011 年版)》在附录 1 中对有关的行为动词进行解释和说明，揭示了各行为动词相应的学习水平，保证了课程目标的规定性和明确性。《课程》中用以描述目标的行为动词甚少，且运用的也是一些笼统、模糊的术语，如"合理且富有创造性的解决……""培养……的能力"等。在整个目标表述中"培养""理解"两个动词频繁使用，缺乏丰富性、可比性和可测性，缺乏质和量的具体规定性，在实际的实施和评价中难以把握和运用。

再者，强调数学与生活的密切联系是两国课标的共同关注点，但在具体表述上，两者却有相似但明显相异之处。在《课程》篇幅较短的课程目标中，两次出现"日常生活和自然世界"的表述。根据客观世界包括自然界和人类社会这一命题，日常生活和自然世界即包含了整个客观世界，而在小学数学课程目标中如此表述显然是模糊的、不合理的。对此，《课标（2011 年版)》的表述大多为"在具体情境中""日常生活中"，明确学习结果产生的特定条件，更能体现目标的量化和具体化。

---

①宋晓平.走向整合与发展的数学课程目标——解读普通高中《数学课程标准（实验)》目标体系［J］.数学通报，2005（2)：19-21.

四、中韩小学数学课程内容的比较

课程内容是课程的核心因素，是根据课程目标从人类的经验体系中选择出来，并按照一定的逻辑序列组织编排而成的知识体系和经验体系。[①]在课程改革中，课程内容是将课程设计、课程实施、课程评价等一系列环节串联起来的"桥梁"。中韩两国都是由国家管理课程，并以课程标准规定了课程内容。

（一）中韩课程内容的整体比较

小学数学课程内容的编选是义务教育数学课程标准编制过程中的中心环节。《课程》在第四部分"内容的领域和标准"中对课程内容做了详细论述。需要指出的是，"内容的领域和标准"又包括"内容体系""学年组标准""领域标准"和"内容标准"。其中，"内容标准"是对"学年组标准"和"领域标准"的融合，其篇幅最长，结构和表达也最为完善。因而，本文主要以"内容标准"为研究对象对中韩两国的课程内容进行比较。表 5.1 是中韩两国课标中所规定的小学数学课程内容。

表 5.1　中韩两国数学课程内容对照

	中国	韩国
1	数与代数	数与运算 规律性
2	图形与几何	测量
		图形
3	统计与概率	概率与统计
4	综合与实践	（分散在上述各领域之中）

在编排上，两国都按学段阐述课程内容，并采取条目并列式的表述方式。《课标（2011 年版）》和《课程》都将课程内容划分为若干个学习领域，且两国的领域划分虽有差异但基本相似。在各个学习领域之下，又进一步区分出

---

①王道俊，郭文安.教育学［M］.北京：人民教育出版社，2009：147.

若干个二级条目和三级条目。

1.《课程》按具体教学内容设计二级条目

对于一级条目下二级条目的设计，中韩两国采取了不同的编排方式。也就是说，两国课标在对各学习领域作进一步划分时存在明显差异。如表 5.2 所示。《课标（2011 年版）》主要是按课程内容的性质类别设计条目，而《课程》主要是按具体教学内容设计条目。

表 5.2 中韩两国"数与代数"领域主要内容

国家	中国		韩国		
学段	第一学段	第二学段	一至二年级	三至四年级	五至六年级
主要内容	数的认识 数的运算 常见的量 探索规律	数的认识 数的运算 式与方程 正比例、反比例 探索规律	四位数以下的数 两位数的加减法 乘法 量的比较 钟表的识读 时间和时刻 找规律	五位数以上的数 三位数的加减法 乘法 除法 自然数混合运算 分数 小数 分数和小数的加减法 时间 质量 估算 找规律 规律和对应	约数和倍数 分数的加减法 分数的乘除法 小数的乘除法 分数和小数 比和比率 比例式和比例分配 正比例和反比例

不同的划分方式，呈现出不一样的表述风格。首先，根据《课标（2011 年版）》中的各条目，课标使用者并不能知晓具体的教学内容、教学范围；而通过《课程》的二级条目，使用者即能大致得知该阶段的基本学习内容和学习范围。其次，《课标（2011 年版）》中的二级条目数量相对较少，用词简短明快，且两个学段的条目设计基本相同，保持一定的连贯性和统一性；而《课程》中的二级条目数目繁多，用词或多或少，缺乏稳定性，不同学段的条目也多不相同。相比而言，《课标（2011 年版）》以课程内容性质类型划分条目，简洁明了，概括性较高，更能体现各学段知识的内在联系，便于学段间的比较；《课程》以具体教学内容划分条目，便于对各学段知识点的直观清

晰的认识，不同学段不同条目更能体现学段间的差异性，但是数目繁多的二级条目也在一定程度上不利于对课程内容的整体把握和全面分析。

2. 韩国设有"注意点"板块作进一步说明

将韩国的"内容标准"与中国的"课程内容"进行对比，结构上的异同都是较为直观的、显然的。相同之处主要在于两者都是按学年段按学习领域采取"条目并列式"论述，而不同之处在于"内容标准"除对内容标准论述外还设有"术语和符号""数学学习上的注意点"两个板块。

两个板块设置在各学习领域的内容标准之后，是对该学年段该领域内容标准的进一步说明。其中"术语和符号"是对该部分课程内容中所涉及的数学术语和符号进行规定，体现了《课程》注重和强调学生对数学语言的规范表达。"数学学习上的注意点"则是指出教学和学习该部分内容时应当注意的地方，既有对课程内容教学范围的框定，也有对课程教学方法、教学活动的建议，还包括对学习结果所要达到的目标说明。"注意点"仍以条目式的表述形式呈现，语言通俗易懂，方便教师和学生对课程内容的全面理解。事实上，清楚地描述课程内容要求达到的目标是一件非常困难的事情，为便于理解，《课程》在课程内容的论述中提供了丰富的案例供教师参考。

同时，"数学学习上的注意点"的设置也弥补了《课程》内容标准编排上的不足，加强了课程内容各部分之间的联系。一方面，按具体教学内容划分二级条目的《课程》在一定程度上割裂了各知识点之间的联系，"注意点"设置在一个领域的课程内容之后，针对整个领域中的相关内容作进一步说明，从而可以有效沟通同一学年段同一学习领域各项内容间的关系。另一方面，每个"注意点"最后一条内容的主题都是"解决问题"。《课程》中一至二年级的五个"注意点"最后一条的内容都是"培养出可以解决这一领域（具体领域）问题的能力"，三至四年级的最后一条内容都是"指导用这一领域（具体领域）来解决问题，并可以说明问题解决的过程，提高解决问题能力"，五至六年级则为"可以对解决这一领域（具体领域）问题的策略进行比较，能够找出已给条件中有用的信息和缺少的信息，可以改变条件提出新的问题，进行问题解决过程的可行性研究，提高问题解决能力"。可以看出，运用所学知识解决实际问题是三个学年段一以贯之的要求，并且随着年段的升高，目标水平也随之升高，体现了同一领域在不同学年段上的统一性、连贯性和渐进性。同时，这也是《课程》将以"知识运用""问题解决""综合与实践"等相关内容贯穿于各学习领域的最好体现。

（二）中韩小学数学课程内容的具体比较

1. "数与代数"内容比较

"数与代数"是小学数学的传统内容和主体内容，在小学数学课程中占有相当大的比重并具有重要的教育价值。在中韩现行小学数学课程标准中，"数与代数"都是课程内容部分的第一个知识板块，其重要性不言而喻。

从整体上来看，两国课标中"数与代数"知识体系的内容范围大致相同；但具体到各知识点来看，尚存在一定的差异。在第一学段"常见的量"中，《课标（2011 年版）》提出"在现实情境中，认识元、角、分，并了解它们之间的关系"，在第二学段数的认识和数的运算方面，提出"知道 2，3，5 的倍数和特征""了解自然数、整数、奇数、偶数、质（素）数和合数""了解负数的意义""探索并了解运算律"（加法的交换律和结合律、乘法的交换律和结合律、乘法对加法的分配律）等，这些内容在《课程》中并未提及。此外，作为代数学习初始阶段的"式与方程"也是《课标（2011 年版）》较韩国课标所特有的内容。据此，相比之下，《课标（2011 年版）》中课程内容的知识容量略大于《课程》。

在数的运算方面，小学阶段数的运算主要包括：整数、分数、小数的加、减、乘、除四则运算以及四则混合运算。提及数的运算，必然离不开"算理"和"算法"。算理是指四则计算的理论依据，它是由数学概念、性质、定律等内容构成的数学基础理论知识。算法是实施四则计算的基本程序和方法。[①]现

①孙兴华.数与代数若干内容分析（二）——《义务教育数学课程课标（2011 年版）》解析之六［J］.小学数学教育，2012（Z2）：18-23.

代计算教学强调要重视算理和算法。对此，《课程》中多有体现：在每个有关数的运算的二级条目之下，都有一条明确指出要求理解该项内容的计算原理并会计算。相比而言，《课标（2011年版）》中对算理的关注虽然在如"能熟练地口算20以内的加减法和表内乘除法，能口算简单的百以内的加减法和一位数乘除两位数"等表述中也有体现，但明显不如《课程》直观和直白。"算理"一词更是未曾在"课程内容"部分出现。

计算方法之外，掌握多样化的计算方式也是小学数学阶段的重要内容之一。具体情形下，不同的计算目的、不同的精确度要求，决定了选用不同的计算方式。口算、笔算、估算、使用计算器和计算机等都是小学阶段学生需要接触和运用的计算方式。鉴于此，《课标（2011年版）》对各类计算方式都给出了明确的要求，"能熟练地口算""能口算""能计算""进行估算""能借助计算器进行运算"等体现了计算方式的多样性。但在《课程》中，不同计算方式的要求则略显单一。对于不同内容，不同阶段，《课程》的表述大都是"能（会）计算"，自始至终未提及口算要求，估算要求也只在少数内容中提及，运用计算器计算的要求则是在"注意点"中略有涉及。

2."图形与几何"内容比较

数学是研究数量关系和空间形式的科学。在小学数学中，"图形与几何"领域是研究空间形式的主要内容。实施最新一轮基础教育课程改革后的中韩两国，都相当注重小学阶段的图形与几何教学，并在课程内容的设计上体现出一定的共性和差异。

在《课标（2011年版）》中，小学阶段的"图形与几何"内容包括四个方面：图形的认识、测量、图形的运动、图形与位置。韩国《课程》中与此对应的相关内容，主要包含在"图形"和"测量"两个学习领域中，内容包括"立体图形的形状""平面图形的形状""长度""容量"等。相比之下，"图形与位置"是《课标（2011年版）》中所特有的内容。

此外，中韩两国课标中的图形与几何内容在知识广度上仍存在一定的差异。例如，在图形的认识上，《课程》要求理解菱形，用多种方法证明三角形和四边形内角和的定论并说明论证过程；在图形的运动上，要求知道图形的全等和点对称图形等，这些内容在《课标（2011 年版）》的第一、第二学段中都未有提及。就知识广度而言，这表明《课程》中涵盖的知识点更多，但结合义务教育阶段数学学习的三个学段而言，这本质上是课程内容在学段分布上的差异。在《课标（2011 年版）》中，菱形、内角和的论证、图形的全等及点对称图形等都是第三学段的学习内容，按照皮亚杰的认知发展阶段理论，小学阶段和初中阶段的学生处于不同的认知发展阶段，其思维形式和思维水平存在一定的差异。据此，从知识难度的角度看，韩国课标将这部分内容提前至小学阶段教学，其难度系数显然是高于中国。此外，韩国课标在图形的认识上，还要求理解多边形、正多边形、棱柱、棱锥、球体等，并且与中国相比，对图形的绘制要求更高。例如，《课程》在一至二年级时，便要求绘制出三角形、四边形和圆，而中国在第一学段只要求能辨认、拼图和分类；在长方体和正方体的展开图和立体图的教学上，《课程》要求"可以画出"，而中国的要求是"认识"。

在图形教学方面，皮亚杰等人研究认为，空间表象是通过儿童主动和内化行为的逐渐组织而构建起来的。空间表象不是儿童对空间环境的感性的"读出"，而是来自于环境的、早先的操作活动的积累。与中学阶段不同，小学阶段的几何大多属于直观几何，而不是论证几何。直观几何是一种经验几何或实验几何。因而，在借助生活中的直观实物之外，学生获得几何知识发展空间观念的重要途径是动手操作。《课标（2011 年版）》中"操作"一词屡处可见，另外，还涉及观察物体、测量物体的长度、测量实物的体积、拼图等活动，旨在让学生经历大量的操作活动发展空间观念。与《课标（2011 年版）》相比，对操作活动的重视在《课程》中表现得更为直白，"利用搭积木的活动""利用七巧板""寻找直角和不是直角的活动""制作图形的活动"等表述不仅充分体现了对学习过程中数学活动的重视，更体现了活动的多样性与生活性。同时，动手操作的过程也是自主探究与合作交流的过程，两国课标都倡导"动手实践、自主探索、合作交流"的学习方式，着眼于让学生通过自主探究，认识和掌握图形的性质，经历简单图形的周长、面积等公式的推导过程，发展空间观念和推理能力。

3. "统计与概率"内容比较

随着统计与概率知识应用的日益广泛，将统计与概率的内容引入中小学课堂逐渐成为国际共识。为适应现代基础教育课程的改革和发展趋势，中韩两国在课标制定时都特别注重学生统计与概率知识的获得和统计概率观念的发展，将统计与概率作为义务教育数学课程的学习主题之一。

统计与概率，顾名思义，主要包括统计和概率这两方面的内容。的确，从内容编排上看，中韩两国都把这部分内容分为统计和概率两个部分，并且在两部分内容的比例分配上也表现出高度的一致，两国在小学阶段对统计知识的安排明显多于概率知识。究其原因，一方面在于统计数据中本身就隐藏着概率特性，在义务教育阶段统计更为基础一些；另一方面，对于小学生来说理解随机现象存在一定的困难。

从内容设计上看，中韩两国课标中的统计与概率内容基本相同。其中，统计部分主要包含三个方面：收集、整理和分析数据，用统计图表描述数据，学习统计量——平均数。概率部分主要让学生在具体情境中感受随机现象及其结果发生的可能性的大小，并对简单随机现象发生的可能性大小做出定性描述。从内容呈现上看，中韩两国义务教育数学课标在概率方面的展开主线基本一致，主要以对事件发生不确定性的感受与刻画展开。但两国统计部分的展开主线不尽相同。在《课程》中，三个学段的统计内容以"知识结构"为主线，按照"数据分类与表示——数据收集与表示——数据分布与表示"依次展开。这样的呈现方式充分体现了各学段统计知识间的内在逻辑关系，便于学生理清知识脉络。关于中国课标中统计内容的主线，史宁中认为：中小学统计内容"相应的课程设计、教学设计的总体框架体现从收集数据到分析数据的全过程，并以这个过程为主线，抓住要点，循序渐进"[1]。《课标

---

①史宁中，孔凡哲，秦德生等.中小学统计及其课程教学设计——数学教育热点问题系列访谈之二 [J].课程·教材·教法，2005（06）：45-50.

（2011 年版）》将"数据统计过程"作为第一主线，而将"知识结构"作为第二主线，着重让学生亲身经历统计的实施过程，而不是学习过多的统计概念。每学段的统计要求都是以"数据的收集——整理——描述——分析——交流"这一主线展开，螺旋式上升。这样的内容安排有利于帮助学生形成系统的数据统计的思路，构建完整的统计过程图景。

五、中韩小学数学课程实施与评价的比较

"一般而言，作为课程设置与课程教学管理的指导性工具，课程标准文本是为实施而制定的"①，基于此，"实施建议"是课程标准的重要组成部分，对实施建议的解读将有助于更好地理解课程标准。

《课标（2011 年版）》将"实施建议"作为课标文本的第四部分独立设置，并从"教学建议""评价建议""教材编写建议"以及"课程资源开发与利用建议"四个方面加以叙述。《课程》中没有明确提及课标的实施或实施建议，但其第五、第六部分的内容分别为"教学·学习方法"和"评价"，大抵相当于《课标（2011 年版）》中的"教学建议"和"评价建议"。其中"教学·学习方法"部分所占篇幅比重较大，"评价"部分内容较少。

（一）教学建议的比较

1.《课程》中建议部分内容更为丰富

在课标的诸要素中，课程目标是小学数学课程标准的核心，课程内容的确定、课程实施的把握等都必须以课程目标为准则。《课标（2011 年版）》和《课程》的教学建议都是紧扣课程目标的要求展开的，并强调课程目标的整体实现。

"教学建议"和"教学·学习方法"，称谓不同，自然其内容指向也存在一定的差异。从字面来看，前者是对课堂教学实施的一种行为导向，其目标对象为一线教师；后者是对课堂教学和学习的一种方法指导，其目标对象既

---

①柯森.基础教育课程标准及其实施研究———一种基于问题的比较分析［D］.上海：华东师范大学博士论文，2004.

包括教师，亦包括学生。从文本内容来看，《课标（2011 年版)》中"教学建议"的设置主要是为了帮助一线教师更好地解读课程标准并明晰在教育教学活动中应如何体现课标理念、实现课程目标、把握几个关系。在内容表述上，文本明确以"教师"为主语，且自始至终以教师为"教学建议"的唯一指向对象，以数学教学活动为唯一指向行为。

与此不同，《课程》的"教学·学习方法"中并未指明主语为何，部分内容在主语的界定上模棱两可。"教学·学习方法"在开始和结尾处分别提到了课程完成标准的评估和差别化教学，提出"差别化教学可根据学校情况（教师的供求、闲置的教室)，设置不同水平的学习团体"。结合文本内容和一般情况分析，这些都属于学校层面的工作，关乎学校的顶层设计和统筹安排，并非教师个体的教学活动，可见，其指向对象并非一线教师。此外，"教学·学习方法"在内容表述上多次提及"在教学和学习上应当注意"，即包含教师和学生两个行为主体。因而，与"教学建议"相比，"教学·学习方法"的指向对象和指向行为更为多元。究其原因，《课标（2011 年版)》在"教学建议"外，另设计了"教材编写建议"和"课程资源开发与利用建议"，将与课程实施有关的众多其他内容囊括其中；而《课程》并未设计其他栏目，"教学·学习方法"成为沟通课标理念与课程实施的主阵地。

作为指导性建议，"教学·学习方法"和"教学建议"都是将义务教育阶段的几个学段整合在一起总体提出的。但从内容上看，除目标指向不同外，两者所提出的针对教师教育教学活动的建议也不尽相同，即建议内容的切入角度不同。"教学·学习方法"共设计了 15 条内容，其中第 5 条为"在数学概念、原理、法则技能的教学和学习上"的注意点，第 7、8、9、10 条分别为"为培养数学创造力""为提高问题解决能力""为提高数学推理能力""为提高数学交流能力"在教学和学习上的注意点，第 12 条为"为提高对数学的积极态度"在教学和学习上的注意点。对照"教学建议"来看，上述内容分别属于知识技能、数学学习能力和情感态度的范畴，体现为"注重学生对基础知识、基本技能的理解和掌握""感悟数学思想，积累数学活动经验"

"关注学生情感态度的发展"等建议，比较微观、具体。而"教学建议"的建议虽然仅有七条，在数量上不足前者的一半，但其立足于各个层面，内涵比较丰富。

2.《课程》的建议表述尤为简略

众多研究表明，与《课标（实验稿）》相比，《课标（2011 年版）》在表述上更为严谨。就"教学建议"而言，其行文架构条理清晰、层次分明，包含前言与正文两个部分。正文下设有七个小标题即七条建议，小标题下是对每条建议的具体阐述。各个标题都言简意赅、观点明确，针对每条建议的具体论述更是围绕中心论点有序展开，论据充分，论证合理，既注重语言的丰富性和严谨性，又多处举例说明并辅之以教学实例，兼顾文本的可读性，字字珠玑，深入浅出。

"教学·学习方法"的表述风格与"教学建议"可谓大相径庭。"教学·学习方法"共有十五条建议，其中五条建议即为简单的一句话，另外的十条建议则有相对统一的表述方式，即为了某一目标"在教学和学习上应当注意以下几点"，注意点为二至四点不等，且每个注意点仅有一句话。表述语言通俗易懂，既无数学教育理论的引用，也无教学案例的佐证，重点在于教学实践指导和说明注意事项。严格意义上来讲，《课程》中的教学建议并非只体现在"教学·学习方法"部分。值得注意的是，在课程内容部分，各学段每一领域的课程内容介绍之后都设有一个"教学学习上的注意点"栏目，顾名思义，这一栏目是为在该学段如何有效教学和学习这一领域的课程内容作必要说明，其内容主要关于课程内容的范围、教学和学习的侧重点和具体要求、教学和学习工具的使用、教育素材的选择等。不同的表述风格和呈现方式各有其优势和不足。相比而言，《课标（2011 年版）》的"教学建议"条理清晰，论述充分，但操作性不强，理论指导意义更为深远；《课程》的"教学·学习方法"简洁明了，操作性强，但缺乏稳定性、连贯性和统一性。

（二）教学评价的比较

学生数学学习评价是数学课程实施的重要环节，它既是对学生数学学习结果的检验，也是对学生数学学习过程的考查①。各国小学数学课程改革和发展都强调建立和完善数学学习评价体系，以帮助教师改进教学，促进学生发展，保证课程目标的实现。

1. 韩国单独提出课程评价

《课标（2011 年版)》十分重视数学学习评价在数学教育教学中的重要作用，在第四部分"实施建议"中，"评价建议"被作为第二个板块提出，并占用大量篇幅加以阐述。在韩国课标中，"评价"是继"教学·学习方法"之后的第六部分。根据语义可知，《课程》中的"评价"与《课标（2011 年版)》的"评价建议"既有相同之处，又有较大差异。以数学学习评价为同一主题，"评价建议"是对如何有效设计和实施评价的具体指导，而"评价"则是对评价体系中各个方面的宏观介绍。其具体内容如表 5.3 所示。

表 5.3　中韩课标"评价建议"部分主要内容

	中　国	韩　国
评价建议	·基础知识和基本技能的评价 ·数学思考和问题解决的评价 ·情感态度的评价 ·注重对学生数学学习过程的评价 ·体现评价主体的多元化和评价方式的多样化 ·恰当地呈现和利用评价结果 ·合理设计与实施书面测验	·数学学习评价有利于学生数学学习和教师改善教学 ·数学学习评价应考虑学生的认知发展水平、课程内容标准和范围 ·数学学习评价以多种方式进行 ·数学学习评价趋向于统一评价，并通过多种评价方法提高数学教学和学习 ·认知领域的评价是为了提高学生的数学思考力，要兼顾结果和过程 ·情感领域的评价是为了提高学生对数学的积极态度 ·数学学习评价中可向学生提供教学道具

注：表 5.3 中韩国部分的内容是对《课程》中相关内容的概括，非原文。

《课标（2011 年版)》指出"评价的主要目的是全面了解学生数学学习的过程和结果，激励学生学习和改进教师教学。"结合数学教学的特点，《课标（2011 年版)》共提出七条具体的评价建议。建议涵盖评价目的、评价内容、

———————

① 张春莉，张泽庆.小学数学评价的全面性与多元化——《义务教育数学课程课标（2011年版)》解析之十三［J］.小学数学教育，2012（Z2）：27-30.

评价主体、评价方法等多个方面，联系数学教学实际，针对如何评价的问题作了全面的、具体的、科学的、可操作的指导，为广大数学教师构建完整的数学学习发展性评价体系指明方向。韩国课标中"评价"共分七点加以阐述，根据内容可划分为五个层面，分别是：评价的目的、评价的方法、认知领域的评价、情感领域的评价、评价中教学道具的运用。与"评价建议"不同，"评价"的七点内容多为高度概括的一句话，不作详细说明，内容缺乏对设计和实施评价的指导性建议。事实上，造成这些差异的原因主要在于设计意图的不同，《课程》中的"评价"并不在于为一线教师设计和实施数学学习评价提供指导标准或建议。因为，与中国不同，韩国在设置教育开发院专门负责和制定课程标准外，还设有课程评价院负责课程评价，课程标准并不需要对课程评价进行详细论述。

2. 两国都强调多元化评价

评价的最终目的是促进学生的发展，发展既包括认知的发展，也包括情感态度的发展。随着现代教育理念的逐步深入，数学学习评价也由以往单纯地考查学生的学习结果转变为在关注学生学习水平的同时关注其在学习中所体现出来的情感、态度、价值观。《课程》中明确将评价内容分为认知领域的评价和情感领域的评价，充分肯定了情感领域的评价对学生数学学习的促进作用。《课标（2011 年版）》将课程目标的四个方面作为数学学习评价的基本内容框架，在关注知识技能、数学思考和问题解决的评价的同时，专门设立一个条目，强调注重学生情感态度的评价。在数学学习中，对认知和情感领域的评价是学生善于学习和乐于学习的衡量指标。中韩两国课标对认知、情感领域评价的重视，反映了两国重视全面发展学生的素质和培养创造性人才的教育评价观。

在评价中，评价主体、评价内容以及评价方式多元化的观点由来已久，并且，多元化已成为国际数学学习评价发展和改革的趋势之一。[①]《课程》指

---

①张春莉.数学评价多元化——解读《义务教育数学课程课标（2011 年版）》中"评价建议"的主旋律［J］.小学教学（数学版），2012（Z1）：27-30.

出"数学学习评价提供学生认知领域和情感领域的必要信息""以诊断型评价、形成型评价、概括型评价等方式来进行""并通过纸笔评价、观察、面谈、自主评价等多种评价方法提高数学教学和学习"等，充分体现了韩国数学教育教学对评价内容、评价方式、评价方法多元化的重视和强调。如张春莉教授所言，数学评价多元化是《课标（2011年版）》中"评价建议"部分的主旋律。在评价主体上，《课标（2011年版）》指出"教师、家长、同学及学生本人都可以作为评价者"；在评价内容上，《课标（2011年版）》强调数学基础知识和基本技能、数学学习能力、数学思考、问题解决和情感态度等方面的评价；在评价方式上，《课标（2011年版）》强调"评价方式多样化体现在多种评价方法的运用，包括书面测验、口头测验、开放式问题、活动报告、课堂观察、课后访谈、课内外作业、成长记录等。在条件允许的地方，也可以采用网上交流的方式进行评价"。事实上，多元化评价理念是一个动态的评价理念，中韩两国对数学评价多元化的强调表明其对学生个体发展的差异性和独特性的重视以及对学生个体差异的关注。

六、韩国小学数学课程标准对中国的启示

比较是手段，其最终的目的是借鉴和发展。笔者认为，通过对中韩两国现行小学数学课程标准的比较研究，得出的两国课标之间的差异和各自的特色对于更好地完善中国小学数学课程标准具有一定的借鉴意义和现实启示。

1. 重视传承创新，兼顾时代性与民族性

在课程标准中，课程目标必须是分层次表述的。[①]考察中韩两国小学数学课程标准中的课程目标，自上而下的目标体系构建是其共有的特征。然而，即便如此，以"（教育课程）追求的人的形象"开篇仍可谓是韩国小学数学课程标准的一大特色。不同于中国课标将国家教育方针、教育目的隐含于数学课程的具体陈述中，"（教育课程）追求的人的形象"是韩国国家教育理念，

---

①钟启泉，崔允漷，张华.为了中华民族的复兴为了每位学生的发展《基础教育课程改革纲要（试行）》解读［M］.上海：华东师范大学出版社，2001：176.

国家教育总体目标的直观阐述。它指出韩国的教育"以弘益人间的理念为基础，目的是陶冶国民的人格，培养自主生活能力成为民主国民必备的基本素质，追求理想人生，能够为实现民主国家发展和人类共荣理想贡献力量"。事实上，这也是对韩国《教育法》精神的直接传达。韩国《教育法》第1章总则的第1条明确规定："教育是在弘益人间的思想指导下，唤醒所有国民的正直人格，使之具备自主生活能力和公民应用的素质，服务于民主国家的发展，为实现人类共同繁荣的理想做出贡献。"

"弘益人间"是韩国政府长期坚持的教育理念。所谓"弘益人间"是韩国开国神话中的一个基本思想，其主旨是令天下苍生共同受益，它与仁义、慈悲、博爱相通，也与自强不息、奋力拼搏相连，包含了对人类共同繁荣的理想。①因而，"（教育课程）追求的人的形象"一方面是对国家教育理念、《教育法》精神的传达；另一方面也是对韩国传统教育指导思想的坚持和传承。"（教育课程）追求的人的形象"提出教育课程追求的具体培养规格包括：追求个性发展和开创道路的人、发挥创造性的人、追求有品质的生活的人、参与共同体发展的人，将原先的单一性要求转变为复合的、多层次的要求。②这既是对韩国传统教育特色的坚守，又是紧跟时代脉搏革新人才培养规格，以实际行动回应知识经济时代人才培养要求的体现。中国小学数学课程标准的编制以及基础教育数学课程改革也需要紧随时代变化，及时更新、体现并落实人才培养观念。

同时，"弘益人间"也是韩国民族精神的精华。因而，"（教育课程）追求的人的形象"也体现出韩国教育对培育学生民族精神的重视和自觉。有研究指出，"几乎每个韩国人都认为韩国文化是世界上最优美、最有创造力的

---

①王有炜，郑汉华.韩国"弘益人间"理念对我国弘扬和培育民族精神的启示［J］.安徽技术师范学院学报，2005（05）：66-69.

②孙启林，杨金成.面向21世纪的韩国基础教育课程改革——韩国第七次教育课程改革评析［J］.外国教育研究，2001（02）：4-9.

文化，韩国人是世界上最聪明的民族。"①这样的民族自尊和自信在一定程度上都得益于韩国政府"弘益人间"的教育理念，以及这种融注于课程中的自觉的民族精神教育意识，这也是值得中国借鉴和学习的。

2. 完善编制方式，加强统一性和连贯性

在中国，义务教育阶段的数学课程标准和高中阶段的数学课程标准是分开编制的。相比于韩国十二年一贯的数学课程标准编制方式，这种分开编制的方式具有一定的优越性，即"可以在对'义务教育阶段数学课程标准'的设计与实施情况充分反思的基础上研制'普通高中数学课程标准'"②。然而，与此同时，分开编制的弊端也不容忽视。由于缺乏整体设计，义务教育阶段和普通高中阶段的数学课程标准之间容易出现课程内容衔接不畅、课程理念不尽统一、课程目标前后不一致等情况。在教育实践中，两个标准也被视为两个相互独立的体系，出现小学、初中数学教师只了解《课标（2011 年版）》，高中教师只了解《普通高中数学课程标准》的现象③，给课程实施带来一定困扰。因而，韩国整体编制十二年一贯数学课程标准的做法，有利于规避衔接性弱、连贯性差等问题，呈现一个完整的数学课程体系，值得中国借鉴学习。

在课程内容的编排上，中韩两国都采用了"条目并列式"的编排方式。事实上，"条目并列式"的编排方式在一定程度上也割裂了各部分内容之间的联系。通过对美国数学课程标准的研究也表明，"条目并列型"与"核心学科型"相比，"条目并列型结构最明显的特征在于不稳定、不连贯、不统一"④，"条目并列式"的编排方式下，由于各条目相互平行，往往表现得

①山东大学威海分校商学院课题组，刘文.中韩教育比较与启示 [J].劳动经济评论，2010（01）：54-58.

②孔凡哲，崔英梅.韩国中小学数学课程新变化的经验教训及其启示 [J].教育科学研究，2011（06）：78-82.

③陈婷.义务教育数学课程标准与普通高中数学课程标准的内在联系研究 [A].全国高师会数学教育研究会 2006 年学术年会论文集 [C]，2006.

④马立平.美国小学数学内容结构之批评 [J].数学教育学报，2012（04）：1-15.

"互不相干"，缺乏明显的联系和共同的中心①。然而，不同的是，中国将小学阶段的数学课程内容划分为数与代数、图形与几何、统计与概率、综合与实践四个学习领域，四个领域的内容呈螺旋式上升。而严格意义上说，韩国的小学数学课程内容并不是按学习领域划分，而是划分为若干个模块，划分为比学习领域更小的、更灵活的单位。这样的划分方式相比中国小学数学课程标准更加细化，也使得各领域间联系更加直接。

此外，课程标准设计时还应考虑数学课程与其他学科之间的联系。例如，《课程》提出"找出其他学科或实际生活中使用比例的实例，解决相关的简单问题"，有意识地沟通数学与其他学科之间的联系，让数学知识成为了解其他学科的基础，同时也让学生在其他学科的学习中体会数学的广泛应用。

3. 充实课程内容，优化案例指导作用

由于小学数学学习的基础性，课程内容在各领域的分配上并不是等比例的，各领域内容在其下设的各板块的分配上也不是等比例的。但是，纵观整个《课标（2011 年版)》，"数与代数"领域下的"探索规律"板块是较为特殊的一个部分。"探索规律"的内容覆盖第一、第二两个学段，但两个学段的课程内容表述都极为简略，与其他课程内容相比显得较不协调。其中，第一学段为"探索简单情境下的变化规律"，第二学段则是"探索给定情境中隐含的规律或变化规律"。作为内容最为丰富的"数与代数"领域下的一个独立板块，这样的内容表达不免显得过于单薄。再者，"探索规律"旨在让学生从数学的角度探索事物之间的关系及变化规律，是培养学生"数学思考"的有效手段，也是以往小学教学中所缺乏的内容，是教师难以把握的内容，这样的内容表达不利于课程实施者的正确解读和把握。《课程》中，"规律性"是一个独立的领域，在小学数学的三个学习阶段都有具体的内容和要求。内容在表达上既明确学习应达成的结果性目标，也强调学生学习过程的体验，

①郑毓信.《义务教育数学课程课标（2011 年版)》之审思 [J].小学教学（数学版），2012（Z1)：2–6.

这对于充实完善《课标（2011 年版）》中的"探索规律"内容具有借鉴意义。

为增强课程内容和实施建议的陈述效果，《课标（2011 年版）》在附录 2 中设计了众多参考实例，这是与《课程》相比，中国课标的别具一格之处。但无论在内容覆盖面上还是在指导作用上，这些实例都仍需进一步加强。课程内容中，一些二级条目下设计了多条具体要求，但可参见的相应实例却很少。如第二学段"数与代数"领域下的"数的运算"和"式与方程"，"图形与几何"领域下的"图形的认识"等板块，可参见的实例数量较少甚至没有。另外，《课标（2011 年版）》中的实例大多是关于知识点的教学，而关于现代信息技术使用的实例少之又少，相信在现代信息技术应用逐步广泛的当下，这也是一个值得改善的地方。作为实施教学的示范，《课标（2011 年版）》中的实例显得过于简单，一些实例仅仅是例题的展示，对如何教学并没有做详尽的阐释或说明，缺乏现实的指导意义。对此，笔者认为，可丰富实例的来源，既可以是经典例题，也可以是教学片段、学生解题的案例等，并对实例进行翔实论述、深入解读，为教师提供真实的、有效的教学指导。

4. 细化板块设计，提升数学语言规范性

"科学是由概念构成的，概念又要通过语言文字来表达，术语是语言文字表达概念的一种浓缩和符号。"[1]在数学课程中，数学术语作为数学概念的高度浓缩无疑是数学学习的基础，在数学课程中具有非常重要的地位和作用，对数学术语的理解和掌握直接影响数学的学习。[2]在韩国小学数学课程标准的课程内容部分，特别设有"术语和符号"板块，对一定范围内课程内容中涉及的数学术语和数学符号进行整理和规定。如此设计一方面有利于教材的编写，以及"一标多本"下数学术语、数学符号、数学概念等重要数学知识的规范和统一；另一方面，这也有利于帮助课标使用者整体把握小学数学课程中的数学术语，加深对术语的理解，从而帮助其理解数学概念、明晰数学知

---

①刘源俊.量子物理名词的商榷［J］.物理与工程，2011（03）：1-3.
②向飞.小学数学课程中数学术语的研究［D］.北京：首都师范大学硕士论文，2014.

识框架，最终对学生的学习和教师的教学产生积极作用。

从数学语言的角度看，"数学教学也就是数学语言的教学"，①而数学术语和数学符号都属于数学语言。数学术语和数学符号的规范化呈现和使用有利于学生数学语言的不断丰富、内化、形成和运用，对于提高学生的数学交流和表达能力、发展学生的数学思维、提升学生的数学素养都有重要的现实意义。因而，在课程内容中设置"术语和符号"板块的做法值得中国学习和借鉴。

5. 统筹修订实施，保障稳定性和渐进性

课程总是随着时代的演进而不断变化，以适应日新月异的社会。自古以来，课程改革是教育发展的永恒主题。但"基础教育课程改革是一项系统工作，需要一个周期"。同样地，基础教育数学课程标准的修订与实施也是一项系统工作，需要一个合适的周期。回顾韩国小学数学课程标准的修订历程，周期短、频次高是其显著特征。韩国现行的小学数学课程标准是在 2009 年发布的《中小学课程（2009 年修订)》理念指导下着手修订，于 2011 年正式发布的。这距 2006 年 8 月韩国教育人力资源部公布的《数学教育课程》（2006 年修订）仅隔五年时间，距 2007 年 2 月韩国教育人力资源部公布的《数学教育课程》（2007 年修订）仅隔四年时间。而 2006、2007 两个版本的《数学教育课程》相隔时间不足一年。

频繁的修订纵然能促使小学数学课程标准及时吸收最新的教育研究成果、更新课程教育理念，但也为课程的实施带来消极影响。一方面，由于课程标准修订时间间隔较短，修订前期的调研、考察工作难免不够全面。修订者和实施者难以深入了解课程标准的实施现状、出现的问题以及潜在的后期变化等，对课程标准的优势和不足认识不到位，继而又使得课程标准的再修订缺乏实践反馈和可靠调研作基础，缺乏针对性和科学性。另一方面，课程标准

---

① （苏）A.A.斯托利亚尔.数学教育学［M］.丁尔陞等译.北京：人民教育出版社，1984：224.

的频繁变更也会使修订者和使用者产生逆反心理，削弱其修订和实施的积极性，造成教育资源的流失和浪费，最终影响课程标准实施的效果。对此，中国在结合时代发展及时调整小学数学课程标准的同时，也应充分认识到频繁修订小学数学课程标准的不合理之处，以此为鉴，以此为戒，重视课程标准的实践反馈，留足时间，保证实施周期。

就课程标准的实施而言，使用者对于新课程标准的接受、认同物化为教学行为也需要一个过程。目前，韩国 2011 年修订的小学数学课程标准已于 2013 年起逐步实施，其从发布到正式实施，间隔时间约为两年。而中国现行的小学数学课程标准是 2011 年 12 月正式颁布，2012 年 9 月正式实施的，其间间隔只有九个月。一般而言，课程标准颁布后，配套教材也需及时跟进，而从教材的编写、审核到出版，这复杂的过程必然难以在九个月内完成。此外，对教师培训部门而言，在九个月时间内培训一线教师，帮助教师理解、内化新课程标准带来的变化也有一定的现实困难。①故而，韩国在颁布课程标准两年后正式推进标准实施的做法值得中国借鉴。

①崔英梅.课程组织的量化分析研究——以中韩高中数学教科书为例［D］.上海：华东师范大学博士论文，2014.

第六章 中荷小学数学课程标准比较

荷兰，位于欧洲西部偏北，国土总面积 41864 平方千米，濒临北海，与德国、比利时接壤。荷兰因有着繁荣和开放的经济而闻名于世，是高度发达的资本主义国家，是西方十大经济体之一。荷兰实行 12 年（五至十六岁）全日制义务教育制，中小学校分为公立和私立两类。

一、荷兰数学教育概况

荷兰的基础教育分两个阶段：小学和中学。荷兰的小学教育和其他国家相比有很大不同，荷兰的小学教育从孩子四至五岁开始，持续七至八年，而一般国际上多见的小学教育都是从七岁开始，持续六年。1985 年以前，荷兰的初等教育指七岁至十三岁的小学教育，1985 年起，统一的新小学把原来属于幼儿教育（五至七岁）的统合到新的初等教育体系之中，几乎所有的荷兰儿童从四岁起就开始接受小学教育，四至十二或五至十二岁的小学教育也称为初等教育。

1920 年，荷兰实施《初等教育法》，之后，荷兰的小学教育经历多次的变革，这些变革基本上都是以教育法形式推行。1983 年，荷兰实施《新初等教育法》，其中提及初等教育的统一目标，初等教育的统一目标在教育前提、一般目标以及学校的全部教育内容中都是第一位的，而且它们必须在八年的初等教育中通过各科教学来实现，初等教育的统一目标可以看作是荷兰早期的、笼统的所有小学阶段课程教育的总目标、总的课程标准。1998 年，荷兰第一次由国家颁布了"5—15 数学课程目标"，具体描述小学生毕业之前必须学到的内容和应当达到的最低标准，课程标准由初等教育改革委员会制定，称作为"获得性目标"（attainment targets），每五年修订一次。但到 2008 年以后，又重新采用简略的目标提法，非常不具体，因此，2003 年的课程标准比 2008 年课程标准叙述更加详细。下面的比较将结合这两个标准进行。

荷兰传统的数学教育称为算数教育，以商业运用为基础。儿童主要学习测量、重量、钱数以及相关计算，教育方式机械、重复。1968 年，为了扩展小学数学教学内容，荷兰开始实施小学数学计划，在其实践的过程中，有多种不同数学教学论流派思想的渗透，主要有强调学习结果的传统教学与注重学习过程的现代教学观[①]。近十几年，荷兰的数学教育由重视动作技能和思维发展转向生活情境创设、问题解决的能力，数学教学方面，要求教师从学生的实际生活经验出发，培养学生问题解决的能力，并加强数学知识在学生实际生活中的运用。小学数学学科内容的设置主要有三条依据：必须来源于学生的已有生活经验；必须着眼于学生的数学学习过程；为学生的未来生活做准备，关注技巧同时注重创新能力和问题解决能力。

二、中荷数学课程设计的比较

（一）基本框架

1. 中荷两国课程标准基本框架

中国 2011 年版小学数学课程标准在 2001 年实验稿的基础上进行了修改，与我国不同，荷兰的课程标准名为"获得性目标"。两国大致框架结构如表 6.1 所示。

由表 6.1 可以清楚地发现，中国的课程标准分为五个部分，而荷兰课程标准分为四部分，第一部分为跨学科目标，荷兰的课程目标中没有特别交代数学课程相关理念，而是直接进入目标部分。跨学科目标是荷兰每一门课程都

---

①钟启泉.国外中小学课程演进［M］.济南：山东教育出版社，2001：701.

应该指向的目标内容，不单单指数学一门，这一部分的目标主要从学生的情感、认知和未来学习、生活、工作能力角度阐述，强调学生的探索精神和创新能力。

表 6.1　中荷数学课程标准框架结构

		中国		荷兰	
第一部分	前言	一、课程性质	跨学科目标	一、工作态度	
				二、有条理的工作	
		二、课程基本理念		三、运用多种学习策略	
				四、认识自我	
		三、课程设计思路		五、社会行为	
				六、信息技术	
第二部	课程目	一、总目标	一般性	包括对学生基础知识技能的掌握、数学思考、数学语言推理及运用等五方面要求	
		二、学段目标			
第三部分	课程内容	第一学段(一至三年级) 数与代数 图形与几何 统计与概率 综合与实践	具体课程目标	一、一般能力	
				二、笔算	
				三、比率和百分比	
				四、分数与小数	
		第二学段(四至六年级) 数与代数 图形与几何 统计与概率 综合与实践		五、测量	
				六、几何	
第四部分	实施建议	一、教学建议		二、核心目标	
		二、评价建议			
		三、教材编写建议			
		四、课程资源开发与利用建议			
第五部分	附录	附录一、有关行为动词的分类	附录	一、数学与算数的特征 二、核心目标 数学意义与运算 数与计算 测量与几何	
		附录二、课程内容及实施建议中的实例			

第二部分为一般性目标，在对所有的科目提出"跨学科目标"之后，针对数学课程阐述了比较笼统的目标要求，包括五条内容，简短的表述中蕴含了对学生基础知识技能的掌握、数学思考、数学语言推理及运用等目标要求。

第三部分是具体课程目标，与中国课程内容相对应，荷兰的具体课程目标并不分数与代数、空间与几何等知识领域，而是分为一般能力、笔算、比和百分比、分数与小数、测量、几何六个部分，从这六个部分出发进行细化，菜单式列出所要求掌握的知识点。

第四部分为附录，荷兰课标中的附录包括数学与算数的特征和核心目标，从文本内容分析，数学与算数的特征主要阐述在数学学习之后学生应该有的"数学素养"，例如对几何图形的洞察力，数学语言的掌握与运用，数学问题的解决能力等；核心目标分数的意义与运算、数与计算和测量与几何三个条目，在三个条目之下进一步对其做了解释。附录部分的内容字数是正文的一半，附录的三分之一篇幅是"数学与算数的特征"部分，因此附录可以看作是对荷兰课程标准正文部分的重要补充。

2. 两国数学课程标准框架结构比较分析

从两国的框架结构简单的呈现中我们发现：

（1）两国课程标准均具有逻辑严谨，整体布局清晰、结构紧凑的特点。仔细分析两国课程标准结构发现两国课程目标均分层次设计，剔除荷兰课程目标缺少的"前言""实施建议"等部分，中国的课程标准从第二部分开始进入目标内容的叙述，首先是课程目标，而后是课程内容。课程目标给出整个义务教育阶段数学教育要达到的教育目标，在总的叙述之后分四个维度详细要求，课程内容是在课程目标基础上的细化，把整个义务教育阶段的数学教育分学段、分领域细化数学教育的要求，层层深入，逐步细化。荷兰的课程标准首先阐述每一门学科总的教育目标，而后从数学学科出发，提出一般目标，在一般目标之后分六个方面阐述了数学课程的具体标准，最后附录进行补充，总体来看，从总到分，从概括到细致，同样层次明显。

（2）两国课程标准编写内容体系差异较大。从形式上看，两国课程标准的编写体系完全不同，中国课标包括五个部分：将数学课程的意义、性质、理念和设计思路的相关表述作为开篇前言，而后进入课程目标、课程内容的表述，最后为了给教师教学、评价提供参考，为教材编写提供建议；为了教育工作者能准确理解和把握课程标准，在附录部分对目标行为动词进行了解释，并呈现了部分教学实例。荷兰的课程标准和我国课标相比结构简单得多，正文部分开门见山呈现目标内容，首先是针对小学阶段所有科目提出的"跨学科目标"，接着针对数学科目表述了"一般性目标"，笼统的叙述总的目标要求，而后安排"具体课程目标"，内容相当于我国"课程内容"，最后附录部分补充正文的内容。

就内容体系来说，荷兰的标准相对简单、粗略。比如：就课程标准与教材的关系而言，课程标准对教材的编写工作有着明确的规范作用[1]，因此教材编写建议在课标中出现有很重要的作用。再例如，教学建议的安排为教师教学提供了参照，这更加体现课标的指导性作用，但荷兰课标中没有安排教材编写建议、教学建议等内容，这可能影响教育工作者对课程标准的理解与把握，对教师的要求更高。

（3）两国学段划分存在明显差异，两国的学段划分情况如表6.2所示。

表 6.2 两国课程标准学段划分情况

国家＼学段	学段一	学段二	学段三
中国	一至三年级	四至六年级	七至九年级
荷兰	五至十二岁		十二至十五岁

中国整个义务教育阶段按照年级分成三个学段，而荷兰的学段划分只按照年龄将整个义务教育阶段分为两个学段：小学和中学，在小学的部分没有进一步的细致划分。

学段的划分主要依据各国国情，并将本国的适龄儿童的心理发展程度作为参照，没有好坏之分。荷兰的小学阶段开始得较早，一般从五岁开始接受

---

①郑毓信.数学教育：动态与省思［M］.上海：上海教育出版社，2005：58.

小学教育，从儿童发展心理学的角度分析，五岁到十二岁经历了幼儿到儿童的跨越，学生的年龄特征有很大的变化和跳跃，应该将这八年的时间做一个简单的学段划分，更加有利于教学的实施。

（二）设计理念

1. 中国课程标准的基本理念

中国课程标准在前言中清楚地表明了课程的基本理念，它分别从"数学课程""课程内容""教学活动""学习评价"和"信息技术"五个方面来阐述。①

第一点作为总的概述，表达了数学课程应该给义务教育阶段的学生提供什么样的数学教育。首先，强调义务教育的基础性。其次，要求面向全体学生。最后，数学教育内容要与学生的生活体验密切相关，数学教育的目标照顾到学生的个体差异性，体现数学教育中对人的主体地位的尊重。

第二点说明了数学课程应该学习什么样的内容。课程内容的设置除了需要遵从数学学科本身的特点以外，还要依据学习者身心发展现状和规律以及社会发展的需求。为了避免数学教育历来与现实脱节的弊病，中国课标强调课程内容要贴近学生的实际生活，要求反映社会需求，体现数学教育的"生活化"。

第三点从教学观的角度阐述，强调在教学活动中，教师的角色定位应是学习的组织者、引导者与合作者，在师生互动过程中，强调教学不再是单向活动方式，而是多边的活动形式，摒弃"灌输"，突出自主探索、独立思考、合作交流，体现学生学习的创造性。

第四点强调学习评价应具有方法多样性，目标多元化的特点，不单从结果看还要从过程看，不单教师评还要学生自己评，帮助教师、家长甚至是学生自己更加全面地了解学生在学习过程中的变化，学习评价的作用侧重于诊

---

① 全国中小学教师继续教育网.2011 年版义务教育课程标准解读（小学数学）［M］.北京：中国轻工业出版社，2012：2.

断、激励和反馈功能。

最后强调信息技术要在教学过程中得到合理利用，信息技术可以用来解决传统教育没有解决的问题，使课堂变得有趣，提高学生学习效率。

2. 荷兰课程标准的基本理念

荷兰课程标准中并没有特别说明课程的理念，但从荷兰的课程改革和课程目标的具体内容中我们可以发现。荷兰的义务教育从五岁开始，义务教育本身就是面向全体学生。荷兰的教育改革委员会曾对初等教育提出三点要求：

（1）教育必须适应儿童：儿童的发展具有顺序性、阶段性、不平衡性，教育应当遵循儿童的年龄特征，儿童的发展具有差异性，要求教育要适应每个儿童的发展和需要。

（2）必须以儿童为中心：教育要以儿童的需要为中心，为他们提供更多、更好的机会，同时，也要激发学生的学习动机，体现他们在教学过程中的主体地位，给学生主动的、创造性的探索世界。

（3）教育必须是社会的组成部分：教育应为儿童将来能适应复杂的生产过程和应付劳动分工带来的问题做准备，学校应反映社会的需求，与社会实际相结合。同时，学校本身就是个社会，在这个小社会中学生学习知识，完善自己的人格和能力。

在荷兰的"获得性目标"附录中有如下表达：

（1）在小学课程中，孩子们要在内容丰富和有意义的情境中逐渐熟悉数、测量、形式、结构、关系、计算以及应用。

（2）数学方法要有助于学生学会思考，掌握分析、解决问题的本领等。

在以上所罗列的内容中，我们可以发现荷兰课标的基本理念可以概括为：

●数学教育要面向全体学生，遵循学生的年龄特征和认知发展规律，同时要促进学生的个性化发展；

●在数学活动中学生是主体，鼓励学生充分发挥能动性，在观察、探究与合作中发现、领会新知识；

●帮助学生掌握数学学习方法；

●注重学生的数学思考，鼓励学生的创造性思维的发展；

●培养学生的自信心、自我认识；

●重视信息技术在数学教学以及学生数学学习过程中的运用。

3. 两国课标基本理念的比较分析

荷兰"获得性目标"用简练的语言指明数学的工具性，强调了以学生为本的理念，重视学生的自主探索能力与创新能力。受弗兰登塔尔的"数学现实"思想影响，荷兰的课程要求符合学生的认知规律，知识从丰富的、有意义的情境中获得，要求学生在学习过程中学会提出问题并用掌握的数学知识解决等，这些理念与我国的课程理念不谋而合。

（1）突出数学课程的基础性、发展性。我国新一轮的课程改革要求删除课程内容中"繁""难""偏"的部分，增加和强调对学生终身学习有利的基础知识和技能。小学阶段的数学教育的目的不是选拔，而是力求促进学生把握基础的数学知识和技能、形成学生基本的数学思维能力和初步解决数学问题的能力、培养学生学习数学的兴趣，在此阶段所学的数学知识和培养的思维能力都具有基础性。小学教育阶段的数学知识可以作为学生未来学习数学以及数学相关学科的工具，它为学生的终身学习提供可能。两国的数学课程都充分考虑到数学学习对学生未来发展的意义，体现数学课程的发展性。

（2）体现学生的主体性地位。一方面，我国的新课标提出"人人都能获得良好的数学教育，不同的人在数学上得到不同的发展"，在此突出了学生发展的个体差异性。这与荷兰的"教育必须适应儿童"的理念相一致。这样的数学教育尊重学生的主体性地位。另一方面，学生的主体性地位还表现在两国倡导的数学学习方式：自主探索、合作交流、动手实践等，在教学过程中，强调给学生充分的时间去观察、实验、推理、验证，教师真正做到"教人发现真理"而不是直接教授真理。两国都主张从学生已有的社会生活经验和熟悉的生活情境出发，提供学生从事数学学习活动和运用数学语言交流的机会，促使学生能在自我探索、合作交流的过程中真正掌握数学知识与技能。

（3）共同关注课程内容的生活化。数学教育一直以来都有脱离实际的弊端，对比两国都强调数学课程内容的生活化，要求数学课程内容来源于学生的实际生活。我国的表述是内容要反映社会需要，并且在课程改革的过程中逐步删除了不符合时代要求的部分，将课程内容的难度适当降低。荷兰受弗兰登塔尔数学思想的影响，强调"数学现实"，强调从数学教育的课程内容到数学教育的过程再到数学知识的运用都需要着眼于现实生活。于是，荷兰课标中强调数学学习的内容要有意义，要能为学生未来社会生活做准备，也要与学生的现实生活以及以往的知识体验有密切关系。

（4）重视现代信息技术在数学教育中的运用。现代社会信息技术发展迅速，计算机、网络等信息技术进入数学教育领域是国际数学教育的发展趋势。信息技术作为搜集信息的工具，可以大大拓展学生和教师的视野，作为交流的工具可以加强师生之间的联系。师生借助虚拟的交流平台交流能够更加自由，了解更加深入，帮助更加方便。荷兰作为一个发达国家，将信息技术运用于数学教育中不足为奇，中国也提倡将信息技术作为学生学习的桥梁、课堂教学的补充和丰富课堂教学手段的工具在数学教学中推广开来。

（5）学习评价的侧重有所不同。中国传统的教学重视"双基"，对情感态度、创新实践方面有所忽视。中国 2011 年版课标强调评价的目的在于全面了解学习过程与结果，重视学习结果也要重视学习过程。荷兰课标中虽未提及评价，但从具体内容看，四至九岁的小学生不以成绩评判，升初中的前三年才会出现十分制的作业和测验。每年年底教师会发给小学生每人一份年终学习报告，报告中可以看出荷兰学生评价的多元化，报告书中有数项观察方向重点：社交—情绪行为、学习态度、语文思考发展、阅读、书法、运动、表达、算数及总体意见①，从荷兰整个评价维度的安排可以看出荷兰更加重视学生情感态度、社会行为的发展，评价更多的是学习过程。

三、中荷小学数学课程目标的比较

中国数学课程目标分为总目标和学段目标，从知识技能、数学思考、解

---

①邹建设.荷兰：没有数字的成绩单 [J].妇女生活（现代家长），2011（1）：57.

决问题、情感态度等四个方面加以阐述，并引用了国际上已经广泛采用的目标行为动词，例如：了解、理解、掌握等。荷兰课标对课程目标的表达没有中国细致，不分学段，没有明确提出几个维度的目标。这里将"获得性目标"和中国课程总目标进行对照和分析。

（一）两国数学课程总目标的内容结构

中国总目标表述分为三条，大致可以分为以下三个部分，具体如图 6.1 所示。

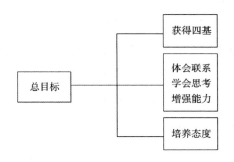

图 6.1　中国小学数学课程总目标结构

第一，获得"四基"，四基包括基础知识、基本技能、基本思想和基本活动经验。中国在强调"双基"的同时又增加了两条：基本思想和基本活动经验，并将新增的两条作为培养创新型人才的基础。这两条也涉及过程与方法、情感态度与价值观维度，比原先的内容更加充实，更加全面。

第二，"体会联系"强调学生在学习数学时应该形成数学知识结构。"学会思考"对学生运用数学方法思考问题提出了要求。"体会联系"和"学会思考"最终指向"增强能力"的目标，前两条是"增强能力"的基础，2011 年版课标之前比较侧重于分析和解决问题的能力，再次修订增加了发现和提出问题的要求，完善了培养问题解决能力的整个过程，同样也是为培养创新型人才服务。

第三，主要表达情感态度与价值观维度的要求，即在了解数学的基础上培养学生对数学的热爱，在数学学习中形成良好的学习习惯和科学、严谨的态度以及在数学思考过程中培养创新意识。

总体上看，中国 2011 年版课程标准围绕着创新意识和创新型人才的培养提出了对学生经历义务教育阶段数学学习后的要求，涉及了"知识与技能""过程与方法"和"情感态度与价值观"三个维度，内容比以往的课程标准更加全面。

荷兰的"获得性目标"中没有明确提出"总目标"的概念，但在附录中荷兰对学生在小学数学课程学习中要达到的目标做了总括，可与我国总目标相对应，经过整理，荷兰附录包括如图 6.2 所示内容，从中看出，荷兰的总目标比较偏重于"知识与技能"与"过程与方法"两个维度，"情感态度与价值观"维度的内容表达简单，其中蕴含要求学生保持对知识的质疑态度，培养独立思考和培养创新能力。"跨学科目标"中也涉及"情感态度与价值观"的内容，这两者的区别在于总目标中的表达主要针对数学学科来说，而"跨学科目标"中的内容，针对所有学科的学习。

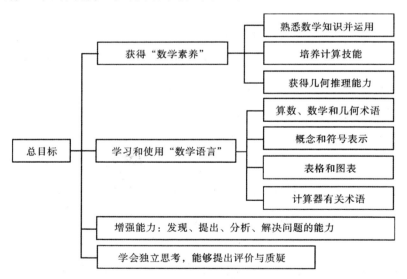

图 6.2　荷兰小学数学课程总目标内容结构

（二）两国数学课程总目标的异同之处

1. 两国都很重视"基础知识"和"基本技能"的掌握。重视"双基"是中国数学教育的传统，荷兰的四点表达有两点是在强调"双基"的掌握。荷兰首先要求学生掌握计算技能、几何推理、数学知识运用在内的"数学素养",而后提出"数学语言"的学习与掌握,并具体说明了哪些包含于"数学语言"之中。荷兰的"获得性目标"比较简短,几乎"惜字如金",却用了很大一部分文字来叙述数学语言和数学素养的获得和运用,可见荷兰对数学"双基"重视程度。中国总目标中的表达虽然与荷兰不同,但荷兰所提出的"数学素养"和"数学语言"的具体内容都包含在中国的"双基"之中。

2. 两国都重视学生创新能力的培养,包括两个方面,其一,两国都重视培养学生数学问题的发现、提出、分析和解决的能力,荷兰总目标中有直接表述,中国新课标通过对实验稿内容的调整添加了"发现"和"提出"数学问题的能力,从"未知"到"已知",再到独立思考、分析,最后解决,实际上提高了对学生的要求,也是培养学生创新能力的途径。其二,在问题解决之后,中国提出还需要思考、反思和评价,在荷兰的总目标中同样提出尊重接受他人观点的同时要能给出自己的质疑与评价,学会思考。只有质疑才会反思,只有评价才会从思考中获得经验与提高,只有经常的思考才能培养活跃的思维能力。学生通过思考、质疑、评价,才有可能产生创新意识和创新能力。学生这三个习惯的养成都是发展创新能力的基础。

3. 从宏观方面看,两国的总目标都回归了教育的本质,重视数学的价值。在中国的课标中明确提出"了解数学的价值",数学价值是一个循序渐进的系统:"感知数学教材,有意义的内化数学知识,建构自己的数学结构;发展思维,感受数学的条理性和逻辑性;培养多种能力,以获得多种基本数学思想与方法;形成数学意识、数学素养"[①]。在荷兰目标中要求学生获得数学知识之后要积极运用于实际,在实际运用中体现数学的价值。

4. 荷兰比中国更加重视学生的人格发展。在中国的课标中要求学生用数学语言表达自己的想法,而荷兰课标中强调,学生在向他人说明自己的观点

---

①周莉莉.数学课程标准的国际比较与新世纪数学教育本质 [J].重庆师范学院报(自然科学版),2000(12):83.

的同时要学会接受和尊重他人的观点。在数学课标中体现出对学生人格方面的要求，数学教育中更多的渗透了德育的内容，重视学生人格的完整性，真正表现出各学科的联系，在中国课标中这种联系比较欠缺。

5. 荷兰的数学教育受弗兰登塔尔的"现实数学"教育思想的影响，更加重视数学知识与实践的联系，在课标中"来源于生活""运用于实际"无处不在，其课标更加侧重于知识的运用，尤其是在生活中的实际运用，而中国一向重视"双基"教学，重视数学知识的系统性。

四、中荷小学数学课程内容的比较

由于两国学段划分以及领域划分的差异，为了便于分析比较，这里将不进行学段划分，并参照我国的领域划分，从数与代数、图形与几何领域对荷兰的具体课程内容进行整合，遵从我国的四个领域做具体的比较研究。

（一）"数与代数"内容比较

数与代数领域是小学教育阶段最基本、最主要的课程内容，也是传统数学教学内容，是各国教科书的主干部分，数学教科书中至少 70% 以上的内容是"数与代数"①。荷兰的"具体课程目标"分为六个部分，分别为：一般能力、笔算、比和百分比、分数和小数、测量、几何，其中有五个部分涉及"数与代数"，严格意义上说，荷兰的目标内容只涉及"数"，代数的部分推迟出现在荷兰中学课标之中，也就是说荷兰小学生的数学学习内容不包含代数。

首先，我国第一学段和第二学段对"数的认识"一共做了 16 条规定，荷兰在数的认识部分内容很少，并与数的运算等其他内容分开，从内容中剥离后得到以下内容：

● 了解数的整体结构和位值系统

● 比较比率的大小

---

① 潘冠.中日小学数学 "数与代数" 领域比较研究 ［D］.东北师范大学，2009.

●理解比、分数、小数的关系

●知道小数、分数的差别

●能在数轴上标出分数、小数位置，能将分数转化为小数（可以使用计算器）

●估算

从两国的表达内容看出差异，如表 6.3 所示。

表 6.3 中荷两国"数的认识"内容差异

	中国	荷兰
条目数	16	6
认数范围	有基础的认数范围	没有具体规定 无公倍数、公因数内容 负数延迟至中学
认数重难点	侧重整数	侧重于小数和分数
表达详尽程度	知识点表述清楚、细致	知识点表达模糊，知识点体现在教科书中
国家传统特色	认识算盘，用算盘表示多位数	无

在"数的认识"之后，中国安排了"数的运算"，两个学段内容包括：四则运算→两步为主的整数四则混合运算；简单整数加减法、乘除法→三位数乘（除以）两位数；简单分数、小数的加减法→分数、小数的四则混合运算；运算定律；解决实际问题等总共 18 个条目，荷兰此部分从总体内容剥离后有 8 个条目：

●整数的加减运算

●知道 10 以内的乘法表

●心算

●使用计算器运算

●简单四则运算和复杂加减乘除混合运算

●比率、百分比计算

●简单的小数四则运算

●用多种方法将实际问题数学化，进而进行运算

两国关于这一部分的目标条目相差 10 条，但两国的目标内容基本都包括：加法、减法、乘法、除法、加减乘除混合运算、小数和分数的简单加减乘除运算、口算（心算）、估算和结合数学运算解决实际问题的内容；两国都对计算器在运算中的运用提出了要求，这符合现代科学技术发展的进程。不同点有：

一是学习内容上有差别，中国提出常见的量之间的关系，例如：总价、路程的计算表达式，为解决实际问题做准备，荷兰目标中没有涉及，仅仅提出"学生应能有效地运用他们各种与运算有关的知识"，具体知识是哪些，表达不明。

二是中国更加重视概念的理解，首先要求学生理解四则运算的意义，而后再表述其他的内容，荷兰更加重视实际运用，先把学生能将非数学化的问题转化为数学问题形式作为学生应习得的一般能力提出来，而后再规定基础知识的内容。

三是两国的知识深度差别较大，例如：中国要求学生能熟练地口算 20 以内的加减法和表内乘除法，荷兰的要求为学生应知道 10 以内的加法表和乘法表，两国要求掌握的程度也不同，中国要求熟练掌握，而荷兰要求为"应知道"。

四是中国更加重视数学运算规律的掌握以及简单规律的探索，课标中涉及运算律的内容，追求运算的简便，最后还要求学生能探索简单的规律。荷兰目标中没有涉及运算简便化规律的内容，也没有规律的探索。

五是中国侧重于追求算法的多样化，要求学生与他人交流各自算法。荷兰更加侧重于数学形式与非数学形式问题相互转化方式的多样化，在实际运用中更加侧重于实际问题转化为数学问题的过程，侧重培养学生的创新能力，而我国更多注重学生解决问题过程中计算方法运用的能力。

两国课标对"常见的量"的内容做了规定。具体如表 6.4 所示。

表 6.4　中荷小学数学课标"常见的量"内容

	中国	荷兰
常见的量	·了解人民币,认识元、角、分 ·认识钟表,了解 24 时计时法 ·了解年、月、日 ·认识重量单位:克、千克、吨,并能相互转化 ·能解决相关的实际问题	·能读懂时间和在日历的帮助下计算时间段 ·了解钱,能处理与钱数的有关问题 ·学生应知道最重要的量及其与之对应的单位之间的关系

上述内容中国安排在第一学段。两国的条目数相差不多,内容相似度也很高,知识都包括:钱、时间的相关的量。荷兰的第三条中"重要的量"的表达非常简单。在荷兰,教师属于权威型人物,对教育内容可以自己把握,若根据各位教师不同的理解,包含的内容应该比较丰富。两国对"常见的量"的学习都是为解决实际问题打下基础,都体现出两国对数学知识实际运用的重视。

以上内容对两国"数与代数"领域按照中国的内容安排进行了相应的比较。总体上看,两国在这一领域都包含"数的认识""数的运算""常见的量",并且三个部分的内容比例基本相同,"数的运算"在两国的课标中都比较偏重,几乎占到了这三部分的一半。由此可见,两国都很重视学生的运算能力的培养,这是数学知识运用与实践的基础。

除以上列出的"数的认识""数的运算""常见的量"以外,与荷兰相比,中国的课程标准还涉及了荷兰小学数学课标中没有呈现的内容:"式与方程""正比例、反比例"和"探索规律"。"式与方程"部分的内容主要是呈现代数的基础知识,"正比例、反比例"的内容暗含着函数的思想,帮助学生实现"常量"到"变量"的认知飞跃,"探索规律"包含第一学段的"发现给定事物的简单规律"和第二学段的"探求事物的规律或变化趋势",这些知识都加强了中小学知识的联系。在荷兰,代数知识出现在中学课标部分,小学数学课标中并没有体现,这样的安排不利于学生思维转化,中小学知识断层的局面可能会给学生带来不利的影响,而比例、探索规律的知识在课程标准中无从查找,凸显不出学生认知发展和思想飞跃的过渡过程。

对两国"数与代数"领域的内容比较我们可以得出以下结论：

1. 知识结构相似，都注重数感培养

两国在"数与代数"领域中的知识结构都包含"数的认识""数的运算""常见的量"三个部分，对数感的培养要求都包含于其中。"数感"可简单地理解为对数的一种直觉，美国国家数学教师委员会将其分为五个方面：数的意义、数的关系、数的相关量值、数与量的有意义性以及与数的感知相关的更为广泛的框架。①我国在"数的认识"部分的要求中提到感受数的意义，荷兰要求学生总体上把握数的内在结构和关系，"数的运算"中两国都对估算、口算提出了要求，"常见的量"要求学生结合日常生活体会常见的数量以及量值之间的关系，两国同时要求学生将数学知识与现实情境相结合，在解决现实问题的过程中培养数感。可见两国都极其重视对学生数感的培养，关注学生对数的敏感性。

2. 知识容量不同，要求程度有别

在知识容量方面，两国明显的差别有两点：即篇幅和知识容量。中国在两国共有的三个部分中知识点都多于荷兰，很多知识点较之荷兰提前很多，中国比荷兰多出负数的认识、式与方程、正比例、反比例和探索规律等内容，其中前两项内容被荷兰推后到了初中阶段。中国小学阶段安排"负数的认识"内容，旨在扩宽整数概念，也是学生学习有理数的启蒙，"式与方程"内容是代数的初步认识，也是学生从算数思维飞跃到代数思维分析现实生活中数量关系的重要载体。②将"式与方程"内容安排在小学可以培养学生的代数观念，在数学概念上学生的概念又进一步扩展。荷兰小学数学课标中"代数"部分完全是一片空白，小学部分缺少这样的铺垫，知识容量不够，其内容推迟到初中出现。两国知识容量上的差别完全可以反映出中荷两国课标对学生的要求程度不同，荷兰在课标中表达的是对学生总体上的最低要求，相关智

①孔企平.小学数学课程与教学论［M］.杭州：浙江教育出版社，2003：123.
②孔企平.小学数学课程与教学论［M］.杭州：浙江教育出版社，2003：112.

力开发较晚，我国课标对学生的要求更加详尽，对学生掌握知识点的容量要求更高，学生在有关数学智力上的开发比荷兰早得多。

3. 强调数学符号，着重培养抽象思维

一般意义上说，符号就是针对具体事物对象抽象概括出来的一种简略的记号或代号。[①]数学符号包括数字、字母、关系式等。中国在"数的认识"部分规定了比较数的大小的知识内容，荷兰虽然也有大小比较，但在比较这部分知识呈现时没有突出数学符号的学习，仅仅将比较大小一带而过。中国小学课程标准的第二学段比荷兰多出代数知识的部分，在小学阶段，代数部分主要是向学生传授初步的代数知识，如：用字母表示数，用字母表示等量关系，了解和计算简单方程式。无论是大小符号还是简单的代数知识，都属于数学符号的范畴，本质上是数学抽象的结果。中国代数知识的下放以及具体数学符号的学习都强调了培养小学生的数学抽象思维。

4. 数与算盘结合，凸显中国文化特色

中国在本次课改之初，一度将珠算剔除于小学数学教育之外，但在 2011 年版课程标准中又增加了关于算盘的内容：知道用算盘可以表示多位数，虽然仅一句话，但也可以看出对传统文化的继承，凸显出中国的文化特色，有"本土数学"[②]（与"外来数学"相对）的意味。同时，要求学生学会用计算器计算，这种古今结合的方式，不但符合时代的要求，也彰显了传统文化，这是中国课标中的亮点之一，荷兰的目标中缺少彰显本国特色的内容。

（二）"图形与几何"内容比较

几何是数学中基本的内容之一，也是重点学习对象。中国的图形与几何分为"图形的认识""测量""图形的运动""图形与位置"四个方面的内容，而荷兰有关图形与几何的内容只有五条，根据我国的分类，在荷兰的目标中能比较明显地找到测量的部分，而其余的部分穿插于五条内容中。

①教育部基础教育课程教材专家工作委员会.义务教育数学课程标准（2011 年版）解读 [M].北京：北京师范大学出版社，2012：83.

②郑毓信.国际视角下的小学数学教育 [M].上海：上海教育出版社，2004：117.

荷兰课标中对"图形的认识"方面的学习要求包括：

●基本几何理念

●以几何方式把握、刻画空间

●基于对二维和三维空间的想象，形成空间推理能力并运用

中国课标中"图形的认识"与荷兰相比细致很多，其中对学习什么图形、对图形的掌握到什么程度都有明确的规定，两国在表述上的具体程度可以说是两个极端状态，中国详细地说明了"图形的认识"部分的知识点，而荷兰将对几何图形的认识压缩为一条："学生应具备一些基本的几何概念"，这样简便的目标表达，给教师的教授内容提供了广阔的发挥空间，但是，过于简便的表达也会造成教师教学实施上的差异与困惑。

从两国"图形的认识"方面掌握程度要求来看，中国的要求呈现一定的层次性，对小学阶段图形知识的学习哪些需要达到辨认、哪些需要达到操作的要求都有明确的表述，这样体现出知识点的侧重度不一。荷兰课标统一要求为把握与刻画，实际操作强调学生动手构建平面图、地图等。几何知识的广度可能达不到中国的水平，但这对于部分知识的掌握程度来说，荷兰的实际操作更贴近实际，综合性更强，要求对所学图形基本知识达到的掌握程度更高。

中国课标在"图形的认识"之后呈现"测量"的内容，两个学段共 14 个条目，荷兰课标虽有测量的内容，但在几何部分也零星分布了一些测量的知识内容，经过整合，呈现以下知识点：

●知道常用的长度、面积、容积、时间、速度、重量和温度单位，并在实际中运用

●知道距离、比例尺等方面的信息并加以运用

中国课标在这一方面要求学习的内容主要是常用长度、面积单位的认识；实物长度、面积的测量与估计；长方形、正方形周长、面积的计算等。由于荷兰课标对这一部分知识点过于笼统的表述，其中，知识点的学习基本相似，都包含长度、面积、体积、距离等相关知识的学习，都呈现了度量单位的知

识点，度量单位是测量的核心知识，使学生感受到统一度量的重要性。两国都将这种学习安排在了实践之中，这样使得学生更加容易理解和感悟。两国都比较注重对学生能力的培养。中国课标中要求估算不规则图形的面积，这是一种意识的培养，也有对学生能力的要求。在荷兰课标中没有直接将这种估算的要求体现出来，实际上荷兰要求学生制作地图中需要这样的估算。但是，中国更多侧重于长度、面积、体积的测量与计算，虽然我国也在课标中强调要将这些知识与实际问题相结合，但大多解决的是根据实际问题演变成的数学问题。荷兰在这方面则不同，它对实际运用的要求不局限于简单的数学问题，而是真正的实际操作问题，是在测量知识学习过后直接的运用，没有中间转化的步骤，其实际要求更高。

中国"图形的运动"的内容包括：

●平移

●旋转

●对称轴

●图形缩放

荷兰课标在这部分的知识内容是一个空缺，但在地图制作时会涉及图形缩放的问题，以及一部分内容就是基于现实生活中经常出现的对称图形、电梯的运动等实物抽象而来的知识内容。可以想象，荷兰针对这一部分的内容没有专门要求和系统讲授，但在学生学习过程中有所涉及。

接着是对"图形与位置"的规定，荷兰的表述中涉及的知识点包括：

●图形的位置

●方向

●比例尺

这三个条目所含知识点容量极大，荷兰简洁的表述中几乎包含了我国所陈列的所有知识点：

●位置：上、下、左、右、前、后

●方向：东、南、西、北、东北、西北、东南、西南

●比例尺

两国都安排了几乎相同的知识点，由此可见，两国都强调对学生空间观念的培养，以及提高学生推理能力的要求。不同的是，荷兰这些知识点融入"测量"之中，知识的运用是综合性的。因此，荷兰这短短 43 个字的条目中蕴含了比中国掌握所罗列的知识点有更高的要求。

通过以上对"图形与几何"内容的具体比较，可以总结出以下结论：

1. 都重视培养空间观念和几何直观

两国在知识内容的安排上虽然有很大差别，但最终目标相同。中国在原来课标的基础上删去了几何证明的部分，加强几何知识与生活实际的联系，较多地运用再现、观察、推理的方法，特别重视结合实物去学习几何知识，比如通过实物和模型辨认几何体，根据集体事物、照片辨认从不同角度观察到的几何物体来培养学生的空间观念和几何直观，这两种数学素养的具体内容中包括了想象出几何图形或物体，想象图形的运动和位置关系。荷兰课标虽未出现"空间观念"这一词，但在其"数学与算数特征"部分提出培养学生基于对二维和三维空间的想象，帮助学生形成空间推理能力并运用这种能力，要求学生关注实际生活中的空间定位问题和几何推理能力的培养。荷兰所描述的"学生应能以几何的方式把握和刻画空间的能力"与几何直观相似度极高，只是表述有所差别。可以说中国所强调的空间观念和几何直观与荷兰所提出的空间推理能力基本相同。

2. 知识广度不同，知识深度有别

经过对荷兰数学课标的整合，两国知识内容都包括"图形的认识""测量"与"图形的位置"三个部分，总体上的知识结构相似性较高。但是，在知识的广度方面荷兰不及中国。在"图形的认识"部分，荷兰小学阶段几何图形的学习多集中于平面图形，这与中国比较相似。但图形角度的测量和计算、平面内直线平行、垂直的位置关系在荷兰课标的中学部分才出现，中国相对于荷兰来说，这些知识点的学习比较靠前。在中国课标中除了安排两国共有的三个部分外，还有"图形的运动"的内容，荷兰缺少这一部分。

在知识的深度方面，中国课标要求将所学的图形和几何的知识与实际相联系，这种联系多表现为结合现实情境进行图形的辨认、图形位置的描述、图形面积的计算等。而荷兰课标要求学生在学习过后自己动手实际操作，例如搭建几何模型、地图的绘制等。这样的实际问题综合性更强，不但涉及图形与几何的知识，还包括数与代数的内容，同时考查学生动手能力、逻辑思维能力，因此荷兰在知识深度上要高于我国。

（三）"统计与概率"内容比较

统计与概率在社会生活和科学领域中的应用广泛，其蕴含的思想、方法能够帮助人们更好地分析现实问题，培养学生严谨的态度。

1.知识结构有别，培养要求不同

我国的"统计与概率"涉及两方面的内容，即：统计初步和可能性。而荷兰的目标仅仅涉及统计，且用一句话概括，在这一句话中笔者拆分出两个知识点：

●读懂简单的表格和图示

●能自己构造这样的图示和表格

包括数据的读取、收集、整理与统计，要求培养学生"统计观念"，但荷兰在统计之后没有呈现分析判断的步骤。

中国除提出统计学习的要求外，还提出了"概率"的学习要求，包括对简单的随机现象的认识和体验。

2.详略程度不同，知识深度相似

从详略程度来看，中国的内容表达比荷兰详细得多，就两国共有的统计内容来看，中国有九个条目，荷兰一句话概括，仅仅陈列出统计过程的开头和结尾，但仔细分析发现，荷兰课标虽表达简单，没有反映统计的中间过程，但在学生能读懂简单的表格后自己动手构造，中间必将经历数据的收集、分类和整理。荷兰将此内容安排在"测量"之中，并要求学生在测量的基础上绘制表格和图示，将测量的知识和统计的知识相结合。

（四）"综合与实践"内容比较

"综合与实践"是指一类以问题为载体、以学生自主参与为主的学习活动，可以引导学生发现问题、运用已学知识解决问题，培养学生解决问题的能力、创新能力，提升学生的综合素质。

1. 都强调数学的实用性与实践性

重视数学知识的应用性和实践性是国际数学教育改革的基本趋势。荷兰受弗兰登塔尔的现实数学教育思想的影响，偏向于数学的实用性和实践性是荷兰的一贯传统。中国将实用性和实践性综合表现在了"综合与实践"的领域中，课程内容的最后单独安排了"综合与实践"的内容，集中反映数学应用和培养学生的实践能力。荷兰的目标没有将这一部分专门列出，但可以说，荷兰课标中处处体现"综合与实践"内容，在荷兰的目标中"结合情境"是常见的要求，在实际情境中解决问题贯穿于始终。

2. 结构、内容表达迥异，知识联系有别

从结构安排看，中国将这部分内容单独陈列，割裂了实践与知识的联系，在实际教学过程中需要单独安排课时对这个领域进行学习，显得生硬，在实施过程中很容易将此部分学习内容忽视。荷兰虽未单独设立表达"综合与实践"的部分，但目标中涉及"综合与实践"领域的内容分布在一般能力、笔算等六个部分，要求在领域知识学习的同时强调实践。

从内容表达看，综合与实践内容比较宏观，不详细，仅仅大体上给出体验、实际操作的要求，具体将哪些知识融入做、如何做都没有给出安排。反观荷兰课标，在知识点的结尾都会有知识点的实际运用要求，学生应该将知识运用到哪些问题的解决上也给了一些指导，这样的综合与实践的安排更加自然，更加具有指导意义。加强解决问题和数学知识的实际运用是国际数学课程改革的热点和趋势，荷兰这样的内容安排不失为一种可行的办法。

五、中荷小学数学课程标准比较的启示

通过两国课程标准的详细比较，可见两国课标各有特色和优势。比较的

意义主要在于"取其精华，去其糟粕"，吸收别国的优势，结合本国国情加以利用。

（一）坚持知识连贯，目标层次分明的特点

中国的课标整体看来比较重视知识的连贯性，从知识点的难易分布来看明显具有螺旋上升的特点。在课程标准中运用了过程和结果的目标行为动词，从行为目标看中国的目标要求层次性明显，对每个知识点的掌握都进行了量化，教师对课标的内容要求更加容易把握，在对学生做学业评价时能够更加具体化。中国的学段划分也体现出要求的层次性，将一至六年级的学生分为两个学段，再分别规定两个学段的学习内容，学习内容符合不同年龄段学生的生理、心理特点，难度、深度都根据年龄的增长而加深。荷兰课标中知识连贯性不明显，没有用目标行为动词，对于长达八年的小学教育阶段没有进一步的划分学段，知识点的安排笼统，看不出阶段性的变化。相对而言，中国知识点安排的方式比较适合小学生的认知特点，教学内容也比较容易被教师掌握。这样的安排方式应该坚持。

（二）坚持重视"四基"，突出数学能力的培养

中国历来重视"双基"的培养，在多次小学生国际数学测试中也证明中国小学生基础知识掌握牢靠，基本技能熟练。在新课程改革的影响下，中国在继续保持重视"双基"的基础上将"双基"扩展为"四基"，即基础知识、基本技能、基本思想和基本活动经验，要求过程与结果并重。在教学过程中，将"四基"与数学素养的培养结合，在发扬本国传统的同时也逐渐符合新时代数学教育的要求[1]。新课改将重点放在了学生创新能力的培养上，不论是从数学教学方式还是学生学习方式的变革，最终指向都是创新能力，单看小学阶段的数学教育，强调的是数学思维能力和问题解决能力的培养。能力的培养给学生的终身学习创造条件，奠定基石，也是义务教育追求的目标。荷兰

---

[1]史宁中，马云鹏.基础教育数学课程改革的设计、实施与展望 [M].南宁：广西教育出版社，2009：150.

的小学数学课标中并未明确提出"四基"的概念，但其中许多具体表达表现出对"四基"的要求，并在"四基"中有明显的侧重，其更加强调基本思想和基本活动经验。中国将"四基"并重，这样既符合中国的数学学习传统又与时代要求相适应。

（三）增加跨学科目标内容，加强学科之间联系

荷兰课标的一大亮点在于其"跨学科目标"，反映了课程综合的基本理念。大篇幅的跨学科目标要求面面俱到，从学生认知的发展到学生学习策略的运用，从工作态度到工作能力的培养，其中最特别的是对学生的社会行为作出规定，将道德培养的内容很好地渗透进数学课程标准之中，与数学课程结合后的要求体现在核心课标中。例如要求学生敢于运用数学语言表达自己思想，同时要尊重他人的观点。这里就涉及了尊重他人和敢于发言的社会行为要求。中国在新课改中也提出要加强学科之间的联系，而联系的方式多体现在教育过程之中，课标中体现的联系比较隐蔽。荷兰的这部分目标可以作为中国新课程的一个参考。

（四）适当精简实施建议，给课程实施者留有更大的弹性空间

中国课标在最后安排了实施建议与案例，实施建议中的内容对帮助教师树立新型教学观、学生观，采用新的教学方式、多元化的评价机制有极大作用。案例一共有83条，帮助教师梳理教学思路，解决教师在实施新课标时的困惑，教材编写建议为教材编写者提供了编写参考，对新课标实施的每一方面都给予了具体的指导，这样大大降低了新课标实施者对新课标解读、理解的难度，其中的每一项都体现新课程改革的理念和要求。实施建议是一把"双刃剑"，适当的建议是优点，但如果内容过于具体可能影响到课标实施者创新能力的发挥。荷兰课标内容简短，文字简练，自由度极大。这与荷兰政府不干预教育有一定的关系，自由度极大的课标给课标实施者和研究者提供了极大的弹性空间和广阔的施展余地。不过，这样巨大的自由度并不符合中国国情，但中国可以对实施建议部分适当做出一些调整，适当精简文字，将

自由度拓宽，把更大的弹性空间留给课程实施者，这样有利于课标实施者根据实际情况调整教学，更有利于对实施方案进行探索性的研究。

（五）注重知识领域中的实践运用，强化综合与实践领域的学习

受弗兰登塔尔数学教育思想的影响，荷兰更加注视知识的实际运用，在荷兰课标中具体课程目标虽简短，但几乎对每一点知识都提出综合运用的要求，知识的实际运用贯穿于整个课标之中。中国新课标同样强调知识的实际运用，在课程内容中单独列出"综合与实践"领域，提出对实际运用的要求，但要求程度不及荷兰。数学被视作工具性学科，它是学习其他理工学科的基础，同时也是解决实际生活中数学问题的工具，数学知识在实际运用中才能体现出数学的真正魅力。课标中将"综合与实践"领域单独呈现出来，虽体现我国新课改对数学知识实际运用的要求，但人为割裂了数学知识学习与数学知识运用的"天然"联系，并且在实际操作中还要单独安排课时学习这部分的内容，显得生硬不自然。中国课标应在强化综合与实践领域学习的同时加强知识领域中的实践运用。

第七章 中加小学数学课程标准比较

　　加拿大没有全国统一的教育制度，也没有全国统一的课程与教材，其教育主要实行省负责制，由各个省的教育部负责其教育事务，主要负责管理和监督各中小学的教学活动和教育质量，提供课程和学校组织指导方针，出版课程材料，管理财务，鉴定教师资格，制定有关校董、学校委员会、教师、校长、研究及辅助设施等规定。[①]各学科的课程标准都是由各个省按照其政治立场和教育哲学自行制定的。每个学校在省教育部门批准的前提下，对学科教材的选择也有一定的自主权和灵活性。安大略省的课程改革方式具有代表性，值得中国审视与学习，这里以其为例。通过比较分析中加两国数学课程标准的异同，有助于对中国数学课程标准的认识和理解，为课标的实施提供理论指导和借鉴。

一、加拿大小学数学教育概况

　　加拿大基础教育特别强调学生的个性发展，尊重学生的个性，提倡个性化教育，为学生提供各种不同的学习途径，使每个学生个人的能力得到充分的发展。培养学生的自信心是加拿大数学教育的一个重要原则。

　　根据国家的课程建设要求，加拿大安大略省许多学校结合实际情况，将

　　①刘欣.加拿大安大略省教科书制度概览［J］.现代中小学教育，2008（2）：60-62.

工作重心转移到学校课程的设置上，着力构建各具特色的课程体系。在基础教育课程的科学建构中，加拿大将中小学课程建设的视角从关注学科发展真正转向关注"适合学生"的发展，不断提升学校、教师、学生的课程建构力，充分体现校本课程的创造性智慧与策略，实现学校自主、内涵、特色的发展。为满足社会以及学生个性发展的需要，一方面，安大略省各个学校开设的课程种类丰富，如此，学生能依据自己的兴趣爱好选择不同的课程。另一方面，教师们则根据时代和学生的实际发展需求，按照自己对教材的理解灵活选取上课的材料，这样，学生的学习充满了新鲜感，有利于提高学习兴趣、激发求知欲望，满足个体发展需求。总体来说，加拿大小学数学课程改革具有以下特点。

（一）关注学生的个性发展，促进学生品格发展

加拿大是一个移民国家，学生具有不同的民族和文化背景，个性差异十分明显。尊重个性、重视学生的潜能发挥是加拿大数学教育的一个显著特点。加拿大各个学校都将"适合学生"这一教育理念融入并落实到日常教育教学工作中，以促进学生智力、能力、体力和社会文化等方面的不断发展，丰富学生的现实生活和未来生活，形成自尊、自我和环境意识，培养学生的社会交往和关心爱护他人的能力，使每个学生都能真正认识自己，了解自己的优缺点，为将来更好地生存打下良好的基础。

2007年安大略省教育行政厅推出了"寻找共同的根基：安大略学校的品格发展"（The Finding Common Ground：Character Development in Ontario Schools）项目，提出素质教育包括头脑教育和心灵教育，要特别关注学生品格的发展，这需要学生、家长、教师、校长、法官、清洁工、驾驶员等各方面人士的共同努力。[1]

---

[1]The Finding Common Ground：Character Development in Ontario Schools［EB/OL］.http：// www.edu.gov.on.ca/eng/literacynumeracy/character.html.

（二）注重与实际生活的联系

加拿大的数学教学特别强调教学内容要贴近学生的实际生活经验，让学生充分参与到数学课堂教学中来，体验多彩的学习过程，自我建构知识内容，真正成为学习的小主人。日常课堂教学中，教师作为学生学习的指导者和促进者，秉着"每个孩子的学习方式不同"这一理念，主要采取让学生通过独立思考、合作交流等形式，与学生共同学习，完成相应的教学任务。如此，将学生日常生活经验融入教学内容中，充分考虑不同孩子独特的学习方式，让每个学生根据自己喜欢的方式学习，不仅能激发学生的学习兴趣，而且能使学生更好地理解和领悟教学内容，真正感受到数学的实用性。

（三）重视学生学习评价中关键数据信息的有效使用

加拿大安大略省数学教育十分重视从学生的学习评价中发现有价值的数据信息，并进行有效使用。从一些关键数据信息中可以看出学生的个性化需求，因此教师和家长便能针对孩子的特殊发展需求，因材施教，满足其个性发展需要。例如，若结合评价数据发现某学生的综合能力较差，教师就需要思考如何通过教学来提高孩子的综合理解力。教育局和学校根据省教育厅制定的评价原则和标准制定实施具体的评价方案，教师还可以根据本学科的实际情况和特殊性对评价方案做适当的调整。通过对学生的学习情况进行评价，除了可以检验课程内容设置是否合理、教学方式方法是否恰当外，最重要的是可以以此来了解每个孩子的不同学习能力，这样便能给每个学生提供一个明确的努力方向，确定今后的学习目标。同时，还能提高学生的自我评价能力，促进学生的可持续发展。

二、中加小学数学课程设计理念的比较

课程理念是贯穿整个课程标准的核心线索、总指导，是研制课程标准的指导思想，从课程标准的准备、制定到编辑出台，再到推广实施都是围绕着课程理念而层层展开的。中国和加拿大安大略省现行小学数学课程标准，作为 21 世纪两国课程改革的产物，都具有十分明显的时代特色。

（一）聚焦学习过程，转变评价方式

中加两国标准都大力倡导自主探索、合作交流、动手操作的学习方式，强调关注学生的思维能力与创新精神的培养。这不仅是各国新课程改革的必然趋势之一，也是新时代对人才质量需求的反映。

以往中国数学课程的实施过于强调接受学习，机械训练，学生成了被灌输者，只能被动接受教师传授的知识，并不注重学生的独立思考与实践能力的培养，使得学生的创新和实际操作能力远远落后于发达国家，不利于为国家社会输送高质量、高创造性的人才。要改变过去机械训练的状况，在数学教学活动中，给学生提供充分的时间和空间主动参与、积极体验，在再创造的过程中获得对知识和意义的理解与建构。针对这一现状，新课程强调，在经历、体验、感悟和实践中学习数学，即在教师的指导下，在数学活动中学生主动参与、亲身经历，获得对数学事实和经验的理性认识与情感体验。[①]为此，中国标准专门设立了过程性目标，用经历、体验、探索等词汇表述。在知识技能层面，除了要求学生掌握基本知识和基本技能外，更重要的是强调了学生要经历和体验获取知识和技能的过程。另外，在数学思考、解决问题、情感态度三个层面，数学活动过程也成为实现目标的主要途径。

安大略省标准认为关注数学过程是数学课程应该考虑的一个核心问题，并将数学学习的"过程性"作为课程设计的一个主线，强调每个年级都必须贯彻"问题解决、解决问题策略的选择、推理和证明、反思、选择工具和计算策略、内容的连接、表征、交流"这七个数学学习过程，并且强调了七个数学学习过程之间是紧密联系的一个整体，其中"问题解决"和"交流"是贯穿整个过程的主线。安大略省标准明确提出了把"选择工具和计算策略"和"反思"作为过程性目标，使过程性目标更加全面。经历过程会带给学生探索的体验、实践的机会和发现的能力，这些与获得系统的数学知识体系同等重要。

[①]刘久成.小学数学课程60年［M］.镇江：江苏大学出版社，2011：223.

（二）面向全体学生，关注个性发展

中国标准提倡数学教育面向全体学生，同时又要考虑到学生的个性差异。"人人都能获得良好的数学教育"，面向全体学生，照顾到所有人的需求，使每一个学生都接受良好的数学教育，获得充分的发展，提高数学素养；"不同的人在数学上得到不同的发展"，数学学习成功的标准不仅仅是知识的增长，更是态度的转变、素养的提升。[①]一方面，既要使学生掌握未来生活、工作所必备的基本数学素养，又要为学生留下更广阔的发展空间，如此学生可以根据自己的实际需要选择学习的内容和方式。另一方面，根据加德纳多元智力理论，虽然每一个学生接受义务教育的机会是一样的，但由于学生个人的发展和原有基础存在很大的差异，不同的孩子有着不同的智力特长，不是所有的孩子在数学学习方面都有天赋。

安大略省的基础教育一方面重视学生智力的发展，为学生发展搭建既丰富又可选择的知识平台；另一方面重视培养学生的兴趣、情感及社会责任感，促进学生在身体的健康、审美和艺术、情感智力和社会智力等方面的发展，开发和提供相应的课程资源，着眼于为学生的未来成长奠定良好的基础。[②]加拿大是一个具有多元文化的移民国家，各个省的学生来自不同的成长背景，在不同的时间段学习数学，所需的资源与支持不同，所以具有不同的学习方式。例如，多伦多学校里的很多人不是出生在多伦多，且第一语言不是英语等。因此，为了满足这些不同的需求，安大略省标准认清学生存在的差异性和数学学习平等的重要性，强调所有学生都能学好数学并应该得到学习数学的机会。这与中国标准提倡的理念不谋而合，更加凸显了义务教育的特征和尊重学生的个别差异。

（三）融合信息技术，充实课程内容

数学是一门生动活泼的科学，它的图形、图像具有变化美和动态美，通

---

①刘久成.小学数学课程 60 年［M］.镇江：江苏大学出版社，2011：226.

②辜伟节.适合学生：基础教育优质发展的本质诉求［J］.世界教育信息，2011（12）：55-57.

过多媒体的呈现，使学生体会数学知识中所蕴含的美，达到对学生进行美育教育的目的。①现阶段，中加两国都在进行将现代信息技术引入数学课程中的研究，充分发挥信息技术在数学教学和学习过程中的作用。所谓信息技术与数学课程的整合，就是将信息技术有效地融合于数学教学过程中，营造一种新型教学环境，发挥教师主导作用，体现学生主体地位，从而把学生的主动性、积极性、创造性较充分发挥出来，使学生的创新精神与实践能力的培养真正落到实处。②

安大略省建立了网络信息库"Ontario Curriculum Web Resources"，包含了上百个网站的内容，并按照一定的规则排列，方便读者查询，促进了资源共享。③安大略省标准特别鼓励教师将现代信息技术纳入课程计划、课堂演示、学生参与和评估过程中，并要求学生用科学计算器或计算机做统计分析，用图形计算器或计算机进行方程求解及探究活动，用技术进行数学规律探究活动等。并且提供了大量的例子来介绍如何使用多媒体资源、数据库、掌上电脑的辅助装置和计算机辅助学习平台，以丰富学习课程。如标准在六年级数据处理与概率中给出了使用现代信息技术的例题，通过计算或使用相应的理论概型，利用技术来帮助学生预测一个简单的概率实验或游戏结果的频率。因此，在信息技术的帮助下，学生能获得更多的学习资源，学会更多的数学知识，掌握更多的数学思想方法，促进学生数学思维的发展和数学能力的培养。

（四）立足多元文化，彰显民族特色

加拿大注重民族教育，强调培养全体加拿大人的多元文化意识，更正他们对于少数族群的认识，帮助全体加拿大人做好适应未来多元文化生活的准备。但更突出的，它倾向于发展在历史上被忽视的族群的语言和文化，帮助

---

①徐斌艳.数学课程与教学论［M］.杭州：浙江教育出版社，2003：154.

②黄琦.信息技术与小学数学课程的整合［J］.科技信息，2011（12）：365.

③Toronto District School Board.Ontario curriculum web resources［EB/ OL］.（2004-07-20）［2009-02-15］.http：//www.schools.tdsb.on.ca/asit/standards/OntWeb.pdf.

他们在学校范围内取得较好的学业成就，重新建立积极的自我概念，确立民族认同。①加拿大的各个省，甚至每个学校都编出了与本地区、本校相适应的教材，全面反映了其民族现状和种族差异，适应了多元文化社会发展趋势，促进了社会的可持续、和谐发展。

中国是由 56 个民族构成的统一的多民族国家，多元文化形成的原因与加拿大有所不同，但是加拿大关于少数民族教育的经验对中国的民族教育具有很重要的启示。例如，安大略省在数学课程的设计中考虑的一些课程设计因素，如特殊学生数学学习、母语及数学学习、不同文化背景的数学学习以及反对数学学习中的歧视等，其反映出来的文化性思想值得中国借鉴，中国也应充分考虑各个民族之间的共性与个性，探索少数民族教育发展的途径与措施，切实提高少数民族地区的教育质量，促进各民族共同进步，共同发展。

中国数学教育注重数学史的渗透，富有文化性。各个版本的教材都注重体现数学的文化价值，以图片和文字相结合的形式，通过生动有趣的故事，穿插介绍了不少有关数学发现与数学发展史的知识，为有效开展数学史教育创造了条件。数学是以抽象化、符号化、逻辑化、形式化的形式显现于数学课程中的，因此应该创造条件让这些看似"冷冰冰"的数学显示出数学的文化价值和人文主义精神，使得学生在学习数学的过程中真正受到数学文化的感染，产生文化共鸣，体会数学的文化品位，领悟社会其他文化与数学文化之间的互动关系。②

三、中加小学数学课程目标的比较

课程目标是在国家教育方针、教育目的的指导下，从学生的身心发展规律出发，通过制定出科学、合理的教育任务与学科内容进行教学活动，要求学生在某门课程上达到的水平。它是指导课程设置、编排、实施和评价的准

---

①侯敏.多元文化主义背景下的加拿大少数民族教育研究［D］.中央民族大学硕士学位论文.2007.

②刘久成.小学数学课程 60 年［M］.镇江：江苏大学出版社，2011：232.

则，也是课程自身性质和理念的具体体现。因此在中加两国的小学数学课程标准中都包含有课程目标，但在目标的编排和叙述上都存在着异同点。

（一）重视问题解决，贴近学生生活

问题解决是国际数学教育的热点问题，受到了数学教育界的重视。课程标准所提到的"问题解决"是当今世界数学教育的目标之一，是指人们在数学活动中面临的、用已有的知识和经验无法直接解决而又没有现成对策的新问题、新情境。[①]

中加两国都重视培养学生问题解决的能力。中国标准的总目标中将"问题解决"作为课程目标的四个维度之一单独列出，表明了"问题解决"作为必不可少的课程内容之一，是学生必须要达到的目标，这也与当前国际数学教育的发展潮流相一致。问题解决的教学能为学生提供发现和创新的机会，培养学生的数学思维能力、运用能力和解决问题的能力。

安大略省标准也特别强调数学学习过程中解决问题的能力，七个过程目标之一为"问题解决"，将其列为数学教学的中心。其标准还特别指出问题解决的作用：增强学生做数学的自信心；允许学生用数学来联系实际；对所有数学分支的概念和技能赋予了意义；给学生提供了交流的机会，让他们共享各自的想法和策略；允许学生辩论，交流思想，建立连接，应用知识和技能；提供评价学生概念理解和知识与技能运用能力的机会；让学生专注于数学学习。同时，标准还提供了解决问题的策略，例如：建立一个模型、图形或图表；寻找一种模式；猜测和检验；考虑问题背景；使用逻辑推理等等。要求学生掌握了一系列解决问题的策略后，灵活地使用和整合各种策略来解决数学问题。

（二）维度设计不同，突出期望差异

中加两国课程标准都分总目标和具体目标，目标体系相近。但是中国标

---

①冷少华，刘久成.小学数学解决问题教学的目标、内容和策略［J］.教学与管理，2012（8）：98–100.

准总体目标是从知识技能、数学思考、问题解决、情感态度四个维度来阐述的，各维度总目标之下又分三个学段的更为具体的目标，每个学习领域在不同学段有不同的学习项目和不同的学习要求。而安大略省数学课程标准一至八年级每个年级前都有"数感和数""度量""几何和空间感""模式和代数""数据处理和概率"五个领域各块总的要求，总体目标是从各个学习领域的具体内容就学生应达到的水平来阐述的，偏重学生知识与技能的掌握情况，对学生情感态度与价值观的培养不够重视。具体目标则是从"问题解决、解决问题策略的选择、推理和证明、反思、选择工具和计算策略、内容的连接、表征、交流"七个过程的具体要求，以及各年级五个教学领域学生应掌握的主要知识和方法的内容概述和较详细的教学期望。尽管在具体目标与总目标之间并不存在直接的一一对应，但在这两者之间还是存在大致的对应关系，对总目标的进一步认识需要理解具体目标的内涵及其相互关系。

中国标准三维目标的设置，彰显了情感态度与价值观在数学课程标准的重要性。良好的情感和态度是学生适应未来社会的重要前提，是创造性学习和工作的强大动力，有利于学生以后更加愉快生活。如此每个学生都能在数学学习中获得良好的情感体验，树立数学学习自信心。

（三）线索延展不一，规范与弹性冲突

中国标准考虑到小学生数学学习的阶段性，将学段划分为两个，即低年级阶段和高年级阶段。因为根据小学生的心智发展情况，一、二、三年级学生的心智发展较为接近，因此将他们放在一个学段是符合学生心理发展规律的，到四年级时，小学生的发展是一个飞跃时期，他们在各方面的发展与一、二、三年级相比有很大的区别。根据心理学的研究发现，小学四年级的学生在很多生理和心理方面都有突破性的发展，表现出和三年级有较大的差别。随着思维能力的发展，四年级学生已能够正确理解一般时间概念的意义，意志自制性也会得到显著的发展。因此将一、二、三年级分为低学段，将四、

五、六年级分为高年级学段既符合学生的身心发展规律，也体现了课程目标的灵活性和弹性，各个地区可以根据当地的教育情况，设计不同的教材。

安大略省标准没有分学段，而是分年级逐一阐述各年级每个分支下的总目标和具体目标。该标准考虑到小学生数学学习的特点，随着小学生认知的发展以及抽象逻辑思维能力的发展，学生每上升一个年级，就会有不同的表现。因此，分年级对课程目标逐一说明体现了规范性和统一性，容易操作，易于评价。

四、中加小学数学课程内容的比较

数学课程内容是数学课程标准的主体部分，根据特定的数学教育价值观以及相应的数学教育目的进行选择。数学课程内容如何反映现代数学的发展、渗透现代数学思想、满足社会发展需求，是数学课程改革的核心内容。中国数学课程标准和加拿大安大略省数学课程标准所规定的课程内容模块详见表7.1。

表 7.1　中加两国数学课程内容对照

	中国	安大略省
1	数与代数	数感和计算 模式和代数
2	图形与几何	度量 几何和空间感
3	统计与概率	数据管理和概率
4	综合与实践	

尽管中国和安大略省对于数学课程内容各个部分的称谓不大一致，但是二者关于义务教育阶段数学课程内容的规定，大致相同，可分为数学学科基本知识（主要包括：数、几何、数据处理、代数）与数学知识综合应用两方面要求。课程内容是标准中的重要部分，本文将主要从数与代数、图形与几

何、统计与概率三个领域对标准的内容进行比较。

(一) "数与代数"内容比较

"数与代数"内容在义务教育阶段的数学课程中占有重要地位，不仅是进一步学习必备的基础，也是学习小学数学其他内容的基础，是整个小学数学知识体系的基石。"数与代数"的思想与方法对于学生理解数学的意义，进而发展问题解决的能力以及形成正确、完整的数学观具有十分重要的作用。

1. 两国标准第一学段"数与代数"课程内容比较

为了对两国第一学段数与代数课程内容进行更直观的比较，笔者将安大略省内容按照中国的内容线索分为数的认识、数的运算、常见的量、探索规律四部分。表7.2到表7.5是第一学段中加两国数与代数课程内容的对照表。

(1) "数的认识"课程内容比较

表 7.2　两国一至三年级"数的认识"内容对照表

	中国(第一学段)	加拿大安大略省(一至三年级)
整数	理解万以内数的意义;理解各数位上的数字表示的意义;感受大数的意义,并能进行估计用数表示日常生活中的一些事物	表达非负整数0—50及其顺序;将数和物体建立一一对应关系(一年级);表达100以内的非负整数(二年级);表达1000以内的非负整数(三年级)
符号	理解符号<,=,>的含义	建立相等的概念(一、二年级)
分数	初步认识分数,能比较同分母分数的大小	研究将整体中一部分作为分数(二年级);研究一个集合里的分数(三年级)
小数	初步认识小数,能比较一位小数的大小	

两国第一学段数的认识都有七条标准，共同的内容包括整数、十进位制、分数。中国课程标准中提到了感受大数的意义、小数，安大略省标准中没有涉及。安大略省标准中涉及集合中一一对应的关系，中国课程标准中没有对应的标准。在行为动词方面，安大略省使用理解层面的多一些，中国使用了解和掌握的多一些。

(2) "数的运算"课程内容比较

表 7.3　两国一至三年级"数的运算"内容对照表

	中国(第一学段)	加拿大安大略省(一至三年级)
加减法	20 以内加减法；口算百以内加减法；两位数和三位数加减法；同分母分数、小数加减运算	分解或组合 20 以内的数；20 以内的加减法（一年级）；分解或组合一个两位数；用不同的方法做两位数的加减法(二年级)；用不同的方法做三位数的加减法；分解或组合三位数以内的数；会计算一位数或两位数的加减运算等式中的未知数字(三年级)
乘除法	表内乘除法；口算一位数乘除两位数；一位数乘两位数和三位数、两位数乘两位数、两位数和三位数除以一位数	一位数的乘除法；探究乘法中 0 和 1 的性质(三年级)
运算律		在加法运算中利用交换律和 0 的性质使运算简便(二年级)

中国第一学段数的运算有八条标准，安大略省有十一条标准。内容上基本一致，包括加减乘除四则运算。两国都强调估算，强调算法。中国提到交流算法、安大略省提到使用不同的计算方法。中国标准的要求相对较高，比如：安大略省对乘、除的要求是：使用一位数的乘法和除法解决生活中的问题；中国对乘、除运算的标准是：一位数乘三位数、两位数乘两位数的乘法，三位数除以一位数的除法。安大略省提到了运算法则，中国课程标准中没有与之对应的标准。两国标准都旨在培养学生的扎实的计算功底，不要求这个学段的学生使用计算器。

(3) "常见的量"课程内容比较

表 7.4　两国一至三年级"常见的量"内容对照表

	中国(第一学段)	加拿大安大略省(一至三年级)
货币	认识元、角、分	表达 20 分以内、100 分以内、$10、$100 以内、$1000 以内的加拿大的货币单位(依次为一、二、三、四、五年级)
时间	认识钟表，了解 24 时计时法；认识年、月、日	讲出最接近半小时、一刻钟、五分的时间(依次为一、二、三年级)；掌握分、时、天、星期、年之间的关系(三年级)
质量	认识克、千克、吨	
温度		描述和建立温度变化的概念(二年级)；识别温度段,使用标准单位测量温度(三年级)

中国标准第一学段学习的常见计量单位有货币单位、时间单位和质量单位。其中，货币单位元、角、分对学生来说，具有一定的感性基础，容易接受；质量单位学生不能单靠感性直观获得，须有一定的生活经验，可以联系实际来帮助认识。时间单位在生活中特别常见，但比较抽象，可以引导学生通过观察、操作时钟来获取知识。

安大略省这部分内容主要是培养学生理解货币、时间、温度单位之间的关系，安大略省比中国标准多了温度这一课程内容，并特别注重对时间的估计，时间观念较强。

（4）"探索规律"课程内容比较

表 7.5 两国一至三年级 "探索规律"内容对照表

	中国（第一学段）	加拿大安大略省（一至三年级）
探索规律	探索简单的变化规律	识别和描述重复模式、递增模式和递减模式（一年级）；设想出一种递增递减模式（三年级）；用数字序列、数轴、条形图表示几何模式（三年级）

安大略省标准从低年级就开始接触代数的思想，学习模式。中国标准只提到让学生发现给定的事物中隐含的简单规律。至于什么样的规律没有明确给出说明。

中加两国数的认识和数的运算的标准条数基本相同，而探索规律两国数目较为悬殊。两国数的运算占的比例都是最高的，符合这个年龄段学生的认知水平。内容上，中国重视培养学生的基本功，认识数的范围比安大略省广、对熟练掌握数的运算要求比安大略省高，在该学段初步渗透代数思想的标准较安大略省少。安大略省注重学生对运算的理解，对熟练运算尤其是笔算要求不高，涉及了计算器的使用，重视在低年级渗透非正规的代数思想。中国强调大数的认识，安大略省强调数的分解与组合，这都是注重培养学生数感的表现。两国都注重估算，注重算法的多样化。

2. 两国标准第二学段"数与代数"课程内容比较

（1）"数的认识"课程内容比较

按照中国的内容线索，将安大略省这部分内容也分为数的认识、数的运算、式与方程、正反比例、探索规律五部分进行比较。表 7.6 到表 7.9 是第二学段中加两国数与代数课程内容的对照表。

表 7.6 两国四至六年级"数的认识"内容对照表

	中国(第二学段)	加拿大安大略省(四至六年级)
整数	认识万以上的数,用万、亿表示大数;知道 2、5、10 的倍数特征;了解公倍数、最小公倍数、公因数、最大公因数;了解自然数、整数、奇数、偶数、质数、合数	表达万以内非负整数及顺序(四年级);表达十万以内非负整数及顺序(五年级);表达百万以内非负整数及顺序(六年级)
分数	理解分数和百分数的意义;分数大小比较	同分母分数比较大小(五年级)
小数	理解小数的意义;小数大小比较;小数、分数、百分数的转化	理解十分位的十进制小数(四年级);理解百分位的十进制小数(五年级);理解千分位的十进制小数;掌握分数、小数和百分数之间的关系(六年级)
负数	了解负数的意义	

中加两国共同的内容包括:分数、小数和百分数,但中国的要求相对高一些。结合第一学段数的认识课程内容,可以看出,两国课程标准对数学知识的编排形成了一个系统较强的逻辑链,知识结构的呈现环环相扣,特别重视数学知识的连贯性和连续性。

(2)"数的运算"课程内容比较

表 7.7 两国四至六年级"数的运算"内容对照表

	中国(第二学段)	加拿大安大略省(四至六年级)
加减法	简单分数、小数加减法	三位数加减法(四年级);百分位小数的加减法(五年级);千分位小数的加减法(六年级)
乘除法	两位数乘除三位数;简单分数、小数乘除法	一位数乘除两位数(四年级);两位数乘两位数;三位数除以一位数(五年级);一位小数乘除两位数;两位数乘四位数(六年级)
混合运算	两步为主的整数四则混合运算;小数、分数的加、减、乘、除混合运算	掌握没有括号的四则运算的顺序(六年级)
估算	能估算并解释估算的过程	估计 10%,25%,50% 和 75% 的值(六年级)
运算律	了解运用运算律(加法的交换律和结合律、乘法的交换律和结合律、乘法对加法的分配律)	利用交换律和分配律(四年级)

中加两国内容上基本一致,包括加减法、乘除法、四则混合运算、估算、运算律。两国都强调估算、强调理解运算之间的关系。中国课程标准中提到了对计算器的使用,安大略省课程标准虽然十分强调现代技术在学习过程中的运用,但在数的运算中没有提到对信息技术的运用。中国标准中要求的计算难度高于安大略省标准,要求会整数、分数、小数简单的混合运算,而且明确提出了估算的要求,让学生结合具体的实际情境进行估算。

(3) "式与方程"课程内容比较

表 7.8 两国四至六年级"式与方程"内容对照表

	中国(第二学段)	加拿大安大略省(四至六年级)
式与方程	用字母表示数;用方程表示等量关系;了解等式的性质	计算乘法运算等式中的未知数(四年级);计算四则运算等式中的未知数;用乘除法论证方程的等价性(五年级);解方程(六年级)

中加两国第二学段对式与方程的要求基本相同,都强调等式与方程的关系。在对用字母表示数的描述语言上安大略省偏重于计算未知数,中国标准偏向于对知识的掌握。

(4) "探索规律"课程内容比较

表 7.9 两国四至六年级"探索规律"内容对照表

	中国(第二学段)	加拿大安大略省(四至六年级)
探索规律	探索给定情境中隐含的规律或变化趋势	理解数列中项和项数的意义(四年级);利用数字表格表示一个模式(五年级);用有序数对和图表来表示模式;根据给定的项数计算模式中的任意项;探究变量的值(六年级)

像第一学段一样,这部分内容中加两国存在较大的差异,安大略省标准在第一学段的基础上进一步对代数的思想、模式的学习提出的要求比较具体。中国标准则没有明确给出让学生发现什么规律。

3. 两国标准"数与代数"课程内容比较结论

通过前面对第一、二学段数与代数内容的比较和分析,可以得出以下结论:

（1）重视探索规律，渗透建模思想

建构主义学习理论指出，学习不是一种被动的吸收知识，通过反复练习强化存储知识的过程，而是用学生已有的知识处理新的学习任务，并建构自己意义的过程。[1]数学教学不能满足于机械的灌输和简单的模仿，而应当尽可能引导学生自主发现规律、探索规律。中国标准单独设立的探索规律这部分内容，注重模型思想的逐步渗透，在每个学段都给出了相应的目标要求，在每个目标要求后还给出了与之对应的教学实例。第一学段让学生简单探索数的变化规律，第二学段则在学生已有知识的基础上学习用字母表示数、简易方程以及正反比例，主要通过具体问题的提出和解决过程逐步渗透数学建模的思想，为今后进一步学习奠定基础。强调让学生在理解题意的基础上找出题中各种数量的关系，用线段图、示意图或表格的方法直观地表示。

安大略省标准重视模式的辨认与应用，每个年级都有相应的课程内容。建立模式、考察模式、寻求规律，是进行归纳推理的根本途径。培养辨别模式的能力有助于提高儿童的区分信息、组织信息的能力；有助于认识模式的结构。标准中指出："建立数学模式涉及识别一个模型或计划，它们是由一组图形、设计、运动和数据依次显示出来的。"[2]再如，使用代数方程的变量来表示数量的变化的关系：方程 $p=4t$，代表桌子和人数之间的关系，p 表示人数，t 表示桌子的张数。这实际上是在探索现实世界中变量之间的关系。如此能使学生感受到数学和现实生活的密切联系，感受到数学在解决问题中的作用。

（2）突出问题情境的生活化，关注学生生活中的数学体验

中加两国在数学课程标准中都给学生提供了可以感知的现实生活背景，让学生通过接触和经历相关的情境来感受和体验数的实际意义，从而建立数概念与其所表示的实际意义之间的联系。但是中国侧重凸显数学问题情境的

---

[1]金成梁.小学数学课程与教学论［M］.南京：江苏教育出版社，2005：210.

[2]曹一鸣.十三国数学课程标准评介（小学初中卷）［M］.北京：北京师范大学出版社，2012：64.

生活化，安大略省则特别关注学生生活中的真实生活体验。

中国标准在学段课程内容中多次出现"在现实情境中理解""结合具体情境""结合生活实际"这样的叙述。书中举的例子都来源于学生的实际生活，特别强调让学生结合现实情境体验数学、了解数学、认识数学。

安大略省标准指出：通过实际和与学生生活相联系的数学活动，发展学生数学理解、问题解决技能及相关的技术技能，这些数学知识和技能可以应用于他们的日常生活，但最终落脚在他们的工作中。例如，让学生用温度计记录每天室外的温度，并把测量结果与每天的天气预报作比较。安大略省标准特别强调通过学生熟悉的情境来说明数学概念，让学生经历用数学知识解决身边实际问题，从而发展学生的知识和技能。

(3) 代数板块组织结构存在明显差异

"代数"在中加两国数学课程标准中都是很重要的内容。中国标准中代数内容的安排是螺旋上升式的，如此有助于学生掌握系统的代数知识和技能。从算术到代数，从具体的数到用字母表示数是人们对现实世界数量关系认识过程的一次飞跃，也是学生数学学习过程的一次转折。[①]小学生的思维主要以具体形象思维为主，还没有完全过渡到抽象思维，所以在第一学段不涉及太多关于代数的内容，到第二学段才逐渐让学生学习代数式和方程，容易让学生接受。

安大略省标准主要是从以下三条线展开的，分别是：识别、描述及概括模式；解代数方程；按照现实模式建立数学模型，并且贯穿了整个基础教育的各个阶段。安大略省从小学一年级就开始学习模式，接受代数的思想。这样安排有利于学生掌握理解函数的概念，培养学生的应用意识和创新能力，有利于知识的迁移。

(二) "图形与几何"部分

几何课程内容是义务教育阶段重要的一部分，几何课程内容的改革历来

---

①金成梁.小学数学课程与教学论 [M].南京：江苏教育出版社，2005：199.

是国内外历次数学课程改革的焦点。①所以中加两国小学数学课程标准中都明确安排了几何知识的学习。

1. 两国标准第一学段"图形与几何"课程内容比较

为了直观比较，将安大略省内容按照中国的内容线索分为图形的认识、测量、图形的运动、图形与位置四部分。表 7.10 到表 7.13 是第一学段两国图形与几何课程内容的对照表。

（1）"图形的认识"课程内容比较

表 7.10　两国一至三年级"图形的认识"内容对照表

	中国(第一学段)	加拿大安大略省(一至三年级)
平面图形	辨认长方形、正方形、三角形、平行四边形、圆;认识长方形、正方形的特征认识角,了解直角、锐角和钝角;对平面图形进行分类	对二维图形进行分类(一年级);区分几何属性和非几何属性;通过几何特性(边数和顶点)分类平面图形;确定对称轴(二年级);确定直角,比较非直角与直角;通过几何特性(边数和角)分类平面图形(三年级)
立体图形	辨认长方体、正方体、圆柱和球;对几何体进行分类	对三维图形进行分类(一年级);通过几何特性(面的数目和形状)分类立体图形(二年级);通过几何特性(面数、棱和顶点的数目)分类立体图形;命名棱柱和棱锥(三年级)

在这个学段安大略省比中国标准更加注重对学生空间感的培养，要求对立体图形进行分类，初步形成空间形象。而中国标准则更侧重平面图形的学习。

（2）"测量"课程内容比较

中国标准的知识覆盖面远远大于安大略省，内容包括测量、度量单位、长方形和正方形的周长和面积公式。安大略省标准强调测量的过程，要求学生熟悉测量，意识到不同单位的大小，使用非标准单位与基本公制单位来测量物体的相关度量。

---

①周瑞.中美义务教育阶段数学课程标准的比较研究［D］.东北师范大学硕士学位论文，2009.

表7.11　两国一至三年级"测量"内容对照表

	中国(第一学段)	加拿大安大略省(一至三年级)
长度	认识长度单位千米、米、厘米,知道分米、毫米,进行单位换算;估测一些物体的长度;认识周长,掌握长方形、正方形的周长公式	认识厘米和米;用非标准单位测量周长(二年级);认识千米;用标准测量单位测量物体的长度(三年级)
面积	认识面积单位平方厘米、平方分米、平方米,进行简单的单位换算;掌握长方形、正方形的面积公式	用非标准单位测量面积(二年级);用网格纸测量面积(三年级)
容积		用非标准单位比较物体的容积(二年级) 认识升;用标准测量单位测量物体的容量(三年级)
质量		用非标准单位比较物体的质量 (二年级);认识千克;用标准测量单位测量物体的质量(三年级)
温度		用标准单位测量温度(三年级)

（3）　"图形的运动"课程内容比较

表 7.12　两国一至三年级"图形的运动"内容对照表

	中国(第一学段)	加拿大安大略省(一至三年级)
图形的运动	认识平移、旋转、轴对称现象;认识轴对称图形	认识对称性(一年级);确定全等的图形、描述坐标图上的移动;认识几何变换(三年级)

　　中加两国第一学段图形的运动的课程内容大致相同，包括对称、平移、旋转。关于平移，安大略省标准强调在坐标图上的移动。中国的标准要求具体：感受、辨认、观察、操作、认识。安大略省标准的要求则较为概括，主要是让学生认识和描述。安大略省标准提及全等图形这一概念，中国标准则没有涉及。

　　（4）　"图形与位置"课程内容比较

表 7.13　两国一至三年级"图形与位置"内容对照表

	中国(第一学段)	加拿大安大略省(一至三年级)
图形与位置	认识上、下、左、右、前、后;知道东北、西北、东南、西南	使用位置语言描述位置(一年级);描述相对位置和运动的路径(二年级)

第一学段中加两国图形与位置的标准相同之处在于都强调物体的相对位置。不同之处在于中国标准强调空间方向的辨认和描述,安大略省没有涉及这方面的内容。中国标准要求具体,如相对位置就是指"上、下、左、右、前、后";安大略省标准的要求较为概括,只是要求用位置语言描述位置,指代不详细。在内容上,中国标准对平面图形的认识,面积、周长的计算,绘制图形等要求高于安大略省标准;安大略省对学生几何与空间感的培养以及对度量方法的强调高于中国。

2. 两国标准第二学段"图形与几何"课程内容比较

为了对两国第二学段空间与图形课程内容进行更直观的比较,笔者将安大略省内容按照我国的内容线索分为图形的认识、测量、图形的运动、图形与位置四部分。表7.14–7.17是第二学段中加两国图形与几何课程内容的对照表。

(1)"图形的认识"课程内容比较

表7.14　两国四至六年级"图形的认识"内容对照表

	中国(第二学段)	加拿大安大略省(四至六年级)
平面图形	了解线段、射线和直线;了解周角、平角、钝角、直角、锐角以及关系;认识平行和相交;认识平行四边形、梯形、圆和扇形;认识等腰、等边、直角、锐角、钝角三角形	认识平行四边形;分类平面图形;认识平角、直角以及45°的角(四年级)识别锐角、直角、钝角和平角;认识三角形(五年级);认识对称轴和轴对称图形(六年级)
立体图形	认识长方体、正方体、圆柱和圆锥	分类棱柱和棱锥;构造三维图形(四年级)

可见两国标准的侧重点不同,中国标准在这一学段侧重对平面几何基本知识的学习,对平面图形的要求具体丰富。而安大略省标准更注重对学生空间感的培养。

(2)"测量"课程内容比较

两国标准都涉及角、周长、面积、体积的测量以及同一测量单位之间的换算。相比较而言,中国对知识的要求相对较高一些,要求会计算圆的面积、圆柱和圆锥的体积。安大略省标准的测量范围更广一些,不仅包括面积、体积的测量,还包括了对时间和温度的测量。

表 7.15　两国四至六年级"测量"内容对照表

	中国(第二学段)	加拿大安大略省(四至六年级)
角度	用量角器量指定角的度数	用量角器测量 0°~90°的角(五年级);用量角器测量 0°~180°的角(六年级)
长度	计算圆的周长公式	使用毫米测量长度(四年级);掌握从米到厘米、千米到米的转化(五年级)
面积	用方格纸估计不规则图形的面积;计算三角形、平行四边形和梯形的面积;认识平方千米、公顷;计算圆的面积	认识平方米、平方厘米;计算平行四边形和三角形的面积;计算立方体和三棱柱的表面积(六年级)
体积	认识立方米、立方分米、立方厘米;认识升、毫升;计算长方体、正方体、圆柱、圆锥的体积	认识毫升;用具体的物质来测量体积;用标准单位比较物体的质量和容量(四年级);计算三棱柱的体积(六年级)
时间		测量时间间距精确到分钟(四年级);测量时间间距精确到秒(五年级)
温度		测量温度(五年级)

（3）"图形的运动"课程内容比较

表 7.16　两国四至六年级"图形的运动"内容对照表

	中国(第二学段)	加拿大安大略省(四至六年级)
图形的运动	认识轴对称图形、对称轴;认识图形的平移与旋转;按比例放大或缩小图形	演示和描述反射（四年级）;演示和描述变换(五年级);做旋转并描述过程(六年级)

　　中加两国第二学段图形的运动的课程内容都包括图形的变换,中国标准多了相似,而安大略省标准多了反射这一概念。我国标准描述得更为具体,强调让学生经历观察、操作等活动,并且强调与实际生活的联系,要求能欣赏并设计相关的图形。

（4）"图形与位置"课程内容比较

表 7.17　两国四至六年级"图形与位置"内容对照表

	中国(第二学段)	加拿大安大略省(四至六年级)
图形与位置	了解比例尺;确定物体的位置;描述简单的路线图;用数对表示位置	用坐标系描述位置(四年级);确定物体的位置(五年级);表示第一象限的点(六年级)

　　中加两国第二学段图形与位置的内容都包括位置的描述和确定。不同之处在于,中国标准要求会按给定的比例进行图上距离与实际距离的换算,第

二学段数与代数标准中有比和比例的内容，学生有了相应的知识基础，可以提出比例尺的要求，既体现了与代数的联系，又有利于学生动手操作能力的培养，安大略省标准则没有相应的要求。不过，安大略省标准加入了坐标几何的知识，中国则没有这方面的要求。

3. 两国标准"图形与几何"课程内容比较结论

纵观两国义务教育阶段图形与几何内容的标准，可以得出以下结论：

（1）重视培养空间观念

发展学生的空间观念是"图形与几何"课程的核心目标。中国标准中指出："空间观念主要是指根据物体特征抽象出几何图形，根据几何图形想象出所描述的实际物体；想象出物体的方位和相互之间的位置关系；描述图形的运动和变化；依据语言的描述画出图形等"。[①]为了发展学生的空间观念，中国标准从四个方面展开，提供了明确的目标和丰富的内容，从多个角度刻画图形，发展空间观念和推理能力。

安大略省标准注重空间感的培养，在其"几何与空间感"中明确指出：空间感是指一个人对周围的物体的直觉反应。它丰富了对几何的理解和认识。标准指出，通过视觉、绘制，以及比较在不同位置的几何对象，来增强空间感。随着学生较强的空间关系和应用几何概念能力的发展，理解数和测量知识的能力同样也得到加强。

（2）密切学生经验，实践性要求不同

为了促进学生对空间的理解和把握，仅仅依靠平面图形是不够的，应设置与学生经验密切相关的内容，通过结合实物帮助学生更好地学好几何知识。中国标准重视知识结构的学习，重视学习的过程，强调几何课程与学生的现实生活相联系。但对于几何图形的创造、绘制的要求较少，更加重视几何图形的辨认、特征观察等。而安大略省比较重视几何图形的绘制和构造，强调

---

①中华人民共和国教育部.义务教育数学课程课标（2011 年版）［M］.北京：北京师范大学出版社，2012：5.

学生亲身参与教学活动，能够运用知识去解决问题。

在义务教育阶段，应不仅让学生认识一些基本的图形，证明基本图形的性质，了解基本图形的轴对称性和中心对称性，选择确定物体位置的不同方法，还让学生从不同的方向观察物体，感受丰富多彩的图形世界，探索图形的变换，利用变换设计图案。如此，学生将感受到"图形与几何"与自然、社会、人类生活的密切联系，激发对图形与几何的好奇心，主动参与数学学习活动。如中国标准要求学生联系日常生活，通过观察、操作等手段，认识简单的平面图形和立体图形的形状、大小、位置关系及变换。同时，中国重视在测量过程中让学生学会根据现实问题选择合适的测量方法和工具，重视估测以及其在现实生活中的应用。

安大略省标准则强调学生创造思维能力的培养，让学生使用各种工具如动态几何软件、实物等，来操纵几何构造，培养动手操作能力和使用现代信息技术的能力，激发学生的学习兴趣，增强分析及解决问题的能力，保证在图形、空间和测量之间能够建立起适当的联系。

（三）"统计与概率"内容比较

"统计与概率"主要研究现实生活中的数据和客观世界中的随机现象，它通过对数据收集、整理、描述和分析以及对事件发生可能性的刻画，来帮助人们做出合理的预测和推断。①中加两国标准都把统计与概率设置为一个单独的领域。

1. 两国标准第一学段"统计与概率"课程内容比较

表 7.18　两国一至三年级"统计与概率"内容对照表

	中国(第一学段)	加拿大安大略省(一至三年级)
统计与概率	对事物或数据分类;收集和整理数据	将物体分类;收集并整理各类数据(一、二、三年级);描述事件发生的可能性(一年级);认识条形图(二年级);理解众数的意义;预测事件发生的频率(三年级)

---

①金成梁.小学数学课程与教学论 ［M］.南京：江苏教育出版社，2005：262.

两国这个学段统计的内容标准都是围绕收集数据、对数据分类、整理数据、表示数据、分析数据五个方面来展开的。相比较而言，安大略省标准的要求高于中国标准，一至三年级分别要求学生能使用具体的图片和实物图形、线性和简单的条形图、垂直和水平条形图来表示数据，并且提出了"众数"这一概念。根据学生的年龄特征和认知特点，在这个学段与概率有关的学习经验应该是非正式的，因此安大略省提出的概率标准主要是让学生结合游戏来感知和探究。

第一学段安大略省统计和概率两部分的目标条数都高于中国。相同的是，两国统计与概率标准都是以统计初步内容为主，概率初步的内容较少，让学生接触非正规的概率思想，中国这一学段甚至没有涉及概率初步的内容。概率的内容较为抽象，这样的安排符合学生的认知特点。

2. 两国标准第二学段"统计与概率"课程内容比较

为了对两国第二学段统计与概率课程内容进行更直观的比较，笔者将安大略省标准内容按照中国的内容线索分为简单数据统计过程和随机现象发生的可能性两部分。

(1) "简单数据统计过程"课程内容比较

表 7.19　两国四至六年级"简单数据统计过程"内容对照表

	中国(第二学段)	加拿大安大略省(四至六年级)
简单数据统计过程	收集、整理、描述和分析数据；设计简单的调查表，选择适当方法收集数据；认识条形统计图、扇形统计图、折线统计图；认识平均数；读懂统计图表，解释统计结果	用茎叶图和双条形图读取和显示数据；理解中位数的意义(四年级) 收集和整理离散、连续数据；认识折线图；理解平均数的意义(五年级)；用连续线图来显示数据(六年级)

两国课程标准这个学段的内容仍然围绕收集数据、整理数据、表征数据、分析数据展开。标准的内容基本一致。两国都强调设计统计活动检验结论和预测。在表征数据方面，安大略省标准中提到了评估数据表征方法，如何更好地表达数据的重要方面。中国标准只是给出了需要掌握的表示数据的方法，没有比较这些方法的要求。

（2）"随机现象发生的可能性"课程内容比较

表 7.20 两国四至六年级"随机现象发生的可能性"内容对照表

	中国(第二学段)	加拿大安大略省(四至六年级)
随机现象发生的可能性	了解简单的随机现象;定性描述简单的随机现象发生可能性的大小	预测事件发生的频率(四年级);用分数来表达概率(五年级);求出事件的概率;预测事件出现某种结果的频率(六年级)

中国标准要求能对一些简单的随机现象发生的可能性大小做出定性描述，只是没有提出概率这个概念。这一点上安大略省学生接触正式的概率知识的年龄段要比中国早，学习的概率知识要比中国深。

两国简单数据统计过程和随机现象发生的可能性的标准条数相差较大，但都是以简单数据统计过程为主，概率的知识内容相对较少，符合小学生的认知特点和年龄特征。在对概率内容的处理上，安大略省在这个学段提出了正规的概率的概念和内容，中国对学生这方面的要求较低，只是让学生初步感受概率思想。

3. 两国标准"统计与概率"课程内容比较结论

综观两国义务教育阶段统计与概率的标准，可以得出以下结论：

（1）经历数据处理过程，发展统计观念

重视统计过程的体验，发展学生的统计观念是两国标准统计与概率学习的首要目标。通过对数据的收集、整理、描述和分析以及对事件发生可能性的判断，可以帮助人们科学决策，从而降低决策风险。[1]使学生接受统计特有的观念，有效的方法是让他们真正投入到数据处理的过程，即收集数据、整理数据、分析数据。[2]中加两国都注意统计与概率的内容与学生的日常生活相联系，让学生能在具体情境中亲身体验统计的过程，体验做数学的乐趣。

---

①郭民.中加两国高中数学课程中统计和概率内容比较［J］.外国教育研究，2007（9）：98-100.

②史宁中，马云鹏.基础教育数学课程改革的设计、实施与展望［M］.南宁：广西教育出版社，2009：76.

中国标准强调让学生从数据的角度思考与数据有关的问题，能通过数据做出合理的判断，能从由数据得到的结论进行合理的反思。安大略省标准要求学生用不同的方法收集、整理和表示数据。例如：让班级里的每个孩子都抛十次硬币，统计每个孩子抛下的情况后，对数据进行分析和整理，并讨论个人抛下的情况与全班同学整合起来抛下的情况有何联系和区别。如此让学生经历和体验统计活动的全过程，并在统计的过程中发现问题，分析数据，做出决策，交流讨论，能使学生逐步形成统计观念。

（2）凸显不同的统计理念，特定情境中的发现与宽松情境中的发现

统计与概率的内容具有非常丰富的实际背景，在现实世界中有着广泛的应用。通过将概率中的概念及数据处理的相关知识与实际问题相联系，让学生体会到数学学习的意义。两国都注重联系实际生活，让学生在生活中体验统计思想与随机现象。但是中国则偏重让学生从生活中收集数据，对现实问题进行探索，解决生活中的实际问题，从而认识到统计与概率在日常生活及各学科领域中的广泛应用。例如，让学生记录自己在一个星期内每天上学途中所需要的时间，并从这些数据中发现有用的信息。如此，让学生在具体的生活情景中体会统计与概率的意义，能提高学生学习的兴趣，体会到数学的运用价值。但是，学生的创造性思维得不到很好的发展，只会按部就班运用学过的统计知识记录数据，提出、发现、分析和解决问题的能力得不到提高。

在这一领域中，安大略省标准要求学生学习用不同的方法收集、整理和表示数据，并通过学习集中趋势和数据分布来进一步理解统计技术。如此，学生可以通过实验或使用模型来模拟生活中的随机事件，不仅能学会收集、处理数据，更重要的是培养了学生的创造性思维，学生能从不同的角度对现实问题进行深入思考。例如，标准涉及民意调查的图形、人口趋势、可靠性估计、科学家对某些发现的描述和健康风险的估计等日常生活中的问题。

（3）统计与概率知识难度不同

中国标准对于统计和概率方面的知识要求，与 2001 年"实验稿"相比，后移或有所降低，并将重点由过去重视统计技能转移为提高学生的数据收集

能力，发展统计观念。安大略省标准重视统计技能，重视理解一些统计学名词。如要求使用线阵读取和表示数据、使用连续线图显示数据、识别数据中的偏差等等。这些知识在中国标准中都未涉及。比较而言，安大略省标准在统计与概率方面的知识难度要高于中国标准。形成这样的差异主要是由于两国对于这方面知识的设置理念不同，安大略省依旧发扬其重视数学知识本身学习的传统，所以在这一领域，其更多地强调培养学生数据分析的技能、掌握概率知识。中国则是在重视培养学生动手操作能力的同时，适当地降低一些知识要求，目的是要让学生在实践的过程中有足够的时间体会统计的价值，形成统计观念，而不再局限于知识本身的学习。

五、加拿大小学数学课程标准对中国的启示

比较研究是通向普遍的教育法则的必经之路。[1]中国新一轮的课程改革是在广泛借鉴、吸收各国教育改革的基础上进行的，将中国现行的《义务教育数学课程课标（2011 年版)》与加拿大 2005 年颁布的《安大略省一至八年级数学课程标准》做分析比较，旨在借鉴吸收其有益的研究成果，根据中国的国情有选择地做到为我所用，为中国数学课程标准的完善提供理论与实践指导。

（一）密切各板块联系，促进跨板块综合学习

中国标准把内容领域分成了"数与代数""图形与几何""统计与概率""综合与实践"四个领域，并且在各个领域内又分了若干个单独的部分。其中，"综合与实践"领域充当了各个学段"数与代数""空间与图形""统计与概率"三者之间的桥梁，加强了数学知识间的内在联系。但这一领域往往需要占用课时，而且这一领域相对于知识间的内在关联还远远不够。[2]如果不强调各知识领域之间的联系，学生就可能只是学习了一些孤立的概念和方

---

①顾明远，薛理银.比较教育导论——教育与国家发展 [M].北京：人民教育出版社，1998：30.

②周瑞.中美义务教育阶段数学课程标准的比较研究 [D].东北师范大学硕士学位论文，2009.

法，这样就很难把数学看作统一的整体。安大略省数学标准明确提出："为防止课程的片段，数学课程和训练也必须是有重点和整合的。"例如，几何部分是通过"几何性质""几何关系"和"位置与移动"将所要求的几何知识与技能串在一起，学习期望逐步提高。除此之外，安大略省标准单独列有"联系"这一过程标准，并在具体目标中给出了详细的案例，比中国的综合与实践内容更加丰富，这一点值得中国在进一步完善数学课程标准的过程中借鉴。

中国课程标准是指令性的文件，在全国中小学中贯彻执行，虽提及要体现数学课程的灵活性和选择性，但没有更多的说明与指导。面对中国地区之间差异大的现实情况，例如针对中国中西部地区教学条件和设施相对落后的情况，尤其要大大增强标准课程目标的灵活性，否则难以保证不同学生真正得到不同的发展。因此，国家一方面可以适当下放权力，以各个省为单位，参照《义务教育数学课程课标（2011 年版）》，自行创设适合于该省份的有地方特色的数学课程标准，各个省之间也可以相互借鉴学习，使国家标准更趋于完善；另一方面，国家标准可以规定所有学生必须达到的最低标准，使不同地区、不同水平的学生都得到充分发展，为标准的使用者留下创造空间。

（二）完善课程实施措施，保障课程标准落实

中国标准的课程目标分成"知识技能""数学思考""问题解决""情感态度"四个维度，如此，在缺乏细致的指导和说明的情况下，会因为目标的描述不够具体或是与数学本身的联系不太紧密，教师难以有效操作。另外，四个维度由于与课程内容相对独立，教师在课程实施中会出现不知如何兼顾的困惑，长此以往，要么使四个维度的目标成为空谈，要么使教师忽视课程内容，使数学课少了数学味。[①]

安大略省在这方面值得中国借鉴。安大略省标准支持完整的、连贯的和

---

①杨旻旻，林晨燕.中美两国数学课程标准中课程目标的差异及启示［J］.现代中小学教育，2007（11）：68-71.

系统的数学学习，每个年级都包括一系列明确的"数学过程目标"，阐明了学生需要学习和展示数学学习的各个过程的实践，指出："当学生把孤立的概念和技能连接起来，掌握了概念及技能之间的关系时，他们就对这些概念与技能有了深刻理解，对概念与技能的运用能力得以提高。"

加拿大的教育管理体制以地方分权为主，中央的权力小，各州尤其是各学区的自主性大，这种体制较好地保证了教育的地方适应性。值得学习的是，加拿大安大略省还特别考虑到特别学生的数学课程计划、英语作为第二语言及英语水平欠佳的学生数学学习的问题。而且，安大略省的数学课程实行学分制，学生可以根据自己的学习情况选择学习，如应用类学分可转入学术类数学课程学习，反之学术类课程也可转入应用类数学课程学习。这样做增加了学生学习的选择性，体现了数学课程的灵活性。

（三）增强评价的可操作性，优化课程评价体系

中国标准在基本理念中明确提出："学习评价的主要目的是为了全面了解学生数学学习的过程和结果，激励学生学习和改进教师教学。应建立目标多元、方法多样的评价体系。评价既要关注学生学习的结果，也要重视学习的过程；既要关注学生数学学习的水平，也要重视学生在数学活动中所表现出来的情感与态度，帮助学生认识自我、建立信心。"由于中国的教育还是有较重的应试教育倾向，有中考、高考等升学考试，学生、老师、家长的重心都放在升学考试上。考试制度不改变，很难达到课改的目标。新标准下的多数目标的可测性不强，考试中应加强创造能力和应用能力的测试，完善评价体制。与其同时，需要完善我国现有的评价体制，比如说像美国建立学生的学习档案，并采取相应的方法对学生进行综合评测。我国中小学数学教育教学中虽然也开始关注学习档案方法进行学生数学学习过程的评价，但是，尚处在方兴未艾之际。

课程标准应该是进行有效评价的良好工具。安大略省的数学课程标准为学业成就评价提供了评价的领域，从"知识和理解""思考和探究""交流""应用"四个方面评价学生，同时还考虑到了教育发展的地区差异和学生能力

的差异，制定出学业成就评价标准的等级"L1、L2、L3、L4"，用表现性的行为明确地描述出不同的学生在学习活动和测验中所表现出的认知水平，从而有助于教师填写报告和提出建议。①我国的数学课程标准中课程内容规定的只是学生所要到达的最低标准，对于学生所要达到的更高一级的水平，数学课程标准中并没有规定。因此，我国的数学课程标准在评价体系的完善和评价等级的确立等方面，还需要进一步的研究。

综上所述，各取其利，各避其弊才是明智的选择。正如黄跃雄认为："国情的不同决定了教育模式和教育内容的不同，不能简单比较，更不能下孰优孰劣的结论。中国'应试及填鸭式'的教育模式有其明显的弊端，如学生的综合素质、人文素质就相对缺乏，很多家长都觉得孩子没有幸福的童年。所以，这几年大学纷纷在强化素质教育，拓宽学生的知识面，培养学生的动手能力、创新能力等，补上素质教育的一课。现在不少大学开始自主招生，目的也是引导学生提升综合素质，引导中学重视素质教育。不可否认，中国的教育模式也有其合理性和显著优点，例如培养出的学生基础知识扎实，思辨能力强，这是轻松的教育模式下看不到的。"唐俊京也表示："中国目前的教育如果能充分借鉴英国及西方教育的精髓，注重培养兴趣与价值观，尊重个性发展，注重实际运用，同时能结合中国教育方式的优势，保持对孩子一定的压力，相信能更有利于孩子的成长与发展。"

---

①卢宪青.中加地理课程标准比较研究——以安大略省地理课程标准为例［D］.华中师范大学硕士学位论文，2011.

第八章 中美小学数学课程标准比较

20 世纪以来，特别是二次大战以后，美国成了世界上经济实力最强的国家，教育也跻身于发达国家的行列。美国在教育行政上分为联邦、州和地方学区三级，但美国宪法第十条修正案规定："宪法未授予合众国、也未禁止各州行使的权力，由各州保留，或由人民保留。"由于教育方面的职责未在宪法中提及，因此，教育的权利是由各州或人民保留，联邦教育行政机构的职能相当有限。美国各州的小学学制也不统一，一般为五年制或六年制。小学教育的内容由各州制定基本纲要，详细的教育内容则由地方教育委员会来决定。美国一贯重视数学教育改革，视数学素养为公民素质的重要组成部分。

一、美国小学数学课程标准制定背景

（一）NCTM 数学课程标准

1989 年，《中小学数学课程和评价标准》这一纲领性文件由全美数学教师协会（NCTM）拟订。此后，全美数学教师协会还分别于 1991 年、1995 年制订了《数学教师的职业标准》《学校数学的考核标准》，为数学教师怎样创造成功的学习环境、提高个人的专业水平以及判断数学考核质量提供了标准。

经过实践，虽然《中小学数学课程和评价标准》（1989 年版）的推行使美国的数学教育教学取得了一定进步，然而在 1995 年举行的国际数学与科学研究（TIMSS）活动中，美国中小学生的表现并不理想。在小学四年级美国学生的数学成绩高于国际的平均水平，但是八年级的数学成绩下降到国际平均水平。通过数据比较明显看出与亚洲一些国家，如新加坡和日本相比，美国学生的数学学习水平有着相当大差距。这一国际活动在美国国内引起人们对九十年代数学课程改革运动的反思。通过总结他国经验，反思不足，自1996年开始，全美数学教师协会开始着手数学新课程标准的设计工作。面向新世纪的数学课程标准《学校数学的原则和标准》在2000年春季出版，同时在全美数学教师协会（NCTM）官方网站上刊登了其电子版本，并征求民众意见。

对全美数学教师协会（NCTM）课程改革理念持赞同和支持态度的数学教育研究人员与持反对意见的专业数学家、科学家在报纸上展开十分激烈的公开辩论。美国两百多名专业科学家和数学家联名发表了一封给教育部长Richard Riley的信，公开表达反对意见。两派对数学课程教学改革的争论逐步蔓延成为一场全国性的大辩论，被称为美国的"数学战争"。在这场近十年的数学论战中，数学家们表达了对课程、标准、评价、教师准备等方面的观点。通过广泛征求各界意见，2006年出版了美国《学前至八年级数学课程焦点：寻求一致》。该文件是对《学校数学的原则和标准》（2000年）做的补充说明，制定出学前至八年级每个年级的数学课程焦点的内容以及与其他相关内容的连接。文件力求在保持创造、发展的同时，强调数学基础的重要性，与《学校数学的原则和标准》相得益彰，对美国甚至国际数学教育改革产生深刻的影响，同时这也是近十年来美国"数学战争"的一项重要结果。

（二）美国"共同核心州数学标准"的研制和颁布

美国教育行政是典型的地方分权制。在这一教育体制下，美国各州具有较大的自主权，没有统一的课程标准，更没有统一的教学内容，各州往往根据自己的实际情况设置课程标准，进行灵活的教学，但也引发了各种问题，这是制定全国统一课程标准的重要原因。2006年5月，亚洲协会（Asia Society）公布了一份题为《全球化时代的数学和科学教育：美国能从中国学习到什么》的报告。报告警告说："美国的数学和科学教育已远远落在亚洲国家，尤其是中国的后面。"报告指出，美国有必要研究中国在数学和科学教育方面的经验，"向中国学习"。①2010 年 6 月 2 日，美国州长协会最佳实践中心和州首席教育官员理事会共同颁布了首部"共同核心州立标准"。课程标准的制定是由民间组织联合发起的，各州有权决定是否采用；课程标准的难度有所增加，立足为学生的未来发展夯实基础，从而确保美国在国际上的竞争力。现已有 48 个州同意采用美国"共同核心州立标准"，联邦政府还将通过"竞争卓越"计划，对采用美国"共同核心州立标准"的州将给予资金支持，这将对美国基础教育未来的走向影响深远。②该标准的制定在某种程度上带有各州政府的官方背景，虽无直接联邦政府的背景，但客观上联邦政府也提供了一定直接或间接的支持。同时美国大部分数学家和教育家对该标准持肯定态度，比如，全美教师协会（NCTM）就发表声明表示支持。我们有理由期待标准将会在美国全国范围内得以广泛推行并产生广泛影响，同时也可以期望该标准能在州级行政力的支持下，在各州的合作下成为制定大部分州统一或国家统一课程标准道路上的里程碑。这里将以中国《义务教育数学课程课标（2011 年版）》和美国"共同核心州数学标准"为研究对象，对其进行比较分析。

二、中美数学课程标准框架结构的比较

（一）框架结构的比较

中美两国数学课程标准都有着自身的框架体系。具体如表 8.1 所示。

中国《课标（2011 年版）》由五大部分组成，分别是前言、课程目标、课程内容、实施建议和附录。美国"共同核心州数学标准"由四大部分组成，分别是简介、实践标准、内容标准、附录。

中国《课标（2011 年版）》将课程目标分为总目标和学段目标两个部分，

①Asia Society，Math and Science Education In a Glob-al Age：What the U·S·Can Learn from China ［R］.http：//www·asiasociety·org/files/math-science-china·2009-07-20.

②杨光富.美国首部全国《州共同核心课程标准》解读.北京：北京师范大学出版社，2012：61

总目标提出了通过义务教育阶段的数学学习，学生应该达成的目标，并按四个维度进行了具体阐述。美国"共同核心州数学标准"没有专门的"课程目标"一章，而是将数学教育标准分成了实践标准（Standards for Mathematical Practice）和内容标准。实践标准可对应理解为中国课程目标中的总目标。在每个年级的内容标准中有 3-5 条标准，概括指出教学时间应该集中的领域，这些标准相当于中国学段目标在课程标准中所起的作用。

表 8.1　中美小学阶段数学课程标准框架结构对比表

		中国			美国	
第一部分	前言	课程性质		简介	突出重点和连贯性	
		课程基本理念				
		课程设计思路	学段划分			
			课程目标		理解数学	
			课程内容		怎样阅读各年级标准	
第二部分	课程目标	总目标	知识技能，数学思考问题解决，情感态度	实践标准	学生数学实践能力的八项指标	
		总目标				
第三部分	课程内容	第一学段（一至三年级）	数与代数图形与几何统计与概率综合与实践		第一学段（一至二年级）	运算与代数思维数与十进制运算度量与数据，几何
		第二学段（四至六年级）			第二学段（三至五年级）	运算与代数思维数与十进制运算数与运算——分数度量与数据，几何
第四部分	实施建议	教学建议				
		评价建议				
		教材编写建议				
		课程资源开发与利用建议				
	附录	行为动词分类		术语表		
		课程内容及实施建议中的实例		咨询样本		

（二）学段划分比较

中美两国课程标准中对学段的划分存在明显差异，中国《课标（2011年版)》将小学数学课程划分两个学段：一至三年级、四至六年级。美国"共同核心州数学标准"则将义务教育划分为三个学段，但划分的时间段与我国有所不同。三个学段分为：学前至二年级、三至五年级、六至八年级。由此看出美国小学教育划分两个学段：一至二年级、三至五年级。在欧美发达国家，已逐渐将幼儿园或高中纳入义务教育阶段，由国家拨款扶持。从出生后到四岁期间，儿童发展了许多重要的数学能力。无论儿童在学前时期是由家人或其他人照料，他们对于高质量的教育环境和经验形成的要求变得极为重要。幼儿园到二年级划分为第一学段制定统一的数学课程标准能够帮助父母和教育者为儿童的数学打下坚实的认知基础。

三、中美数学课程性质和基本理念的比较

（一）课程性质比较

中国《课标（2011年版)》的前言部分对课程性质作出规定，指出义务教育阶段数学课程的基本属性是：培养公民素质的基础课程，课程具有基础性、普及性和发展性。同时概括出了数学课程在学生发展上的功能，促进学生掌握必备的知识技能、培养思维能力、创新意识以及情感、态度、价值观等方面的发展。与《课标（实验稿)》相比特别强调了对学生抽象思维和推理能力，创新精神和实践能力的培养。

美国"共同核心州数学标准"指出，数学课程的学习目的为了将来升学、就业、成功，同时针对这一目的提出了对应发展学生数学实践能力的八项指标。这样的规定体现了数学课程所特有的育人功能。通过数学所具有的抽象性、逻辑严谨性、应用的广泛性和特有的符号语言系统，以及模式化的数学思考方法，在培养学生的理性思维、创造能力和促进学生"知、情、意"全面发展上具有不可替代的作用。[1]

---

①史宁中.义务教育数学课程课标（2011年版）解读[M].北京：北京师范大学出版社，2012：61

对数学课程性质的认识历来众说纷纭，可以从以下四个角度总结：第一，学科、知识角度，将课程看作是讲授学科知识的过程。第二，目标、计划角度，将课程看作是实现教学要达到的目标或计划的过程。第三，经验、体验角度，将课程看作是学生在教师的指导下或通过自主学习获得经验、体验的过程。第四，活动角度，将课程看成活动的过程。可以看出中国《课标（2011年版）》对课程性质的阐述涵盖了学科知识的学习、目标的实现、经历体验的过程三个角度，美国的教育以杜威的个人本位思想为理论指导，在个人本位以及实用主义价值观的影响下，美国"共同核心州数学标准"的课程性质侧重于强调实现教学目标和计划，即为升学、就业、国际竞争取得成功做好准备。

（二）课程基本理念比较

中国《课标（2011年版）》课程的基本理念部分由课程观、教学观、评价观以及十个核心概念的阐释组成。提出义务教育阶段数学课程的核心理念是：面向全体学生，适应学生个性发展的需要；人人都能获得良好的数学教育，不同的人在数学上能够得到不同的发展。同时指出在课程内容、教学活动、学习评价、信息技术的发展几方面的理念。而美国"共同核心州数学标准"在这方面没有提及，也没有提出类似《学校数学教育的原则和标准》（2000版）中数学学习六条原则的内容。

数学课程的性质和基本理念不是制定者主观、随意决定的。从根本上看，数学课程的性质和基本理念必然受三个重要因素的影响：社会、数学、学生。这三个因素也成为中美两国数学课程的性质和基本理念确立的基础。

第一，社会的需求。中国颁布的《中华人民共和国义务教育法》明确规定："义务教育是国家统一实施的所有适龄儿童、少年必须接受的教育，是国家必须予以保障的公益性事业。"所有适龄儿童"依法享有平等接受义务教育的权利，并履行接受义务教育的义务"。同时我国2010年颁布的《教育规划纲要》也指出："义务教育是国家依法统一实施，所有适龄儿童、少年必须接受的教育，具有强制性、免费性和普及性，是教育工作的重中之重。"①根据这些法律法规，遵循社会的需求，中国《课标（2011年版）》提出了义务教育阶段数学课程是培养公民素质的基础课程，课程具有基础性、普及性和发展性。从苏联发射第一颗人造卫星开始，美国开始奋起直追，数学课程的学习为美国科技的发展与进步奠定着基础。美国"共同核心州数学标准"提出数学课程的学习是为了以后在国际竞争中取得成功做准备，这正是社会需求的体现。

第二，数学的发展。二十世纪中叶以来，数学自身有着长足的发展，并突显出一些新特征。比如说数学的手段、活动方式日益多样化，数学文化及数学思维方式与日常生活联系日益紧密，数学应用意识的发展强化。美国本次的课程标准侧重于对学生知识和技能的要求，体现了数学的逻辑性，同时与当前美国小学阶段数学向基础化、深入化发展，对数学知识技能的要求日益清晰和明确密不可分。

第三，学生的要求。教育就其本质来说是人生存的需要，教育是主动的行为，每个人都有受教育的欲望。②学生的发展对数学课程有着影响和制约作用。在中国《课标（2011年版）》课程基本理念部分提出学生的学习是生动活泼、主动和富有个性的过程。在学习评价方面提出评价要关注学生学习的过程，重视学生在数学活动中表现出的情感与态度，要帮助学生认识自我、建立信心。强调学生是学习的主体，教学活动是师生共同参与的过程，充分体现了《中华人民共和国义务教育法》要求教育教学工作应当符合教育规律和学生身心发展特点，面向全体学生，教书育人注重培养学生独立思考能力、创新能力、实践能力的规定。

---

①史宁中.义务教育数学课程课标（2011年版）解读[M].北京：北京师范大学出版社，2012：61.

②史宁中.关于教育的哲学[J].教育研究，1998（10）：9-13.

四、中美小学数学课程目标和内容的比较

（一）课程目标的比较

课程目标是根据教育宗旨和教育规律而提出的具体价值和任务指标。它是确立课程内容、教学目标和教学方法的基础，也是整个课程编制过程中的关键准则。

1. 目标结构存在差别

中国《课标（2011 年版）》中将课程目标分为总目标和学段目标进行阐释。总目标具有全局性、方向性、指导性的特点。在总目标下提出知识技能、数学思考、问题解决、情感态度四个维度的总体目标。在学段目标部分，将小学阶段分两个学段来阐释具体目标。

美国"共同核心州数学标准"的总目标指出该标准连贯而又清楚地描述了对学生所学内容的期望，让教师和家长明白他们需要为学生提供哪些帮助。同时提出了八条实践标准与我国总目标相对应。美国课程标准历来没有编写学段目标内容的传统。美国"共同核心州数学标准"与 NCTM1989《标准》及 NCTM2000《标准》是一脉相承的，整体的课程标准都是由过程标准和内容标准组成，没有相关学段目标的阐述。

比较两国的课标在课程目标部分的结构可以看出：中国《课标（2011 年版）》通过总分的结构，由抽象到具体，分层次、分维度的表述，让读者既能够提纲挈领，又能够多角度、全面深入地理解掌握。同时结合着每个学段安排不同的课程目标。而美国"共同核心州数学标准"中只提出了相当于总目标的实践标准。但是美国课标在总目标的描述方面笼统而概括，没有层次以及维度的划分，着重强调了"过程和能力"的层次。两者相比较，美国标准缺乏在对学生知识技能、情感态度方面的要求，结构不够完整、清晰。

2. 目标内容的异同

美国"共同核心州数学标准"的目标指出该标准连贯又清楚地描述了对学生所学内容的期望，让教师和家长明白他们需要为学生提供哪些帮助。

标准充满了生机，与现实世界紧密相连，体现了年轻人为升学和职业做准备所需要的知识和技能。只有使美国现实对未来做好充分准备，我们的社会才会以最佳姿态在全球经济中取得胜利。同时提出了八条实践标准。第一，理解问题，并坚持不懈地解决它们（Make sense of problems and persevere in solving them）；第二，抽象的、量化的推理（Reason abstractly and quantitatively）；第三，构造可行的论证，并评价他人的推理（Construct viable arguments and critique the reasoning of others）；第四，数学建模（Model with mathematics）；第五，灵活地使用适合的工具（Use appropriate tools strategically）；第六，精确化（Attend to precision）；第七，探求并利用结构（Look for and make use of structure）；第八，在反复推理中探求并表达规律（Look for and express regularity in repeated reasoning）。①

两国课标在目标表述上存在差别。中国《课标（2011年版）》课程目标按照知识技能、数学思考、问题解决、情感态度四个方面展开，体现了《课程改革纲要》中提出的"知识与技能、过程与方法、情感态度与价值观"三维目标的要求。美国"共同核心州数学标准"强调了理解问题、抽象概括问题、解决问题、问题的推理及探求并表达规律，明确指出了学生在教师指导与帮助下应获得的专业知识和技能等，更侧重于对学生知识与技能的要求，对学生情感态度与价值观的关注较少。中国《课标（2011年版）》在阐述知识技能和数学思考目标时兼顾到了课程的"数与代数""图形与几何""统计与概率"三个领域，通过领域划分将课程目标具体化。而美国此次课标的八条实践标准笼统、概括、抽象，仅仅是重复性地出现在每个年级具体内容标准的旁边，不利于将目标运用于具体实践中，缺乏一定的指导性。

但是作为课程目标，美国的实践标准与中国的课程目标的这些要求有着不谋而合的地方。第一，促进了学生数学实践能力的发展。在中国《课标（2011年版）》中，课程目标中的问题解决部分以及综合与实践部分的描述，

---

①曹一鸣.十三国数学课程标准评介［M］.北京：北京师范大学出版社，2012：427.

充分体现了新世纪中国小学数学课程对学生创新精神和实践能力的培养。美国"共同核心州数学标准"中数学实践标准的提出，强调理解问题，抽象的、量化的推理，构造可行的论证，并评价他人的推理，数学建模，灵活地使用适合的工具，在反复推理中探求并表达规律。第二，强调要求学生理解数学。在中国《课标（2011年版）》中提出，要求学生体会数学的基本思想和思维方式，要求初步学会从数学的角度发现问题和提出问题。这些都是对数学知识深入地理解挖掘才能做到。美国"共同核心州数学标准"提出能够对数学论断（mathematical statement）为何为真、记忆数学规则的来源进行判断。强调理解有助于解决不熟悉的问题，理解数学算理，并在相似的任务中，会有更多成功的机会。这是针对以前美国课标存在的宽而泛的不足做出的改进，要求挖掘数学内容学习的深度，做到知其然，且知其所以然。第三，能够体现技术对数学产生的重大影响。我国的数学课程标准中提出要根据实际情况，在数学课程的设计和实施中合理使用现代教育技术。随着时代进步，科学技术成为第一生产力。现代教育技术的正确使用能够提升对学生的教育数量；能够影响教学过程中的方法和手段。通过合理且富有实效的现代教育技术的运用，改变数学教学中枯燥、机械性接受学习的现状。同时现代教育技术的发展，尤其是计算机技术的进步，对于数学教学方式以及数学思维方式的转变有着重要影响。

3. 目标的价值取向

课程目标编制的背后都会隐含着各个国家或地区数学教育不同的价值取向。中美两国各自的文化传承，对课程目标的价值取向有着广泛而深远的影响。

中国有着注重社会道德，在集体中实现个人价值的传统。在中国《课标（2011年版）》课程目标中的情感态度部分要求学生能倾听别人的意见，养成合作交流的学习习惯。美国文化的核心则是个人主义和实用主义。这里所强调的个人主义包括个人的自我支配、自我控制与自我发展等。美国学者萨姆瓦曾解释说：美国个人主义价值观念包括自主动机、自主抉择、自力更生、个性自由等层面。①美国个人主义的价值取向使得课程标准中的目标部分更为关注知识的广度，注意学生自信、独立精神的培养，八条实践标准都是对学生个体学习和发展提出的要求，没有提及对学生合作交流方面的要求。相应的，美国的课程标准要求能够充分照顾每个学生的兴趣和爱好。美国个人主义的价值取向体现在课程目标中指出该标准是为年轻人升学和职业做准备，以"美国现实对未来做好充分准备，我们的社会才会以最佳姿态在全球经济中取得胜利"为最终目标。

同时课程标准目标的设定与文化传统密不可分。比如说在"智能设计""神造论"与科学课程标准的进化论相辩论时表现得最明显，在持续的"数学之战"中也有明显的表现，在那里改革者试图支持以 NCTM 课程标准为基础的数学教学，而传统主义者则声称要反对由课程标准引起的"模糊数学"。②中国文化传统中课程目标一直是普遍性目标取向和行为目标取向占主要地位，注意培养学生细心严谨和坚持努力的治学态度，中国数学课程标准注重知识纵向的深度发展、挖掘，难度大、知识点多、抽象程度也高。所以，需要有学段目标部分具体详尽的说明。相反，美国有着多元的文化背景，一直注重生成性目标取向和表现性目标方面的要求。所以美国的课程标准注重知识的广度，注意学生自信、独立精神的培养，相应的，美国的课程标准中能够充分照顾每个学生的兴趣和爱好。在世界多元文化融合的潮流中，面对现实，中美两国也在审视着自己，寻找各自差距，不断改进着课程目标设定。杨振宁教授曾说过中国的教育窄而僵，在中国《课标（2011 年版）》中这种现状有了较大改善，课程目标中提出了对学生数学思考、问题解决方面的要求，加强了对学生学习中过程与方法内容的掌握，充分强调了对学生实践性、过程性和个性化的培养，做到了将传统的普遍性目标、行为目标取向与生成性目标、表现性目标取向的良好结合。同时淡化社会主义价值观以及意识形态的

①王俊娜.中美课程目标价值取向比较分析［J］.现代中小学教育，2006（03）:65-67.

②钟启泉，赵建中.课程分析［M］.上海：华东师范大学出版社，2007：65.

教育，更注重对学生情感、态度、价值观的发展和提升。而美国此次课程目标的要求也注重了学生数学知识和技能的掌握。中美两国通过优势互补的方式，在世界文化融合的潮流中通过互相借鉴不断地推进课程目标的改革与发展。

（二）课程内容的比较

美国不同年级学习领域的划分基本一致，划分为运算与代数思维、数与十进制运算、数与运算——分数、度量与数据、几何。（见表 8.2）

表 8.2　美国小学阶段（一至五年级）数学课程标准知识领域

年级	知识领域
一年级	运算与代数思维;数与十进制运算;度量与数据;几何
二年级	运算与代数思维;数与十进制运算;度量与数据;几何
三年级	运算与代数思维;数与十进制运算;数与运算——分数(仅限于分母是 2,3,4,6,8 的分数);度量与数据;几何
四年级	运算与代数思维;数与十进制运算;数与运算——分数(仅限于分母是 2,3,4,5,6,8,10,12,100 的分数);度量与数据;几何
五年级	运算与代数思维;数与十进制运算;数与运算——分数;度量与数据;几何

美国课程标准在知识领域编写了运算与代数思维部分，注重培养学生在代数运算中的思维能力，但在其他知识领域对学生概念的理解、思维能力仍然要加以重视。通过上表可以看出，中国数学课程标准在知识领域的广度和深度上要高于美国。具体分析如下。

1. "数与代数"内容标准比较

（1）第一学段内容标准

在第一学段，学生的思维以具体形象为主，在这一学段的数与代数内容比较重视数的现实意义，强调紧密联系学生的生活情境，联系具体事物。使学生体会数用来表示和交流的作用。表 8.3 到表 8.5 是中美第一学段数与代数内容标准的对照表。

中美两国标准中共同的内容包括整数、十进位制、符号。中国课程标准第一学段中提到了感受大数的意义，能结合具体情境初步认识小数和分数，能读、写小数和分数；美国的第一学段标准中没有涉及对大数、小数、分数的要求。在数的大小比较方面，中国课程标准提出能用符号和词语描述万以内数的大小，比较两个一位小数的大小，比较两个同分母分数的大小；美国的第一学段标准要求比较两个三位数的大小。可以明显看出，中国对数的认识要求高于美国。

表 8.3　数与代数——数的认识第一学段内容对照表

	中国	美国
数的认识	·整数方面：理解万以内数意义，会认、读、写万以内的数，感受大数的意义，并能进行估计。将物体的个数或事物的顺序和位置用数表示 ·分数方面：初步认识分数；同分母分数大小比较 ·小数方面：初步认识小数；掌握两个一位小数大小比较 ·符号方面：理解符号>，=，<的含义	·整数方面：能够从 0 数到 120。掌握数字 0—120 的读与写，会用一个数字来表示多个物体。学会 1000 以内的数数；以 5 个、10 个、100 个一组"跳跃"地数数。利用十进制的数字、数字名称及其展开形式进行 1000 以内数字的读写；理解两位数是由多个 10 和多个 1 组成。理解三位数中的三个数字表示百位、十位、个位；比较大小。会比较两个三位数的大小 ·符号方面：会使用>，=和<的符号，根据百位、十位、个位数的意义来比较两个三位数或两位数的大小，会记录比较结果；理解位值制包括：理解三位数中的三个数字表示百位、十位、个位

　　中国将数的认识在数与代数部分独立提出，美国将数的认识融合在"运算与代数思维""数与十进制运算"中，中国标准对数的认识要求更为清晰，美国标准则强调对数的认识的运用，特别是对数位的理解和认识。

　　两国第一学段数的运算标准在内容上有着相似之处，都注重在第一学段对运算能力的培养，两国都强调了算法的多样化。也可以看出我国标准中侧重对计算能力的要求，明确要求学生能计算一位数与三位数相乘、两位数相乘以及除法运算中三位数除以一位数。而美国对乘提出的要求为操作数量相等的几组物体来获得乘法的基础，没有对除法提出要求。

　　这一学段美国标准中明确强调对位值制（数位）的理解及运用。中国课程标准中明确提出对数位理解的要求，只是在实际教学中使用。美国的算法中还提到了心算、借助实物运算。中国课程标准更注重学生笔算、口算能力的培养。中国标准阐述简洁，概括性强，相较而言美国标准分一二年级说明详细具体。

表 8.4 中美数与代数——数的运算第一学段内容对照表

	中国	美国
数的运算	·加减法方面:熟练地口算20以内的加减法;口算简单的百以内的加减法;计算两位数和三位数的加减法;同分母分数(分母小于10)的加减运算以及一位小数的加减运算 ·乘除法方面:表内乘除法;一位数乘两位数和三位数、两位数乘两位数的乘法,两位数和三位数除以一位数的除法 ·四则运算方面:认识小括号,能进行简单的整数四则混合运算(两步) ·学习方法方面:口算;简单估算;与他人交流各自算法 ·实践应用方面:运用数及数的运算解决生活中的简单问题,能解释结果的实际意义	·加减法方面:用心算熟练计算20以内的加减法并能使用一些策略,到二年级结束,能够记住所有两个一位数的和;运用100以内的加减法解决一步或两步的文字题;熟练计算100以内的加减法 ·乘除法方面:操作数量相等的几组物体来获得乘法的基础包括判断一组物体(至多20个)的个数是奇数还是偶数;使用加法来确定按长方形排列的物体的个数(至多5行5列);写出式子来表示一组相同加数的和 ·学习方法方面:心算;使用计算策略

表 8.5 中美数与代数——常见的量第一学段内容对照表

	中国	美国
常见的量	·能够在现实情境中,认识货币单位:元、角、分,并了解三者间的转化关系 ·能够认识钟表,了解24时计时法,同时结合学生自己的生活经验,体验出时间的长短 ·认识时间单位:年、月、日,了解三者间的转化关系 ·能够在现实的情境里,感受并认识克、千克、吨,对简单的单位能够进行换算 ·学生能够结合具体生活实际,解决与有关常见的量的简单问题①	·间接度量长度,使用重复长度单位度量;用标准单位度量和估计长度;建立加减与长度的联系 ·读写时间包括:以小时和半小时为单位读写时钟和数字时钟的时间 ·在时钟或电子时钟上读写时间 ·解决与美元有关的文字题

我国标准包括认识人民币、时间、重量,美国标准包括认识长度、时间和美元。两国标准中都强调了在现实情境中的运用。相对而言,我国标准概括性强,但美国的标准更为深入和具体,并在标准中详细说明。例如在长度测量中,选择和使用恰当的工具(如尺子、码尺、米尺和测量带等)度量一

---

①中华人民共和国教育部.义务教育数学课程课标(2011年版)[M].北京:北京师范大学出版社,2012:18-19.

个物体的长度；用两个不同的长度测量单位测量同一个物体，描述两种测量结果和选择的测量单位有什么联系；估计长度；通过度量，判断一个物体比另一个物体长多少。

(2) 第二学段内容标准

课标在第二学段扩大了数的认识和运算范围，同时要求对代数知识有着初步认识和函数思想的初步渗透。表 8.6 到表 8.9 是第二学段数与代数内容标准的对照表。

表 8.6 中美数与代数——数的认识第二学段内容对照表

	中国	美国
数的认识	·整数方面：认识万以上的数，了解十进制计数法，会用万、亿为单位表示大数；了解 2,3,5 三个数倍数的特征，公倍数和最小公倍数的概念；在 100 以内的自然数中找出 10 以内自然数的倍数；找出两个自然数在 10 以内的公倍数和最小公倍数；了解公因数和最大公因数；100 以内的自然数中找出一个自然数的所有因数，能找出两个自然数的公因数和最大公因数；了解整数、自然数、奇偶数、质（素）数和合数的概念 ·小数、分数方面：理解小数、分数、百分数的意义；会进行小数、分数和百分数的转化；会小数、分数间的大小比较 ·负数方面：了解负数的意义，会用负数表示日常生活中的一些量 ·实践应用方面：体会数在日常生活中的作用	·整数方面：将整数会近似到整十或整百；熟悉因数和倍数，判定 1~100 范围以内的给定的一个数是素数还是合数；会读写多位数 ·小数方面：理解位值制，读、写和比较千分位小数 ·分数方面：正确理解分数；在数轴上表示分数；用具体的例子解释分数的相等；对于等分数和排序的进一步理解，从单位分数构造分数 ·符号方面：基于各个位数的意义比较多位数的大小，并用">，=，<"符号表示其结果；总结对多位数的位值理解

中国课程标准中有，美国课程标准中没有的包括：大数、最大公因数、最小公倍数、奇数、偶数、百分数。美国标准中有，中国课程标准中没有的包括：数和数轴的联系，将整数表示为分数，并识别出等于整数的分数。如将 3 表示为 $\frac{3}{1}$ 的形式，识别 $\frac{6}{1}=6$，将 $\frac{4}{4}$ 和 1 用数轴上的同一点表示。中美两国都有内容要求也不尽相同。如对小数、分数中国要求是：理解意义；互相转换；比较大小；对质（素）数和合数的要求是了解。美国标准中只对小数提出明确的要求：读、写和比较千分位小数；对质（素）数和合数的要求是

判定 1~100 范围以内的给定的一个数是素数还是合数。可见中国的要求更高、更具体一些。

表 8.7 中美数与代数——数的运算第二学段内容对照表

	中国	美国
数的运算	·加减法方面:简单的小数和分数(不含带分数)的加、减运算。 ·乘除法方面:能计算三位数乘两位数的乘法,三位数除以两位数的除法。 ·四则运算方面:认识中括号,能进行简单的整数四则混合运算;简单的小数和分数的混合运算 ·学习方法方面:了解并会应用运算律进行一些简便运算。能选择合适的方法进行估算。体会加与减、乘与除的互逆关系 ·实践应用方面:能解决小数、分数和百分数的简单实际问题;经历与他人交流各自算法的过程,并能表达自己的想法;了解常见的数量关系:总价=单价×数量、路程=速度×时间,并能解决简单的实际问题;能借助计算器进行运算,解决简单的实际问题,探索简单的规律	·加减法方面:熟练进行 1000 以内的加减法。熟练地进行多位数加减法的计算 ·乘除法方面:100 以内的乘除法,熟练进行 100 以内的乘除法运算。到三年级结束时,能够记住所有两个个位数的乘积。计算个位数与 10~90 以内 10 的倍数的乘积,计算整数(至多四位)与个位数的商和余数。计算四位数整除两位数所得的商 ·四则运算方面:在数字表示式中使用圆括号、方括号、花括号,并能用这些符号估算;进行百分位小数的四则运算 ·学习方法方面:了解并会应用运算律作为乘除法的运算策略。利用心算和估算,包括凑整策略来估计答案的合理性

两国第二学段数的运算在内容上基本一致,涵盖四则运算、运算律及估算。两国都比较强调估算以及理解运算之间的联系。中国标准中要求对整数、分数、小数能够进行简单的混合运算,计算难度要高于美国的标准。美国课程标准在五年级提出在数字表示式中使用花括号并能用这些符号估算,在中国课程标准中没有提到,可以看出美国标准对估算要求较高。数学作为一门应用科学,在日常生活中需要更多的是口算、心算、估算。作为教师要指导学生懂得什么时候不必进行精确计算,要进行估算。学生学会合理的计算方式对于解决日常实际问题和做出决策判断,以及验证他人结果的合理性都是十分重要的。中国课标中提出"能借助计算器进行运算"。针对计算器的使用,中国教育界也引发一些争议。有些学者提出:通过对学校的一线教师口头调查以及研究相关计算器教学的文章,可以看出自从将计算器纳入到新教材后,学生计算会依仗着计算器,不可否认地造成了一些学生计算能力的下

降，以致影响了下一学段正常计算教学的进行。这样的看法也导致许多学校仅仅讲解计算器的使用方法，学生只需背出相关的键名和功能，考试也不作任何要求，也不允许使用。同时美国标准中没有提及借助计算器运算，可以看出本次课程标准的修改旨在提升美国小学生运算技能，减少学生对计算器使用的依赖。

表 8.8　中美数与代数——式与方程第二段内容对照表

	中国	美国
式与方程	·在具体情境中能用字母表示数 ·结合简单的实际情境，了解等量关系，并能用字母表示 ·能用方程表示简单情境中的等量关系（如 $3x+2=5,2x-x=3$），了解方程的作用 ·了解等式的性质，能用等式的性质解简单的方程①	·用 100 以内的乘除法解答文字题，如等组（equal groups）、数组（arrays）、度量结果（measurement quantities）等，例如：使用图或含有一个未知数符号的式子表达问题 ·确定乘法或除法等式中的未知数（涉及三个整数），例如：8×？=48,5=？÷3,6×6=？ ·使用带有未知量的式子（用字母表示）来表示问题 ·解决两步四则运算的文字题。用含有一个表示未知数的字母的式子表征这些问题

中美两国第二学段对式与方程的要求大致相同，都提出要求能够用字母表示数，能够用含有未知数或字母的等式来表达数量关系。不同在于对用字母表示数的描述的语言上美国偏重于理解和运用，通过学习能够解答文字题，能够表征问题。中国标准偏向于对知识的掌握程度的要求，如能够使用、了解标准中明确提到能用等式的性质解简单的方程，美国标准中没有明确提及方程的概念，只是列举出例如：8×？=48，5=？÷3 等例子来渗透方程思想。

表 8.9　中美数与代数——正比例、反比例第二学段内容的对照表

	中国	美国
正比例、反比例	·在实际情境中理解比及按比例分配的含义，并能解决简单的问题 ·通过具体情境，认识成正比例的量和成反比例的量 ·会根据给出的有正比例关系的数据在方格纸上画图，并会根据其中一个量的值估计另一个量的值 ·能找出生活中成正比例和成反比例关系量的实例，并进行交流	无

————————————

①中华人民共和国教育部.义务教育数学课程课标（2011 年版）[M].北京：北京师范大学出版社，2012：22

中国数学标准在第二学段涉及正比例和反比例的内容，而在这个学段，新颁布的美国标准没有涉及，美国标准只是在第三学段中提及。以此可以看出，中国标准在数与代数内容要求领先于美国标准，在难度和深度上高于美国标准。

2. "图形与几何"内容标准比较

（1）第一学段内容标准

"图形与几何"是以发展学生的空间观念、几何直观、推理能力为核心展开的，对发展学生的思维能力、空间想象能力有着促进作用。在第一学段中侧重于图形的认识和测量部分，图形的运动及图形与位置部分只稍提及。表 8.10 是第一学段图形与几何内容对照表。

表 8.10　中美"图形与几何"第一学段内容对照表

	中国	美国
图形与几何	·图形的认识：辨认长方体、正方体、圆柱和球等几何体。能辨认长方形、正方形、三角形、平行四边形、圆等简单图形；会用长方形、正方形、三角形、平行四边形或圆拼图；认识角，了解直角、锐角和钝角；能对简单几何体和图形进行分类 ·测量：体会并认识长度单位千米、米、厘米，知道分米、毫米，能进行简单的单位换算，会选择长度单位；能估测一些物体的长度，并测量；认识周长，掌握长方形、正方形的周长公式；认识面积单位厘米²、分米²、米²，会进行简单的单位换算；掌握长方形、正方形的面积公式，会估计简单图形的面积 ·图形的运动：结合实例，感受平移、旋转、轴对称现象；能辨认简单图形平移后的图形；通过观察、操作，初步认识轴对称图形 ·图形与位置：会用上、下、左、右、前、后描述位置；能辨认东、南、西、北、东北、西北、东南、西南八个方向，会描述物体所在的方向①	·一年级：通过画图来定义属性；辨别定义的属性和非定义的属性；组合二维图形和三维图形来构造复合图形，从一个合成图形中构造出新的图形；将圆、长方形分割成两个或四个相同的部分，并用二等分、四等分、$\frac{1}{2}$、$\frac{1}{4}$ 等词汇描述。把整体描述成由两份、四份组成的图形。理解所划分的等份越小，则整体对应的份数就越多 ·二年级：识别和画出具有某些规定性质的图形，如给定若干个角的度数、若干相同的面来确定是三角形、四边形、五边形、六边形和立方体 用横线和竖线将一个长方形分割成多个相同的正方形，数出其个数。将圆和长方形分成两个、三个或四个相同的图形，并用"二等分""三等分"等相应词汇描述。并能够认识：同一个整体所划出的等份之间大小可以不相等

①中华人民共和国教育部.义务教育数学课程课标（2011 年版）　[M] .北京：北京师范大学出版社，2012：18-19.

可以看出，第一学段图形与几何领域中，中国的标准要求通过图形的认识、测量、图形与位置、图形的运动四方面全面概括，逻辑性强。美国标准的要求以图形为中心，包含图形的认识、图形组合以及图形的划分，但对图形的平移、物体的相对位置及物体所在方向等方面没有提及。中国标准将长度单位及面积单位的学习划分在图形与几何领域中，美国标准则划分在度量与数据部分。在美国标准中图形部分渗透了分数的思想，为下一学段的学习做好铺垫。两国都要求对二维和三维的图形观察、识别。中国课程标准中涉及二维图形的组合，美国数学标准需要对二维和三维图形分解与组合的结果进行预测以及探究。中国数学标准的要求与美国相比较低一些。中国标准中对认识角、辨认角的类型有一定要求，但美国标准在这方面没有提出要求。在第一学段图形与几何内容标准中美国更加注重培养学生的空间观念，要求通过空间直观及空间记忆在头脑中构造出空间形象。中国标准对平面图形的学习更为侧重。

（2）第二学段内容标准

随着学生推理能力不断发展，思维能力逐渐提升，课标要求逐步提高，能够学习相对复杂的几何问题，同时对学生的动手操作能力也提出了一定要求。表 8.11 至表 8.13 是第二学段中美图形与几何内容标准对照表。

中国标准中有七条与平面几何相关，两条与空间几何相关。在中国课程标准中具体而详细地对平面图形提出了要求，对直线、角度、三角形两两间的关系等都给出了明确要求。而美国标准中强调了对图形的认识及分类的掌握。可以看出两国标准有着不同的侧重点。中国标准侧重对平面几何知识的学习。美国课程标准把图形分类为二维和三维，更注重对学生空间感的培养，强调通过学生动手操作的过程，将学生的具体经验转化成思维过程。

就测量而言，中国标准的知识覆盖面远远大于美国，在三角形、平行四边形和梯形的面积公式并能解决简单的实际问题、探索并掌握圆柱的体积和表面积以及圆锥体积的计算方法这些方面，美国标准没有提出要求。美国小学的数学课反对死记硬背概念或公式，鼓励孩子们积极思考，寻求解决问题的方法，尝试解决问题，验证分析结果等过程性研究，习得正确的数学思维方式，最终能将数学思想应用于解决普通或复杂的实际问题。美国标准更加强调测量的过程与方法。如在描述平面图形面积计算时这样表述："将面积认作平面图形的一种属性，理解面积度量的概念。"在数学推理中使用面积模型来表达分配律，这方面中国标准的表述较为概括。此处体现图形与几何、数与代数两领域的联系与融合。同时中美两国都要求在测量的过程中进行估计，体现对估算能力渗透，培养数感。

表 8.11 中美"图形与几何"——图形的认识第二学段内容对照表

	中国	美国
图形的认识	·结合实例了解线段、射线和直线 ·体会两点间所有连线中线段最短，知道两点间的距离 ·知道平角与周角，了解周角、平角、钝角、直角、锐角之间的大小关系 ·结合生活情境了解平面上两条直线的平行和相交（包括垂直）关系 ·通过观察、操作，认识平行四边形、梯形和圆，知道扇形，会用圆规画圆 ·认识三角形，通过观察、操作，了解三角形两边之和大于第三边、三角形内角和是180° ·认识等腰三角形、等边三角形、直角三角形、锐角三角形、钝角三角形。 ·能辨认从不同方向（前面、侧面、上面）看到的物体的形状图 ·通过观察、操作，认识长方体、正方体、圆柱和圆锥，认识长方体、正方体和圆柱的展开图①	·理解不同种类的图形（如菱形、矩形及其他图形）可能有共同的性质（如四条边），这些共同的性质可以被定义为更大的一类（如四边形）。认识菱形、矩形、正方形是四边形的特例，画出不属于这几种类别的四边形 ·将图形进行面积等分，用单位分数来表示每部分的面积。发展对于矩形数组和面积的理解 ·描述和分析二维图形，理解角是一个几何图形，即有公共端点的两条射线所组成的图形。理解角的度量的概念 ·画出并识别直线和角，按照图形的线与角的性质将其分类 ·理解可以基于几何图形的性质来进行图形的分析和分类，如有平行的边、垂直的边、特殊角和对称性 ·通过坐标平面上的点来解决实际问题和数学问题 ·依据一定的性质将二维图形层级分类 ·发展对体积的理解

①中华人民共和国教育部.义务教育数学课程课标（2011年版）[M].北京：北京师范大学出版社，2012：23-24.

表 8.12 中美"图形与几何"——测量第二学段内容对照表

	中国	美国
测量	·能用量角器量指定角的度数，能画指定度数的角，会用三角尺画 30°，45°，60°，90°角 ·探索并掌握三角形、平行四边形和梯形的面积公式，并能解决简单的实际问题 ·知道面积单位：千米²、公顷 ·通过操作，了解圆的周长与直径的比为定值，掌握圆的周长公式；探索并掌握圆的面积公式，并能解决简单的实际问题 ·会用方格纸估计不规则图形的面积 ·通过实例了解体积(包括容积)的意义及度量单位(米³、分米³、厘米³、升、毫升)，能进行单位之间的换算，感受 1 米³、1 厘米³ 以及 1 升、1 毫升的实际意义 ·结合具体情境，探索并掌握长方体、正方体、圆柱的体积和表面积以及圆锥体积的计算方法，并能解决简单的实际问题 ·体验某些实物(如土豆等)体积的测量方法	·解决关于时间区间、液体体积以及物体质量的度量和估计问题 ·解决有关多边形周长的实际或数学问题，包括给定边长计算周长，计算未知边长，展示同周长不同面积或同面积不同周长的矩形 ·解决有关度量以及度量换算(将一个大单位转换为小单位)的问题 ·在一个给定的度量系统中换算度量单位 ·几何度量：理解面积的概念，并与乘法和加法相联系 ·几何度量：理解角和角的度量的概念 ·几何度量：理解体积的概念，将体积与乘法和加法相联系

表 8.13 "图形与几何"——图形的运动和图形与位置第二学段内容对照表

	中国	美国
图形的运动	·通过观察、操作等活动,进一步认识轴对称图形及其对称轴,能在方格纸上画出轴对称图形的对称轴;能在方格纸上补全一个简单的轴对称图形 ·通过观察、操作等,在方格纸上认识图形的平移与旋转,能在方格纸上按水平或垂直方向将简单图形平移,会在方格纸上将简单图形旋转 90° ·能利用方格纸按一定比将简单图形放大或缩小 ·能从平移、旋转和轴对称的角度欣赏生活中的图案,并运用它们在方格纸上设计简单的图案	·认识面积是可加的。通过将一个直线围成的图形分解为不重叠的矩形,并将其面积相加的方式来获得其面积,并用该技术解决实际问题 ·将图形进行面积等分。用单位分数来表示每部分的面积 ·认识二维图形的对称轴是一条平分该图形的直线,图形沿对称轴折叠后的两部分能够完全重合。识别对称图形,并画出对称轴 ·将实际问题和数学问题用坐标平面的第一象限的坐标点来表示,在相应的情境中解释坐标值的意义
图形与位置	·了解比例尺;在具体情境中,会按给定的比例进行图上距离与实际距离的换算 ·能根据物体相对于参照点的方向和距离确定其位置 ·会描述简单的路线图 ·在具体情境中,能在方格纸上用数对(限于正整数)表示位置,知道数对与方格纸上点的对应①	

①中华人民共和国教育部.义务教育数学课程课标（2011 年版） [M] .北京：北京师范大学出版社，2012：23.

第二学段图形的运动的内容，中国的标准要求具体系统，包括：平移、旋转、对称、相似。偏重于对学生知识与技能的培养，要求识别、会画图。美国标准的要求比较零碎，偏重于对学生实践能力的培养，要求在相应的情境中应用，解决实际问题。

第二学段图形与位置的内容，中国标准对按给定的比例进行图上距离与实际距离的换算提出了要求，美国标准中没有提及。中国对确定位置、描述简单的路线图给出了要求，加强了数学与现实的联系，同时本学段里对比例尺提出的要求既有利于培养学生操作能力，又能够体现数与代数的联系。美国标准加入了对几何坐标的知识及对图形分解的要求。这一点要高于我国标准的要求。

3. "统计与概率"内容标准比较

（1）第一学段内容标准

美国的课程标准中，系统的"统计与概率"的学习安排在第三学段。表8.14 中美国统计与概率内容是从"度量与数据"中的数据部分摘录。

表 8.14　中美统计与概率第一学段内容对照表

	中国	美国
统计与概率	·能根据给定的标准或者自己选定的标准,对事物或数据进行分类,感受分类与分类标准的关系 ·经历简单的数据收集和整理过程,了解调查、测量等收集数据的简单方法,并能用自己的方式(文字、图画、表格等)呈现整理数据的结果 ·通过对数据的简单分析,体会运用数据进行表达与交流的作用,感受数据蕴涵信息[①]	·组织、表示、解释分类数据;提问和回答数据点的总数,每类数据的个数,一类数据和另一个数据的数量差 ·度量多个物体并将其结果近似成整数,或多次度量同一物体生成度量数据。用直线图形表示度量结果(水平标尺用整数单位标出) ·画图表或直方图表达一组数据。使用直方图中表示的信息解决简单的组合、拆解、比较的问题

第一学段统计与概率领域两国都是围绕数据收集、数据表示、数据分析展开。区别在于中国标准侧重在测量、整理、感受数据，美国标准提出：画

①史宁中.数学思想概论——数量与数量关系的抽象 [M].北京：北京师范大学出版社，2012:86.

图表或直方图表达一组数据，对学生抽象概括能力要求比较高。

（2）第二学段内容标准

数据是信息的载体，这个载体包括数，也包括言语、信号、图像，凡是能够承载事物信息的东西都构成数据，而统计学就是通过这些载体来提取信息进行分享的科学和艺术。在第二学段学生开始关注数据的统计，数据组的分析与比较，而不是停留在对数据简单的收集和整理阶段。表 8.15 中美国统计与概率内容也是从"度量与数据"中的数据部分摘录。

表 8.15　中美统计与概率第二学段内容对照表

	中国	美国
统计与概率	·简单数据统计过程：经历简单的收集、整理、描述和分析数据的过程(可使用计算器)；会根据实际问题设计简单的调查表，能选择适当的方法(如调查、试验、测量)收集数据；认识条形统计图、扇形统计图、折线统计图；能用条形统计图、折线统计图直观且有效地表示数据；体会平均数的作用，能计算平均数，能用自己的语言解释其实际意义；能从报纸杂志、电视等媒体中，有意识地获得一些数据信息，并能读懂简单的统计图表；能解释统计结果，根据结果做出简单的判断和预测，并能进行交流 ·随机现象发生的可能性：在具体情境中，通过实例感受简单的随机现象；能列出简单的随机现象中所有可能发生的结果；通过试验、游戏等活动，感受随机现象结果发生的可能性是有大小的，能对一些简单的随机现象发生的可能性大小做出定性描述，并能进行交流①	通过画标有刻度的图或直方图来表示一组分类的数据。用标有刻度的直方图中的信息解决一步或两步的有关的"多多少""少多少"的问题；在数轴上表示用单位分数($\frac{1}{2}$，$\frac{1}{4}$，$\frac{1}{8}$)度量的一组结果，并利用其中的信息解决与分数加减有关的问题；在数轴上表示用单位分数($\frac{1}{2}$，$\frac{1}{4}$，$\frac{1}{8}$)度量的一组结果。利用本年级(五年级)学的分数运算解决线性图中呈现的相关问题

中国标准统计与概率内容包含简单数据统计过程和随机现象发生的可能性两个部分，要求较高，难度较大。美国标准主要是围绕数据表示、数据分析、利用数据统计图表解决相应问题展开的，内容偏向于实际运用。两国标准都给出了需要掌握表示数据的方法，都更注重动手能力培养。

---

①中华人民共和国教育部.义务教育数学课程课标（2011 年版）[M].北京：北京师范大学出版社，2012：25-26.

4."综合与实践"内容标准比较

《课标（2011 年版)》将实践与综合应用作为一个独立的领域，旨在帮助学生能够综合运用已有的知识和经验，通过学生的自主探索和师生、生生间的合作交流，能够解决与生活紧密联系的、具有一定综合性与挑战性的问题，发展学生发现数学问题、解决数学问题的能力。加深学生对"数与代数""图形与几何""统计与概率"内容的理解，体会各部分内容之间的联系。"综合与实践"是一类以学生的自主参与为主、以问题为载体的活动。在学习活动中，学生综合运用"数与代数""图形与几何""统计与概率"等知识和方法解决问题。设立"综合与实践"是中国《课标（2011 年版)》的特色。同时中国《课标（2011 年版)》中明确指出"综合与实践"的教学活动应当保证每学期至少一次，并且提倡将这种教学形式体现在日常教学活动中。综合与实践是数学能力培养的一个重要方面，并不是强调在其他数学知识领域之外新增更多的知识，而是强调综合运用数学知识的分析综合以及实践的能力。

可以看出中国综合与实践部分分学段提出，架设了各学段间"数与代数""图形与几何""统计与概率"三者的桥梁，成为连接数与现代科学、现实社会以及其他学科之间的纽带；同时，为学生进行研究型学习开辟了一种新的课程资源。这能够在课程实际实施上促进学生的学习方式的转变，使学生在学习过程中发现一些有研究和探索价值的方法和素材，对帮助学生全面认识数学，了解数学，使数学在学生未来职业和生活实际中发挥作用等方面，具有重要意义。美国"共同核心州数学标准"概括性地提出了八条数学实践标准，从理解、解决、构造、探求、推理等词的运用可以看出其强调对学生数学思维的要求以及对数学知识与实践的联系，使学生从中学习数学，了解数学的应用性。足见美国对学生创新能力、动手能力、综合运用知识能力等方面的培养是不遗余力的。

五、中美小学数学课程实施建议的比较

美国"共同核心州数学标准"并未详细说明教师如何教的问题，教师完

全可以自由发挥。相对而言，中国《课标（2011 年版）》有详尽而具体的实施建议。

第一，教学建议部分。中国《课标（2011 年版）》在实施建议中集中给出了七条建议，每条建议详细地阐述，并辅以案例说明。美国"共同核心州数学标准"，将实践标准作为教学建议部分，在具体内容标准中提出，但是在每个年级这八条实践标准都在重复，也没有详细案例来针对性说明。在教学建议部分美国课标有两条建议是对推理能力的要求，中国要求正确处理合理推理和演绎推理的关系，可以看出对学生逻辑思维、推理能力愈加重视，学生不仅要知其然，更要知其所以然。教师重视学生思维方法的培养，而不能机械训练学生的解题能力。

第二，两国实施建议中的评价建议也有着很大不同。一些个体或群体对一些学科、个人或过程进行价值判断的过程被称之为评价。①对于课程的评价，中美两国也有着不同的传统。美国倾向于从经验主义视角来评价课程，通过富有教育性的、民主的、人性化的经验，引起儿童的好奇心，加强学生的主动性。强调学生经验的发展，将学生的数学学习与生活实践相联系。同时美国也倾向于从建构主义的角度来评价课程，强调学生思维技能的发展，鼓励自主思考，有意义的学习。而中国更侧重于从传统的视角来评价，在基础教育课堂中仍强调对学生标准化的测试，在课堂中准确回答问题、背诵课文，整洁快速地完成作业等等。同时中国课程标准的编写强调了学科结构的发展，按照数学学科体系，各种知识能力的要求按照螺旋上升的方式编写。比如说中美两国第二学段对式与方程的要求大致相同，都提出要求能够用字母表示数、能够用含有未知数或字母的等式来表达数量关系。不同在于对用字母表示数的描述的语言上美国偏重于理解和运用，通过学习能够解答文字题，能够表征问题。在实施建议的案例示范中，美国标准强调学生发表自己的见解，要求教师注重对学生独立思维能力的培养，同时以发散性思维为核

---

①钟启泉，赵中建.课程分析 [M] .上海：华东师范大学出版社，2007：97.

心，发展学生的创造性思维和批判性思维。中国的基础数学教育侧重于学生求同思维的培养，在课程标准中要求学生自主总结、概括、归纳的规律都是统一的。课标要求考核学生的重点大多是学生的知识和技能，在考核过程中几乎都是规定的唯一答案，这也使得大多数学生对教师的教学思想和思维指导极为依赖。这和美国禁止提供唯一答案是截然不同的。

中国从 2001 年课标实验稿的公布实施，到 2011 年版课标的公布，历经十年，对于实施过程中存在的问题、注意点有着诸多经验的总结，汇编成课程标准的实施建议。美国 "共同核心州数学标准" 于 2010 年颁布，是统一课程标准的一次尝试，在标准的使用上，要求相对灵活，标准的颁布仅仅是一个起点，与之配套的教学建议、评价标准以及教材、教科书的编写等内容都有待根据标准实行中不断积累的经验逐一补充和完善。

六、中美小学数学课程标准比较的启示

（一）数学课程标准要理念清晰和目标明确具体

课程理念是编制课程的理想与观念，体现了课程制定的背景和课程改革的方向。美国"共同核心州数学标准"的理念是年轻人为升学和职业做准备所需要的知识和技能。使美国现实对未来做好充分准备，以最佳姿态在全球经济中取得胜利。体现了制定美国"共同核心州数学标准"的背景与理想，是非常清晰的。中国的课程理念反映了基础教育数学课程的基础性和发展性特征，又能反映数学课程"以人为本，促进人和谐发展"的理想。与美国"共同核心州数学标准"的明确课程目标相比，中国的课程目标显得比较含糊，具体表现在：总目标的抽象空洞、冗长宽泛。比如说总体目标从"知识技能""数学思考""问题解决"和"情感态度"四个方面进行了论述，其实质是将总体目标割裂为四个缺乏密切联系的部分，让人感觉总体目标没有概括性和指引性。还有学段目标中"数学思考""问题解决"和"情感态度"部分过于宏观，缺乏学科性。中国的数学课程标准有必要进一步明确课程目标，既需要用简单的几个词语明确定义出总体目标，又需要对具体目标中的

关键词语进行解释，并配以具体的数学实例给予说明，同时还要对具体目标之间的关系给予科学合理的解释。

（二）数学课程标准内容编制要系统并逐渐上升

学习理论认为，学习是学习者主动建构学习对象的意义，并将其纳入到原有认知结构当中，形成新的认知结构和有序的知识网络的过程。因此，要学习关注新旧学习对象之间的广泛联系，关注学习材料的系统性。数学是依靠严谨的逻辑推理组成的有机系统，数学课程标准要具有系统性，所涉及的数学知识与技能不应当是零散分布的个体。然而，中国的数学课程标准并没有体现出较强的系统性，知识点之间缺少关联。如"图形的变换""可能性""负数""式与方程"，甚至于统计与概率也存在"两张皮"现象。系统性较弱的课程不利于教师的教学和学生的学习。鉴于此，中国有必要从系统性的角度重新审视我们的数学课程，减小知识点之间的跳跃性，将相关数学内容整合到一起，组成大的知识群，这样可能更利于中小学数学教学。再有，随着一些新知识进入中小学数学课程，给一些传统的基础性的重要数学内容带来较大冲击，使得课程重点不突出。比如，在第二学段中的"式与方程"与"数的运算"并列，使"数的运算"传统的重点地位没有体现。

（三）数学课程标准要能力目标与内容目标整合

美国"共同核心州数学标准"明确提出了八条数学实践标准的总体要求，并单独详细编写数学实践标准。中国标准能力目标融入内容标准中。美国的做法强调了能力标准，美国能力标准中丰富的案例对在学习什么知识中教师培养学生什么能力以及如何培养学生这些能力做出明确、详尽的说明。让学生充分了解数学在商业、科技、交通等行业的应用价值，让学生感受到生活中处处充满数学。努力创设一个鼓励儿童去探索的环境，为学生提供可操作的实物材料和设备，认真观察学生的数学活动，倾听学生的交流语言。美国"共同核心州数学标准"的推出，更加注重各个年级中核心概念的理解以及解题程序，这就能够让教师在课堂中利用足够的时间去教授，让学生也能获得足够的机会去巩固、运用这些知识。加强基础知识的传授，重视学生对知识的理解。改变了人们以往对美国课程"一尺宽却一寸深"的看法。

中国标准虽然课程目标中提出了加强对学生发现和提出问题的能力、分析和解决问题能力的培养，但在后面的内容标准部分更多的是强调知识技能的掌握，要求学生结合具体情境学习数学知识，而不是为了培养学生数学能力来学习知识。只有综合与实践的内容让学生在体验中学习数学，培养能力。这一点上中国应该借鉴和吸收美国课标的编写。知识和能力如同硬币的两面，是不可分割的。掌握基础知识是能力培养的前提，能力的提升更有利于学生知识的掌握。数学标准中的内容标准与能力目标需要进行必要的整合，同时在内容目标中做出说明，让教师理解掌握通过哪部分知识需要培养学生对应的什么能力。只有这样，学生的知识与能力才能同步发展。

第九章　中国南非小学数学课程标准比较

南非全称"南非共和国"，位于非洲大陆最南端，东、南、西三面为印度洋和大西洋所环抱，西北与纳米比亚为邻，东北与莫桑比克、斯威士兰接壤，北与博茨瓦纳、津巴布韦交界，莱索托在其东部境内。面积 1219090 平方千米。人口已达 5496 万（2015 年），其中黑人占 80.5%，白种人占 8.3%，有色人占 8.8%，亚裔和印度裔约占 2.5%。全国约 80% 的居民信奉基督教或天主教。英语和阿非利卡语为通用语言。

一、南非小学数学课程标准制定背景与过程

（一）新政府成立以来的基础教育改革

南非民主政府成立（1994 年）之前，南非没有一个相对完整统一的教育体系。在种族隔离政策下，南非共有 19 个教育部，它们因种族、地理环境和思想观念的差异而互不相同。1994 年大选之后，课程改革在废除了种族隔离的南非迅速展开。国家教育与培训论坛（National Education and Training Forum）开始修订课程并使所学科目合理化，以便制定统一的国家核心课程，此外，还去除了课程中明显的种族主义因素和其他一些敏感语言。1997 年 3 月，教育部宣布启动《课程 2005》，借鉴美国以结果为本位（Outcomes-Based Education，OBE）的教育模式，这标志着南非努力摆脱种族隔离时期的影响。2000 年，内阁委员会对《课程 2005》及其实施进行了审核，在评审过程中，

评审委员会发现课程自身和教育系统内部存在许多问题，比如，不同阶段和不同水平课程要求表述不流畅、课程负担过重、师资队伍落后等。针对出现的问题，内阁委员会对《课程2005》进行修订和调整，保留了《课程2005》的原则、目的和实质。调整后的课程实施以来，取得了一些成效，但也存在一些根深蒂固的问题，尤其是师资队伍问题。由于公众的消极反应，2009年南非基础教育部再次修订课程标准，明确课程的具体内容，以减轻教师负担，正确理解课程的核心理念，以此取代以往的课程标准。

新政府成立20多年来，南非主要进行了三次"以结果为本位教育"的基础教育课程改革，先后共颁布了三部数学课程标准。具体如表9.1所示。

表9.1　南非新政府成立以来颁布的小学数学课程标准

课改次序	课程标准名称	颁布时间	说明
第一次 1994–2000	《R-9年级国家课程声明》(The Statement of the National Curriculum for Grades R-9)	1997.10	脱离种族隔离时期课程，以结果为本位,学习者为中心,课程一体化
第二次 2000–2008	《R-9年级国家课程声明（修订版)》(The Revised National Curriculum Statement Grades R-9, Mathematics)	2002.5	《课程2005》的简化和加强,继承《课程2005》的原则、目标和宗旨
第三次 2009–至今	《课程与评估政策声明》(Curriculum and Assessment Policy Statement, Mathematics)	2012.1	将R-9年级和十至十二年级课程文件合并为一个R-12年级课程文件，各年级各学期的学习内容更为详细、清晰

（二）CAPS-M 的研制过程

自《R-9年级修订版国家课程声明》和《十至十二年级国家课程声明》实施以来，基础教育部长收到许多抱怨和评论。公众认为《国家课程声明》NCS使教师承担过多行政任务，负担过重；全国以及不同学校对课程要求有着不同的诠释；在国际和当地的读写与计算能力评估中大部分学生表现不佳的问题变得明显和普遍。[①]

---

① Strengthening Curriculum Implementation from 2010 and Beyond [DB/OL]. www. education.gov.za/LinkClick.aspx?fileticket=ueOCQg6kIvU%3d&tabid=348&mid=1137,2011.

2009 年，基础教育部长任命了一个部长级任务小组来审查《国家课程声明》（NCS）的执行情况，主要是确定关于学校教学质量的消极影响所面临的挑战和压力以及形成一套切实可行的方案解决这些问题。2009 年 10 月，任务小组提交了一份报告，指出学校要促进课程建设与实施之间的一致性，并建议基础教育部形成一份清晰简单的五年计划来支持学校《R-12 年级国家课程声明》的执行以及精炼课程文件。10 月 20 日，基础教育部长宣布执行任务小组报告建议的决定。从 2010 年开始，南非基础教育部对课程进行新的设置。

2010 年 4 月 15 日开始组织写作团队，有 175 名人员担任 R-12 年级 CAPS 的研制工作，其中包括了 28 名母语和第一语言的翻译和 14 名第二语言的翻译。修订人员的选择主要是基于以下几个条件：学科教学上富有经验；批判性写作的能力；满足时间限制的能力；有学科知识水平/学科知识的深度和广度；通讯基础设施——电子邮件/互联网。学科课程阶段分为四个阶段和十二个年级，一个人负责一门课程的一至两个阶段，其他人负责写学科的不同年级，每个写作团队和参照组检查整体连贯性。

公众关于 CAPS 评论过程。基础教育部长邀请公众和利益相关者对新开发的《课程与评估政策》（2010 年 9 月 3 日，政府公报 33528 号中政府通知 784 号）做出评论。基础教育部从公众评论过程中共收到 1844 封意见书，MPC 和写作团队对所有的公众评论进行了评估、思考以及有必要的采用。鉴于课程开发过程的性质，很显然并不是所有的观点都会被采纳进最终的 CAPS。

2011 年 1 月 2 日，教育部长以政策宣布实施 CAPS。CAPS 是针对每门科目开发的一个单一的、综合的课程与评估政策文件，取代以往南非 R-12 年级每门科目实施的三个文件，即学科声明（Subject Statements）、学习规划指导（Learning Programme Guidelines）以及学科评估指南（Subject Assessment Guidelines）。具体执行的时间，依据年级的不同而有所不同。

二、中国与南非小学数学课程设计的比较

我国 2011 年颁发的《课标（2011 年版）》和南非 2012 年发布的《课程与评估政策声明》（CAPS），都是教育部门组织编制的官方文件，对各地区学校课程的开发、实施、教师的数学教学及学生的数学学习等具有重要的指导意义。下面主要从两国小学数学课程标准的框架、学段划分、课程性质及基本理念四个方面进行分析。

（一）中国与南非小学数学课程标准框架结构比较分析

中国《课标（2011 年版）》由前言、课程目标、课程内容、实施建议和附录五个部分组成，其中课程内容是重点，关于小学一至六年级教学内容的阐述是连贯的。南非 CAPS-M 基础阶段和中级阶段都包含四个部分，分别是：介绍与背景；定义、目标、技能和内容；内容说明；评价。重点部分也是关于内容的说明，但关于小学阶段一至六年级的教学内容的阐述是划分为基础阶段和中级阶段两个文件分别进行的，内容信息量比较庞大。两国课程标准的框架结构具体对照如表 9.2。

从表 9.2 中可以发现，中国《课标（2011 年版）》与南非 CAPS-M 组成部分大体一致，均包括前言、课程目标、课程内容和评价体系，但在编排顺序和具体阐述中有所差异。

南非 CAPS-M 在前言部分与中国稍有不同，它并不是针对数学课程来说明的，而是对 R-12 年级整个课程作了阐释，包括 CAPS 的研制背景、课程的总目标、基本原则以及时间分配；而在第二部分分为基础阶段和中级阶段两个文件进行，都对"什么是数学"以及数学课程的"具体目标""具体技能""内容领域重点"和"内容领域比重"做了介绍和说明，在基础阶段，还涉及课堂管理指导、课堂推荐资源、学习者数学学习障碍、脑力数学等。在中级阶段，主要是对五大内容领域的说明，而基础阶段关于内容的介绍主要集中在第三部分；第三部分就是内容的叙述和说明，而且非常的详细，从纵向上分两个学段，每个学段分四个学期进行，横向上分为"数字、运算和关系"

表 9.2　中国与南非小学数学课程标准框架结构对比

	中国《课标(2011 年版)》		南非 CAPS-M		
第一部分前言	课程性质		介绍与背景	背景	
	课程基本理念			概述	
	课程设计思路	学段划分		课程总目标	
		课程目标		时间分配	基础阶段
		课程内容			中级阶段
第二部分课程目标	总目标	知识技能 数学思考 问题解决 情感态度	定义、目标、技能和内容	介绍	
				什么是数学	
				具体目标	
				具体技能	
				内容领域重点	
				内容领域比重	
	学段目标			基础阶段数学 课堂管理指导	内容详述 数字、运算和关系
					模型、函数和代数
				学习者数学学习障碍	空间与图形
					测量
				脑力数学	数据处理
				Grade R	
				基础阶段数学课堂推荐资源	
第四部分实施建议	教学建议		评价	介绍	
				非正式或日常评估	
	评价建议			正式评估	
				正式评估程序	
	教材编写建议			记录和报告	
				评估的适度	
	课程资源开发与利用建议			常规	
				一至三年级范例评估任务	
附录	有关行为动词的分类				
	课程内容及实施建议中的实例				

"模型、函数和代数""空间与图形""测量""数据处理"这五个内容领域。除此之外,每个学期的内容领域都有教学指导说明;第四部分主要就是对评价的介绍。可以看出,南非非常重视教学评价系统。

总的来说,中国《课标(2011 年版)》较南非 CAPS-M 更具条理性和系统化,涉及课程性质、基本理念、设计思路、课程目标、课程内容、教学建议、评价建议、教材编写建议、课程资源、行为动词分类以及教学案例,每个部分阐述都很清晰、易懂。南非 CAPS-M 较中国《课标(2011 年版)》更详细、具体,重点突出。南非 CAPS-M 官方文件中基础阶段(一至三年级)数学课程标准阐述有 518 页,中级阶段(四至六年级)数学课程标准阐述有 306 页,也就是说南非关于小学阶段的数学课程标准达 800 页之多,其中大多数是关于课程内容的说明。比如,教学指导对每个学期的每个学习主题都有说明,并不像中国教学建议列出几条。

(二) 中国与南非小学数学课程标准学段划分比较分析

两国数学课程标准关于学段的划分稍有不同。中国《课标(2011 年版)》将小学教育阶段划分为两个学段:第一学段(一至三年级)、第二学段(四至六年级)。南非 CAPS-M 将义务教育阶段划分为三个学段:基础阶段(R-3 年级)、中级阶段(四至六年级)、高级阶段(七至九年级),其中 R 是指 the reception year,相当于中国的幼儿园阶段教育。因此,南非 CAP-M 小学阶段也划分为两个学段:一至三年级和四至六年级,与中国相同都是六年制。但不同之处是,中国义务教育阶段每个学年度分两个学期完成学业,而南非义务教育阶段每个学年度则是由四个学期完成学业,每个学期有十周,一周有五天课,并对每个学段用于数学科目的时间做了规定,比如,一至三年级每周用于数学的教学时间是七个小时(10 周×4 学期×7 小时=280 小时每学年)。像一学年四个学期,这与某些发达国家学年制相同,比如澳大利亚每学年也是四个学期。

另外,两国课程内容均按照学段编写,一方面体现了数学课程的整体性,另一方面也符合学生发展的生理和心理特征。两国课程标准对学生在各学段或年级的相应内容都有明确说明,但对数学内容的教学顺序没有做具体说明,这为教师创造性教学提供了空间。

(三) 中国与南非小学数学课程性质比较分析

课程性质是对课程所做的清楚定位，以利于课程实施者准确把握其地位和作用。《课标 (2011 年版)》在前言部分指出义务教育阶段数学课程的基本属性："义务教育阶段的数学课程是培养公民素养的基础课程，具有基础性、普及性和发展性。"①数学课程是学校教育的主要课程之一，义务教育阶段也是一个人接受学校教育的起始阶段，它具有强制性、普及性和公益性的特点。因此，义务教育的性质以及数学课程的阶段性特征决定了数学课程就必然具有了基础性、普及性和发展性的属性特征。

《课标 (2011 年版)》还指出了数学课程在学生发展上的功能："使学生掌握必备的基础知识和基本技能，培养学生的抽象思维和推理能力、创新意识和实践能力，促进学生在情感、态度与价值观等方面的发展，为学生未来生活、工作和学习奠定重要的基础。"②数学所具有的高度抽象性、严谨的逻辑性、广泛的应用性等特点，赋予了数学课程在学生发展上的独特育人功能。

南非 CAPS-M 中并没有明确指出数学课程性质，只是在第二部分提到"what is mathematics"。CAPS-M 指出：数学是使用符号描述数值、几何与图形关系的语言，是一种包括观察、描述与探索模式、物理和社会现象中定性关系以及数学对象本身间的人类活动。中国《课标 (2011 年版)》对数学是这样定义的：数学是研究数量关系和空间形式的科学。可以看出，两国课标均是围绕"数"与"形"这两个基本概念来定义数学，南非课标更是突出了数学作为普遍语言与工具的特点。CAPS-M 也指出了数学的育人功能：数学有助于开发心智过程，加强逻辑与批判性思维，做出决策的正确性以及解决问题。这点来看，南非更加侧重学生批判性思维的发展和问题解决能力的培养。

---

①中华人民共和国教育部.义务教育数学课程标准 (2011 年版) [M].北京：北京师范大学出版社,2012.1.

②中华人民共和国教育部.义务教育数学课程标准 (2011 年版) [M].北京：北京师范大学出版社,2012.1.

（四）中国与南非小学数学课程基本理念比较分析

课程理念反映了人们对课程内容、教学以及评价等方面应具有的基本知识、观念和态度，它也是制定和实施课程的指导思想，引领课程改革方向。

在课程基本理念表述上，中国《课标（2011年版）》明确提出了五条基本理念，即从数学教育、课程内容、教学活动、学习评价和信息技术这五个方面进行了阐述。南非 CAPS-M 则没有明确提出，但是在第一部分关于"General aims of the South African Curriculum"的介绍中可以了解到南非基础教育部对《R-12年级国家课程声明》设计的主要思想。比如，课程宗旨，"使学生能够：识别和解决问题，使用批判性和创造性思维做出决策；在团队中能与其他成员有效地开展工作；负责有效地组织和管理他们自己和他们的活动；收集、分析、组织和批判性地评估信息；在不同模式下使用直观、符号和/或语言技能进行有效交流；以批判的态度有效地使用科学技术，怀有对环境和他人健康的责任感；认识到问题解决的情境不是孤立存在的，能够将世界理解成一套相关的系统。"还有课程的目的、宗旨等都能看出，南非课程为改变种族隔离政策时期教育所做的努力。

两国在课程基本理念上虽然表述不同，但实质上有很多相同点。

首先，都实行义务教育，要求教育面向大众，寻求教育公平、公正，满足每个学生的学习需求，同时兼顾差异，关注学生个性发展。2015年两会期间，李克强总理在2015年政府工作报告中谈及教育时，再次强调要"促进教育公平发展"。南非由于种族隔离时期的教育政策所带来的种族歧视，黑人和白人之间受教育权利明显不同，大多数黑人无法正常入学接受教育或是因打工辍学，毕业率较低，而白人则能接受很好的教育，进行再深造。同时，南非教育资源分布也存在不公平现象，主要分布在经济较为发达地区。南非基础教育部为解决这些问题，推行的教育制度改革，更多地关注贫穷地区的受教育问题，更好地帮助穷人。

其次，由于两国教育观念的变化，教学从教师为中心转向以学生为中心，都提倡自主、合作、探究的学习方式。新课程强调"以人为本"的教育理念，突出学生的主体地位，教师所做的一切都是为了学生的发展，但这并不意味着教师教学主导性的削弱，而是对教师提出了更高的要求。南非"以结果为本"的教育也强调了以学习者为中心的教育方式，它致力于使每个学习者都能最大限度地发挥自己的潜能，教师要相信学生能达到所期待的结果，并能为学生设定较高的、具有挑战性的期望。

最后，两国都看到了科学技术的影响力，强调要合理运用现代信息技术，否则适得其反。比如，对多媒体课件的运用，PPT 教学方便快捷，直观形象，其优点是不言而喻的，但教师不能为了课件而做课件，多媒体课件毕竟是教学的辅助工具，不能盲目地依赖。

此外，南非课程标准中提到的本土文化、环境、健康等都与其特定的历史环境有关。众所周知，南非是艾滋病感染非常严重的国家，在其课程中不可避免地会涉及艾滋病预防等相关问题。

三、中国与南非小学数学课程目标的比较

课程目标是对课程与教学的预期结果，既是学生通过数学课程学习应该达成的目标，也是教师通过课堂教学应该实现的目标。因此，课程目标的确立，为课程内容的选择与组织提供了依据，为课程实施和课程评价提供了准则。

（一）课程目标的编排比较

中国《课标（2011 年版）》在第二部分对课程目标的表述具有层次性，将课程目标分成总目标与学段目标两个部分。总目标先是总体阐述，然后从"知识技能""数学思考""问题解决"和"情感态度"四个方面进行了具体阐述。小学阶段分两个学段，也从上述四个方面具体展开。课程目标由总体到具体，逐步细化的表述方式，有利于教师从整体上把握数学课程的价值取向和学生学习的达成目标，使教师更好地在课堂教学中将课程目标落实到位。

南非 CAPS-M 在第二部分提出的具体目标（Specific Aims）和具体技能（Specific Skills）相当于我国课标的总目标，在内容领域重点（Focus of

Content Areas）从"数字、运算和关系""模型、函数和代数""空间与图形（几何）""测量""数据处理"五个领域进行了具体阐述。内容领域重点中关于基础阶段和中级阶段具体内容重点的阐述相当于我国课标中的学段目标，同样也是以内容领域展开说明的，只不过基础阶段比中级阶段少了"数据处理"领域，但在课程内容比重中提到了"数据处理"。

总体而言，中国的课程目标以"总—分"的结构呈现，总目标与学段目标基于相同维度进行，在表述上更加清晰、明了。中国课程目标以三维目标为主线，从知识技能、数学思考、问题解决和情感态度四个方面进行具体阐述，是符合数学学习本身的要求和价值意义的，对学生的全面、持续、和谐发展有着重要的意义。南非有别于中国的课程目标结构，课程目标的具体阐述是基于内容领域展开的，将"知识与技能""过程与方法""情感态度与价值观"融于目标表述中，并没有完整的课程目标体系。

（二）课程目标的内容比较

1. 总目标比较

中国《课标（2011 年版）》中课程总目标的表述，先是总体概述为三条，再具体阐述，言简意赅。南非 CAPS-M 对数学课程总目标的阐述包括两个部分。

一是具体目标（Specific Aims）。数学的教学旨在培养学习者：对于数学关系如何应用于社会、环境、文化和经济关系中保持批判性认识；有信心和能力处理任何数学情况，不畏惧数学；对数学有好奇心，热爱数学；欣赏数学的美和优雅；认识到数学是人类活动创造性的一部分；深奥的概念理解以便理解数学；具体知识和技能获得以便于：将数学知识应用到物理、社会和数学问题上；相关科目的学习（如其他学科）；更进一步学习数学。

二是具体技能。为培养基本的数学技能，学习者应该：正确使用数学语言；使用数量词、数概念、计算和应用技能；学会倾听、交流、思考、推理和应用获得的数学知识；学会调查、分析、描述和解释信息；学会提出并解决问题；意识到数学在现实生活中的重要作用，包括学习者的个人发展。

　　南非的目标稍显详细、具体。中国目标中的第二条和第三条基本能在南非目标中找到与之对应的内容。比如，"体会数学知识之间、数学与其他学科之间、数学与生活之间的联系"与之对应的有"深奥的概念理解以便理解数学""具体知识和技能获得以便于相关科目的学习""认识到数学是人类活动创造性的一部分"。再如，"提高学习数学的兴趣，增强学好数学的信心"与之对应的有"有信心和能力处理任何数学情况，不畏惧数学""对数学有好奇心，热爱数学"。虽然表述略有差异，但表意上基本一致。值得注意的是中国目标中的第一条"四基"，在过去"双基"的基础上又增加了两条"基本思想"和"基本活动经验"。为什么要发展"四基"呢？理由主要有三点。第一，强调"双基"仅涉及三维目标中的"知识与技能"目标，而"基本思想"和"基本活动经验"则还涉及三维目标中的"过程与方法"和"情感态度与价值观"目标；第二，新增的两条体现了以学生为本，而不是仅仅突出内容，也符合素质教育"以人为本"的教育理念；第三，"双基"是培养创新型人才的一个基础，但创新型人才不能仅靠熟练掌握知识和技能来培养，加强思想方法和经验的积累更有利于全面的创新型人才的培养。南非的课程目标也能看出对知识、技能和价值观的要求，只是表述相对零散了些。在对总目标的具体阐述方面，虽有差异，但也有不谋而合之处。

　　中国数学课程总目标具体从"知识技能""数学思考""问题解决"和"情感态度"这四个方面展开，是总目标三点内容的具体化。在"知识技能"与"数学思考"的具体目标中，主要涉及"数与代数""图形与几何""统计与概率""综合与实践"这四大领域内容。在表述方式上，都是以学生为行为主体，学生在掌握最基本的知识与技能的同时，也要获得基本思想和基本活动经验，要学会用所学知识思考问题，经历问题解决的全过程，获得情感态度价值观上的发展。

　　南非在具体目标阐述中，并不是按目标维度进行的，而是在内容领域体现目标维度。南非的五大内容领域，"数字、运算和关系""模型、函数和代数"相当于我国的"数与代数"，"空间与图形""测量"相当于我国的"图形与几何"，"数据处理"则相当于我国的"概率与统计"。相比之下，南非没有单独设立"综合与实践"相关内容领域的目标要求。

综上所述，两国对总目标具体阐述中，形成了目标→内容、内容→目标的交叉形态。中国是在目标表述中阐述各内容领域的要求，而南非则是在内容领域要求中体现了目标维度。南非课程目标虽没有像中国那样清晰、具体地划分为"知识技能""数学思考""问题解决""情感态度"，但在其表述中都有涉及。

2. 学段目标比较

中国《课标（2011 年版）》将小学分成了两个学段，每个学段的目标仍然按四方面进行表述，且与学生的学习内容相联系。南非 CAPS-M 也将小学划分为两个学段，每个阶段的目标按五个内容领域展开。为方便比较，现按两个学段目标中所涉及的内容领域进行对比分析。具体如表 9.3 所示。

表 9.3　两国学段目标中内容领域比较

	中国第一学段	中国第二学段	南非基础阶段	南非中级阶段
数与代数	抽象出数、万以内数、分数、小数、常见的量、四则运算、估算、数感	抽象出数、万以上数、分数、小数、百分数、负数、估算、方程、数感、符号	千以内整数和简分数、余数、数数、心算、估算、四则运算、数概念、常见的量、数值模型	至少九位数整数、至少两位小数、简分数、百分数、四则运算、心算、位值、因数、倍数、交换律、结合律、分配率、数值模型
图形与几何	几何体、平面图形、平移、旋转、轴对称、位置、测量、识图、画图、空间观念	图形的形状、大小和位置关系、几何体、平面图形、位置、测量、识图、画图、空间观念	立体图形、平面图形、位置、方向、识图、画图、测量、几何模型	立体图形、平面图形、画图、位置、转换、对称、几何模型、测量
统计与概率	数据收集、整理和分析、数据归类	数据收集、整理和分析、随机事件、事件发生的可能性	收集、分析、解释和报告数据、可能性	收集、分析、解释和报告数据、可能性

就内容领域而言，中国与南非在具体目标方面大体一致，对小学阶段所应掌握的知识与技能、思想方法以及价值观做了总体说明。中国课标在阐述知识技能和数学思考的目标时，结合了"数与代数""图形与几何""统计与概率"三个领域，而对于"综合与实践"领域，在学段目标中没有做单独说明，南非课标中也没有"综合与实践"这一内容领域，且南非课标中将测量单独作为一领域，有别于中国将之归为"图形与几何"领域，而测量常用的单位却在"数与代数"领域，这就分割了"测量"作为一个整体的存在。在具体内容要求上，两国还是有些差别，比如，"数与代数"领域，中国第一学段目标中列出的是万以内的数，而南非则是千以内数，都涉及心算；第二学段中，南非目标中没有提及负数和方程，却有因数、倍数、交换律、结合律、分配律等内容的要求。关于问题解决和情感态度方面的目标，南非学段目标中并没有清晰的内容，只是通过一些内容的学习来形成一些技能。

此外，两国在目标的表述上也有差异。第一，目标实施主体差异。中国目标表述中，主语很明确，是学生。比如，"经历从日常生活中抽象出数的过程，理解万以内数的意义，初步认识分数和小数……"，虽然主语省略了，但从语境中仍然可以读出目标的实施主体是学生，突显了学生的学。南非目标的表述缺乏一致性，表述中主语大多数也是学生，但也会出现"使学生能够……"，比如，"Solving problems in context enables learners to communicate their own thinking orally and ……"主语是"solving problems in context"，但这一行为发生的实施主体是教师，而不是学生。南非课程改革一直强调要从教师为中心转向以学生为中心，实行以结果为本位的教育模式，要想真正改变传统教育，就要从根本抓起，课程标准是指导性文件，其内容表述应更具代表性。第二，行为动词差异。中国课标中的行为动词主要有两类，一类是描述结果目标的行为动词，包括"了解""理解""掌握""运用"等。如第一学段为"理解万以内数的意义，初步认识分数和小数"，第二学段为"认识万以上的数；理解分数、小数、百分数的意义，了解负数的意义"，体现了逐步深化、提高的过程。另一类是描述过程目标的行为动词，包括"经历"

"体验""探索"等。如第一学段为"能在教师的指导下，从日常生活中发现和提出简单的数学问题，并尝试解决"；第二学段为"尝试从日常生活中发现并提出简单的数学问题，并运用一些知识加以解决"，也体现了由低到高、逐步深化的过程。中国课标根据各个学段学生的生理和心理特点，通过描述结果目标和过程目标的行为动词来表述数学课程目标，体现了课程目标逐步深入以及课程内容螺旋上升的思路，这是符合学生认知规律的，也便于师生在实际教学中的操作。南非课标中关于行为动词的运用并没有很明显的特点，其学段目标主要体现在内容的变化上。

四、中国与南非小学数学课程内容的比较

课程内容是课程标准中主体部分，它是指学科中特定的事实、观点、原理和问题以及处理它们的方式，是一定的知识、技能、技巧、思想、观点、信念、言语、行为、习惯的总和。①

（一）内容领域整体比较

中国与南非数学课标在数学课程内容设置上，都是按一定的内容维度来说明每个学段或是每个学期需掌握的学习内容。中国《课标（2011年版）》呈现的是各个学段的学习内容要求。与之不同的是，南非在课程内容方面的阐述更加详细、具体，不仅呈现了各个学段的内容要求，还阐述了每个年级和每个学期的学习内容要求。由于南非教育所反映的问题，使他们更加重视课程内容的指导性，便于教师教学的有效落实，所以在阐述每个学期学习内容时都附加了教学指导和重点说明。

中国《课标（2011年版）》特别对"综合与实践"内容设置的目的予以强调。此外，《课标（2011年版）》还提出了体现课程内容主线的十个核心概念，即数感、符号意识、空间观念、几何直观、数据分析观念、运算能力、推理能力、模型思想、应用意识和创新意识。它们反映了课程内容的核心思想，将课程内容学习与课程目标有机结合起来，有利于培养学生数学素养。

---

①王本陆.课程与教学论 [M] .北京：高等教育出版社,2009：69.

南非 CAPS–M 将小学阶段数学课程内容分为五大领域。与中国课程内容领域相比，南非没有单独的"综合与实践"内容领域，但在具体内容分析中，会发现南非并非没有，而是将其融于其他内容领域中，尤其是"数字、运算和关系"领域中的"情境中解决问题"内容主题，非常强调问题解决能力以及与实际生活的联系，以便学生更好地适应社会。对于中国课标中的十个核心概念，南非没有类似的提法，只是在具体内容要求中有所涉及。另外，南非课标中将"测量"单独作为一个内容领域的，将"时间""长度""质量""面积""体积"等都归为"测量"领域。而中国课标将"时间""质量"等都放在"数与代数"领域中，"长度""面积""体积"等都安排在"图形与几何"领域中，没有单独的"测量"领域。值得一提的是，南非对每个内容领域的比重（如表 9.4）以及课时（如表 9.5 关于一年级每学期课时）作了明确说明，这便于教师的教学时间安排以及内容重点设计，也从侧面为评估给予了指导。

表 9.4　南非小学阶段数学课程内容领域比重（%）

内容领域	一年级	二年级	三年级	四年级	五年级	六年级
数字、运算和关系	65	60	58	50	50	50
模型、函数和代数	10	10	10	10	10	10
空间与图形	11	13	13	15	15	15
测量	9	12	14	15	15	15
数据处理(统计)	5	5	5	10	10	10
	100	100	100	100	100	100

表 9.5　南非数学一年级每学期每个内容领域课时数

内容领域	主题	第一学期	第二学期	第三学期	第四学期	合计
数字、运算和关系	所有主题	22	30	28	25	105
模型、函数和代数	数值模型	3	3	3	3	12
	几何模型	1	1	1	1	4

续表

内容领域	主题	第一学期	第二学期	第三学期	第四学期	合计
空间与图形	平面图形		3		3	6
	立体图形	3		2	1	6
	位置、方向、视图	2			1	3
	对称			1	1	2
测量	时间	2				2
	长度	2		2		4
	质量	2			2	4
	容量/体积	1	2		1	4
数据处理	收集分类表示分析	2	1			3
	整个数据周期			3		3
	部分数据周期				2	2
合计		40	40	40	40	160

为了方便对比，现将南非部分内容调整后与中国课程内容进行对照，按"数与代数""图形与几何""统计与概率""综合与实践"这四个部分展开比较。

（二）"数与代数"领域比较

"数与代数"内容是第一、第二学段学习的主要内容，不管是内容的数量还是教学时间都是各领域分量最大的，可想而知，这部分的学习相当的重要，它不仅是深入学习数学的基础，也是学习其他内容的必备知识。

在第一学段，学生主要是从生活中或是具体情境中感知数、认识数，了解数的意义和数量关系，会一些简单的数的运算。从形式上来看，中国《课标（2011 年版）》中"数与代数"是独立的内容领域，南非 CAPS-M 中关于"数与代数"这一领域则涉及"数字、运算和关系""模型、函数和代数"和"测量"三个部分，中国与南非课标中对第一学段"数与代数"领域都明确提出了学习内容要求, 如下表9.6。

表 9.6　中国与南非第一学段"数与代数"领域主要内容

中国		南非	
数与代数	数的认识 数的运算 常见的量 探索规律	数字、运算和关系	数概念发展(整数数数;表示整数;描述、比较、排列整数;位值) 情境中解决问题 无情境运算
		模型、函数和代数	数值模型
		测量	时间 质量

从表9.6可以看出, 中国和南非课标关于"数与代数"领域的主要学习内容基本上是一致的。第一学段的学生主要是具体形象的思维方式, 这一阶段的学生已经有一定的生活经验, 在学习中更多的是关注自己在日常生活中所接触的或是周围有趣的事物, 那么他们所积累的生活经验也就慢慢地转化为数学学习经验。

按照皮亚杰认知发展阶段理论, 四至六年级学生仍处于具体运算阶段, 学生逐渐由具体形象思维转向抽象逻辑思维, 学生对问题的理解能力和分析能力都有了进一步提高。学生在第一学段的基础上, 继续学习更高一级的数与代数内容。

表 9.7　中国与南非在第二学段"数与代数"领域主要内容

中国		南非	
数与代数	数的认识 数的运算 式与方程 正比例、反比例 探索规律	数字、运算和关系	整数 简分数 小数
		模型、函数和代数	数值模型 数量句子(介绍代数式)

第二学段"数与代数"领域的主要内容与第一学段有着密切的联系, 许多内容是螺旋上升, 逐步加深的。其中, 关于"正比例和反比例"内容, 南非在第二学段没有明确的要求, 只是在涉及整数问题解决中, 包括两个或更

多同种量比较（比例），两个不同种量比较（比率）。中国《课标（2011 年版）》要求："在实际情境中理解比及按比例分配的含义，并能解决实际问题；通过具体情境，认识成正比例的量和成反比例的量；会根据给出的有正比例关系的数据在方格纸上画图，并会根据其中一个量的值估计另一个量的值；能找出生活中成正比例和反比例关系量的实例，并进行交流。"[1]正比例和反比例是一类常用的数量关系，这部分的学习是让学生具体感知两个量之间的关系，是函数思想的初步感悟。教学中要引导学生从数量之间关系，两个量之间变化的规律的角度来理解和掌握这个内容，为进一步学习函数打好基础。

（三）"图形与几何"领域比较

"图形与几何"仅仅是几何学中初步的、简单的、浅显的，而且是小学生能够接受的部分，通过这部分的学习，培养学生初步的逻辑思维能力和空间观念。

在第一学段，中国与南非都将"图形与几何"作为单独一个领域进行阐述，其中南非关于长度、面积和体积的度量单位学习是归为"测量"领域。为了方便比较，现将这几个度量单位放在"图形与几何"领域。两国在第一学段关于"图形与几何"领域的主要内容如表 9.8。

表 9.8　中国与南非第一学段"图形与几何"领域主要内容

中国		南非	
图形与几何	图形的认识 测量 图形的运动 图形与位置	空间与图形(几何)	位置、方向、视图 立体图形 平面图形 对称
		测量	长度 容量/体积 周长和面积
		模型、函数和代数	几何模型

①中华人民共和国教育部.义务教育数学课程标准（2011 年版）[M].北京：北京师范大学出版社,2012：22.

中国课标关于图形与几何领域在第一学段主要是对"图形的认识""测量""图形的运动"和"图形与位置"这四个部分的学习。这四个部分都是以图形为载体，培养学生几何直观、空间观念和推理能力。与中国课标相对应的内容，南非课标中大致在"空间与图形""测量""模型、函数和代数"这三个领域涉及。

在第一学段认知的基础上，第二学段继续学习"图形与几何"。中国第二学段关于这领域的内容与第一学段的划分一样，分为四个部分；南非的"空间与图形"主要涉及图形特征、对称、转换、视图、位置等方面。

（四）"统计与概率"领域比较

"统计与概率"主要是研究现实生活中的数据以及随机现象，学生要学会收集、整理、描述和分析数据等过程，从而判断事件发生的可能性，帮助人们做出合理的预测和推断。南非是将"数据处理"作为一个单独的领域，对应于中国的"统计与概率"领域。如表9.9。

从表9.9可以看出，中国与南非在"统计与概率"方面的内容基本一致，注重发展学生的数据分析观念和应用意识。第一学段主要是关于数据的学习，发展学生的数据分析观念，学生要能学会收集数据、整理数据、描述数据和分析数据，没有涉及概率学习的相关内容。两国都是在第二学段才开始学习随机现象，在学生已有一定的数据分析观念的基础上来体会事件发生的随机性。在第一、第二学段中，学生收集的基本都是总体数据，然后整理和归纳所收集的数据，通过统计图表等方式把整理后的数据直观地表示出来，并加以分析，为决策和推断提供依据。南非在第一学段就要求运用统计表和条形图来表示数据，而中国在第二学段才开始认识这些统计图表，并提出了平均数的概念，南非则有众数和中位数的认识。统计侧重于从数据来刻画随机，概率侧重于建立模型来刻画随机。两国均强调要在试验、游戏等活动中运用数据来体会随机现象。

表 9.9　中国与南非"统计与概率"领域主要内容

	中国	南非
第一学段	·对事物或数据进行分类，感受分类与分类标准的关系 ·收集和整理简单的数据，了解调查、测量等收集数据的简单方法，并能用自己方式呈现整理数据的结果 ·分析数据，体会运用数据进行表达与交流的作用，感受数据蕴涵信息	·收集和分析日常物品，画图表示已分类的物品集合，并讨论和报告 ·收集关于班级或学校的数据来回答老师的问题，组织由老师或练习簿/课本提供的数据(列表、标签、表格) ·用统计表、条形统计图表示数据 ·分析和解释数据
第二学段	·简单的收集、整理、描述和分析数据 ·会根据实际问题设计简单的调查表，能选择适当的方法收集数据 ·认识条形统计图、扇形统计图、折线统计图；能用条形统计图、折线统计图直观且有效地表示数据 ·体会平均数的作用，能计算平均数，能用自己的语言解释其实际意义 ·能从报纸杂志、电视等媒体中获得数据信息，并能读懂简单的统计图表 ·能解释统计结果，根据结果做出简单的判断和预测，并能进行交流 ·感受简单的随机现象；能列出简单的随机现象中所有可能发生的结果 ·通过试验、游戏等活动，感受随机现象结果发生的可能性是有大小的，能对一些简单的随机现象发生的可能性大小做出定性描述，并能进行交流	·收集和组织数据(从大到小排列数据) ·统计表、条形图、双杆图表示数据 ·在文字、统计表、条形图、双杆图和饼状图中批判性阅读和解释数据 ·通过回答与数据分类、数据来源和背景、集中趋势(众数和中位数)来分析数据 ·口头和简短书面总结数据并做出预测 ·检查未分组数据来确定众数和中位数 ·执行简单的重复事件以及列出可能性结果，如掷硬币、掷骰子等活动进行实验，计算和比较连续 50 次以内的实验结果频率

（五）"综合与实践"领域比较

中国《课标（2011 年版）》将"综合与实践"列为单独的一个领域，与"数与代数""图形与几何""统计和概率"共同构成了小学数学课程内容的四大学习领域。而南非 CAPS-M 中并没有设立这一领域，而是将其融于各个领域的知识学习中。比如，"数字、运算和关系"领域中专门设置了"情境中解决问题"的主题，要求学生能综合运用所学知识、运用多种解决技巧来解决实际问题。又如，用组合和拆分数字、二倍和二等分、数轴等方法解决问题。在"模型、函数和代数"领域中设置的"数值模型"和"几何模型"内容更能体现实践的过程，要求学生能够在已有经验的基础上，观察探索，动手操作，能够自己创造模型，获得数学经验，更加注重学生的实践能力和创新意识的培养。

五、中国与南非教学评价部分的比较

《课标（2011年版）》强调：评价的主要目的是全面了解学生数学学习的过程和结果，激励学生学习和改进教师教学。评价应以课程目标和课程内容为依据，体现数学课程的基本理念，全面评价学生在"知识技能""数学思考""问题解决"和"情感态度"等方面的表现。另外，《课标（2011年版）》在实施建议部分关于评价建议共提出了七条，即基础知识和基本技能的评价、数学思考和问题解决的评价、情感态度的评价、注重对学生数学学习过程的评价、体现评价主体的多元化和评价方式的多元化、恰当地呈现和利用评价结果以及合理设计与实施书面测验。

南非 CAPS-M 关于评价部分分为基础阶段部分的评价和中级阶段部分的评价，主要从评价介绍、评估类型、非正式的或日常评估、正式评估、正式评估程序、记录和报告、评估的适度、常规、一至三年级范例评估几个方面进行的。

CAPS-M 指出："评估是识别、收集和解释学生表现的持续计划过程，评估时涉及生成和收集信息、评估信息、记录结果、解释信息，从而促进学习者的发展，以便提高学与教的过程。"评估应包括非正式的评价和正式的评价，结合这两种评价向学生提供定期的反馈，加强学习经验。此外，CAPS-M 各种成就水平以及相应百分比也作了明确说明。如表9.10。

例如，在一年级评估范例中通过设计题目来评估学生问题解决能力。"不知道从哪开始或是做某些不适当的事"就属于1等级，不达标；"理解问题也知道从哪开始但是不能准确地完成"属于2—3等级，成绩初等或是成绩中等；"理解问题并能用图示（标记）或是计数器解决问题，可以解释问题，也许会犯些小错误"属于4—5等级，成绩充分或是成绩显著；"正确地完成问题，能够解释自己的以及他人的思维"属于6—7等级，成绩优异或是成绩突出。

表 9.10 记录和报告规范和百分比

等级规范	能力描述	百分比
7	成绩突出	80—100
6	成绩优异	70—79
5	成绩显著	60—69
4	成绩充分	50—59
3	成绩中等	40—49
2	成绩初等	30—39
1	不达标	0—29

通过比较发现：

1. 都强调评价的过程性

中国《课标（2011 年版)》强调在评价学生每一个表现的同时，要注重对学生学习过程的整体评价，分析学生在不同阶段的表现特征和发展变化。"[1]评价应在学生日常学习的全部过程中，包括课堂学习、作业、复习、改错等环节。各个环节评价的内容不一样，因此评价所发挥的功能也有所不同，整个评价体系相互作用，构成了一个有机的整体。

南非 CAPS-M 指出："评价是识别、收集和解释学生表现的持续计划过程。"将评价分成基线评估、诊断性评价、形成性评价和总结性评价。详细见表 9.11。

表 9.11 教学评价的分类

类型	基线评估	诊断性评价	形成性评价	总结性评价
实施时间	教学之前	教学之前	教学过程中	教学之后
主要目的	了解学生数学学习准备和水平，设计教学方案	弄清学生数学学习问题领域和不利因素	改进数学学习过程，调整数学教学方案	检验数学学习已达到的水平，预言在后续教学中成功的可能性
主要手段	分析成长记录、数学测验	观察调查法、作业分析、数学测验	日常观察、经常性测验、作业	考试或考查

①中华人民共和国教育部.义务教育数学课程标准 (2011 年版) [M].北京：北京师范大学出版社,2012：55-56.

其中形成性评价强调评价的过程性，它是南非教学中最常用的评估类型，以辅助教学过程的正常实施。形成性评价的基本特征就是学习者的不断反馈，尤其是学习者的学习过程。

中国和南非在教学评价方面都强调了评价的过程性，改变以往太注重结果的评价方式，体现"素质教育"，走出"应试教育"。对学生而言，对学生的学习过程进行持续全面的评价，能更好地促进学生的学习和发展，有助于学生了解哪些知识和技能是重要的，哪部分知识还应该努力学习、深入思考，在学习方式上是否需要改进，激励学生有意识地强化自身的优势，纠正学习错误，学会自我调节和自我管理，等等。对教师来讲，它能帮助教师充分了解学生以及整个班级在学习方面的状况和变化，不断地调整自己的教学方向，适时地改进教学方式，提高教学的有效性。

2. 都注重评价的多元化

中国《课标（2011 年版）》中要求"体现评价主体的多元化和评价方式的多样化"。评价主体的多元化是指："教师、家长、同学及学生本人都可以作为评价者，可以综合运用教师评价、学生自我评价、学生相互评价、家长评价等方式。"评价方式多样化体现在："多种评价方法的运用，包括书面检测、口头检测、开放式问题、活动报告、课堂观察、课后访谈、课内外作业、成长记录等。"[①]南非 CAPS-M 指出评价主要有非正式评价和正式评价两种，非正式评价或日常评价包括观察学习者、讨论、实际演示、非正式课堂互动等，正式评价主要是测验、考试、作业、调查、项目等。从中可以发现，两国都很注重多元化评价。

事实上，现代心理学研究表明，个体的心理潜能优势领域是各异的。美国著名心理学家加德纳在多元智能理论中提出，人类至少具备七种以上的智力，包括语言智力、数理逻辑智力、音乐智力、空间智力、身体智力、人际

---

①中华人民共和国教育部.义务教育数学课程标准（2011 年版）[M].北京：北京师范大学出版社，2012：56.

交往智力和自我认知智力。这些智力以不同方式组合，每种智力都有不同的表现方式，很难找到一种适用于所有人的统一的评价标准。因此，从多元智力的观点来看，教学评价应该采用多元化的方式。在教学评价中，教师应从各方面观察和记录学生在日常学习过程中的表现，全面地了解每一位学生，对学生的学习评价也不能局限于知识技能的掌握情况，还应拓展到学生面对实际生活挑战的能力，即数学问题解决的能力和情感态度价值观等方面。要注重差异，但不是对学生进行分类和划分等级。而是要根据评价反馈的信息，了解学生的学习特点及需要，注重学生个性化发展，采取适当的措施，以充分发挥学生的潜能。

总而言之，中国的评价部分内容主要是针对如何进行评价来讲的，南非则是从什么是评价、如何进行评价以及如何呈现评价结果这三个问题来阐述的。值得一提的是，南非在中级阶段每个学期的学习主题下都注有评价内容。所以，相对来讲，南非课标的评价内容更加详细、具体，便于教师进行教学与评价实施。

六、思考与建议

通过对中国和南非小学数学课程标准的比较研究，可以看出它们有共性也存在差异，各有一定特色。为了总结经验，借鉴优势，更好地完善和修订我国小学数学课程标准，笔者提出了以下几点建议。

（一）优化课程标准的制定过程

课程标准是国家对各门课程提出的要求和建议，是编写教科书和教师教学的直接依据，是检查、衡量教学质量的重要标准，对教师的教学有直接的指导意义。因此，要重视课程标准的制定过程，包括修订组的确立、修订工作的基本思路等。施瓦布（Schwab）曾提出五类人应该参与课程开发的讨论，也就是在"四个教育要素"（即学习者、教师、学科领域和环境）内至少要有一名代表参加，还应有一名课程专家来调整这些思想。从施瓦布关于"四个教育要素"的观点来看，需要考虑团队中是否有人具有心理学的背景，能理解学生，理解他们的需要和他们的学习方式？是否有人能很好地理解学科领域：在该学科内人们如何产生新的知识和理论，什么是该学科优秀的标准？该学科中有什么隐性的价值观？是否有人能理解教师和课堂教学的复杂性、理解教师面对的要求和课程实施本身所面临的限制？是否有人能理解社会面临的经济和政治情境以及与这些情境相联系的社会问题？同时也要考虑课程专家的角色，例如，教师关注的问题，可以向教师个人、教师工会或教育系的教授咨询。[①]课程标准的制定是课程开发的后续环节，同样需要各个领域的人员参与，以确保研制的课程标准的可行性和有效性。

从两国课程标准的制定过程来看，两国从修订组的确立、调研、讨论等都有严谨又复杂的过程，均考虑到了人员参与的多元化，不仅有专业的学术学者，还有经验丰富的一线优秀教师。通过征求各方意见、实况分析、专题讨论等多种方式不断修订和完善课程标准。但需指出的是，两国均忽视了作为学习者亲身经历课程标准制定的重要作用，这并不是指学生要直接参与到课程标准的修订，而是间接参与。比如，通过访谈或是问卷调查等方式了解学生对学科学习的看法或是建议。虽然小学生的自我意识表达还不是很清晰，但是也能从中探析出小学生的心理发展趋势以及当前课程存在的一些问题。另外，在课程标准修订的确立阶段，中国没有真正体现决策的公开、公正。比如，在课程标准初稿确定后，中国往往是通过召开部分成员讨论会和全体成员讨论会来确定专题的修改，南非更多的是收集公众的评论，再评论分析讨论。

（二）完善课程标准的框架结构

课程标准的框架结构是否完整和合理直接关系到教师对其解读与实施。中国与南非课程标准的框架结构大体一致，但侧重点上有所不同。中国课程标准基本框架包括前言、课程目标、课程内容和实施建议。南非课程标准基

---

①乔治·J.波斯纳.课程分析 [M] .仇光鹏,韩苗苗,张现荣译.上海:华东师范大学出版社,2007：34.

本框架包括介绍与背景、定义目标技能和内容、内容详述与说明、评价。

南非课程标准文本容量太大，虽显烦琐，但也有一定的可取之处。一是时间分配的说明。南非课程标准对每门科目的教学时间分配都做了详细的规定，比如，一至三年级每周用于数学的教学时间是七个小时（10 周×4 学期×7 小时=280 小时每学年），这样便于教师合理安排教学时间和制订教学计划。二是内容领域重点和内容领域比重的说明。南非课程标准将五个内容领域分基础阶段和中级阶段重点阐述，分析每个阶段学习者的学习重点。另外，每个年级关于内容领域的学习比重也是有所变化的，比如，空间与图形领域，一年级是 11%，二年级是 13%，三年级是 13%。学习内容随学生认知能力的提高而有所增加。三是评价体系的重视。南非自新政府成立以来一直坚持以结果为本位的教育，因此南非课程的评估体系较完善，在课程标准中也突出了评价的重要地位，不仅阐述了多种评价类型与评价方式，也呈现了评价标准与案例。我国虽然也强调评价方式的多样化，但实际教学中主要还是应试教育，课程标准中主要是关于评价提出的几点建议。

（三）加强知识间的联系

南非 CAPS-M 中关于课程内容部分是按年级和学期阐述的，将一年级到六年级以及每个年级的四个学期的所有内容采用表格的形式加以说明。而中国标准中的课程内容是按学段划分的，在内容表述方面虽然考虑到了学段与学段间知识点的衔接，但年级与年级间、学期与学期间并没有具体的内容说明，需要教师自身把握内容的连贯性。相对来说，不利于教师的教学，尤其是对一些能力不够的教师难度更大。此外，南非 CAPS-M 中不仅明确了各学期的内容要求，而且对该阶段不需要掌握的内容也做了注释。比如，在呈现"长度"内容要求中，对非正式单位测量和正式测量都做了详细说明，并指出厘米和米之间无需进行单位换算。我国《课标（2011 年版）》使用行为动词来表述内容要求，如"了解""理解""掌握""运用"等，强调了内容教学的程度，而不需掌握的内容没有做出相关注释。所以，南非课程内容的表述更加清晰、连贯，有利于教师准确把握教学内容以及教学的有效实施。

中国《课标 (2011 年版)》在《标准 (实验稿)》的基础上，将"实践与综合应用"领域改为"综合与实践"领域，再次强调其教学意义，但内容要求不够具体，过于抽象。例如，第一学段关于"综合与实践"的第二点表述为："在实践活动中，了解要解决的问题和解决问题的办法"，没有说明在该学段学生应该具备哪些基本的问题解决办法，目的不明确。南非 CAPS-M 没有特意设置"综合与实践"领域，而是在其他领域加强了这一部分的内容。例如，在基础阶段"数字、运算和关系"领域中明确提出了"问题解决技巧"，如表 9.12。从表中可以看出南非并非不重视"综合与实践"领域，而是将其融于各个领域中，而且目的明确，各年级需要掌握哪些解决问题的技巧一目了然，加强了各知识间以及各领域间知识的联系。因此，为了更好地实现数学课程目标，提高学生综合运用知识和解决问题的能力，数学课程标准应该更加关注年级与年级之间、知识与知识之间的衔接，适当地改变内容的呈现方式，加强知识间的联系。

表 9.12　南非 CAPS-M 在情境中解决问题 (solve problems in context)

	一年级	二年级	三年级
问题解决技巧	当解决问题以及解释解决方案时使用下列技巧： ·具体的仪器,如计算器 ·画出故事图 ·组合和拆分数字 ·二倍和二等分 ·具体工具支持的数轴	当解决问题以及解释解决方案时使用下列技巧： ·图纸或具体工具,如计算器 ·组合和拆分数字 ·二倍和二等分 ·数轴	当解决问题以及解释解决方案时使用下列技巧： ·组合和拆分数字 ·二倍和二等分数字 ·数轴 ·十进制四舍五入

(四) 注重模型思想的渗透

"数学发展所依赖的思想在本质上有三个：抽象、推理、模型。通过抽象，在现实生活中得到数学的概念和运算法则，通过推理得到数学的发展，然后通过模型建立数学与外部世界的联系"。[①]数学模型是基础知识与数学应

①教育部基础教育课程教材专家工作委员会.义务教育数学课程标准解读 (2011 年版) [M] .北京：北京师范大学出版社,2012：107.

用之间的桥梁，中国《标准（实验稿）》中，"模型"一词出现在第三学段的教学建议中。《课标（2011 年版）》则将"模型思想"作为核心概念提出，指出："模型思想的建立是学生体会和理解数学与外部世界联系的基本途径"，建立模型的本质是使学生体会和理解数学与外部世界的联系，它是将实际问题，经过抽象、简化，明确变量和参数，并依据某种"规律"建立变量和参数间的一个明确的数学关系（即数学模型），然后求解该数学问题，并对此结果进行解释和验证。若通过了则该模型可以使用，否则将返回去，重新对问题的假设进行改进。①

南非非常重视建构模型的能力，在"模型、函数和代数"内容领域设置了"几何模型"和"数值模型"主题，不仅能加强知识与知识间、知识与外界的联系，而且通过实践操作获得数学活动经验，提高创新意识和应用能力。南非从基础阶段一年级就开始提出模型的相关学习内容。如表 9.13 所示。可以看出南非对模型思想的重视。学生首先要学会模仿现实生活中或具体情境中的几何模型和数值模型，在模仿中拓展其概念，并能够用数学语言描述模型，感悟模型思想的本质，最后创造出自己的模型，以此去解决问题。

表 9.13 一年级"模型、函数和代数"领域中内容主题

主题	一年级
几何模型	模仿、拓展和描述 模仿、拓展和用语言描述　·用实物制作的简单模型 　　　　　　　　　　　　　·用线条、图形或物体制作的简单模型 创造自己的模型 创造自己的几何模型　·用实物 　　　　　　　　　·通过线条、图形或物体 我们身边的模型 识别并用语言描述以及模仿几何模型　·在自然界中 　　　　　　　　　　　　　　　　　·来自现代日常生活中 　　　　　　　　　　　　　　　　　·来自我们的文化遗产
数值模型	模仿、拓展和描述 最低要能模仿、拓展和描述简单的数字序列 创造并描述自己的模型

①金成梁.小学数学课程与教学论 [M] .南京：南京大学出版社，2005：295–296.

中国《课标 (2011 年版)》中虽然将模型思想作为核心概念进行了重要阐述,但其主要体现在中、高年级的学习,低年级渗透的模型思想多是感悟或是作为解题的辅助手段,而且对于"几何模型"的建构涉及不多。

总之,加强模型思想的渗透能够使学生更好地掌握数学基础知识和基本技能,将数学知识情境化和生活化,加深数学学习与生活之间的联系,并能在数学建模的过程中发展数学思想,从不同角度思考问题获得问题解决的方法,以提高分析问题和解决实际问题的能力。

第十章 中日小学数学课程标准比较

中国和日本同属于东亚地区，有着相似的文化渊源。进入 21 世纪以来，日本出于提高教学质量、增强国际竞争力的需要，于 2008 年颁布了《学习指导要领》（以下简称《要领》）并于 2011 年全面实施。中国 2001 年进入第八轮义务教育数学课程改革，并于 2011 年颁发了修订的《义务教育数学课程标准（2011 年版）》。中日现行小学数学课程标准的颁布是时代和教育的产物，对其进行比较研究有利于我们对数学新课程标准的深刻理解与把握，继而为指导教学实践和进一步改革研究提供借鉴。

一、日本《要领》的制定背景

在战后的几十年中，日本大体上每十年就要对中小学《学习指导要领》修订一次。日本 1998 年的《学习指导要领》将"宽松教育"推向高峰，这次教育改革改变了以往以学历为主，只注重知识灌输而忽略学生自主性的单一的教育模式；但仅在实施后的几年，国内国际的调查显示日本出现了学力下降的局面，特别是世界经济合作组织（OECD）每三年一次的 PISA 测试证明了这一点，其结果显示日本学生数学学力水平在所有参加国中的排位是：2000 年第一位，2003 年第六位，到了 2006 年下降到了第十位，连续几年日本学生的数学能力呈下降趋势。日本新的课程改革将"宽松教育"做了调整，同时将"生存能力"的教育理念进一步继承，并提出"扎实学力"的新要求。

本次《要领》修订的重要标志是中央教育审议会于 2005 年 10 月 26 日发布的《创造新时代的义务教育》咨询报告。[①]报告指出，在义务教育阶段，要充实作为各学科基础的国语教育；充实作为科技基础的理科教育；面对全球化社会，要充实小学的英语教育；面对信息化社会，要充实提高学生信息素养的教育，因此，必须重新考虑课时与课程内容的分配。2006 年 2 月 13 日，发布了《审议经过报告》，2007 年 11 月 7 日，发布了《教育课程部会审议总结》报告，确定了此次学习指导要领修订的基本思想。[②]其中，数学《要领》修订的基本思想有：（1）《数学学习指导要领》的修改要依据修订后的《教育基本法》；（2）各级学校教育都要秉持"生存能力"教育理念；（3）关注学生基础知识、基本技能的习得；（4）注重培养学生思考、判断与表现力；（5）为了培养扎实的学力，必须保证授课的时数；（6）注重学生学习兴趣的提高，学习习惯的养成；（7）为培养丰富情感、健康体魄要充实指导。根据该精神 2008 年 3 月 28 日修正学校教育法施行规则的同时，颁布了幼儿园教育要领、小学数学课程标准以及初中数学课程标准。自 2009 年 4 月 1 日开始作为过渡期，以数学和理科等中心内容为牵头实行小学和初中数学课程标准，自 2011 年 4 月 1 日开始全面实行小学和初中各科的标准。

二、中日小学数学课程标准结构框架的比较

小学数学课程标准的结构框架是课标的文本形式，显现出了课标的内容构成，是课标的微型构成，比较中日两国小学数学课程标准的结构框架可以从整体上把握两国课标的构成，为后面进一步研究作铺垫。

（一）中日两国标准的框架结构

中国现行的小学数学课程标准是在"实验稿"的基础上做了部分的修改，

---

①日本文部科学省网站：创造新时代的义务教育 [EB/OL] .http://www. mext. go. jP/a-menu/shotou/new- cs/index.htm. 2005-10-26.

②日本文部科学省网站：教育课程部会审议总结 [EB/OL] .http://www. mext. go. jP/a-menu/shotou/new- cs/index.htm. 2007-11-7.

主要包括五个部分：前言、课程目标、课程内容、课程实施建议、附录。

日本现行《要领》的基本框架如图 10.1 所示。

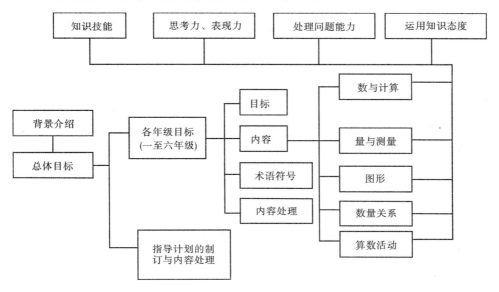

图 10.1 日本《要领》基本框架

第一部分，背景介绍。这部分相当于中国标准的前言，社会环境、学生面临的课题以及基本理念构成了《要领》的一个背景，是整个文本的缩影，后面的总目标与各年级目标的撰写都是围绕这个展开的。

第二部分，总体目标。总体目标强调了"双基"即基本知识与基本技能的重要性，让学生通过数学活动，掌握数量和图形的基本的知识和技能，在解决问题的同时，让学生感受到学习数学的快乐与益处，类似中国的三维目标；《要领》的总目标还从五个方面即"算数活动、基础知识与技能、有条理的思考力与表现力、数学性处理问题好处、学习与应用数学的态度"来评价小学《要领》的总目标的基本理念；总体目标对后面的年级目标起到了铺垫的作用。

第三部分，各学年目标。各学年目标由五个项目组成，即"目标、内容、算数活动、内容处理与术语符号"。其中，目标由四条组成；内容由"数与计算、量与测量、图形和数量关系"四个部分组成；算数活动；术语符号；内容处理与安排（第一学年没有给出其内容的安排要求）。该部分是整个《要领》的核心部分，特别是内容部分，将一至六年级各个学年的内容要求具体化，有利于指导教学。

第四部分，指导计划的制订与内容处理。该部分从制订指导计划注意事项与内容处理注意事项，对一至六年级各个学年的指导计划与内容处理作了明确建议，可以为教师实施新课程提供指导。

（二）中日两国标准结构框架的比较分析

1. 学段划分不同，编写体系迥异

中国标准将小学阶段数学课程目标与内容要求划分为两个阶段，其中一至三年级为第一学段，四至六年级为第二学段。虽然规定了各个学段应该达到的目标与应该掌握的知识内容，但由于学段划分不明确，给教师的教学带来很多不便之处；而日本《要领》在学段划分上显得比较明确与系统化，日本将课程目标与学习内容要求按照一至六年级分年级明确作出规定，可以看出日本很重视各个年级学习内容的衔接，这样具体的细化可以为教师的教学提供参考。

中日不仅学段划分不同，课标的结构体系编排也存在差别。中国标准是按照前言、课程目标、课程内容、实施建议与附录几个部分编排的，各个部分分别进行了详细的叙述，特别是课程目标、内容与实施建议阐述得非常详细具体，可以为教师实施新课程提供有利的指导，促进新课程的快速开展；从图 10.1 可以看出日本《要领》主要从背景介绍、总体目标、各年级目标、指导计划与内容的处理建议几个方面来撰写的，其编写结构相对于中国略显粗糙。特别是课程目标与指导计划与内容处理建议两个方面，显得尤为粗糙。

2. 教学内容安排相仿，强调阶段性与整体性

中国标准主要是从"数与代数、图形与几何、统计与概率、综合与实践"四个方面来阐述各个学段的具体内容，以期在数学课程学习中，发展学生的数感、符号感、空间观念、几何直观、数据分析观念、运算能力、推理能力、

模型思想、应用意识和创新意识，来适应时代发展对人才培养的需要；[1]而日本《要领》是按照"数与计算""量与测量""图形""数量关系"和"算数活动"等几个方面来要求各个年级应该达到的学习内容标准，以期通过这几个方面的具体算数活动来丰富数感、理解数量关系、积累经验等。[2]这一点与中国发展学生的数感、数据分析观念和应用意识很相似，但两国各个部分内容名称不同，比如，日本《要领》的"量与测量"部分相当于中国的"统计与概率"部分，"算数活动"相当于中国的"综合与实践"。中国标准按学段具体化了各个学段的学习内容，对于不同学段的要求难度不一，体现了尊重学生的认知发展规律，体现了阶段性与整体性的统一；日本将各个年级学习内容细化，也注重各年级学习内容之间的衔接和统一性。

3.总目标分块相似，共同体现多维度要求

中国标准的总目标分成四个方面，反映了对学生多维度要求；由图 10.1 看出，日本《要领》将总目标分成五个方面即"算数活动、知识技能、思考力与表现力、处理问题的能力、运用知识的态度"，日本既关注学生的数学思考力和判断力，也关注学生解决问题的能力，从多方面培养学生的数学素养。由此可见，虽然中国与日本总目标各个部分的名称不同，但都注意到多维度要求相结合，不仅关注学生的知识技能的掌握，还关注学生的数学思考，都希望学生能运用数学知识解决实际生活的问题，同时注重培养学生的情感态度，让学生爱上数学，感受数学学习带来的快乐。

三、中日小学数学课程理念的比较

课程基本理念是课程从开发、研制、撰写到实施的一个总指导，没有理念的指导，课程的实施就会没有方向。中国标准分别从数学课程观、课程内

---

[1]中华人民共和国教育部.义务教育数学课程课标（2011 年版）[M].北京:北京师范大学出版社,2012:4.

[2]曹一鸣.十三国数学课程标准评介（小学初中卷）[M].北京:北京师范大学出版社,2012:181.

容观、教学活动观、学习评价观与信息技术发展观几个方面作了详细的阐述。日本《要领》并没有放弃"生存能力"的教育理念，反而将其细化为三点即"扎实的学力、丰富的心灵、健康的体魄"，并将未来的教育改革指向儿童"扎实学力"的培养，并以此为基础达到培养"生存能力"的目的。①经比较，我们发现：

（一）理念取向不同，反映不同的教育背景

中国标准体现着新一轮基础教育课程改革的目标，如实现课程功能的转变、课程内容与生活和时代密切联系、改善学生学习方式、建立与素质教育理念相一致的评价与考试制度等目标。而日本现行《要领》是在 1998 年的《要领》饱受争议，国内社会舆论大多认为"宽松教育"是引发日本"学力下降"危机的背景下修改的，同时，日本学生面临着一些教育课题，比如，思考力、判断力和表现力等问题，灵活应用知识和技能的问题，家庭学习时间、学习欲望、学习习惯和生活习惯养成等，这样的教育背景影响了日本本次数学课程改革的基本理念与思想。

（二）理念侧重点不同，加强课程的切合度

中国标准的理念侧重于课程观、教学观、学生观和评价观的转变。首先，为了让学生更好地适应未来社会的发展，课程内容的安排要与社会的需要相符合；为了使课程与实际相联系，加强课程的切合度，《课标（2011 年版)》强调课程内容的安排既要符合数学自身的逻辑特点，又要与学生的认知规律相联系；为加强学生对所学知识的理解、体验与探索，提高他们对数学学习的兴趣，课程内容要与学生实际联系；为加强学生对所学知识的理解，课程需处理好过程与结果、直观与抽象、直接经验与间接经验等之间的关系。其次，《课标（2011 年版)》强调形成正确的教学观与学生观，因为教学活动是师生双边互动的过程，教师是组织者、引导者和合作者，学生是学习的主

---

①曹一鸣.十三国数学课程标准评介（小学初中卷）[M].北京:北京师范大学出版社，2012:180–181.

体，强调学生动手实践、自主探索与合作交流的学习方式。最后，在学习评价上，中国《标准》既关注评价的主体的转变，又关注评价目标与方法的多元与多样性，改变以往只有教师单一主体评价学生最终成绩的单一目标的评价体系；在学习评价中，教师、学生与家长都可以参与进来，既关注学生的学习成绩，更多是关注学生的学习过程，并且评价的方法与目标应该多样与多元。

日本《要领》侧重于学生生存能力、思考力、判断力、表现力的培养和学习欲望与习惯的养成。首先，日本重视生存能力的培养，虽之前也提出该理念，但没有引起教育界的重视，现行《要领》将该理念摆在重要的位置，并将其细化为"扎实的学力、丰富的心灵与健康的体魄"，希望学生能够德、智、体和谐发展适应不断变化发展的社会。其次，日本提倡儿童运用具体的语言、数量、方程式、图形、函数图像表达自己的想法，全面谨慎的思考、学习归纳和总结，不断提高自己的思考力、判断力与表现力。最后，《要领》重视学生学习欲望的提高与学习习惯的养成，近来的PISA调查发现，日本儿童阅读能力的成绩分布逐渐扩大，这与儿童的学习时间、学习欲望与学习习惯有相当大的关联性，有充足的时间阅读、一定的阅读欲望与阅读习惯，才能提高学生的阅读能力。

（三）转变学生观，共同强调学习的自主性

中国标准强调学生是学习的主体，学生有一定的自主性，学习是一个生动活泼的、主动的和富有个性的过程，认真听讲、积极思考、动手实践、自主探索、合作交流等，都是学生学习数学的重要方式，学生应当有足够的时间和空间经历观察、实验、猜测、推理、验证等活动过程。新课程希望学生"通过自己的试探与求索、总结与概括，获得经验与体验。"[1]在改变学生学习方式的同时来提高学生学习的自主性。

日本《要领》关注儿童学习算数的自主意识，特别添加了培养学生的思

---

[1]王本陆.课程与教学论 [M] .北京:高等教育出版社,2009:189.

考力、判断力和表现力，希望学生能够意识到学习数学的价值和意义，激起他们学习数学的兴趣，加深对所学内容的理解，意识到学习数学的益处。学生能够数学地思考、判断与表达自己的观点，灵活运用算数，思考与发掘新的知识和方法，进而自主地进行各种探究活动。以上看出，虽然中日从不同方面对学生提出了要求，但都是对学生自主性的关注。

四、中日小学数学课程目标的比较

课程目标是指学生课程学习应达到的结果及其程度的要求，是关于学生学习活动结束之后行为变化的阐述。课程目标是指导课程设置、编排、实施和评价的准则，也是课程自身性质和理念的具体体现。中日两国的小学数学课程标准中都包含有课程目标，但目标的内容却存在差异。

（一）两国标准的课程目标

中国标准强调数学课程以获取数学知识、技能和能力为首要目标，转变为首先关注学生的情感、态度、价值观和一般能力的发展，并使学生获得作为公民适应现代生活所必需的基本数学知识和技能。[①]义务教育数学课程最终目的是为学生终身可持续发展奠定基础，实现"人人都能获得良好的数学教育，不同的人在数学上得到不同的发展"。[②]《课标（2011 年版）》规定了义务教育阶段数学课程的总目标，在总目标下，从纵向与横向两个维度规定了分学段目标和分领域的目标，构成了一个比较完整的数学课程目标体系。

总目标是整个义务教育阶段学生应该达到的总要求，是对学生数学素养的总体描述。为了促进学生的终身可持续发展，《课标（2011 年版）》的总目标从知识技能、数学思考、问题解决和情感态度四个方面具体阐述了学生通过义务教育阶段的数学学习所应当达到的具体目标。

小学阶段将数学课程分为两个学段，每个学段确定了与总目标相对应的

---

①刘久成.小学数学课程 60 年 [M] .镇江:江苏大学出版社,2011:178.

②中华人民共和国教育部.全日制义务教育数学课程标准（实验稿） [M] .北京:北京师范大学出版社,2001:2.

学段目标，体现了对不同阶段学生的不同要求。《课标（2011 年版）》安排四个学习领域即"数与代数""图形与几何""统计与概率""综合与实践"，每个学习领域均规定了与该领域相关的具体目标，可以说是总目标与分学段目标在各个领域内容上的具体体现。

日本《要领》努力体现培养扎实学力、丰富心灵和健康体魄的"生存能力"的理念，努力实现由注重学生的自主性、自动性和个性，重点考虑学生的"兴趣、志愿和态度"的新学力观，向强调要通过"掌握性教育"和"探究性教育"的综合来保障学生的"知识、理解"的扎实学力观的转变。《要领》的目标体系由 三 个层次构成：一是总体目标，二是各学年的目标，三是各学年中各学习领域的具体目标，构成了一个比较完整的数学课程目标体系。

日本小学阶段的数学课程，分为六个学年，每个学年确定了与总体目标相一致的学年目标，体现了对不同年级学生的不同要求。《要领》安排五个学习领域即"数与计算""量与测量""图形""数量关系""算数活动"，每个学习领域均规定了与该领域相关的具体目标，可以说是总体目标与分学年目标在各个领域内容上的具体体现。

《要领》的总体目标指出：

●通过算数活动，掌握数量和图形的基础的、基本的知识和技能，有条理地解决实际问题。

●培养学生的思考力和表现力的同时，使学生切实感受算数活动的快乐和用数学解决问题的益处。

●培养学生将数学运用于学习、生活的态度。

总目标涉及五个关键方面即"算数活动""基础知识和技能""思考力与表现力""算数活动"的乐趣与数学性处理问题的好处、学习与应用数学的态度"，其中"算数活动的乐趣、学习和应用数学的态度"相当于中国标准的情感态度的目标要求，"数学性处理问题的好处"相当于中国标准的问题解决的目标。下面就这五个方面进行具体的阐述。（见表 10.1）

表 10.1 日本《要领》的具体目标

算数活动	通过活动,发掘新的性质和思维方法;通过活动,切实感受数量和图形的含义,提高判断力、思考力与表现力;通过活动,让学生进一步发展自己,提高他们的创造性;通过活动,培养学生善于将算数课与日常生活、自然现象以及其他学科相联系的习惯
基础知识技能	掌握数、量、图形中所包含的基本知识以及表现出来的基本方法;学习新知识与方法的同时,注重以原有的知识和技能为基础;在日常生活和学习中要适当地、有目的地运用所学的知识和技能;理解问题的含义,明确其目的性,进行有意义的学习
思考力与表现力	能运用具体的语言、数量、方程式、图形等表达自己的想法;在表达时,能够思考自身的优缺点进而提高自己的思考力和表现力;能够在课堂上结合各种思维,找到最佳思维方式,促进有效的学习;面对学习困难时,想出新的方法,统筹全局,归纳思考;有目的地解决问题,全面谨慎的思考、学习归纳和总结
算数活动乐趣、数学性处理问题	重视让学生积极参与算数活动,创造快乐的算数课,激起学习算数的兴趣;意识到数学性地处理问题的便利性,意识到学习数学的价值和意义;重视日常生活现象中所蕴含的数量关系与数学思维,进行数学性的思考处理;体会数学的优越性,感受学习数学所带来的益处
学习应用数学的态度	灵活运用算数,发掘新的知识方法,进行各种探究活动;在学习中,灵活运用所掌握的基本知识技能,感受数学的趣味性与优越性

其中，"算数活动"这部分贯穿算数科目标整体，也是实现目标进行指导学习的基本方法；"基础知识和技能"是学习其他知识和日常生活的基石；"思考力和表现力"是学生获得数学思维的必经过程；算数活动乐趣、数学性处理问题的好处与学习和应用数学的态度，这三者其实是情感态度方面的目标。这五个方面是总体目标的具体展现，是不可分割的有机整体。只有将这几个方面的目标相结合才能培养出和谐且具有一定数学素养的社会公民。

（二）分析比较

1. 目标达成方式不同，反映不同的教育理念

中国标准具体目标"知识技能""数学思考""问题解决""情感态度"的四个方面，是相互融合的。这四个方面目标的达成主要是希望学生通过数学学习，将直接经验与间接经验相结合，让学生经历探索与发现的过程，掌握数学必要的基本知识与技能，感受数学与实际生活的联系。

日本《要领》以期通过数学活动，掌握数量和图形的基础的、基本的知识和技能，有条理地解决实际问题，培养表现力的同时，使学生切实感受数学活动的快乐和用数学解决问题的益处，培养将数学运用于学习、生活的态

度。①可以看出，日本《要领》关于"算数活动、基本知识和技能、思考力与表现力、算数活动的乐趣与数学性处理问题的好处、学习与应用数学的态度"几个方面的目标达成主要是通过算数活动，算数活动贯穿于整个数学科目的整体，是指导学习的基本方法。

2. 整合多维目标，关注学生的全面发展

中国标准旨在建立一个促进学生全面发展的义务教育数学课程体系，除理解和掌握必要的基础知识和技能外，《课标（2011 年版）》明确将"数学思考""问题解决""情感态度"列为课程目标领域，并将其具体化，使课程目标具备更为丰富的内涵、更为合理的结构。可见，义务教育阶段的数学课程，其基本出发点是促进学生全面、持续、和谐的发展。数学课程的目标不只是让学生获得必要的数学知识与技能，还应该努力帮助学生学会数学思考，具备提出问题和解决问题的能力，通过数学的学习获得良好的情感与态度。《课标（2011 年版）》还进一步指出四个目标领域是一个不可分割的整体，"数学思考""问题解决""情感态度"的发展离不开知识与技能的习得，同时，知识技能的学习又以实现其他目标为前提。只有通过整合，才能避免淡化所谓"软目标"（如情感态度）的倾向，使所有的目标得到落实；只有通过整合，才能使各个领域目标之间相互促进；只有通过整合，才能使课程效益尽量达到最大。②

日本《要领》旨在培养开拓 21 世纪的具有确实学力、丰富心灵和健康体魄的日本人，除了要求学生掌握数量和图形的基础的、基本的知识和技能外，《要领》还特别添加了培养学生的表现能力，不仅要求学生表达自己的观点，并且能够演示、实验甚至融入生活实际中，理论与实践相结合来支持自己的观点；《要领》增设了新的学习领域"算数活动"，将"算数活动"贯穿于整

---

① 曹一鸣.十三国数学课程标准评介（小学初中卷）[M].北京：北京师范大学出版社，2012:180.

② 史宁中，马云鹏.基础教育数学课程改革的设计、实施与展望 [M].南宁:广西教育出版社,2008:66.

个目标，让学生有目的、有意识地主动参与各种活动，通过算数活动，切实感受数量和图形的含义，提高判断力、思考力与表现力，并且感受算数活动的乐趣和意义，体会数学的解决实际问题的好处。可见，日本《要领》也是对多维目标的整合。只有将这几个维度的目标相结合才能培养出和谐且具有一定数学素养的社会公民，才能实现培养具有扎实学力、丰富心灵和健康体魄的日本人的观念。

3. 继承传统，共同关注"双基"教育

培养具有扎实的数学基础知识和基本技能是中国数学教育的传统，并且随着时代的进步要求掌握的知识和技能也在变化。例如，进入 21 世纪，随着计算机时代的到来，对于数的计算，没有必要再花大量的时间和精力去掌握大数目的笔算，而估算的技能、适当的选择算法、对运算结果的解释等能力变得愈加重要。强调获取知识和技能的结果与获取的过程并存；强调客观性的数学事实和主观性的数学活动经验并存；强调对基础知识和技能的理解和运用；强调用发展性的目光审视和选择基础知识和基本技能。中国《标准》既做到了对传统双基教育的继承，又注意用发展性的眼光对待双基教育。

日本《要领》力求通过数学活动，学生掌握数量和图形的基础知识和基本技能，有条理地解决实际问题，培养表现力的同时，使学生切实感受数学活动的快乐和用数学解决问题的益处，培养将数学运用于学习和生活的态度。《要领》指出为了培养学生自主学习、独立思考的能力，必须重视基础知识和基本技能的理解和掌握。包括两个方面：一是在社会变化和科学技术发展过程中，使学生自立于社会的必要的知识和技能；二是为了确实掌握，在学校以及各个学年反复强调有效的知识和技能。[①]同时，《要领》还对掌握和理解基础知识和技能的具体策略进行了阐述：第一，要重视按学生认知规律和学段实施指导。一般地，在小学中、低年级，要重视通过体验活动和具体实物

① 日本文部科学省网站：教育课程部会审议总结 [EB/OL] .http://www.mext.go.jP/a-menu/shotou/new-cs/index.htm.2007-11-7.

操作来思考和理解。如对整数运算的学习，根据学生的年龄特征、认知规律，采用递进、螺旋上升的原则。小学一年级，引入简单的两位数加法，二年级进行两位数加法的真正指导；四年级加以巩固和应用；第二，文部科学省制定重点指导事项，对中小学学习指导要领中的教学内容进行了筛选，选出应该重点指导和反复练习的内容，供各级各类学校参考。如小学的整数、分数、小数的运算等。目的是使学生切实掌握自立于社会和进一步深造所需的基础知识和基本技能。

综上所述，虽然中日现行小学数学的课程目标达成方式不同，但两国却都注重传统，共同关注双基教育；都注重整合多维度目标，关注学生的全面发展，努力培养全面、持续而和谐的社会公民。

五、中日小学数学课程内容的比较

中国《课标（2011年版）》将教学内容分成"数与代数""图形与几何""统计与概率""综合与实践"四个方面，而日本《要领》按学年分别安排了"数与计算""量与测量""图形""数量关系""算数活动"五个方面的内容。下面对此进行比较研究。

（一） "数与代数"的比较

"数与代数"是小学数学课程内容的重要组成部分。中日小学数学课程标准中，第一个知识板块都是"数与代数"。中国称为"数与代数"，日本称为"数与计算"，两国"数与代数"的部分结构如表10.2。

中国以学段的形式提出每个学段"数的认识、数的运算、常见的量与探索规律"几个方面内容的具体要求，日本是按照学年对"数与计算"领域下的几个维度进行细分，两国知识内容的容量存在着很大差别。比如，日本在数的认识与运算方面，第一学段设置容量比中国多，这与日本要求培养有扎实学力的教育目标是分不开的。第二学段中，中国在数的认识方面的知识容量比日本多，数的运算方面日本比中国容量多，中国这部分知识在各个学段保持平衡，而日本会根据需要有所偏重。

表 10.2　中日"数与代数"部分构成体系

国家 学段/年	中国	日本	
第一学段	数的认识 数的运算 常见的量 探索规律	第一学年	数的理解 数的表示 数的运算
		第二学年	
		第三学年	
第二学段	数的认识 数的运算 式与方程 正比例、反比例探索规律	第四学年	数的理解 数的表示 数的运算 数的运用
		第五学年	
		第六学年	

2. 都强调数的认识，丰富学生的数感

中国标准第一学段与日本《要领》第一、二、三学年关于"数的认识"的具体内容见表 10.3。

表 10.3　中日"数的认识"的具体内容构成

国家 学段/年	中国	日本	
第 一 学 段	用数表示物体个数、顺序与位置；理解、认读万以内的数；理解符号>，=，<的含义；初步认识小数、分数；比较两个一位小数大小；比较两个同分母分数大小	第一学年	按顺序数数、理解数的系统；两位数、三位数的表示；以十为单位的数
		第二学年	用数表示物体个数；四位以内数的十进位记数法；掌握十位数、百位数；理解数的相对大小；认识像 $\frac{1}{2}$ 与 $\frac{1}{4}$ 的简单分数
		第三学年	了解万的单位；掌握 10 倍、100 倍数的大小；加深数相对大小理解；掌握小数、分数的含义与表示方法

由表 10.3 可见，两国都很重视数的直观感知，由直接认知来丰富数感。中国标准将用数表示物体的个数贯穿于整个学段，希望学生通过具体事物来认识数，达到用数来表示物体个数、顺序与位置的目的，从而丰富学生的数感；日本《要领》第一学年提出按顺序数数，第二学年提出用数表示物体个数，第三学年没有涉及，虽然第一二学年提出的要求不同，但都希望学生通过数具体物体个数的活动，理解数的含义，灵活运用数，丰富数感。另外两

国都重视数的认、读、写。中国的第一学段主要是关于万以内数的认、读、写，同时对于简单的小数与分数的认识作了要求。日本《要领》第一、二、三学年对数的认识分别从十位数、百位数到万，逐步扩大数系，使学生对数的认识逐渐加深。小数与分数的认识与中国一样，由于学生处于低年级阶段，从简单的认识开始，符合学生的认知。

可见，中日虽对于数的认识的要求不同，但两国的基本目的一样，都希望加强与扩大学生对数系的认识，丰富他们对数的感受，体会数用来表示和交流的作用。

3. 运算编排体系相仿，关注学生计算能力的提高

两国标准对数的运算安排了大篇幅的内容并且将其具体细化。中国标准将数的运算贯穿整个小学阶段，并在数的认识部分之后列出，每个学段做出了不同的要求，可见其重要性。同样，日本《要领》将数的运算贯穿于六个学年，并在每个学年进行细化。表 10.4 是两国小学阶段的整数乘除法运算的安排体系。

表 10.4　中日"整数乘除法"内容体系

中国		日本	
第一学段	表内乘除法 口算一位数乘除两位数 一位数乘两位数和三位数 两位数乘两位数 两位数和三位数除以一位数	第一学年	
		第二学年	表内乘法 一位数和两位数乘法
		第三学年	一位数和三位数、两位数和四位数的乘法 被除数是一位数、两位数的除法
第二学段	三位数乘两位数的乘法 三位数除以两位数的除法	第四学年	被除数是两位数、三位数的除法 带有余数的除法
		第五学年	
		第六学年	

由表 10.4 可看出，两国关于整数乘除法安排体系大体相同，都很关注学生运算能力的提高，包括笔算和口算。中国标准对于整数乘除法部分，第一学段指出能熟练地口算表内乘除法，能口算简单的一位数乘两位数；能计

算一位数乘两位数和三位数、两位数乘两位数的乘法，两位数和三位数除以一位数的除法。第二学段则指出能计算三位数乘两位数的乘法，三位数除以两位数的除法。虽然两个学段对整数乘除法要求差别很大，对学生的口算与笔算都提出了一定的要求，最终目的是提高学生的计算能力，让学生学会用多种方法计算，使计算更加简便。

日本《要领》关于整数乘除法方面虽各个学年存在明显差别，但与中国的编排体系大体相同。日本从第二学年开始授予整数的乘法，主要是表内乘法，第三学年是一位数和两位数乘三位数和四位数，并涉及一位数的除法，第四学年主要讲授除数是一位数或两位数，被除数为两位数或三位数的整数除法。日本的整数乘除法主要集中在第二、三、四三个学年。中国虽然两个学段都有规定，数学教科书显示，其大都集中在二、三、四年级。中日关于整数乘除法编排体系基本相同。另外，两国数的运算部分还有整数加减法、小数和分数加减乘除法，两国在这两个部分的安排体系与整数乘除法安排体系类似，这里不再赘述。

（二）"图形与几何"的比较

"图形与几何"知识的学习与掌握既可以帮助学生建立空间观念，还可以让学生经历利用图形来描述、分析与解决数学问题的过程。[①]日本《要领》中的"量与测量"和"图形"两部分相当于中国标准的"图形与几何"，中国对于"量"的知识在"数与代数"中有一部分，在图形与几何部分"测量"中也有一部分。两国"图形与几何"部分的体系如下表。

表 10.5　中日"图形与几何"的内容体系

国家 内容	中国	日本
图形与几何	测量 图形的认识 图形的运动 图形与位置	量 测量 图形的认识 图形的理解 图形与位置

①徐斌艳. 数学课程与教学论 [M] . 杭州: 浙江教育出版社, 2003: 116.

表 10.5 看出"量、测量、图形的认识、图形与位置"四个方面是两国共有的内容，两国都希望学生能够获得图形与几何方面基本的知识、技能与经验，为解决实际问题做准备。如，学习了三角形的性质与特点后，很多同学知道三脚架比较稳固，知道了建筑工人为何要用三脚架去高处安装东西。虽两国内容结构安排相似，但各个部分的知识内容存在差异，日本《要领》中包括菱形、棱柱和球，强调图形的构造；中国标准中包括图形的运动等。

中国标准中从以前强调图形的测量，拓展为"图形的认识、测量、图形的运动、图形与位置"等几个方面的内容，突出"图形的认识"，其不但充实了内容而且提供了较为明确的目标，从图形的认识和性质、图形的运动、图形的位置等多个视角刻画图形，从只关注学生对图形知识的结果掌握到关注学生对图形知识的体验过程，不仅发展了学生的空间观念，而且增强了学生的逻辑推理能力；①日本《要领》为了培养学生的扎实学力，确保数学知识的通用性和系统性，将以前削减的内容又重新回到课本。

2008 年《要领》既有物体形状、三角形与四边形的基本知识，也在此基础上增加了特殊的物体形状与特殊的三角形与四边形的知识，这样既保证了一定的课时与数学内容的系统性，也保证了学生对图形的基础知识和基本技能的掌握。部分学习内容可以在学年间或学段间重复，既发展了学生的空间观念，也符合学生的认知发展规律。

（三）数据统计的比较

数据统计是指让学生经历数据的收集、整理、分析和推断的过程，掌握一些简单的数据处理知识和技能。中日对于数据统计部分的知识安排都比较少。下面将中国的"统计与概率"部分与日本的"数量关系"中关于数据统计部分进行比较。

1. 强调经历数据处理过程，发展学生统计观念

要提高学生的数据处理能力与发展学生的统计观念，有效的办法是让他们真正投入到数据处理的过程，经历数据的收集、整理、分析与推理的

过程。①表10.6 显示,中国《标准》在两个学段的首要目标都是统计过程的目标,第一学段目标指出经历简单的数据收集、整理、分析的过程,了解简单的数据处理方法,第二学段指出经历数据的收集、整理和分析的过程,掌握一些简单的数据处理技能。

表 10.6　中日"数据统计"的内容安排

国家 学段/年	中国		日本
第一学段	对事物与数据分类;收集与整理数据;呈现数据(文字、图画、表格);分析数据,进行交流,感受数据蕴含的信息	第一学年	用图形表示物体个数
		第二学年	分类与整理数据资料;用简单的表格、图形表示、理解与说明它
		第三学年	
第二学段	收集、整理、描述与分析数据;设计调查表,用恰当方法(调查、试验与测量)收集数据;能用条形统计图、折线统计图表示数据;解释统计结果,作出判断,进行交流	第四学年	有目的分类整理资料;了解折线图读法与画法;掌握柱形图读法与画法
		第五学年	了解数据的平均与分散;会用统计方法表示;整理与调查具体事物的情形与条件
		第六学年	

日本《要领》也很重视学生数据处理能力的提高,关注学生数据处理的过程。如第二学年要求学生会整理和分类周围物体的数量,并能用简单的表格和图像表示和理解,第三学年规定学生会整理和分类周围物体的数量,并能用简单的表格和图像表示和说明。可以看出两学年都是很关注学生经历数据整理与分类的过程。中日都希望学生在经历数据收集、整理、分析与推理这些统计活动过程后,将逐渐认识到统计的作用,能够从数据的角度思考和处理与数据有关的问题,能通过收集、整理和分析,做出合理的判断,由数据得到的结论做出合理的反思,从而提高处理数据的能力与统计观念。

2. 关注学生的表达能力,重视统计语言的运用

数据统计要求学生学会用表格、列表、画图等方面来显示得到的数据,学生不但要掌握制表与画图基本技能,还要能够对自己得到的数据做解释与

---

①史宁中,马云鹏.基础教育数学课程改革的设计、实施与展望 [M].南宁:广西教育出版社,2008:76.

说明。表 10.6 显示，中国标准希望学生能描述、分析数据，并解释统计结果，如第二学段关于数据统计知识的规定要求学生能解释统计结果，根据结果做出简单的判断和预测，并能进行交流。可见，中国标准注重学生统计语言的运用。同样，日本《要领》要求学生将得到的数据用简单的表格、图像表示并且理解与说明，如第四学年要求学生用两种观点分类整理所得的数据资料、并分析其特点，培养学生的总结与分析问题的能力。

由此看出，两国都重视统计语言的运用与培养，体现出在要求学生掌握统计的基本知识与技能，进行制表、画图等操作活动的同时，要求学生也能够用正确的数学语言进行解释、分析数据。这体现出数学学习不只是要求会观察、会操作，也要求会表达。在统计知识学习方面，借助统计语言的培养，可以将知识本身与生活更加贴近，学会用学到的数学知识解释生活中的一些现象，感受数学与实际的联系，不仅提高了学生表达能力，更能体现出数学的自身价值。

3. 知识难度不同，侧重点存在差异

由表 10.6 可见，中日两国知识的侧重点存在差别。中国标准不仅注重学生对数据的整理与分类，而且重视其收集数据的方法与数据呈现的形式；既关注过程，也关注学生学习的开始与结果，强调完整的学习过程。而日本《要领》对该部分的难度要求相对于中国而言则较低，比如，对数据的呈现，只要求用简单的表格与图表表示；又如，中国对于条形统计图要求学生"会用"与"能用"其处理与表示所搜集的数据，而日本则只让学生对条形统计图的"画法"与"读法"进行"了解"与"理解"。可见，中日对数据统计部分侧重点存在差异。中国关注对统计过程的完整学习，日本则只要求简单的了解。中国该部分的知识难度高于日本，对学生的数据处理能力的要求也更高。

综上所述，中日在数据统计部分虽然侧重点与知识难度存在差别，但两国都比较关注学生对数据处理的过程体验，关注学生的统计观念的培养。两国都比较注重统计语言的运用，共同关注学生的表达能力的提高。

（四）综合与实践的比较

中国标准中"综合与实践"内容设置的目的在于培养学生综合运用有关知识与方法解决实际问题。日本《要领》中的"算数活动"，旨在"双基"的落实及数学表达能力的培养。

1. 内容明细不同，实施的弹性空间存在差异

中国对该部分的知识与前面几个部分的知识一样是按照学段划分的，而日本则是按照学年划分的，内容比较明确。中国第一学段的内容要求如表 10.7 所示。

表 10.7　中国第一学段"综合与实践"的内容

第一学段
·通过实践活动,感受数学的作用,体验解决问题的过程,获得初步的"数学活动"经验
·在实践活动中,了解要解决的问题及其办法
·经历实践操作的过程,进一步理解所学的内容

表 10.8　日本第一、二、三学年"算数活动"内容安排

第一学年	第二学年	第三学年
·将物体进行归纳、整理和数数活动 ·说明计算方法和意义活动 ·比较物体长度、面积和体积活动 ·观察与制作图形活动 ·会用式子表示和联系数量关系活动	·发现运用整数情境活动 ·从九九乘法表内发现规律活动 ·估计物体长度和体积活动 ·制作、铺设长方形等图形活动 ·用图和式子表示、说明数量关系活动	·说明计算意义和方法活动 ·比较小数、分数大小活动 ·考察单位关系活动 ·制作等腰三角形和等边三角形活动 ·对资料分类整理、列表表示活动

日本对该部分内容划分比较明确，哪个年级该怎样做，应该从哪些方面入手都做了详细的规定，日本"算数活动"和该学年的教学内容相结合，目的是让学生通过明确的数学活动，获得数与计算、图形与数量关系几个领域的知识和技能，并能运用所学的知识与技能进行思考、说明及解决问题，使学生从数学活动中体会数学学习的乐趣和充实感，从而增强他们学习数学的兴趣，加深对数学学习意义和价值的理解，进而提高思考力、判断力

和表现力。

2. 关注教学过程，体现教师的主导性

中日都比较关注该部分知识的教学过程，为了体现学生的自主性，两国都对教师做出了一定的要求。中国标准强调在实施"综合与实践"时，教师要放手让学生参与，启发和引导学生进入角色，组织好学生之间的合作交流，并照顾到所有的学生。教师不仅要关注结果，更要关注过程，不要急于求成，要鼓励引导学生充分利用"综合与实践"的过程，积累活动经验、展现思考过程、交流收获体会、激发创造潜能。①中国比较关注教师具体实操的过程，提倡学生有一定的自主性，强调教师要放手让学生自主发现问题，然后引导学生分析问题，最后得出问题的结论。这样让学生经历调查、操作、实验与推理等的活动，一方面培养了学生的实际解决问题的能力，也激发了他们学习数学的乐趣。

日本《要领》规定"算数活动"不仅要关注学生主动参与过程，对教师的教学也提出了一定要求。《要领》指出教师在开展数学活动时，要让学生切实感受学习数学的快乐和意义，培养学生对数学学习的兴趣，从"要学"到"乐学"。另外，日本还特别关注教师对学生的思考力、判断力与表现力的培养，要关注学生的思考过程与用语言说明其思考过程的表达能力。可见，中日两国对综合实践部分为了体现学生的自主性，都比较关注教学过程。

3. 注重知识间的联系，凸显教学内容的综合性

中日两国都重视将"数学活动"穿插于各个部分知识学习，丰富教学内容。中国标准认为"综合与实践"是一类以问题为载体、以学生自主参与为主的学习活动，在学习活动中，学生将综合运用"数与代数""图形与几何""统计与概率"等知识和方法解决所遇到的问题，并提倡把这种教学形式贯穿在日常教学活动中，使教学内容、方式丰富与多样化；日本《要领》指出

----

①中华人民共和国教育部.义务教育数学课程标准（2011年版）[M].北京：北京师范大学出版社，2012：27.

"算数活动"是贯穿算数科目标的整体，也是实现目标进行指导学习的基本方法，上文也指出将各个学年的"数与计算""量与测量""图形""数量关系"所学习的内容通过算数活动进行讲授指导。①可见，两国都关注数学活动的穿插性，关注知识间的联系，关注教学形式与内容的多样化和丰富性，从而凸显教学内容的综合性。

六、中日小学数学课程标准比较的启示

比较研究的目的在于反思与总结，通过以上分析比较，可以对中国义务教育阶段的数学课程标准研制带来如下启示。

（一）改善文本呈现形式，优化课程标准结构

通过两国标准的"基本框架"与"课程内容"的比较发现，中国现行的课程标准分学段的课程目标与内容的呈现比较粗略，较日本《要领》按"数与计算""图形""数量关系""算数活动"按学年划分显得不够明确与细致，弹性较大。笔者认为，优化课程标准的第一步应是改善标准的呈现形式。中国标准的基本结构框架应进一步完善，课程的目标与内容的划分应进一步细化，既突出学段的总目标与内容，也应将学年的目标与内容具体细化，并注意各个学年内容的衔接、连贯与系统性，为教师的教与学生的学提供具体的指导。

（二）课程内容设计要合理，不能一味降低难度

近几十年来，日本为了使学生在宽松的环境中学习，切实掌握基础知识和基本技能，一直在削减课时和课程内容，从而降低课程的难度。然而，效果并不理想。如今，削减的内容又重新回到了课本中。

20世纪，美国数学教育的几次变革对整个国际数学教育都产生了深远的影响。美国在多次的国际教育比较中发现，其学生在数学上的表现远不如东亚国家。所以，从1995年的 TIMSS 测试开始，美国数学教育界进行了认真的

---

① 曹一鸣.十三国数学课程标准评介 [M].北京：北京师范大学出版社，2012：181.

反思与总结，他们认为：美国数学课程内容过于宽泛，又缺乏深度。一个形象比喻是"一英里宽，一英寸深"（A mile Wide and a Inch Deep）；数学课程内容缺乏挑战性，对重要概念的理解和解决复杂问题的能力不够重视，对学生的要求偏低。[1]

由此看来，改革必须科学地认识课程的难度。如果一味将小学与初中阶段的课程难度降低，而高中、大学的课程难度不降低，那么，学生初中毕业后升入上级学校后，怎么能适应更深层次的教学呢？教育是一个充满难度的过程，它不可能完全允许人们时刻以快乐的形式去战胜无知和愚昧而走向已知的境界。对于学校教育来说："难度可以保证教育过程的效率；难度可激发学生的智慧潜力，最大限度地促进学生的发展；难度可以培养学生坚强的意志，使他们学会选择。"[2]因此，教育不能没有难度，教育改革不能一味地降低课程难度。

（三）打好数学基础，培养学生扎实学力

"数学双基"是指数学的基础知识和基本技能，而"基础知识的掌握和基本技能的养成是基础学力的核心，是儿童适应社会、开展终身学习、促进自我完善和发展的基础。"[3]同时，中国义务教育的基础性决定了"双基"教学在基础教育中的重要地位与作用。

中日两国当前的数学课程改革都坚持了"双基"教学的传统，中国标准希望通过义务教育阶段的数学学习，学生不但能获得适应社会生活和进一步发展所必需的数学基础知识与基本技能，而且还能获得相应的数学基本思想和基本活动经验。中国既做到继承了传统，也在"双基"基础上作了拓展，由"双基"变为"四基"，进一步适应了时代发展与数学教育自身发展的需

[1]李建华.TIMSS2003与美国数学课程评介 [J].数学通报，2005（3）：7-10.

[2]柳海民.教育过程中的"难度教育"价值及其设计思路 [J].课程·教材·教法，1994（11）：15-16.

[3]钟启泉.基础教育课程改革纲要（试行）解读 [M].上海：华东师范大学出版社，2001：50.

求；日本由于 1998 年"宽松教育"理念的盛行，使得学生的基础学力下降，教育呈现滑坡趋势，所以，日本这次的小学数学课程改革特别强调了"数学双基"的重要性，《要领》指出在算数学习中孩子们要掌握的基础知识与技能是学习和生活的基石。日本为了落实"双基"教学对课本内容作了适当的调整，同时确保授课的时间。日本希望通过努力培养具有扎实学力、丰富心灵和健康体魄的具有"生存能力"的儿童。在继承传统的同时，需要注意的是要处理好"数学双基"和"数学创新"之间的关系，要做到"双基"教育为学生发展和创新意识的培养服务，同时创新要有基础做支撑，没有基础的创新是空想，做到以学生发展为本，使得"数学双基"和"数学创新"相辅相成。

（四）转变教学观念，建构课程的实施平台

中国标准的制定，不仅要关注框架结构，应更加注重具体的"实施平台"的建构。①因此，为了防范和克服课程实施形式化的现象，教师一方面要认真研读新的课程标准，掌握新课程的主要理念与思想；另一方面，教师要结合具体教学内容，精心设计教案，把教学目标、内容与方法有机地统一起来，将新课程真正落实，不再形式化。

当然，中国标准在实施建议部分的编写比较系统与完整，这是中国较日本有优势的地方，中国应该保持这样的编写特色；中国标准在附录部分给出了每部分知识内容的案例，这些案例的呈现可以帮助教师理解课程的理念与思想。因此，中国在编写数学课程标准的时候既要做到推陈出新，也要做到保持本国课程的特色。

---

①于洪波.日本和美国教育问题研究 [M] .济南：山东教育出版社，2008：86.

第十一章 中国新加坡小学数学课程标准比较

第二次世界大战以后，新加坡数学教育经过多次改革，特别是开始于20世纪80年代的"系统改革"，最终完成了教育部一元化领导的管理体制，形成了独具特色的教育分流和双语教学制度，奠定了新加坡数学教育腾飞的制度基础。1990年，新加坡最终形成了以问题解决为中心，概念、技能、过程、态度和元认知五个要素相融合的数学课程框架。近年来，新加坡中小学的数学教育在国际上处于领先的地位，在"国际数学与科学研究"（简称TIMSS）等国际评估中成绩突出。2007年，新加坡在一年内完成了一至四年级的小学数学课程改革，更是成绩斐然，这些成就引起了公众对新加坡数学教育的关注。

一、新加坡数学大纲的制定背景与过程

在独立前，新加坡的教育处在一个各语种体系"各自为政"的状态。即，各语种都有各自独立的教学体系，使用着互不相同的教学大纲、教科书以及教学用语。直到1961年，新加坡教材和大纲委员会颁布了一套完整的适用于各语种涵盖所有传统教学科目的教学大纲才统一了这种局面。此后，新加坡数学大纲经过了历次修订。

考虑到学生在学习能力上的差异并为了能更好地发挥学生的学习潜能，新加坡从1979年开始引入了学生分流的体制。针对这一新的体制，新的小学

和中学数学大纲从 1981 年开始逐步取代原有的中小学大纲。新的大纲体现了分流的特征。在小学阶段，低年级（一到三年级）的数学课程是统一的，而到了高年级，课程则分为延续性课程（Extended Course，四至八年级，为期五年）和普通课程（Normal Course，四至六年级，为期三年）两种。延续性课程在内容要求上较低。

1990 年，新加坡教育部再次对数学大纲进行了修订。与 1981 年的大纲相比，1990 年的大纲更注重对学生在数学概念、基本技能及数学过程方面的培养。1990 年首次提出将发展学生的"数学问题解决"能力作为数学课程的基本目标，而且"数学问题解决"也被定位为新加坡数学课程框架的核心。

在 1990 至 2000 年间，新加坡教育部课程规划署又先后两次分别对中学低年级和小学的分流做出调整。这对数学教学大纲也产生了一定的影响。1995 年，小学的分流在时间上被做了调整：由原来的小三分流改为小四分流，共设三种课程：EM1、EM2 和 EM3。前两种课程除了在教学时间上有一定的差异外，在教学内容上是统一的；而 EM3 的数学大纲在数学内容要求上程度较低。

1997 年新加坡教育部提出了"思考的学校，学习的国家"（Thinking Schools，Learning Nation）的总目标。为响应这一宏观的理念，1998 年新加坡教育部推出了试行的小学教学大纲。这个大纲力求贯彻"思考技能""国民教育"和"资讯科技教育总计划"的精神，而且对 1990 年大纲在内容的量上做了大幅度的删减。在此基础上，教育部于 2000 年又分别颁布了修订后的正式的小学数学教学大纲，从 2001 年起实行。2000 年大纲沿袭并发展了 1990 年大纲中数学课程框架的五边形模型，数学问题解决的核心地位得到巩固，但教学内容有大幅度的删减。新加坡教育部在课程改革方面不断寻求新的发展，2007 年又启用新的数学大纲。该大纲重视使学生在学习和应用数学的过程中发展计算能力、推理能力、思维技巧和问题解决能力等综合素养，而内容上并没有较大变化。

二、中新小学数学课程标准的总体比较

(一) 学段划分比较

1. 新加坡的学段划分

新加坡并未在学段上作明确划分。但是新加坡的小学实行" 4+2 分流学制"：学生六岁升入小学，一年级到四年级为基础阶段 (the foundation stage)，五年级和六年级为定向阶段 (the orientation stage)。学生在四年级期末要进行分流考试，这也是新加坡学生正式的第一次分流考试，根据学生的英语、母语考试成绩结合数学和道德教育成绩，被相应地分到三种不同的语言学习能力组：A.英语作为第一语言，母语也作为第一语言 (EM1)。此语言流是为学术性强并具有杰出的语言才能的学生提供一级水平的英语与母语 (约占学生总数的 10%)。B.英语作为第一语言，而母语作为第二语言 (EM2)。大部分学生进入这一语言流 (占 70%~75%)，是为普通学生提供的。C.英语作为第一语言，母语作为熟练的口语 (EM3)。此语言流是为少数能力较弱和母语差的学生提供的 (占 15%~20%)。 (注：因为"分流制"，在新加坡《大纲》中，五、六年级有"标准水平"和"基础水平"两种内容标准，"标准水平"适用于 EM1 和 EM2 语言流， "基础水平"适用于 EM3 语言流。为了对比方便，我们选择"标准水平"的内容作为对象进行对比研究。) 不过，需要指出的是，这种分流不是绝对的，是动态的，如 EM1 的学生成绩下降就进入 EM2，EM3 的学生成绩上升也可以进入 EM2。

2. 中国的学段划分

中国《课标 (2011 年版)》在义务教育阶段将小学的学习时间划分为两个学段：第一学段 (一至三年级)，第二学段 (四至六年级)。这种学段划分方式是按照我国九年一贯的整体特征而设置的。学段与年级之间的对应与划分，综合考虑了学生的生理和心理的阶段性特征、相应年龄学段的数学学习内容的要求，以及多年来的实践所反映出来的学生学习的规律性等因素，经过多

方调研和征求多方意见所确定的。[①]

3. 学段划分对比分析

(1) 新加坡的"分流制"体现了一种精英教育

"分流制"是新加坡教育体制最为显著的特点，是新加坡实行"精英教育"的一个重要措施。新加坡是一个历史不长、国土狭小、资源匮乏的国家，因此"人才"成了新加坡最重要的资源。为了使精英人才尽早脱颖而出，从而成为国家的栋梁，新加坡的教育采用了严格的分流制度。

新加坡这种"分流"制度，反映的是一种"分轨教育"。对于这种制度，很多人持不同意见，有人认为实施教育分流贯彻了因材施教的教育原则，有助于提高教育质量，提高全民族的文化素质。且将不同层次的人才分流到相应的学校，并最终分流到相应层次的职业，满足了国家对不同层次人才的需要。但也有很多学者认为学生不断面临"选择与淘汰"，承受的学业和心理压力过大，同时过早分流对发育迟缓的学生有不公平之嫌。这些想法是有理论依据的。原因在于："被分配到低轨道的教育中就意味着只能获得某种固定形式的知识。在低层次的班级中，学习持续地集中在基本的技能和学科知识上，而更高层次的思维技能只为那些高层次班级而开设。持续地处在低轨道的班级中，当然会影响以后的学校选择或职业选择"[②]

基于以上原因，我国十分反对划分重点班级，现在还是采用"全班齐步走"的做法。但这样的做法容易出现"好生吃不饱，差生吃不了"的现象。针对这些出现的问题，有学者建议："在当前分流制度在我国还难以开展的形势下，是否可以尝试一下分层次教学。不打扰目前的年级和修业年限，只是把每门课程都开成快班、普通班和慢班，针对这三种班级学生的不同学习水平，设置不同的课程，规定毕业生必须达到的最低学术标准后，各班可以

---

①教育部基础教育课程教材专家工作委员会.义务教育数学课程课标（2011 年版）解读 [M] .北京：北京师范大学出版社，2012：76.

②乔治·J.波斯纳.课程分析. [M] .上海：华东师范大学出版社.2007：158.

根据学生的实际水平适当增加学习的难度。"①

(2) 中国的"年级均分"讲究教学内容的平衡设计

我国实行义务教育九年一贯制,其中小学阶段将一至三年级作为低年级学段,四至六年级作为高年级学段。这样的"年级均分"使得在内容的设计上较为平衡。但在国际上,很多国家并不是这么划分的,如英国和美国都是将一至二年级作为低年级学段,三至六年级(美国因为小学阶段有五年制,所以有三至五年级)作为高年级学段。

尽管不同的国家和地区数学课程学段划分不相同,且其课程标准中都没有提及如此划分学段的依据和标准是什么,但从年龄段来看,除了受儿童生理发展存在阶段的影响之外,都不可避免地受到心理学中关于儿童认知发展阶段理论的影响。②

而在教学中我们发现:三年级的学生在心理发展水平和思维特点上都与二年级有显著差别。心理学的研究也发现,小学三年级的学生在很多生理和心理方面都有突破性的发展,表现出和二年级有较大的差别。而五六年级的学生在思维能力上已经达到较高水平,形成了一定的抽象思维能力。笔者认为,一味地寻求平衡而忽视学生的学习特点不是明智的选择。在这里我们不能简单地断定哪种划分最好,但需要强调的是在考虑如何划分学段时一定要充分考虑学生不同时期的特点。

三、中新小学数学课程目标的比较

中国标准对课程目标的表述是具有层次的,即把"课程目标"分成"总目标"和"学段目标"两个部分。"总目标"带有全局性、方向性、指导性;总目标的四个具体方面,即"知识技能""数学思考""问题解决""情感态度"也可以称为数学课程的四个目标维度;"学段目标"分三个学段叙述,

---

①李晓明.新加坡的精英教育 [J] .外国教育研究.2004 (8):17–20.

②刘鹏飞,史宁中,孔凡哲.义务教育数学课程学段划分的国际比较研究. [J] .外国中小学教育,2012 (3):49–53.

每个学段也按照上述四个具体方面展开。而在新加坡《大纲》中虽然没有明确提出总目标和具体目标的概念，但有相似的内容。因此，为了对比方便，我们将目标分成"总目标"和"具体目标"两部分进行比较。

（一）两国课程总目标对比分析

中新两国的课程总目标如表11.1所示。

表11.1　中新两国课程总目标

新加坡	中国
·获得日常生活，以及持续数学学习和相关学科学习必需的数学概念和技能；发展获得和应用数学概念和技能所需要的过程性技能 ·发展数学思维以及问题解决能力，并将这些技能应用在问题解决中 ·识别和应用数学思想间的联系，以及数学与其他学科间的联系 ·发展积极的数学学习态度 ·在数学学习和应用中有效利用不同的数学工具（包括信息和交流技术工具） ·从数学观念中产生富有想象力和创造力的成果，在此过程中提炼数学思想 ·发展逻辑推理，数学地交流，以及合作学习和独立学习的能力[1]	·获得适应社会生活和进一步发展所必需的数学的基础知识、基本技能、基本思想、基本活动经验 ·体会数学知识之间、数学与其他学科之间、数学与生活之间的联系，运用数学的思维方式进行思考，增强发现和提出问题的能力、分析和解决问题的能力 ·了解数学的价值，提高学习数学的兴趣，增强学好数学的信心，养成良好的学习习惯，具有初步的创新意识和科学态度[2]

从两国的课程总目标的比较中发现：

1. 都重视基础知识和基本技能学习

中国《课标（2011年版）》中强调知识和技能的获得，这也是中国数学教育一贯坚持的传统。新加坡的《大纲》指出："发展必要的知识的获得和应用数学的技能和概念的过程性技能"。由此看来，中新两国都明确提出了知识和技能的学习要求，都重视基础知识学习和基本技能培养。

---

①Ministry of Education Singapore.Mathematics Syllabus Primary [M].Singapore:Author, Curriculum Planning&Development Division.2006.3.

②中华人民共和国教育部.义务教育数学课程课标（2011年版）[M].北京：北京师范大学出版社，2012：8.

2. 都重视数学的教育价值

数学的价值体现在，随着时代的发展，数学在各学科中的用途急剧增加。在工程技术中、在其他学科的应用中、在实践的应用中，数学都发挥着巨大的作用。学生在学会数学知识作为今后应用的工具的同时，还能学到从数学角度看待问题，思考更有条理，表达更加清晰。数学教学在培养学生的抽象能力、推理能力和创新能力上，发挥着独特的作用。中国《课标（2011年版）》把"体会数学知识之间、数学与其他学科之间、数学与生活之间的联系"作为目标之一。新加坡《大纲》中也要求："认识并运用数学思想间的联系，以及数学和其他学科之间的联系。"这些都说明两国都非常重视数学的价值。学生了解了数学的价值，并在实践中体会到数学的价值，就会自然提高学习数学的主动性。

3. "知识技能"目标方面有所不同

中国《课标（2011年版）》特别提出"基本活动经验"的要求，史宁中等指出："基本活动经验是指学生亲自或间接经历了活动过程而获得的经验"。[①]数学活动既包括学生在课堂上学习数学时的探究性活动，也包括与数学课程相联系的学生实践活动；既包括生活、生产中实际进行的数学活动，也包括数学课程教学中特意设计的活动。而"经验"则是学生经历相关活动之后所积淀的内容，它可以是活动当时的直接经验，也可以是延时反思的经验；既可以是学生自己摸索出的经验，也可以是受别人启发得出的经验。但不管是哪种类型，这些"经验"都必须转化和建构为属于学生本人的东西。好的数学活动经验具有主体性、实践性、可发展性和多样性。数学活动的教育意义在于，学生主体通过亲身经历数学活动过程，能够获得具有个性特征的感性认识、情感体验以及数学意识、数学能力和数学素养。学生只有积极参与数学课程的教学过程，经过独立思考，经过探索实践，经过合作交流，才有可能积累数学活动经验。

---

① 史宁中，柳海民. 素质教育的根本目的与实施路径 [J] . 教育研究，2007 (8) :10–14.

4. 信息技术要求有所不同

新加坡《大纲》强调："在数学学习和应用中有效使用各种数学工具（包括信息和交流技术手段）。"表明新加坡对于信息技术的重视。而在中国《课标（2011 年版）》中总目标部分并未提及有关信息技术的要求。

新加坡教育对"信息技术"的投入是非常大的。1997 年新加坡颁布《资讯技术在教育上的总蓝图》（以下简称《总蓝图》）中，明确提出了以信息技术为基础的教学策略，设计新的课程，提供新的评估方法，以达到提倡教育革新的目标。由于该计划的实施，新加坡对信息技术教育进行了改革，以配合计划的实施。在教学与评估上主要改革措施有：学生的学习模式从消极地吸收知识转为积极地寻找及运用资讯，以更有效地解决问题和进行交流。在新的教学策略下，学生能够在学习过程中主动地使用教育软件学习，培养学生独立学习的能力。新的资讯科技教学测试模式，也能用于衡量学生评估和使用信息、思考和交流等能力，可以对学生在数学学习和能力方面进行评估。

在中国，虽然已经越来越重视信息技术在教育中的作用，但一般主要从教师入手，将重点放在教师培训上，缺乏将学生的学与信息技术联系在一起的措施。而我们的教师在教学实践中也只是将信息技术作为一种媒介，并未与学生实际紧密联系。其实，学生是学习的主体，从学生的学习入手，积极开发学习软件，有利于学生更好地学习。

（三）两国具体目标对比分析

1. 新加坡采取"五边形"结构式而中国采用的是四维并列式

中国的课程目标是从知识技能、数学思考、问题解决、情感态度四个方面表述的，四个方面相互并列、相互联系、相互促进。新加坡的数学教学将"发展学生数学问题解决能力"放在数学学习的中心位置，即最终目的。数学问题解决包括将数学应用于解决实际工作中的问题、真正的生活中的问题以及数学问题本身。这里的"问题"涉及的范围很广：从常规的数学问题到不熟悉的情境中的问题，直至运用有关数学知识及其思维过程进行的结论开放的调查等，并认为问题解决能力的高低取决于五个互相关联的成分——概念、技能、过程、态度和元认知①。这五个成分可以看成五个具体目标。如图 11.1 所示

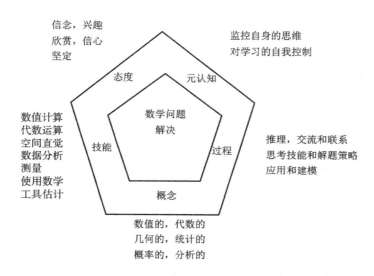

图 11.1 新加坡数学课程目标"五边形"结构

这五个因素都是围绕着"数学问题解决"而提出的，其目的是为了使学生更好地解决数学问题.。但是应该看到这五个因素并不是等量齐观的，这从它们在五边形中的位置就可以看到。概念是最下面的一个因素，它是其他所有因素的基础，没有概念的习得，其他的任何因素就无从谈起。技能和过程是处于中间的两个因素，它们是在概念的基础上形成的，它们和概念一起成为问题解决中的最直接的三个因素。最上端的两个因素态度和元认知，涉及了问题解决中的情感和心理，是更高层次的因素，它们的介入使得问题解决具有更高的效率和质量。

2. 两国都非常重视数学问题解决能力的培养

中新两国都将"问题解决"作为数学教学的重心，但两国"问题解决"

②Ministry of EducationSingapore.Mathematics Syllabus Primary［S］.Singapore：Author，Curriculum Planning & Development Division. 2006. 3.

所扮演的角色并不一样。中国《课标（2011年版）》中，"问题解决"与其他三个方面"知识技能""数学思考"和"情感态度"处于同等地位。但新加坡是把"问题解决"作为数学教学的最终目的。也就是说所有的教学都是围绕着数学问题解决而提出的，其目的是为了更好地解决数学问题。这样的不同其实在本质上反映出的是两国教育理念的不同。

四、中新小学数学课程内容的比较

课程内容是标准中的重要部分，中国的课程内容分成了"数与代数"、"图形与几何""统计与概率""综合与实践"四个领域。但新加坡并未作这种分类。为了对比方便，笔者将新加坡的课程内容按中国的划分进行了整合。

（一）"数与代数"领域的比较

1."数与代数"领域相同点

（1）主要内容基本相同

从形式上来看，中国《课标（2011年版）》中"数与代数"是独立的领域，而新加坡《大纲》中并没有明确提出"数与代数"的领域名称，而是直接从"整数""分数""小数"等方面阐述。为了对比方便，笔者从新加坡的内容标准中整理出"数与代数"领域的主要内容。见表11.2。

表11.2 中新两国"数与代数"领域主要内容

中国	新加坡
数的认识 数的运算 常见的量 式与方程 正比例、反比例 探索规律	数的认识 数的运算 代数 比例 数的规律

从中国《课标（2011年版）》和新加坡《大纲》所呈现的内容我们可以看出来，两国对"数与代数"部分内容学习的主线是基本相同的：从数及数的运算到代数及代数运算。在数的认识中，要理解从数量抽象出数，数的扩充，

从一位数到多位数的表示；在数的运算中，从整数的四则运算到分数、小数的四则运算。数的概念形成过程是一个属概念外延的多次扩张过程，数学课程遵循数概念扩充的顺序。这样的学习顺序一方面遵循数的发展过程，另一方面难度从低到高，从单纯理解记忆到运算再到探索，遵循学生心理发展水平。

中国从第一学段开始，学生就系统地认识数及数量关系。第一学段的学生思维形式以具体形象为主，他们具有一定的生活经验，比较关注自己周围有趣的事物。这一学段的数与代数内容比较重视数的现实意义，强调紧密联系学生身边具体、有趣的事物，使学生体会数字用来表示和交流的作用；注重使学生通过观察、操作、解决问题等丰富的活动初步建立数感；重视口算、估算与笔算的结合；结合现实的问题认识常见的量；初步学习在简单情境下探索数量方面的规律。第二学段在第一学段的基础上，继续学习相关的数与代数内容。随着年龄的增长，学生的思维水平和理解能力有所提高。学生处在由具体形象思维向抽象思维过渡阶段。在第一学段的基础上，第二学段扩大了数的认识和运算的范围，同时在较为抽象的水平上初步认识代数知识和渗透函数思想。

但中国将与数量运算有关的计量单位：如元角分、年月日、重量单位等都放在"数与代数"领域中，而将与几何测量有关的单位都安排在"图形与几何"领域中，而新加坡把所有计量单位部分都归入了"测量"部分。

（2）两国都重视传统的算术知识

在两国数与代数领域中不难看出对数的认识和运算这些算术内容非常重视。中国《课标（2011年版）》和新加坡《大纲》中关于数的认识的内容标准，整理如表11.3所示。

从表11.3可以看出，两国在数的认识上的内容基本相同，小学主要认识整数、分数和小数。虽然新加坡没有划分学段，但按年级来看，每个阶段的难度也跟中国的大约保持一致。如整数部分三年级学到万以内的数的认识；倍数和因数放在中高年级；百分数则放在最后学习。可见两国在设置课程内容时，充分考虑了学生的年龄特点和心理发展特征。中新两国在数的认识上都强调了数的认读写，比如中国《课标（2011 年版）》中第一学段第一句话就指出"能认、读、写万以内的数"；新加坡《大纲》也明确提出"以单词和阿拉伯数字的形式读写数"。数的认读写是数学最基础的知识和技能，由此可以看出两国对基础知识和技能的重视。同为亚洲国家，新加坡也深受儒家文化的影响，重视基础知识和技能是两国的传统。

表 11.3　中新数的认识内容比较

一至三年级		
	中国	新加坡
整数	理解万以内数的意义	万以内的数
符号	理解符号>,=,<的含义	万以内数的比较和排列
分数	初步认识分数;同分母分数大小比较	等值分数
小数	初步认识小数;两个一位小数大小比较	
四至六年级		
整数	认识万以上的数,用万、亿表示大数;知道 2、5、10 的倍数特征;了解自然数、整数、奇数、偶数、质数、合数	千万以内的数;因数和倍数
负数	了解负数的意义	
分数	理解百分数意义;分数、小数和百分数的转化;分数大小比较	百分数;分数、小数和百分数的转化;等值分数,带分数和假分数
小数	三位小数	三位小数

（3）数感成为重要目标

数是中国《课标（2011 年版）》中提出的核心概念之一。中国《课标（2011 年版）》指出："数感主要是指关于数与数量、数量关系、运算结果估计等方面的感悟。建立数感有助于学生理解显示生活中数的意义，理解或表述具体情境中的数量关系。"从中不难看出数与代数领域内容的学习是学生建立数感的重要途径。新加坡在《大纲》中提出"重视心算和口算是因为学生们需要有良好的数感，需要有检验所得结果合理性的估算技能"，而我们从其对内容标准的描述中也能找到"数感"的影子，如"理解加法和减法之间的关系""理解因数和倍数之间的关系""估计得到的结果"……从这些可以知道，两国均将培养学生的数感作为一个重要的目标。

（4）强调算法多样化

"应重视口算，加强估算，提倡算法的多样化"是本次课改提出的要求。新加坡《大纲》中也要求"发展心算、估算的能力，使用计算器"，"使用计算器时，决不能降低对心算和笔算的重视。"过去我国过于注重学生笔算能力的提高。其实，在运算中，口算、笔算、计算器、计算机和估算都是供选择的方式，都可以达到算出结果的目的。学生应该根据不同的情境和需要选择不同算法。图 11.2 显示出学生应该怎样根据需要选择算法。

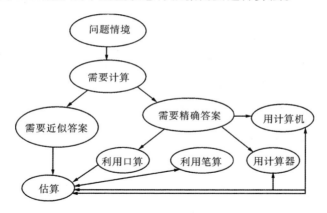

图 11.2　算法多样化示意图

由图 11.2 可以清晰地看出，在计算过程中，应该根据具体情况和计算的性质选择使用算法。如，中国《课标（2011 年版)》中提供如下案例：学校组织 987 名学生去公园玩。如果公园的门票每张 8 元，带 8000 元够不够？除了直接笔算 987×8 以外，其实此题适当的办法是将 987 看成 1000 进行估算。由此可见，根据具体情境正确选择计算方法也反映出学生的数学素养。

2. "数与代数"领域不同点

（1）数的运算部分难度要求不同

数的运算也是小学阶段数学教学中非常重要的一个基础内容。为了对比方便，笔者将中新两国数的运算内容整理如表 11.4。

表 11.4　中新数的运算内容比较

国家 学段		中国	新加坡
一至三年级	加减法	两位数和三位数加减法；口算百以内加减法；同分母分数、小数加减运算	四位数加减法；两个两位数的加减法心算；1 以内两个关联分数加减法
	乘除法	表内乘除法；口算一位数乘除两位数；两位数乘两位数；三位数除以一位数	表内乘除法；三位数乘一位数；三位数除以一位数
四至六年级	加减法	简单分数、小数加减法	两位小数加减法
	乘除法	三位数乘除两位数；简单分数、小数乘除法	三位小数乘或除以整十、整百、整千
	运算律	了解和运用运算律	

从表 11.4 可以看出，中国和新加坡在数的运算部分难度要求有些不同，如：一至三年级加减法中国要求"两位数和三位数的加减"，新加坡要求到"四位数"的加减；乘法中国要求"两位数乘两位数"，新加坡要求"三位数乘一位数"……中国在多位数乘法运算上要早于新加坡。新加坡《大纲》认为："计算器和其他科技手段都是学数学和做数学的工具。基本的文字处理和表格制作技能可以帮助学生参与到各种不同的教学策略和活动中去，科技的使用能激发并增强学生内在的学习动力。"新加坡《大纲》在五六年级注释中均出现"除非特别注释，否则可使用计算器"，可见计算器在五六年级被允许使用，所以降低了对笔算的要求。而中国虽然有"能借助计算器进行运算"的话语，但什么时候可以使用并未明确提出。在教学中，教师们一般也不提倡小学生使用计算器。

随着科技的发展，计算器甚至计算机都是很普遍的，这些工具的应用使计算变得简单，复杂的计算都能在几秒时间内立即得出答案。因此，对学生笔算的要求可以适当降低。但计算器的普遍使用，不能过度降低笔算的要求。应综合考虑，对笔算做出最低限度的要求。

（2）部分内容多于新加坡《大纲》

中国《课标（2011 年版）》中列入的小学阶段的学习内容：最大公因数和最小公倍数；质（素）数和合数；运算律；方程；正比例和反比例。这部分内容难度要稍大一些，由此显示出数与代数部分在难度上中国小学数学课程要稍高于新加坡。尤其在"代数"部分，中国《课标（2011 年版）》要求"在具体情境中能用字母表示数"，"能用方程表示简单情境中的等量关系，了解等式的性质，并能解简单的方程"，而新加坡只要求"简单的代数表达式"，没有涉及"方程"。

（二）"图形与几何"领域的比较

1. "图形与几何"领域相似点

（1）几何与测量内容和难度设置基本相同

中国《课标（2011 年版）》将"图形与几何"的内容分成"图形的认识""测量""图形的运动""图形与位置"四部分。而新加坡将这部分分成"几何"与"测量"两大块。其中"几何"与中国"图形的认识"对应。从内容上看，这两部分的内容设置与中国基本相同。以"图形的认识"为例，整理如表 11.5 所示。

表 11.5 中新两国"图形的认识"主要内容及难度要求

	中国	新加坡
一至三年级	·能通过实物和模型辨认长方体、正方体、圆柱和球等几何体 ·能根据具体事物、照片或直观图辨认从不同角度观察到的简单物体 ·能辨认长方形、正方形、三角形、平行四边形、圆等简单图形 ·通过观察、操作，初步认识长方形、正方形的特征 ·会用长方形、正方形、三角形、平行四边形或圆拼图 ·结合生活情境认识角，了解直角、锐角和钝角 ·能对简单几何体和图形进行分类	·能通过三维物体中辨认矩形、正方形、圆和三角形 ·制作或补充正方体、长方体、圆柱、圆锥 ·识别、命名和描述半圆和四分之一圆 ·使用各种图形组成不同的平面图形，各种立体模型组成不同的立体图形 ·识别直线和曲线，识别物体的平面 ·通过观察、操作，初步认识长方形、正方形的特征 ·识别并命名相互垂直或平行的直线，在方格纸上画出相互垂直或平行的直线 ·在平面或立体图形中识别角，识别直角、大于直角的角和小于直角的角

续表

	中国	新加坡
四至六年级	·结合实例了解线段、射线和直线 ·体会两点间所有连线中线段最短,知道两点间的距离 ·知道平角与周角,了解周角、平角、钝角、直角、锐角之间的大小关系 ·结合生活情境了解平面上两条直线的平行和相交(包括垂直)关系 ·通过观察、操作,认识平行四边形、梯形和圆,知道扇形,会用圆规画圆 ·认识三角形,通过观察、操作,了解三角形两边之和大于第三边、三角形内角和是180° ·认识等腰三角形、等边三角形、直角三角形、锐角三角形、钝角三角形 ·能辨认从不同方向(前面、侧面、上面)看到的物体的形状图 ·通过观察、操作,认识长方体、正方体、圆柱和圆锥,认识长方体、正方体和圆柱的展开图	·使用直尺和三角板画出相互垂直或平行的直线 ·角的表示,估计和测量角的度数,用量角器画角 ·使用共线的角、同顶点的角、对顶角等性质求角 ·确定和命名等腰三角形、等边三角形、直角三角形。三角形内角和是180°的性质,使用工具画三角形 ·认识长方体、正方体和圆柱、圆锥、棱柱和棱锥的平面表示 ·在涉及正方形、长方形、三角形、平行四边形、菱形和梯形的几何图形中求未知角 ·确定正方体、长方体、棱柱和棱锥的平面展开图,识别可以由给定的平面展开图组成的立体图形

通过比较,发现中国与新加坡在内容选择上是基本一致的:一至三年级中,中国《课标(2011 年版)》所设置的"图形的认识"的内容主要有角的认识,平面图形的认识,立体图形的认识及图形的分类;新加坡《大纲》在这一学段中的"几何"主要安排了平面图形的认识并对它们进行分类,制作模型,识别垂线、直线和平行线,识别直线和曲线以及识别直角、锐角、钝角。相比之下,新加坡比中国多了"曲线的认识",其他基本无异。笔者认为曲线的渗透是非常有必要的,因为学生在生活中接触得最多的其实不是直线,而是曲线。在这一点上,新加坡将"直线和曲线"两部分的内容放在一起更利于学生在对比中理解概念。

从难度要求上来看,新加坡《大纲》和中国《课标(2011 年版)》也是相似的。仍然以"图形的认识"为例进行分析。图形的认识是小学阶段的重点,两国都以学生在日常生活中积累了有关图形经验的基础上,通过观察、想象、操作、比较、归纳、概括、推理等方式，认识常见的立体图形和平面图形，探索它们的性质；在观察、想象、推理和图形的相互转换过程中发展空间观念，逐步学会用数学的眼光看待丰富的图形世界，体会图形在现实生活中的广泛应用。低年级先初步认识图形，到了高年级探索图形的性质。

(2) 都重视建立空间观念

空间与人类的生存和居住紧密相关，了解、探索和把握空间，能使学生更好地生存、活动和成长。空间观念是创新精神所需的基本要素，没有空间观念，几乎谈不上任何发明创造。而"图形与几何"领域成为建立学生空间观念的重要载体。

中国《课标（2011年版）》把"空间观念"作为核心概念。明确指出："空间观念主要是指根据物体特征抽象出几何图形，根据几何图形想象出所描述的实际物体；想象出物体的方位和相互之间的位置关系；描述图形的运动和变化；依据语言的描述画出图形等。"《课标（2011年版）》多次提出培养空间观念，"总目标"中就提出"要建立空间观念"，第一学段目标中要求"在从物体中抽象出几何图形、想象图形的运动和位置的过程中，发展空间观念"；第二学段目标中要求"初步形成空间观念，感受几何直观的作用"。新加坡《大纲》也注重"空间感"的培养，在其"五边形"结构中明确将"空间想象"能力归入数学技能中，在其数学课程的目标中也要求"识别二维和三维下的空间关系"。由此可见两国对建立空间观念的重视。

(3) 两国都强调通过对实物的观察与操作认识图形

中国《课标（2011年版）》中第一学段要求"能通过实物和模型辨认长方体、正方体、圆柱和球等几何体""通过观察、操作，初步认识长方体、正方体的特征"；第二学段要求"结合实例了解线段、射线和直线""结合生活情境了解平面上两条相交直线的平行和相交（包括垂直关系）"等。新加坡《大纲》中也要求"从三维物体中识别矩形、正方形、圆和三角形等基本图形""制作或补充三维模型中的图形"等。这些要求的共同特点就是通过观察与操作认识图形，直观地、整体地认识平面图形和立体图形。

人们生活的世界中有很多直观形象,长方形、正方形、三角形、圆等平面图形,长方体、正方体、圆柱和球等立体图形,学生通过对生活中图形的观察与操作,可以形象直观地认识图形。如,学生理解两条直线平行的位置关系比较困难,可以利用两根铁轨作为实物原型来描述,两根铁轨不相交以及它们之间的距离处处相等的事实,都揭示了平行线的本质。

2. "图形与几何" 领域不同点

(1) 部分内容的划分不同

中国 《课标 (2011 年版)》 中将货币单位、时间单位和质量单位这三个单位的认识归为 "数与代数" 内容中,而新加坡 《大纲》 将这部分内容全部放入 "测量" 内容中。主要原因是由于中国的划分维度和新加坡不同。中国 《课标 (2011 年版)》 是按照 "数与代数" "图形与几何" 来划分的,所以自然将与数量运算的计量单位和与几何测量有关的单位分开。而新加坡并未像中国一样划分,所以计量单位就全部归入 "测量" 部分了。

(2) 部分内容新加坡 《大纲》 未设立

在中国 《课标 (2011 年版)》 中设立了 "图形的运动" 和 "图形与位置" 两部分内容。而新加坡并未设置这样的领域,只有少量零散的相应内容。具体见表 11.6。

表 11.6　中新两国 "图形的运动" 与 "图形与位置" 内容

		中国	新加坡
一至三年级	图形的运动	平移、旋转、轴对称现象	
	图形与位置	方向	
四至六年级	图形的运动	轴对称图形;平移与旋转;简单图形放大或缩小	对称 镶套
	图形与位置	比例尺;根据参照点的方向和距离确定其位置;会描述简单的路线图;用数对(限于正整数)表示位置	

从表 11.6 我们可以发现:新加坡 《大纲》 中关于运动与位置只有 "对称" 和 "镶套" 两个内容。而在中国 《课标 (2011 年版)》 中包含了图形的平移、

旋转和对称；方向；图形放大或缩小；确定位置等内容。运动是世间万物的基本特征，是物质存在的基本形式。通过"平移和旋转"等学习，对于发展学生空间观念有重要作用。而小学阶段"平移和对称"主要在于对运动现象的观察和直观感受，比较简单，所以小学适当涉及是合适的。

除了对常见图形的认识之外，中国《课标（2011年版）》还设置了投影与视图、展开与折叠等内容，为学生进行二维图形与三维图形之间转换的素材。这类素材有利于发展学生的空间观念。例如第二学段中"认识长方体、正方体和圆柱的展开图"，体现了三维图形与二维图形之间的转换，在图形的转换中引导学生观察、想象、抽象，发展空间观念。

（三）"统计与概率"领域的比较

"统计与概率"领域主要研究现实生活中的数据和客观世界中的随机现象，它通过对数据收集、整理、描述和分析以及对事件发生可能性的刻画，来帮助人们做出合理的推断和预测。"统计与概率"的内容在中国新课程中得到了重视，成为和"数与代数""图形与几何"等并列的内容之一，而统计成为这一部分内容的重点。

1. 两国都强调发展学生数据分析观念

中国《课标（2011年版）》中将数据分析观念作为这部分内容的核心概念，解释为："了解在现实生活中有许多问题应当先做调查研究，收集数据，通过分析作出判断，体会数据中蕴涵着信息；了解对于同样的数据可以有许多种分析的方法，需要根据问题的背景选择合适的方法。数据分析是统计的核心。"[①]新加坡《大纲》从小学一年级就开始涉及"数据分析"的内容，并且每个年级都有相关要求，足以体现新加坡对"统计"知识的重视。《大纲》每个年级都明确地提出"收集和整理数据；理解数据中的信息并使用信息解决问题；选择和运用适当的统计方法分析数据"这几个方面的内容。随着年

---

①中华人民共和国教育部.义务教育数学课程课标（2011年版）[M].北京：北京师范大学出版社，2012：6.

级的增加，要求不断提高。

其实中国并不是一开始就十分注重发展学生数据分析观念的，有学者指出统计教学的重点从掌握统计的一些初步知识，能够绘制简单的统计表，到注意使学生接触一些初步的统计思想和方法，乃至进一步提出使学生了解数据的收集、整理、分析的过程，逐步看懂并会解释简单的图表的要求，到现在的注重发展学生数据分析和统计观念。①人们逐步认识了统计在数学教学中的价值，更明确了数据分析观念的重要性。

要使学生形成统计观念，最有效的方法就是让学生在统计活动的过程中丰富体验。统计的全过程是指发现并提出问题，运用适当的方法收集和整理数据，运用合适的统计图表、统计量等来展示数据，分析数据做出决策，对自己的结果进行交流、评价与改进等。

2. 新加坡《大纲》未加入"概率"的内容

新加坡《大纲》在小学阶段并未涉及"概率"，而是将其全部放入中学阶段进行教学。中国《课标（2011 年版）》在第一学段没有安排概率的内容，而是从第二学段开始，并且根据学生年龄特点，将第二学段的概率学习称为"随机现象发生的可能性"，要求能列出简单的随机现象中所有可能发生的结果，并能对一些简单的随机现象发生的可能性大小做出定性描述。虽然要求较低，但其主要目的是为了使学生体会数据中蕴含着信息，感悟数据的随机性，对于学生数感的培养有重要作用。

（四）"综合与实践"领域的比较

1. 两国"综合与实践"领域的内容设计

中国《课标（2011 年版）》中将"综合与实践"列为单独的学习领域，而新加坡《大纲》并没有独立设计这一部分。虽然新加坡《大纲》并没有像中国的《课标（2011 年版）》那样对小学数学综合实践活动内容进行明确的目标

---

①胡松林，孔企平.从统计图表的绘制到统计观念的培养——浅谈小学数学统计教学目标的演变过程 [J] .小学青年教师，2004（5）：6-9.

描述，但是它对数学综合实践活动的重视作为一种理念体现在《大纲》中，涉及每个学习领域，可以说《大纲》阐述的学生要达到的目标中已经包含着小学数学综合实践活动的要求。

2. 两国"综合与实践"领域的特点分析

新加坡非常重视学生实践能力的培养，在"学校数学教育目标"和"小学数学课程目标"中都有规定。如"学校数学教育目标"中规定学校数学教育必须使学生达到以下要求：获得日常生活和继续学习数学及其进行相关学科所必需的基本的概念和技能；发展必要的获得和应用数学技能和概念的过程性技能；发展数学思考和问题解决能力，并且应用这些能力来阐述和解决问题；认识并利用数学概念之间的联系，以及数学与其他学科之间的联系；形成数学学习的积极态度；在数学学习和应用过程中充分利用各种数学工具（包括信息和交流等科技手段）；由数学观点出发开展富有想象力和创造性的工作；形成逻辑推理、数学交流以及合作和独立学习的能力。小学数学课程目标确保学生能够：运用几何仪器；运用计算器；用文字、图形、图表和表格等形式来介绍和解释信息；利用学到的数学概念解决问题；利用适当的探究方法来解决问题；把数学应用到日常的生活问题中；通过调查活动形成一种探究思想；通过开展各种活动来享受数学学习的过程等。

并且，按照新加坡《大纲》要求制定的"五边形"课程为这些目标的实现提供了内容上的支持。它以培养学生的问题解决能力为中心，由相互联系的概念、技能、过程、态度和元认知五要素来支持其完成。在这五个要素的教学中无不渗透着对数学综合实践活动的重视。如，为了使学生能够更积极地参与到数概念的学习中，能够在数学的探究和应用中变得更加自信，教师应该为他们提供多种学习的经历来帮助其形成对数学概念的深刻理解，弄清各种数学观点及其之间的联系和应用，操纵实物、实践活动以及技术手段的应用，应该成为学生数学学习经历的一部分。

中国在 2001 年的《标准（实验稿）》中，就将"实践与综合应用"领域提高到与"数与代数""空间与图形""统计与概率"三个传统知识领域并列的地位。《课标（2011 年版)》中更加强调了"综合与实践"领域的重要地位。认为"综合与实践"内容应该成为实现课程目标的重要载体，并且要求教师在教学中关注学生经历活动的整个过程，强调过程甚至比结果更重要。

五、思考与建议

通过对中国和新加坡小学数学课程标准的比较研究，为了更好地完善中国数学课程标准，以下几点值得借鉴与思考。

（一）适当改变内容标准的表现形式

在前面的比较中我们知道：新加坡的内容标准部分按年级划分，将一年级到六年级的所有内容采用表格的形式加以说明。中国的内容标准是按学段划分的。作者认为此举虽然考虑到内容的连贯性，但不利于教师的教学。如：从第一学段对"数的认识"的整体目标，从中看不出一年级和二年级的时候需要达到的要求。

此外，新加坡《大纲》非常明确地规定了本阶段这部分内容应该达到的要求和不需要达到的要求。而中国标准的内容标准部分只表述出了本阶段要达到的要求，对不需要的要求却未做说明。笔者认为：新加坡的表述方式更有利于教师准确把握课程标准的要求，对需要讲什么和不需要讲什么更加明确，有利于教学。

（二）进一步加强数学知识之间的联系

数学课程必须揭示数学的内在联系。中国标准把数学知识内容分成了"数与代数""图形与几何""统计与概率"三个领域。但如果不强调它们之间的联系，学生就可能只是学习了一些孤立的概念和方法，这样就很难使数学形成一个统一的整体，容易造成数学知识的"断层"。中国标准为了改变这一现状，在三个知识领域之外设置了"综合与实践"这一领域，作为三者之间的桥梁，加强了数学知识的内在联系。但这一领域对于知识间的内在关联还远远不够。如"苏教版五年级下册"中《球的反弹高度》，在具体的教学中，更多的只重视结论，有的甚至不经过实验就将结果直接告诉学生。这样的做法违背了设立"综合与实践"领域的初衷，没有起到培养学生的实践、探索、研究能力的目的。

新加坡《大纲》制定的"五边形"课程为数学课程目标的实现提供了内容上的支持。它以培养学生的问题解决能力为中心，由相互联系的概念、技能、过程、态度和元认知五要素来支持其完成。在这五个要素的教学中无不渗透着对数学综合实践活动的重视。如，为了使学生能够更积极地参与到数概念的学习中，能够在数学的探究和应用中变得更加自信，教师为他们提供多种学习的经历来帮助其形成对数学概念的深刻理解，弄清各种数学观点及其之间的联系和应用。

（三）适当改变某些知识的引入方式

中国标准注重把握知识的来龙去脉，强调从具体情景中抽象出数学概念并理解其意义和性质。这样做有利于培养学生扎实的基础知识和基本技能。新加坡《大纲》中具体知识的引入则是直接给出内容，更多的篇幅用来讲解知识的性质及其应用。值得思考的是，过于注重知识的系统化是否会使学生（尤其是高年级）在有限的时间和精力下不能学习更为广泛的数学知识和钻研更为深刻的数学问题呢？如何更合理地引入知识，并引导学生自主建构知识体系？

（四）借鉴新加坡以"解决问题"为中心的能力培养

新加坡以"问题解决"为核心的五边形结构被看成新加坡最成功的数学教育核心，值得我们借鉴。

1. 丰富对于"解决问题"概念的理解，提高学生的高层次思维能力

新加坡《大纲》明确指出："所谓解决数学问题是指在面对实际任务、现实生活问题和纯数学问题时使用和应用数学。包括在非常规问题、开放性问题以及真实情境问题等大量情况下获得和运用数学概念和技能的能力"。这样就大大丰富了"数学问题"的概念。我们一般把课堂上的数学任务分为计算和数学问题两类。在新加坡，解决问题是教师在课堂上实施过程中的重点，也是提高学生思维能力的重要途径。而现在中国学生的学习时间经常更多是

用于第一类的活动，即通过大量的日常计算以及相关的练习，使学生能够快速准确地回答，在考试中取得好成绩。这种训练，在学生的基本知识和基本技能的形成时期是必要的，也是非常重要的，但如果数学学习一直是这样的状态，不利于学生的高层次思维和创新意识的发展，也增加学生的负担。因此，我们在数学课堂教学中也应该引入一些具有挑战性的"问题"，使学生在不断分析和解决不同情景下的问题的过程中，提高思维水平，从而不断提高学生的整体数学素养。

2. 重视学生元认知能力的培养

"元认知"指的是"对认知的认知"，在数学学习中具体表现为监控自身的思维以及对学习的自我控制。新加坡对于元认知的重视和它倡导的问题解决理念是分不开的，他们认为："提供元认知体验，是发展学生问题解决能力的必要手段。"只有学生不断监控自身的思维，调整自己的思维方式，才能有效地分析问题，从而更好地解决问题。在学生基本知识和基本技能已经具备的情况下，注重学生元认知能力的培养有利于进一步提高学生的思维水平。这是学生应具备的基本素养，也是实际教学中容易忽视的一点。

为了培养学生的元认知，新加坡在数学课堂实施中采用了很多方法，比如"模型图"法。"模型图"法开发于 20 世纪 80 年代，主要是为了小学低年级学生解决应用题困难的问题。从那时开始，"模型图"法已逐步发展成为新加坡小学数学课程教与学的一个重要特征。小学低年级学生解应用题困难的重要原因是难以掌握问题中抽象的数量关系。而"模型图"法采用将数量关系转换成图画的形式，可使学生较快地捕捉到问题中的数量关系，进而勾画出问题解决的思路。

事实上，我国中小学数学教与学中也常常会采用些图解的策略帮助学生解题。图解的策略与"模型图"的原理是一脉相承的。但不同的是我们图解策略只是作为学生解题过程的一个辅助策略，最终还是要求学生给出准确的算术式。作者认为在小学阶段，通过"模型图"等方法发展学生的思维能力，对学生的元认知水平有促进作用，但需要注意的是不要把它看成一种机械训练。

（五）重视现代信息技术在教学中的使用

新加坡《大纲》明确指出："信息技术的介入能够帮助培养学生对数学的兴趣，丰富他们的学习体验，有助于他们成为独立的思考者和学习者。"对于如何在教学中结合信息技术，大纲也做了具体的说明。例如，大纲要求在中学低年级几何教学中，只要可能，教师应当创造机会让学生运用相关的信息技术工具进行几何性质的探究。在具体的课程实施过程中，新加坡也坚持将现代信息技术用于教学中，尤其是"几何"内容的教学，学生可以运用很多教学软件来演示几何图形的变化，对学生空间观念的培养起到很好的作用。在新加坡数学网站上能看到各种多媒体技术的应用，例如"在线学生电子书""网上虚拟教具"以及各种视频信息等。

在这个科技爆炸的时代，信息技术在教育中的作用已经是不言而喻的。中国虽然已经逐渐重视，但在实施过程中还有很多不足之处。这一点可以借鉴新加坡的很多做法，真正将现在信息技术融入教学中。

第十二章 中国新西兰小学数学课程标准比较

新西兰是位于太平洋南部的一个岛国，是个多元文化的移民国家，人口约 430 万，其中，毛利人口占总人口的 14.6%。[1]新西兰十分重视教育，早在 1877 年就通过《教育法案》建立了全国性的教育制度，强制儿童入学并强调教育的平等性，并于 1887 年颁布了《义务教育法》。但由于战后福利国家面临着全球一体化经济、科技和服务行业的快速发展等问题，新西兰的综合经济指数全面下滑，这一现象引发了人们对国家职能的进一步反思。而此时逐步占据支配地位的"新自由主义"的理论思潮得到官方的认可，他们认为要减少国家的干预，恢复市场经济的自由，批判政府对教育的垄断及国家教育的官僚化，认为要对教育进行有争议的结构调整，赋予个人权利并发挥个人的积极性，让个人从国家干预中解放出来。这种教育观点被充分地表现在 1984 年及 1987 年新当选的劳工党政府所准备的政策性咨文《经济管理》和《政府管理》之中。这两部文件为新西兰的教育改革埋下了伏笔。

一、新西兰国家数学课程标准的研制背景与过程

（一）新西兰国家独立以来基础教育改革概况

1987 年，新西兰政府开始了"有史以来最大规模的教育改革"。[2]教育部

---

[1]Facts about Aotearoa New Zealand. http://www.maori.com/aotearoa.
[2]陆兴发.新西兰教改的基本原则 [J] .外国中小学教育,1994 (01) :31-32.

长和议会于 1984 年委托专家小组对中央集权式的行政管理体制进行研究并提出建议，改变了过去的行政管理方式，扩大了校长和校务委员会（或管理委员会）的自主权。此后，教育部仅担任财政方面的拨款、教育的指导和监督职责，学校的日常工作及重大决策均由校长和校务委员会（或管理委员会）来负责，新西兰的教育管理体制由中央集权式开始向学校和地方分权转移。1988 年《实现优秀的管理》（或皮库特报告）（The Picot Report）和政府回应的《明日的学校》（Tomorrow's School）通常被视为发起新西兰教育改革的两个官方政策文件，也是改变该国整个教育体系的最重要的两个文件。[1]自这两个文件确立了教育改革的基本原则和基本指导思想以后，为了确保教育的进一步提高和发展，除了加大对教育的投入以外，各届政府和其咨询团体都发布各种报告或政策来指导教育改革。关于小学与中学的，如 1988 年的 Lough 报告、1993 年的新西兰国家必修课程体系等。在这些报告和政策的实施过程中也伴随着一些改革的措施，如通过《国家课程大纲》（1991）、《国家教育指导方针》等的制定和发展来强化国家对教育的宏观调控；通过颁布各种教育法规加紧教育立法，如 1989 年颁布了《教育法》，对六至十六岁中小学阶段的学生实施免费义务教育。

　　总之，20 世纪 80 年代以来，新西兰一系列的"以市场为取向"的教育改革使得本国的教育体制和观念发生了根本性的变化，政府的教育行政权逐渐被削弱，学校的自主权被不断地扩大，各届政府都倡导国民要有平等的受教育机会，缩小不同种族群体之间的教育差距，确保国民能够获得尽可能多的知识与技能，充分发挥各自的潜能。

　　（二）新西兰统一国家数学课程标准的制定过程

　　新西兰实施国家课程虽然已经有上百年的历史，而且从 20 世纪 50 年代开始就逐步实现课程的综合化。但在整个教育发展的进程中，长期没有完整全面的学校课程计划，通常仅仅采用一些指导方针和教学大纲从宏观上来规

---

①赵菊珊.新自由主义与新西兰的教育改革 [J] .外国教育研究,2001 (01) :34-40.

划具体的课程。况且课程的综合化也只是各学科之间的松散结合，没有真正按照一定的内在逻辑来组织。另外，长期以来教育行政管理部门的管理过于专断机制、效率不高，从而导致该国于 20 世纪 90 年代之前的教育发展过程中一直缺乏完整而有机的课程保障体系，在一定程度上影响了学校的教学质量和教师的专业发展。通过全面审核这一管理体制，1989 年新西兰政府对教育局内部进行人事改革，1991 年重新组建的教育部颁发了国家基础教育课程草案以征求社会各界人士的意见，随后全国各中小学开始了一场以变革课程和评价为重点的教育改革运动。

1991 年，教育部又颁布了一部关于新西兰国家课程的官方文件，即新西兰课程（New Zealand Curriculum）。它主要通过《新西兰课程框架》（the New Zealand Curriculum Framework）和一系列的国家课程标准加以阐述。《新西兰课程框架》的内容主要包括语言、数学、科学等七大基本学习领域及数字计算、问题解决等八项基本技能，而且将七大基本学习领域划分为不同的学习分支，并且设定了八个水平层次的学业目标及相应的评价程序。"在这七个主要的学习领域中，最为引起新西兰政府与学校重视的是学生的计算和读写能力，认为它们是构建起所有学习的重要基石"，①因此 1992 年数学领域率先公布了新的数学课程标准——《新西兰数学课程标准》（Mathematics in the New Zealand Curriculum），替代了之前使用的两部教学大纲：Mathematics：Junior Classes to Standard 4 和 Mathematics：Forms 1 to 4，②其主要的变化是从先前强调的教学活动和教学内容变为强调学生的学习结果。这一新的课程标准从 1994 年开始实施。

2000 年新西兰参加了"国际学生评价项目"（PISA），从测验结果分析，

①金龙.新西兰基础教育改革下的学校、课程与管理 [EB/OL] .http：//www.docin.com/p-270221801.html.2011-10-09：4.

②Ministry of Education (1992) .Mathematics in the New Zealand Curriculum [EB/OC] .http://nzcurriculum.tki.org.nz/Archives/Curriculum -project -archives/Previous -curriculum -statements.pdf:5.

新西兰的教育在取得一定成绩的同时仍存在一些问题，这些问题也是课程改革必须关注的问题。2006 年 7 月，教育部颁布了以"五项能力"为核心内容的《2006 新西兰课程草案》（The New Zealand Curriculum draft for consultation 2006）①，构造了本国基础教育阶段的整体课程框架和课程内容。这一草案于 2006 年 7—8 月接受公众讨论，征求咨询和反馈，期间进行独立调查，对草案加强渗透和理解，截至 11 月 30 日完成所有的反馈和咨询。2007 年 9 月提议发布修订后的《新西兰课程》，11 月教育部对新西兰 1993 年开始实施的《新西兰课程框架》和 2006 年试行的《2006 新西兰课程草案》进行修订的基础之上正式颁布了《新西兰课程》，2008—2009 年，《新西兰课程》和 Te Marautanga o Aotearoa 两部文件开始实施。②

与此同时，2008 年 12 月，根据《新西兰课程》的各组成部分和等级水平确定了阅读、写作和数学方面的国家标准。2009 年 11–12 月，教育部将国家标准发布到各个学校，学校从 2010 年第一学期开始使用，国家标准正式生效，③《新西兰课程》也得到了落实，至今学校一直沿用这个国家标准。

二、中新小学数学课程设计的比较

中国 2011 年颁发的《课标（2011 年版）》和新西兰 2009 年发布的《新西兰一至八年级数学课程标准》，都是教育部门组织编制的官方文件，对各地区

①新西兰课程最终是以两个文件形式来表述的，这两个文件代表学习上的伙伴关系，一个是为英语为媒介授课的学校服务—Draft New Zealand Curriculum (English medium)，另一个是为毛利语为媒介授课的学校服务—Te Marautanga o Aotearoa for Màori medium，这两个文件为所有在校学生的学习设定方向，此文件属于 Draft New Zealand Curriculum (English medium)，本文研究的新西兰课程都属于以英语为教学媒介的课程，此后不再说明。

②Ministry of Education (2006) .The New Zealand Curriculum draft for consultation 2006 [EB/OC] .http://nzcurriculum.tki.org.nz/Archives/Curriculum -project -archives/Developing -the -draft.pdf:4.2007 年针对毛利语授课环境的新西兰课程草案—Draft Te Marautanga o Aotearoa 发布，2008 年经过对草案的修订最终发布针对毛利语授课环境的新西兰课程—Te Marautanga o Aotearoa.

③Ministry of Education (2009) .National Standards information for schools [EB/OC] .http://nzcurriculum.tki.org.nz/National–Standards.pdf:2.

学校课程的开发、实施、教师的数学教学及学生的数学学习等具有重要的指导意义。现针对这两部小学数学课程标准的框架结构、学段划分及基本理念三个方面比较分析。

（一）两国小学数学课程标准的整体框架比较

《新西兰一至八年级数学课程标准》的具体文本安排，专注于有关基本技能的教育体系并连接关于新西兰课程中有关学生成绩和进展要求的期望，对于课程的各个要素并没有像 1992 年数学课程标准那样做出全面的规定，它是在《新西兰课程》的基础之上确立的。《新西兰课程》中许多研究结果是隐含在标准中的，没有明确说明。所以在对两国课程标准进行比较时，涉及《新西兰一至八年级数学课程标准》的相关内容就直接引用《新西兰课程》，而不再作特殊说明。

两国数学课程标准中最直接显著的差异就是文本的篇幅。新西兰数学课程标准的 PDF 文档共 20596 个字，而我国的数学课程标准约 11 万个字，很明显，我国数学课程标准的篇幅较长。通过对两国数学课程标准结构的整理得出表 12.1。通过观察不难发现：两国数学课程标准的语言表述、编排顺序存在差异，但整体框架仍可大致对应，存在类似之处，体现课程标准的系统性和全面性。

针对每个部分而言，可能存在很大的差异，主要体现在如下几个方面：

（1）前言部分

中国《课标（2011 年版）》中有单独的"前言"部分，主要阐述了义务教育阶段数学课程的性质和课程的基本理念，并对学段划分、课程目标和课程内容的具体设计思路进行了概述。

《新西兰一至八年级数学课程标准》中也有单独的"前言"部分，但其介绍了新西兰国家标准的作用、适用对象及该标准的整体章节内容布置。其基本理念和设计思路没有在"前言"中单独列出，但其基本理念于该文本的第二至七章内容中有些许阐述。另外，此文本中没有列出"课程设计思路"，但其学段划分、课程目标及课程内容等方面的设计思路渗透于整个文本的相关章节中。

表 12.1 中新小学数学课程标准整体框架对比

中国①				新西兰②	
前　言	课程性质			国家标准的作用； 该数学标准的适用对象及主要涉及的相关内容	
	课程基本理念				
	课程 设计 思路	学段划分			
		课程目标			
		课程内容			
课程目标	总目标	知识技能 数学思考 问题解决 情感态度		该文本中没有直接涉及课程目标，但在 2007 年的《新西兰课程》中有总的规定	
	学段目标				
课程内容	第一学段 (一至三)年级	数与代数 图形与几何 统计与概率 综合与实践		八个年级三个学习领域的课程内容、案例说明和学生相应的思维描述	数与代数
	第二学段 (四至六)年级				几何与测量
					统计
实施建议	教学建议			文本说明，即标准的组织方式和各部分的内容，便于指导教师使用(其中蕴含该标准数学课程的基本理念)	对该数学标准的目的、结构特征和发展等方面的理解
	评价建议				如何有效的数学教学
	教材编写建议				详细地分析该数学标准
	课程资源开发与利用建议				该数学标准和相应插图说明的版面布局
					讨论该数学标准将如何被使用，尤其关于评估方面
					数学教学的配套资源
附　录	有关行为动词的分类			对标准及其说明中使用到的相关术语词汇表	
	课程内容及实施建议中的实例			提供参考文献列表	

①中华人民共和国教育部.义务教育数学课程标准（2011 年版）[M].北京：北京师范大学出版社，2012.

②Ministry of Education（2009）.The New Zealand Curriculum Mathematics Standards for years 1‐8 [EB/OC] .http：//nzcurriculum.tki.org.nz/National‐Standards/Mathematics‐standards.

（2）课程目标和课程内容部分

《课标（2011 年版）》中的第二部分"课程目标"包括"总目标"和"学段目标"两个部分，第三部分"课程内容"主要包括三个学段中数与代数、图形与几何、统计与概率和综合与实践四个领域相对应的内容（由于是小学阶段的数学课程标准比较，因此第三学段的内容将不再予以考虑）。

《新西兰一至八年级数学课程标准》中没有直接涉及数学课程目标，只有详细的数学课程内容，并且以"领域——水平"的形式呈现，对八个年级各个阶段数与代数、几何与测量和统计三个不同学习领域的数学课程内容及相应的案例说明和学生思维进行描述，呈现数学学习的成绩水平，其中也蕴含了相应的评价标准。但是 2007 年《新西兰课程》中阐述了新西兰国家八个学习领域总的目标要求，同时还对课程设置的愿景、价值观及五项关键能力方面的具体目标要求做了详细的规定。

（3）实施建议部分

《课标（2011 年版）》的第四个部分为"实施建议"部分，包括教学建议、评价建议、教材编写建议、课程资源开发与利用建议等，并在后面的"附录 2"中有三个实施建议实例，较为详细，易于操作。

《新西兰一至八年级数学课程标准》中没有单独列出具体的实施建议，但是文本中第二章至第七章的内容是关于文本的说明，即标准的组织方式和各部分的内容，便于指导教师使用该标准，类似于我国的"实施建议"部分。本章第五部分也将二者视为同类进行比较分析。

（4）附录部分

《课标（2011 年版）》中有单独的"附录"部分，其中包含两个附录。"附录 1"为有关行为动词的分类，这些动词主要分为两类，一类是描述过程目标的行为动词，另一类是描述结果目标的行为动词。文本中对这些动词的基本含义进行解释，列出一些同类词语，并且伴有实例加以说明。"附录 2"为课程内容及实施建议中的实例。课程内容的实例主要分三个学段，每个学段按照四个领域加以呈现，但是这些实例并未涉及全部课程内容。

《新西兰一至八年级数学课程标准》中没有单独设置"附录"一部分，其第九章对该标准及其说明中使用的数学专业术语用一种共享的语言加以解释说明，并附带一些实例，既有利于本国各科教师、学者等相关人员对这些术语的理解与应用，同时也有利于国际教育的交流与共享，很有借鉴意义。

总的来说，两国数学课程标准的框架结构完整，具有一定的系统性和科学性，但是无论在语言组织，还是内容编排上仍存在一定的差异。相比较而言，我国的数学课程标准的整体与部分之间的逻辑关系较强，框架结构较为清晰完整，但总体内容方面更偏重于理论说明，总括性较强，不易于实施操作。而新西兰的数学课程标准尽管没有像我国标准那样划分得那么细致，但是内容安排方面也较为全面紧凑，时刻注意与实例相联系，针对性较强，易于理解操作。

（二）两国小学数学课程标准中的学段划分及比较分析

《课标（2011年版）》将小学六年的学习时间划分为两个学段，一至三年级为第一学段，四至六年级为第二学段。这种学段划分方式体现了我国小学阶段数学课程设置的均衡性和协调性。同时，这种划分方法也考虑了多方面的因素，如学生的身心发展特征、年龄特征与学习需求及长期教学中反映出的学生的学习规律等因素。

而《新西兰一至八年级数学课程标准》中没有提及学段划分，其数学课程目标的设定是建立在《新西兰课程》中规定的数学一至四级水平的基础上，按照八个学年中学年应达到的成绩水平加以呈现的。

每个国家受到不同的历史背景和国情的影响，但大都是按照本国学生的年龄特征、身心发展特点及教学需要等因素做教学安排的，而且各个国家所考虑的侧重点及侧重点给出的比例不同。新西兰也不例外。因此，教学安排都有各自的特点，学段划分只要能达成本国的教学目标，促进学生的发展，一般都是可取的。

(三) 两国小学数学课程标准的基本理念比较

数学课程标准的基本理念是制定和实施数学课程标准总的指导思想，贯穿于数学课程标准从制定到实施的每一个环节，反映出人们对数学课程、数学课程内容、数学教学活动和数学学习评价等各方面应该具有的基本态度、认识与看法。《课标 (2011 年版)》和《新西兰一至八年级数学课程标准》都是两国的现行标准，反映鲜明的时代特色。

通过对两国现行数学课程基本理念的比较可以发现：中国数学课程的基本理念主要从数学课程的核心理念，数学课程内容的选择、组织和呈现，数学教学活动，数学学习评价及信息技术的运用等五个方面加以阐述；新西兰的数学课程基本理念主要从数学教育愿景、数学课程原则、有效教学与数学学习及数学学习评价等四个方面加以阐述。两国的数学课程基本理念内容既有相通之处，也存在不同的地方。具体分析如下：

(1) 都强调教学过程与教学结果的统一，注重学生情感态度、价值观的培养

中国数学课程标准指出，数学教学活动不仅要重视教学结果，也要重视教学过程，强调学生的自主、合作与探究能力的培养，了解数学知识的来龙去脉及其中所蕴含的数学思想方法，注重教学过程中学生的情感体验及正确价值观的培养，以便更好地适应社会生活和进一步发展的需要。

新西兰数学课程的设置必须与《新西兰课程》中的八项声明一致，其中涉及"学会学习""未来的工作重点""一个具有包容性的课堂气氛""问题为中心的活动"等内容。这些课程基本理念中都强调教学的过程，同时注重学生情感态度、价值观的培养。

但从两国的基本理念比较中明显可以发现：新西兰的教学方式是一种鼓励性教学，这种教学理念渗透于整个数学课程标准之中；教学过程以问题为中心，更加强调师生共同合作探究，培养学生的创造性；相对于我国长期"尊师重教"的普遍现象，新西兰教学过程中的师生关系更强调平等尊重，注重教学相长、知识共享，与学生产生共鸣。

（2）较之中国，新西兰的课程标准中注重多元文化的渗透

新西兰数学课程标准中强调该课程承认怀唐伊条约①和新西兰二元文化基础的原则，所有学生都有机会获得对毛利人语言和文化的了解；课程的设置应体现新西兰文化的多样性以及所有新西兰人的传统历史和价值观。这些理念体现了新西兰课程标准中注重多元文化的渗透。

新西兰的历史是一部白人和毛利人两个民族、两种文化之间不断抗争又不断和解的历史。1856年新西兰沦为英国的自治殖民地，1907年成为自治区，到了1947年才完全独立。新西兰的多元文化受到毛利、印度洋岛国、欧洲及亚洲文化的影响，过去的人口种类和数量发生剧烈的变化，使得该国难以达成共同的文化身份，相互尊重的同时又不可能达到完全的平等，缺乏足够的交流融合。因此，不管从尊重文化多样性、民族平等或维护国家安定等角度来说，在课程标准中渗透多元文化，强调新西兰独特的文化身份是很有必要的。中国虽然也是个民族众多文化多元的国家，但自古就是个统一的多民族国家，统一文化中蕴含着多样性，且各民族之间是一个融合的整体，多元文化相互尊重，和平共处。因此，中国课程标准中的这一部分不同于新西兰。但是新西兰国家特别重视本国的社会文化，他们认为教室就是复杂的社会环境，在教室里学生的学习受到社会文化环境之间的互动交流影响，并且通过某种程度的互动，积极地管理自己的学习。他们承认这种复杂性能够提高多样化学习者的成绩，在数学教学中尤其注重本国文化的渗透。这一方面值得中国借鉴。

（3）较之中国，新西兰的课程标准中强调家长、社区的参与

《新西兰一至八年级数学课程标准》这份文件在明确对象时就指出：该

---

①1840年2月，英国殖民者在新西兰岛屿湾的怀唐伊岛与43位毛利酋长签署了《怀唐伊条约》，并明确了毛利人与英国之间的利益。此后毛利民族经过不断抗争，民族意识不断增强，相对边缘化的待遇得到改善，20世纪60年代开始，政府以法律的形式将新西兰定位于毛利人与欧洲人共同组成的两个民族两种文化的国家，并承认毛利文化的独特价值，努力使其成为新西兰的主体文化。此后新西兰的历史基本上可以认为是毛利人与白人两种文化、两个民族不断冲突又不断和解的历史。

书适用于小学教师和领导人，但同时对家长、家庭、毛利人家族和学生本身也很适用。而且在编写过程中，语言表述较为具体形象，实例配合解释，实践操作性更强，易于家长、学生的理解，便于他们参与。教师根据数学课程标准中的成就目标对学生的学习进步作出判断，并决定接下来学生的学习阶段，针对需要额外帮助的学生，向学生，他们的家人和家庭，机构及社会团体做宣传报告，由他们的老师、父母、家庭或毛利人家族等来共同商定他们下一阶段的学习目标，达成一致的意见等。新西兰课程的这一基本理念突出该国数学课程中强调家长、社区的参与。

从学生教育的角度来说，学生的教育成才不仅仅是学校的事，也是家庭和社会的事情。仅仅依靠学校的教育也是很难达成一个学生健康成长、成人、成才、全面发展的要求。学校、家庭和社会必须通力合作，共同解决孩子教育的难题。中国数学课程标准中虽然没有明确提出家长、社会的参与，但是在具体的教学实践中已经开始转变教育观念，很多小学都提倡保持家校联系，采取多种措施，如建立家校通、向家长社会公布学校的校园网站、建立班级公共邮箱、开家长会等等。家长开始越来越配合学校教育。政府加强社会整顿，净化社会风气，强化社会教育，学校—社会—家庭共同努力，创造一个良好的教育环境。但是中国的这一理念还没有得到充分体现，课程标准又是课程制定、实施、评价等的理论依据，因此在这一方面有必要借鉴学习新西兰，在标准中加强家长、社会参与理念的渗透。

三、中新小学数学课程目标的比较

课程目标是指导课程内容设置、编排、实施和评价的准则，是教师进行教学设计、开展教学活动的基本依据，规定了学生学习活动应达到的标准。《课标（2011 年版）》中包括"总目标""具体目标"和"学段目标"三个部分的内容，表述完整全面、层次清晰。而《新西兰一至八年级数学课程标准》中没有直接涉及数学课程目标，也没有"总目标"与"学段目标"一说，但 2007年《新西兰课程》中阐述了该国一至十三年级八个学习领域总的目标要求，并从"愿景""价值观"和"关键能力"等方面对总的目标进行了具体阐述。这里主要针对两国课程标准中的"总目标"及"具体目标"进行比较分析。

（一）两国课程标准中"总目标"的比较分析

《新西兰一至八年级数学课程标准》及 2007 年《新西兰课程》中关于小学数学课程总目标可以表述为：以开发年轻人学习、工作和终身学习所需要的能力以及持续实现他们潜能的愿景为出发点，确保所有年轻的新西兰人都能具备 21 世纪成功的公民将需要的知识、能力和价值观。[①] 对照中国课程的"总目标"我们认为：

1. 两国均强调通用知识的教育，考虑学生终身学习及长远发展的需要

这里的通用知识主要是指在众多领域、多数行业、各种活动中都能使用的一般知识、技能及思想方法，其内含范围较为广泛。中新两国在课程"总目标"中都重视通用知识的学习教育。

《课标（2011 年版）》中强调"四基"，并在此之前都用"基础"或"基本"一词来修饰，一方面说明其非常重要，是最本质、最核心的内容，是其他知识、技能、思想和活动经验的基础，是学习的精髓部分；另一方面强调其数量有限，并不是所有的内容都属于"四基"。新西兰课程"总目标"中强调"开发年轻人学习、工作和终身学习所需要的能力""具备 21 世纪成功的公民将需要的知识、能力和价值观"，可以看出新西兰的教育不是仅仅学习空泛的学科理论知识，而是考虑年轻人将来的工作和终身学习所需的通用知识，培养他们适应未来生活的能力及价值观，着眼于长远发展。可见两国在这一方面有着共通之处。

2. 较之中国，新西兰的课程目标更加注意"因材施教"及"全面发展"

纵观新西兰课程"总目标"可以发现，新西兰课程目标中明确提出"以

---

①Ministry of Education（2007）.The New Zealand Curriculumfor English-mediumteaching and learningin years 1-13 [EB/OC] . http://nzcurriculum.tki.org.nz/The-New-Zealand-Curriculum. pdf：6-8.

开发年轻人学习、工作和终身学习所需要的能力以及持续实现他们潜能的愿景为出发点"，根据学生的身心发展特点、个人学习工作能力的高低及每个人潜能的不同设定不一样的目标要求，目标设定注意"因材施教"；同时新西兰课程"总目标"中还强调"所有年轻的新西兰人都能具备 21 世纪成功的公民将需要的知识、能力和价值观"，可以看出新西兰课程目标中不仅注意学生个体差异的发展，还注意学生的"全面发展"，在开发学生个体才能的同时必须使学生具备 21 世纪成功的公民将需要的知识、能力和价值观。而中国数学课程"总目标"中没有明确提出这一点，只是提出对所有的学生学习数学的一个总的目标要求。尽管我国数学课程基本理念中明确提出数学教育要"面向全体学生，适应学生个性发展的需要，使得：人人都能获得良好的数学教育，不同的人在数学上得到不同的发展"①，但是在课程"总目标"的设定过程中也应该考虑到学生的个性要求和全面发展，使得教材编写、教师教学、学生学习及教学评价等各方面都能围绕这一目标进行，关注学生的各种基本能力尽可能得到多方面发展的基础和前提下，考虑学生的个性差异，培养全面发展而富有个性的人才。

3. 较之中国，新西兰课程目标内容的价值取向有所不同

两国课程"总目标"都是围绕培养人的目标设定的，但是其背后隐含着不同的价值取向，对两国的课程目标内容产生了深远的影响。

新西兰国家由于历史原因，深受英国资本主义文化的影响，其价值取向倾向于个人主义和实用主义，这里的个人主义主要是一种生活方式、人生观和价值观，强调个人自由、个性独立，包括自我控制、自我支配、自我抉择、自我发展等方面；这里的实用主义主要是指对具体的学习、工作生活有实用价值意义，强调"生活""行动"和"效果"。这一价值取向使得新西兰课程"总目标"中更加关注学生的个性发展，自我能力的实现以及实用的知识、能

①中华人民共和国教育部.义务教育数学课程标准（2011 年版）[M].北京：北京师范大学出版社，2012：2.

力和价值观的培养。而中国是社会主义国家，有着统一的社会主义价值取向，强调爱国主义和集体主义，在集体主义中实现个人价值。这一价值取向使得中国课程"总目标"在语言表述中有所差异，不像新西兰国家明确以学生自我能力的发展和潜能的开发为出发点。

（二）两国课程标准中"具体目标"的比较分析

通过整体对照两国课程的"具体目标"，不难发现：中新两国课程的"具体目标"都是对"总目标"进行多方面的具体阐述，是"总目标"的具体化，但是因为两国对知识的性质、价值观及社会需求的侧重点和学生的身心发展规律等方面的看法存在着差异，对它们之间关系的理解也有所不同，因此两国课程目标所采用的主要形式也表现出不一样。

中国课程的"具体目标"主要从"知识技能""数学思考""问题解决"和"情感态度"四个方面对"总目标"进行阐述，是"知识与技能""过程与方法""情感态度与价值观"三维目标的具体体现，课程目标所采用的形式侧重于普遍性目标和行为性目标。普遍性目标是指"有意识或无意识地依据一定的哲学或政治见解，推演出普遍的、一般的教育宗旨或原则，再将这些宗旨或原则运用于课程领域，使之成为课程领域一般性、规范性的课程目标"[①]，具有普遍性和模糊性的特点。中国课程标准中注重挖掘知识的深度、难度较大、知识点较为复杂，因此课程目标在表述上不仅有具体目标的阐述，而且还有学段目标的进一步细化说明，这样有利于加深对知识的理解；行为性目标是以具体可操作性的形式来陈述的课程目标，它是教学过程结束以后对学生行为变化的一个指向，具有具体明确性和可操作性的特点。中国课程"具体目标"针对数学的特点，明确地提出三维目标的具体要求，便于教师把握，易于理解操作。而新西兰课程的"具体目标"主要围绕"愿景""价值观"和"关键能力"三个方面对"总目标"加以阐述，目标类型偏重于生成性目标和表现性目标。新西兰课程的"具体目标"表述较为笼统概括，没有

阐明具体的做法，只是提供一个大概的方向，留给教师和学生很大的发展空间，同时也有利于学生创造能力的培养及个性的张扬。当然，中国课程目标也有表现性目标与生成性目标的表现形式，比如，在"过程与方法"及"情感态度与价值观"方面也注重学生自主探究、情感态度及价值观的生成，而新西兰课程目标中也有普遍性目标和行为性目标的表现形式，比如21世纪新西兰成功公民所必需的基本数学知识要求。由于各种原因，中新两国课程目标所选择的表现形式各有侧重，没有绝对的优劣之分，四种目标表现形式相互融合，既注重过程又强调结果，充分体现教师的主导作用与学生的主体地位。

综上所述，从结构上看，两国课程目标都是从整体到局部，采用"总—分"的布局模式，但是中国数学课程标准中的"总目标"是独立的，在《课标（2011年版）》中单独列出，与"学段目标"相对应，而新西兰数学课程总目标与其他七个学习领域的总目标是混合在一起的，散落于2007年《新西兰课程》之中；从内容上看，不管是倾向于什么价值取向，侧重于什么表现形式，都是以符合本国国情，充分发挥学生的主体地位，促进学生发展为出发点和最终落脚点。对于以上具体的比较分析，两国都有各自的长处与不足，值得互相借鉴学习。

四、中新小学数学课程内容的比较

数学课程内容是比较分析的重点。尽管中新两国课程内容的安排和呈现方式不太一样，但是两国都有数学课程标准内容和一定的实例说明，且两国关于小学数学课程标准具体内容要求中的各部分称谓大体一致。中国分为"数与代数""图形与几何""统计与概率"及"综合与实践"四个部分，新西兰主要分为"数与代数""几何与测量"及"统计"三个部分。但由于两国数学课程标准中的学段划分存在差异，新西兰的数学课程内容是按照每一学年加以阐述的，而中国是按照学段划分具体描述的。为了统一内容，便于比较研究，笔者大致采用中国课程内容的分类，对两国数学课程标准中的课程内容进行整体性的比较分析。

（一）数与代数内容标准的比较

中新两国数学课程标准中这部分内容的名称是一样的，都为"数与代数"。这是小学数学学习的主要部分，但两国这部分内容所占的比例存在差异。

中国数学课程标准中一至三年级"数与代数"内容共 21 条，四至六年级共 28 条，整个小学阶段这部分内容共 49 条，占小学数学学习内容的 44.5%。而《新西兰一至八年级数学课程标准》中一至六年级"数与代数"内容共 18 条，整个小学阶段这部分内容共 59 条，占小学数学学习内容的 30.51%。可见两国对"数与代数"这部分的内容都较为重视。尽管新西兰"数与代数"内容所占的比例没有中国大，但是该国在课程标准中明确规定一至四年级"数的教学时间占整个内容教学时间的 60%—80%"，五至六年级"数的教学时间占整个内容教学时间的 50%—70%"。因此，虽然"几何与测量"内容要求略多，但是对小学阶段"数与代数"内容的重视程度不同一般。进一步比较我们发现：

1. 两国都强调算法的多样化

中新两国尽管计算方式和计算方法的偏重有所不同，但在算法多样化方面有一致的要求。中国在一至六年级数的运算内容中涉及口算、笔算、估算、用计算器计算等计算方式，交流各自算法的过程，并表达自己的想法。可见我国强调学生计算方法和计算方式选择多样化的同时，注重学生对算理的理解与掌握，交流各自的计算过程，表达自己的想法，有利于学生更好地掌握和运用计算方法，更好地选择适合自己的计算方式。而新西兰一至六年级数的运算内容中明确了各种计算方法，如顺数、倒数、跳着数、拼凑数值、对称等，强调计算方法的多样化。中国这部分内容没有明确，但暗含在学生交流各自算法和教师教学的过程中，而新西兰将中国明确的多种计算方式及其熟练程度这部分的内容暗含在其课程内容的实例及其说明中。实例及其说明中强调，学生在数数过程中可以想象，也可以使用替代性材料，借助于手指、计数器、计算器等方式，其课程内容侧重于算理，更加强调如何口算、如何笔算等方法的教学。

可见中新两国课程内容中都倡导并鼓励算法的多样化，学生选择适合自己的计算方法计算出正确的结果，其中发现合适的计算方法、理解算理比死记硬背地掌握某一种计算方法的熟练程度更为重要。

2. 两国都注重情境中规律的探索

中新两国"数与代数"中都含有探索规律的内容，且新西兰这部分内容的含量较多，其明确包括含有一个变量或两个变量的空间模型、数量模型、顺序模型，其中蕴含空间特征、加减法及乘除法规则、重复单元等特点，如《新西兰一至八年级数学课程标准》中"在学校三年以后"数与代数内容中的例4：

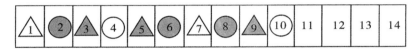

在这个模型中数字14将对应什么形状？它将是什么颜色的？[1]这一事例主要启发学生识别顺序模型中的两个变量（颜色和形状），学生可能分开观察这两个变量并且确认每个重复的单元（"黄色，蓝色，红色"及"三角形，圆形"），或者他们将两个变量放在一起观察并且确认重复的组合单元（"黄色三角形，蓝色圆形，红色三角形，黄色圆形，蓝色三角形，红色圆形"）。他们继续这个模型直到他们确认数字14对应的形状是一个蓝色的圆形。如果学生意识到在这个模型中2的倍数是圆形及3的倍数是红色并且运用这个知识去解决这个问题，他们就超出了标准的期望。[2]而中国主要包括"简单情景中规律的探索"和"给定情境中隐含规律的探索"两个阶段，探索的具体内容没有规定，可以是数字呈现、字母呈现或图形呈现，也可以是稍复杂情境中隐

①Ministry of Education（2009）.The New Zealand Curriculum Mathematics Standards for years 1-8 [EB/OC] .http://nzcurriculum.tki.org.nz/National-Standards/Mathematics-standards.pdf: 24.

②同上.

含规律的挖掘应用，如《课标（2011 年版)》中的例 9，"在下列横线上填上合适的数字、字母或图形，并说明理由。

1，1，2；1，1，2；_____，_____，_____；

A，A，B；A，A，B；_____，_____，_____；

▨，▨，▨；▨，▨，▨；_____，_____，_____。" ①

这一事例主要启发学生探索其中的变化特点，不管以什么样的形式来表达，其反映的规律实质是一样的。

可见，两国都重视规律的探索，由易到难启发学生探索规律，重视学生在具体的情境中，通过观察、操作等方式对规律探索的过程，从中领悟思考问题的具体方法。

3. 知识点的范围、深度存在差异

中国标准中的内容难度总体上高于新西兰。中新两国数学课程标准中关于"数与代数"内容的范围如表 12.2 所示。

表 12.2　中新两国"数与代数"的主要内容

		中国		新西兰
数与代数	一至三年级	数的认识　数的运算 常见的量　探索规律	一至二年级	数的认识　数的运算 探索规律
	四至六年级	数的认识　数的运算 式与方程　正比例、反比例　探索规律	三至六年级	数的运算　探索规律

由表 12.2 得知，中国"数与代数"这部分内容的范围比新西兰广，总体上涉及的知识点相对较多，而且学习内容的深度、难度总体上要大于新西兰。就整数的认识来说，中国一至三年级要求能"认、读、写万以内的数"，四至六年级要求"认识万以上的数，了解十进制计数法，会用万、亿为单位表示大数"；而新西兰课程内容中对这部分知识尽管没有提出要求，但是从一至六

_____

①中华人民共和国教育部.义务教育数学课程标准（2011 年版）[M].北京：北京师范大学出版社，2012：77.

年级的实例及其说明中可以发现，新西兰小学阶段所接触的数主要集中于一千以内的数，没有出现大数，而且在涉及数的运算中也没有出现四则混合运算，主要是生活中一些简单的实际运用，对于"式与方程""正比例、反比例"之类的内容基本没有提及，分数、小数、混合运算，方程等知识主要于七、八年级才开始学习。

（二）几何内容标准的比较

中国这部分内容的名称为"图形与几何"，新西兰这部分内容的名称为"几何与测量"。两国之间几何内容存在的共同点和不同点比较分析如下。

1. 两国几何内容范围基本相同

《课标（2011年版）》中明确了几何内容标准的范围，主要包括"图形的认识""测量""图形的运动"及"图形与位置"四个部分；新西兰几何内容标准没有明确划分，只是在"几何与测量"标题下列出每一年级的相关内容，分为几个条目呈现，但经过研读后发现，新西兰小学阶段几何与测量内容标准的难度和深度随着年级的递增逐渐加深，而范围基本一致，也都可以划归为"图形的认识""测量""图形的运动"及"图形与位置"四个部分。

2. 两国均重视学生语言表达能力的培养

小学阶段的数学学习不仅要教会学生读与写的能力，还要培养学生说的能力，即数学语言表达能力。中新两国数学课程标准中都考虑到了这一方面，中国几何内容标准中有明确规定"会用上、下、左、右、前、后描述物体的相对位置""会描述简单的路线图"[1]等，新西兰这部分内容也提出"使用日常语言，通过某个单一的特征将物体和形状分类，并且描述这一特征"等具体要求，[2]这样不仅有利于学生数学思维能力的培养，提高数学知识的理解

---

①中华人民共和国教育部.义务教育数学课程标准（2011年版）[M].北京：北京师范大学出版社，2012：18-24.

②Ministry of Education（2009）.The New Zealand Curriculum Mathematics Standards for years 1-8 [EB/OC] .http：//nzcurriculum.tki.org.nz/National-Standards/Mathematics-standards. pdf：17-39.

力，而且促进读与写能力的提高。新西兰课程标准中尤其强调学生"说"的能力，内容要求后的实例及其说明中都强调学生的语言描述，强调相应知识在实际生活中的运用，一方面加强学生数学语言训练，另一方面有利于教师对学生当前思维的理解，对改进教师教学方式、提高教学质量有重要的意义。

3. 动手操作能力的要求存在差异：新西兰几何学习内容更具有实践性

陶行知曾经说过"中国教育之通病是教用脑的人不用手，不教用手的人用脑，所以一无所能。中国教育革命的对策是手脑联盟，结果是手与脑的力量都可以达到不可思议"，因此"教育要解放孩子的头脑、双手、脚、空间、时间，使他们充分得到自由的生活，从自由的生活中得到真正的教育"。中国新课改中也注意到了这一点，如《课标（2011年版)》第一学段几何内容标准中有"通过观察、操作，初步认识长方形、正方形的特征"等要求①，第二学段中有"能用量角器量指定角的度数，能画指定度数的角，会用三角尺画30°，45°，60°，90°角""通过观察、操作等活动，进一步认识轴对称图形及其对称轴，能在方格纸上画出轴对称图形的对称轴……"等要求，②可见中国课程标准中注意学生动手实践能力的培养。而新西兰数学课程内容特别注重手脑结合，"做中学"，如一年级几何内容的要求为"要求学生在情境中解决问题或建立模型情境，学生将能够：直接比较物体的长度、面积、体积或者容积和重量；使用日常语言，通过某个单一的特征将物体和形状分类，并且描述这一特征；通过创建模型来表示反射和平移；使用日常用语描述个人的所在位置，并指明方向"③。这四条要求尽管没有中国的具体明确，但新西兰所有内容都要求在解决问题等情境中完成，每一条具体内容都具有实践操作

---

①中华人民共和国教育部.义务教育数学课程标准（2011年版）[M].北京：北京师范大学出版社,2012:18-19.

②中华人民共和国教育部.义务教育数学课程标准（2011年版）[M].北京：北京师范大学出版社，2012：23-25.

③Ministry of Education（2009）.The New Zealand Curriculum Mathematics Standards for years 1-8 [EB/OC].http：//nzcurriculum.tki.org.nz/National-Standards/Mathematics-standards.pdf：17-18.

性，且内容后面附带的案例都发生在具体情境中，有实物或图片显示，便于学生观察操作，符合学生思维形象性与数学知识抽象性的特点。

（三）统计与概率内容标准的比较

中国这部分内容的重点是统计，培养学生的数据分析能力，能从数据中获取有效信息，来分析和解决问题。这部分内容主要分两个学段呈现，随着学生年龄的增加，做出的内容要求逐渐深入，让学生体会知识逐渐形成的过程。新西兰这部分内容的名称为"统计"，但其内容要求中也含有概率的内容，可能是为了突出强调统计的重要性。因此，两国这部分内容虽然名称有所不同，但包含的知识范围基本一致，都包括"简单数据统计过程"和"随机现象发生的可能性"两个部分内容，只是两国在具体的内容要求方面存在差异。

新西兰内容的呈现较为笼统概括，每个年级针对每一部分内容都提出一点内容要求，统计部分主要包括"使用统计调查过程（伴随帮助）调查问题，收集、排列数据，对数据进行分类，并以不同的方式加以呈现；能在情境中解释、运用排列知识等，在具体的教学实例中涉及具体实物的分类排列；根据数据制作并解释图表；数据的分类与排列；统计图的选择与运用"①等内容。概率部分主要包括"比较可能性的大小；认识到事情发生的概率大小与能否会发生之间的关系；鼓励学生用分数表示可能性的大小，但不做必要要求，用分数表示可能性则超出标准的期望"等内容②，一至六年级内容要求层层递进。而中国这部分内容的呈现较为清晰明确，分学段叙述，逐渐深入，但涉及的具体内容难度上略高于新西兰，如中国第二学段统计内容中涉及平

①Ministry of Education（2009）.The New Zealand Curriculum Mathematics Standards for years 1-8 [EB/OC] .http：//nzcurriculum.tki.org.nz/National-Standards/Mathematics-standards.pdf：18-39.

②Ministry of Education（2009）.The New Zealand Curriculum Mathematics Standards for years 1-8 [EB/OC] .http://nzcurriculum.tki.org.nz/National-Standards/Mathematics-standards.pdf：18-39.

均数的使用，而新西兰则没有介绍；对统计图内容的要求也明显高于新西兰等。

（四）综合与实践内容标准的比较

中国数学课程标准中设置了"综合与实践"部分，强调通过实践活动，综合运用数学知识和方法解决实际问题，理论联系实际，培养学生自主探究能力，是中国课程内容的一大特色。之所以单独列出这一部分，也是为了突出强调这一部分与其他三个部分同样重要，弥补过去这一方面内容学习的不足。而新西兰十分注重学生在一系列有意义的情境中，通过选择和运用恰当的知识、技能和策略来解决问题和建立模型的能力，而且新西兰的数学学习一直都注重动手实践能力的培养。因此，该国数学课程标准中的实践内容渗透于"数与代数""几何与测量""统计"三个部分中。

五、中新小学数学课程标准中实施建议的比较

《新西兰一至八年级数学课程标准》中关于实施建议部分没有单独的章节，分别将教学建议、评价建议及课程资源开发与利用建议等内容散落于相关章节，部分内容在《新西兰课程》中有所涉及。下面就两国关于教学、评价和课程资源开发与利用三方面的建议进行比较分析。

（一）两国教学建议的比较分析

中国课程标准中提出了以下七方面教学建议：数学教学活动要注重课程目标的整体实现；重视学生在学习活动中的主体地位；注重学生对基础知识、基本技能的理解和掌握；感悟数学思想，积累数学活动经验；关注学生情感态度的发展；合理把握"综合与实践"的实施；教学中应当注意的几个关系：（1）面向全体学生与关注学生个体差异的关系；（2）"预设"与"生成"的关系；（3）合情推理与演绎推理的关系；（4）使用现代信息技术与教学手段多样化的关系。

《新西兰一至八年级数学课程标准》中没有明确指明数学教学实施建议，但其内容"数学标准和有效的数学教学"一章及《新西兰课程》中"有效的

教学法"中都有关于数学教学实施方面的内容，归纳起来包括：创造一个有帮助的学习环境；鼓励慎重思考和行动；加强新知识之间的联系；促进共同学习；建立与先前学习和经验之间的连接；提供足够的学习机会；探讨教与学的关系；尊重学生，促进学生全面发展的同时，采取因材施教，重视个体差异；鼓励家长、社区对学校的参与，家校社会合为一体。①通过上述对两国教学实施建议内容的呈现，不难发现，中新两国这部分内容既有相同点也有不同点：

1. 两国均强调学生在学习活动中的主体地位。中国教学建议中明确提出"重视学生在学习活动中的主体地位"，而新西兰课程目标中虽然没有直接指明这一点，但"鼓励学生慎重思考和行动""提供足够的学习机会""探讨教与学的关系"等内容，都凸显了学生的主体地位。

2. 中国在教学建议中强调现代信息技术的使用，教学手段的多样化，而新西兰也有这部分内容，只是将其安排在课程资源开发与利用部分，但两国都强调信息技术不仅在教学中使用，在教学、评估、信息交流、资源存储等多方面都应积极开发运用。

3. 从整体上来看，新西兰教学建议较中国具体明确。中国教学建议条理性强，具有较高的理论指导性，而新西兰教学建议针对每一方面提出具体的观点，而且根据这些观点提出优质教学的具体措施，重难点突出，具有很强的操作性。如新西兰课程标准中强调：在某种程度上，作为教师"如何理解特定的主题问题，或者如何组织，介绍问题，及如何适应不同兴趣和能力的学习者，和如何教学（如何呈现课程知识）"，教师必须确保他们了解学生可能存在的概念理解上的困难，并且能够条理分明地计划，针对性地教学去解决那些困难。

_____

① Ministry of Education（2009）.The New Zealand Curriculum Mathematics Standards for years 1–8 [EB/OC].

http：//nzcurriculum.tki.org.nz/National–Standards/Mathematics–standards.pdf：8–9.

（二）两国评价建议的比较分析

中国评价建议主要包括对基础知识、基本技能、数学思考、问题解决、情感态度、学生数学学习过程等方面的评价，并对评价主体、评价方式和评价结果等方面做出要求。

新西兰课程标准中评价建议内容比较分散，但涉及的内容较为全面，既包括有效评估的特征、评价时应注意的问题、评价的方式、评价的目的及评价资料的用途等内容。同时，新西兰课程内容中的实例及其说明显示达到什么标准、超出标准或没有达到标准，这一内容既涉及具体课程目标，也属于具体的教学评价标准。经比较发现：

1. 均强调评价不是目的，而是一种手段

中国课程标准中强调评价的主要目的是为了了解学生的学习过程和结果，激励学生更好地学习，帮助教师改进教学。①新西兰课程标准中指出：教师应当继续使用评估去指导教学，而不是将其作为一个终点，课程标准与有效的评估措施配合使用时，它将成为一个强有力的手段，使学生、家长、家庭、毛利人家庭、教师、学校和教育系统知道学校教育及学生学习情况进展得怎么样以及将做些什么可以更好地为全体学生改善学习。②可见，评价的最终目的都是为了改进教师教学，提高学生学习。因此，作为学生和老师对评价所提供信息必须做出回应，而学校需要考虑将如何收集、分析和利用评估信息，以便有效地满足这一目的。评价是贯穿于整个教学始终的，是一个持续的过程。教师需针对性地、及时地收集、分析、解释并运用信息，塑造自己的行为，达到最终的目的。

---

①中华人民共和国教育部.义务教育数学课程标准（2011年版）[M].北京:北京师范大学出版社，2012：52.

②Ministry of Education（2009）.The New Zealand Curriculum Mathematics Standards for years 1-8 [EB/OC].

http：//nzcurriculum.tki.org.nz/National-Standards/Mathematics-standards.pdf：12-13.

2. 均强调评价内容的全面性

中国课程标准中明确提出基础知识和基本技能是评价的重点内容，但"数学思考""问题解决"及"情感态度"的评价也不容忽视，而且"知识技能""数学思考""问题解决"和"情感态度"等方面是综合在学习过程中的，因此，评价的内容必须包含全部，只是在不同情况下评价的内容有所侧重，考虑学生个性化发展的差异；新西兰课程标准中虽然没有像中国明确提出基础知识、基本技能等内容，但是其标准中也提及"当评估一个学生的成绩和进步时，教师需要就整个标准对学生做出综合判断，此判断需要基于一段时间证据的收集，其中很大一部分都源于日常课堂交往和观察……"①。同时，课程标准针对不同的学生群体，提出不同的评价内容要求，如英语学习者，教师需要了解他们对与英语语言学习级数，及数学和统计学相关知识知道些什么并且有能力做些什么；有特殊需要的学习者，则需要制订个人教育计划等。②可见新西兰课程标准中学习评价的内容也要求具有综合性，进行有差异性的全方位评价，促进学生富有个性化的全面发展。

3. 均强调评价主体的多元化，评价方式的多样性

现代心理学认为个人心理潜能的优势领域是不同的。美国心理学家加德纳的多元智力理论中也提及，人类至少有七种以上的智力，这些智力通过不同的方式加以组合，并且每种智力都以不同的方式呈现，所以，很难找到一种评价标准来适用于所有的人。结合学生数学学习个体差异性的特点，评价主体多元化及评价方式多样化已经成为数学学习与评价的必然趋势。

中国课程标准中关于评价主体和评价方式的内容有专门的条目。关于评价主体，强调家长、教师、同学及学生本人都可以成为评价者。③关于评价方

①Ministry of Education（2009）.The New Zealand Curriculum Mathematics Standards for years 1–8 [EB/OC].

http://nzcurriculum.tki.org.nz/National-Standards/Mathematics-standards.pdf：12.

②同上.

③中华人民共和国教育部.义务教育数学课程标准（2011 年版）[M].北京：北京师范大学出版社，2012：56–57.

式，强调评价方式的多样化主要体现在运用多种评价方法，包括口头测验、书面测验、活动报告、课内外作业、课堂观察、成长记录、网上交流等多种方式。①新西兰课程标准中关于这两方面的内容也都有所涉及，如"对学生作出判断时，需要基于一段时间证据的收集，证据的多个来源应当包括全体教师对一个学生表现的判断，此外还有学生的工作，证据的来源可能包括自己和同龄人的评估、访问、观察及评估工具的结果。因为多种原因，一个单一的评估是不充分和不能接受的。""不同类型的评估提供不同的信息，应该选择适合他们评估目的的评估类型，并且一起观察以获得一个整体师资的判断"等内容②，都可以体现新西兰对评价主体多元化和评价方式多样化的要求。从上述内容可见，两国都强调教师协调好家长、学生、同伴等成员之间的关系，综合评价，充分发挥多元评价的"合力"作用。同时，针对不同的学习内容和学生个性的差异，灵活选择不同的方式或综合运用多种方式，发挥各种评价方式的优势，改进教师教学、激励学生学习，达到评价的真正目的。

（三）两国课程资源开发与利用建议的比较分析

数学课程资源是指运用于数学课堂教与学活动中除了教师和学生以外的所有资源。中新两国课程标准中关于这部分内容都有明确的阐述。中国"课程资源开发与利用"一节中指出，课程资源主要包括文本资源、社会教育资源、信息技术资源、环境与工具资源及生成性资源等类型，并对每类资源包含哪些内容，如何提高教学质量等内容加以具体分析；③新西兰"配套资源"一节中指出，教师应使用各种资源帮助学生在数学和统计方面的学习，其内

---

①中华人民共和国教育部.义务教育数学课程标准（2011年版）[M].北京：北京师范大学出版社，2012：56-57.

②Ministry of Education (2009).The New Zealand Curriculum Mathematics Standards for years 1-8 [EB/OC].

http://nzcurriculum.tki.org.nz/National-Standards/Mathematics-standards.pdf：12.

③中华人民共和国教育部.义务教育数学课程标准（2011年版）[M].北京：北京师范大学出版社，2012：67-71.

容主要包括来自于识数开发项目的材料、新西兰数学网站、国家教育监测项目（NEMP）报告等内容。[①]与中国相比更加具体，技术性要求更高，但不及中国逻辑条理性强，相关内容的阐述也没有中国具体详细。从整体上看，两国都强调针对特定的教学群体、教学内容和教学目标，考虑所处的教学环境和教学条件，有效地开发课程资源是提高教师教学和学生学习水平的重要条件。

六、新西兰小学数学课程标准对中国的启示

通过中新两国小学数学课程标准的研制背景、整体框架、基本理念、课程目标与内容及实施建议等方面的比较研究，对两国数学课程标准有了更加深入的理解和把握。新西兰数学课程标准的一些做法对中国小学数学课程标准的修订与完善带来一些启示。

（一）课程标准中的课程目标可根据不同的等级水平设置

"学段划分直接关系到数学课程标准的学习目标设计是按照年级还是学段，关系到数学教材的编写采取直线式还是螺旋式，进而直接影响到中小学数学教师的教学实际"[②]，因此数学课程标准中的学段如何划分将影响重大。

中国课程标准中小学数学具体课程目标是按照学段式来阐述的，而二年级和三年级及五年级和六年级学生间的认知方面存在着较大差异，因此中国这样划分学段，安排课程目标是否科学还有待进一步实验探究。《新西兰一至八年级数学课程标准》列出学校教育从第一学年到第六学年结束，每学期期末或年底绝大多数学生被合理期望达到的标准，将课程目标设定为三个级别且以学生"将要能够做某事"描述各级别的具体要求，一、二年级分别达到早期一级水平和一级水平，三、四年级分别达到早期二级水平和二级水平，

①Ministry of Education（2009）.The New Zealand Curriculum Mathematics Standards for years 1-8 [EB/OC] .http：//nzcurriculum.tki.org.nz/National -Standards/Mathematics -standards. pdf：14.

②刘鹏飞，史宁中，孔凡哲.义务教育数学课程学段划分的国际比较研究 [J] .外国中小学教育,2012（03）：49-53.

五、六年级分别达到早期三级水平和三级水平。由于考虑到学生以不同的起点开始，并且以不同的速度取得进步，因此对学生年级的表述上存在差异，且对学生成绩进行解释时，非常强调考虑学生进步的速度和被期望达到的标准。新西兰的课程目标都没有统一规定，相对具有针对性，同一年级的学生可以达到不同级别水平的目标，不同年级的学生也可以有同一达成目标。目标内容弹性设置，而且每个阶段有相对应的案例说明和学生思维描述，鼓励学生解题方法多样化，以什么方法达到标准，以什么方法超出标准及以什么方法没达到标准，都有明确的说明，便于实施操作。

因此，中国课程标准中也可以划分不同的等级水平来设置课程目标，有利于体现小学阶段学生能力循序渐进发展的过程和课程内容的有机衔接，打破以往的学段划分，使得课程标准更加灵活开放，留给学生和教师更多的选择余地。教师可根据学生的学习情况设置不同的等级要求。而且每一年级的课程目标内容根据等级划分，针对性更强，内容更加明确，便于教师组织安排，学生学习操作，满足不同学生学习发展的需要。

（二）课程标准中的课程内容应重视模型的建构

模型建构就是让学生以数学语言来描述大自然和生活中的现象，特别是一些有规律的东西，以便学生能够学会数学思考，培养学生的数学情感和价值观。同时，模型建构思想也是学生解决数学问题时不可缺少的条件。通过模型建构激发学生的学习兴趣，调动学习积极性，培养问题意识，帮助学生学习理解，可以为学生提供一个研究探索的资源平台。

新西兰课程标准特别强调模型建构，首先每个等级水平相应的课程内容都有一个大前提"要求学生在情境中解决问题或建立模型情境，学生将要能够……"，其次在具体的内容阐述时也强调各种模型的建构，如"继续基于给定模式的循环模式和数字计算模式""通过创建模型来表示反射和平移""通过确认重复的单元，建立并继续运用顺序模式""继续运用基于简单加减法的空间模式和数量模式"等内容。①而中国课程标准仅仅在列出相关内容条目时，简要提及"结合具体情境""在具体情境中"等内容，不及新西兰标准具体明确。

（三）课程标准中的评价建议要注重全面、实效

课程评价在课程体系中起着质量监控和激励导向作用。中国课程改革目标中提及"改变课程评价过分强调甄别和选拔的功能，建立促进学生全面发展、教师全面提高、课程不断发展的评价体系，充分发挥评价对学生发展、教师提高和教学改进的作用"②。中国《课标（2011年版）》从评价主体、评价功能、评价方法、评价过程及评价指标等方面阐述了课程评价体系，较以往更全面翔实，突显"以人为本"的教育理念。但中国课程标准中关于情感态度价值观方面的评价建议还不够完善，缺乏评估衡量的标准，操作实施较难。此外，现实的数学课程评价与课程标准中的要求存在很大的差距，现行评价更加注重学生的学习结果，评价主体以教师为主，评价方法以纸笔测验为主，倾向于学生成就的评价。

新西兰课程标准在解决问题，具体操作实施过程中阐述可能达到的成就目标，相当于中国的评价建议部分，提供了一定的实例及说明，陈述学生可能达到的标准及教师可行的做法。如"对学生进行综合判断需要一段时间证据的收集，其中很大一部分都源于日常课堂交往和观察"③。此外，还给出了单一评估方式不可取的理由及教师在评价时应注意的问题，为教师和相关研究人员的教学实践和深入研究提供了重要的指导意义。因此，新西兰课程评

①Ministry of Education（2009）.The New Zealand Curriculum Mathematics Standards for years 1–8 [EB/OC] .http：//nzcurriculum.tki.org.nz/National –Standards/Mathematics –standards. pdf：16–39.

②钟启泉，崔允漷,张华.为了中华民族的发展　为了每位学生的发展　基础教育课程改革纲要（试行）解读 [M] .上海:华东师范大学出版社，2011：281–330.

③Ministry of Education（2009）.The New Zealand Curriculum Mathematics Standards for years 1–8 [EB/OC] .http：//nzcurriculum.tki.org.nz/National –Standards/Mathematics –standards. pdf：12.

价中加强理论联系实际，注重实践操作值得借鉴学习。

（四）在课程标准的实施过程中应加强对家长、社区参与的要求

家长、学校、社区紧密结合，有利于发挥三位一体的和谐育人力量。学校教育虽然发挥主导作用，但必须加强与家长和社区的联系。这样才能达到教育的目的，促进学生德智体全面和谐发展。

中新两国数学课程标准内容都强调家长、社区的参与，但重视程度存在差异。《课标（2011 年版）》中有两处强调家长、社区的教育作用，一处是在"实施建议"部分中强调评价主体多元化和评价方式多样化中提到，另一处是在"课程资源开发与利用"部分中的社会教育资源中提及。而《新西兰一至八年级数学课程标准》中关于文本编写、课程目标和理念制定、课程内容选择、教学实施和教学评价等内容都明确数学课程要体现学生观点，并与他们广泛的社会生活相连接，同时要得到学生家长、毛利人及社会团体的支持。尤其是在教学实施部分更为具体明确，对学生的学习情况及时向家长和社会团体宣传报告，共同商定学生将在下一阶段的学习目标，并有相应的文件规定。新西兰课程标准中重视家长和社区参与的理念及做法值得借鉴学习，通过三方合力，共同承担教育责任，完成教育使命。

第十三章 中印小学数学课程标准比较

印度是由多种信仰、宗教、族群构成的多元文化国家。据 2015 年最新数据统计，印度有人口 12.89 亿，大民族十多个，小民族数百个，主要语言有十五种，方言八百多种，官方语言是英语和印地语。印度国内设有 28 个邦和 7 个中央直辖区，国内施行 10+2+3 学制，即基础教育 10 年，高中 2 年，大学本科 3 年。10 年基础教育是面向所有学生的无差别化教育，包括小学 5 年，高小 3 年，初中 2 年。宪法规定国家实施 8 年免费义务教育，2011 年中央教育咨询委员会决定将免费义务教育延伸至中等教育阶段，从 8 年延长至 10 年，保障每个孩子，无论性别、种族、阶级或社会地位，均有至少 10 年的正规教育的权利。

一、印度小学数学课程发展概述

20 世纪 60 年代中期，印度进行了大幅度教育改革，成立了中央教育委员会，颁布了教育发展指令性文件——《1968 年国家教育政策》。文件第七条明确指出："（学生）在校期间，科学和数学教学要成为普通教育的重要组成部分[1]。"这次印度国内首次以法律条文的形式明确提出开设科学课程。此后，国内开始施行统一的"10+2+3"学制，教育体系初步建立起来。至此，全国

----

[1]张双鼓，薛克翘，章秋敏.印度科技与教育发展 [C] .北京：人民教育出版社，2003：285.

性的数学课程改革运动拉开序幕。此后，印度基础教育课程经历了多次改革，出台了四部国家课程框架，数学课程的比重和地位不断增加，逐渐成为基础教育阶段核心课程。

普通教育阶段的课程开发由印度国家教育与培训委员会（NCERT）负责，2005 年 NCERT 颁布的《国家课程框架》（NCF）掀起了新一轮的课程改革运动。在此框架搭建的课程体系基础上，NCERT 于 2006 年制定了基础教育各科教学大纲（syllabus），加快统一全国课程的步伐，并于这一年对全国课程进行了统一设置：初小阶段开设语言、英语、数学、环境学，高小阶段增设社会科学、科学两门课程，初中阶段增设了历史、地理、政治学、经济学，共九门课程。[①]此后，NCERT 陆续发行了小学至高中的统一教材。本文介绍的印度基础教育数学教学大纲文件为：Syllabus at Elementary Level: Mathematics。由 NCERT 编定并于 2006 年 6 月出版，是印度历史上第一个全国性的统一课程文件（印度的教学大纲即相当于我国的课程标准，所以下文中将印度数学教学大纲统称为印度数学课程标准）。新的教学大纲在每一个阶段都强调推理和概念的掌握。在小学数学中，已经涉及形状，空间的理解，模式，测量和数据处理领域。大纲明确了每一年级每一领域的教学时间和教学内容，并指出教师可以根据具体情况灵活安排教学时间。大纲规定教学要从学生的经验出发，充分开发孩子周围的教学资源。在高小阶段的重点是放在数字系统，代数，几何，测量和数据处理方面，通过有意义的问题的设计，让学习从具体到抽象，巩固和扩大孩子的经验，并通过问题了解学习者的情况。

二、中印小学数学课程设计的比较

（一）中印小学数学课程标准框架结构比较

1. 中国小学数学课程标准框架结构

中国最新的小学数学课程标准是《义务教育数学课程课标（2011 年版）》，

---

①顾明远，梁忠义.世界教育大系——印度教育 [M].长春：吉林教育出版社，2000：209.

它是在 2001 年"实验稿"的基础上修订而成的。印度最新使用的小学数学课程标准是由印度国家教育与培训委员会（NCERT）于 2006 年制定的《普通教育教学大纲》。大纲主要分为三个部分。第一部分即第一章为"序"，是国家教育与培训委员会的主管对于学校教育的重要作用和编写大纲的目的及意义方面的介绍。还突出强调教师要灵活运用大纲，反复重申了以儿童为中心的理念。第二部分即第二章是"前言"，分别对语言教学、英语、数学、环境教学、科学、社会科学六门学科的教学要求、教学内容以及教学目标做了简单的介绍。最后一部分分为六章，分别是以上六门学科的标准。其中，数学课程标准的基本框架如表 13.1 所示。

表 13.1　印度小学数学课程标准基本框架

初小阶段 （一至五年级）	一般编写建议	
	课程内容	几何、数、货币、测量、数据处理、图形
高小阶段 （六至八年级）	一般编写建议	
	课程内容	数字系统、代数、几何、测量、数据处理(六年级)
		数字系统、代数、比率和比例、几何、测量、数据处理(七、八年级)

印度小学数学课程标准结构比较简单，主要分初小阶段和高小阶段分别加以说明。其中每个阶段又分为一般编写建议和课程内容两个部分。

初小阶段，一般编写建议共 13 条，其中反映的很多思想都与中国课标有异曲同工之妙。比如，二者都强调教材的弹性和灵活性，印度根据实际教学的时长，每年为数学课程制定了一个 140 个课时，每次 30–40 分钟的规则。通过这个规则，教学大纲中给出了每个领域的课时数。然而，"这只是为作者和其他研究教学大纲的人提供一个大致的建议"。[1]中国课标中也明确指出：教材内容设计要有一定的弹性，既要面向全体学生，又要考虑不同学生发展的差异，以满足不同学生的需求。高小阶段课程内容主要放在数字系统，代数，几何，测量和数据处理几个方面。通过有意义的问题的设计，让学习从

---

[1]Syllabus at Elementary Level [EB/OL] .http：//www.ncert.nic.in/index.html.

具体到抽象，巩固和扩大孩子的经验，并通过问题了解学习者的情况。

通过比较，不难发现中印两国框架结构存在很大差异。综其所述，主要有以下几点。

1. 中国课标编写体系更为完善

就两国课程标准框架结构的差异而言，最明显的就是编写体系的差异。中国课标包括：前言、课程目标、课程内容、实施建议和附录五大部分。整个体系结构紧凑、层次分明、极尽完善。相对而言，印度课标则略显粗糙。整个框架分初小阶段和高小阶段分别加以说明，其中每个阶段又包括一般编写建议和课程内容两个方面。虽然，由于学生特点和学习要求的差异在两个阶段提出了不同的教材编写建议，更为合理、科学，但是整体看来，由于是第一部全国统一的课程性文件，框架结构略显简单，缺少前言、课程目标、教学建议等方面的内容，对于教材编写者和教师缺乏一定的指引作用。

2. 印度课程内容未涉及"综合与实践"部分

中国小学数学课程标准的课程内容主要由数与代数、图形与几何、统计与概率、综合与实践四大领域组成。印度课标没有将课程内容划分为统一的几大领域，课程内容在初小阶段和高小阶段略有不同。表面看来两国课程内容结构大体相似，但是也存在一些差异，比如印度课标没有涉及"综合与实践"部分，印度课标突出强调学生自主性的活动，给予学生充分的实践机会，将活动寓于数学教学之中，但是没有像中国将"综合与实践"作为一大板块置于课程内容之中。

3.学段划分情况迥异

中印两国小学阶段学段划分存在明显差异。具体如表 13.2 所示。

表 13.2 两国学段划分情况

国家＼学段	第一学段	第二学段	第三学段
中国	一至三年级	四至六年级	七至九年级
印度	一至五年级	六至八年级	

由表 13.2 可知，中国综合学生的生理和心理发展特征将义务教育阶段按年级划分为三个学段，其中一、二学段为小学阶段，第三学段为初中阶段。印度现行的是八年免费义务教育，小学阶段按年级划分为两个阶段，一至五年级为初小阶段，六至八年级为高小阶段。

具体来说，不同国家的基础教育，学段的划分也不尽相同，但大多都是以学生特点和国家教育现实作为主要因素划分学段的。在影响学段划分的众多因素中，各国又有不同的侧重，所以，一般来说，学段划分没有好坏之分。中国现行的小学教育是六年制的，而印度由于基础教育比较薄弱，实行的是八年制的小学教育，但两国都将小学阶段划分为低年级和高年级两个学段，体现了相似的划分理念。

（二）中印小学数学课程标准基本理念比较

课程理念是课程标准的指导思想，课程标准的制定、出台、实施与推广都是围绕课程理念展开的。通过对比分析，中印小学数学课程标准的基本理念既有相似的地方又存在差异，但都体现着时代的特色，反映了国家、教育的新要求。

1. 中国课程标准的基本理念

中国课标中提出的基本理念从总体上反映了基础教育改革的方向，新课标充分体现了德育为先，能力为重，创新方法，力求减负等特点，并在 2001 年"实验稿"的基础上将核心理念重新修改为：数学课程、课程内容、教学活动、学习评价、信息技术五个方面，并对每一方面内容做了具体阐述。[①]

第一条中"人人都能获得良好的数学教育，不同的人在数学上得到不同的发展"，体现了育人为本的思想。义务教育阶段的教育要尊重学生的差异性，最大限度地开发每一位学生的发展潜能。

第二条交代了影响课程内容的三个因素：数学特点、社会需要、学生的认知规律，并提出了课程内容的选择、组织应注意的问题。

[①]金成梁，刘久成.小学数学课程与教学 [M] .南京：南京大学出版社，2013：34.

第三条阐述了教学活动的特征，指出学生是数学学习的主人，教师是数学学习的组织者、引导者与合作者。教学活动是师生交往互动、共同发展的过程。

第四条主张建立发展性评价体系，既要关注结果，更要关注过程，既要重视学习水平，也要强调情感态度，使评价成为促进学生发展的有效方式和手段。

第五条强调信息技术与数学课程的有效结合，科学合理地运用信息技术，解决数学教学上的难点，探索更为有效的教学方式，使学生投入现实的、探索性的数学活动中去。

2. 印度课程标准的基本理念

印度小学数学教学大纲框架比较简单，没有直接的"基本理念"的描述。《国家课程框架》作为印度课程改革的纲领性文件，它指导教学大纲和教科书的编定，在教育改革中发挥重要作用。现行的《2005年国家课程框架》给出了课程开发的五条原则：

● 学校生活必须与校外生活相联系。

● 学习不应该死记硬背，理解和方法更重要。

● 丰富课程资源，反对以课本为中心。

● 使考试以一种灵活的方式存在于课堂教学之中。

● 增强国家意识，重视价值观教育。

新的教学大纲试图反对死记硬背的学习和过分地强调不同学科之间的界限，从而不断向以儿童为中心的教育体系方向发展。除此之外，大纲在前言部分还涉及以下内容：要为学生在学校学习知识培养创造力创设一种轻松、愉快的环境；减少课程负担；承认孩子们的经历，倾听他们的声音，使他们积极主动地学习。大纲还重申了宪法中在保护印度文化遗产、平等、民主、性别平等、消除社会障碍等价值观教育方面的内容。

综合以上方面，结合课标具体内容，可以将印度课标的基本理念简单概括如下：

●数学教育面向全体学生，保证儿童公平、平等的受教育权利。

●学校生活必须与校外联系，重视小学数学学习和儿童的生活实际的联系。

●强调活动，反对死记硬背，帮助学生掌握数学学习方法，帮助学生进行有意义的数学建构。

●开发课程资源，反对以课本为中心，反对过分强调不同学科的界限。

●改革考试评估制度，优化考试形式。

●重视信息技术在数学教学中的作用。

●在数学教学中渗透价值观教育和民族意识。

3. 基本理念比较分析

课程标准的制定在一定程度上反映了课程改革的要求。中印两国课标所反映的尊重个体差异、教育公平等理念不谋而合，但是由于特殊的背景和国情以及不同的学科发展特点，两国课标所体现的基本理念也存在一些差异。

（1）都突出学生的主体性地位

中国课标理念"人人都能获得良好的数学教育，不同的人在数学上得到不同的发展"，强调了个体发展的差异性，突出体现了以人为本的取向。印度课标强调对人的尊重，"为了每一位学生"的发展是其核心理念。学生是学习活动的主体，要培养他们积极的学习态度和创新能力，培养他们学会学习的能力，鼓励他们勇敢地提出自己的想法，积极主动地建构知识。

此外，学生的主体性地位还表现为两国共同关注学生的学习经验，根据儿童身心发展的规律选择和组织课程内容。中国强调课程内容的生活化，课程内容的选择要反映社会的需要、数学的特点和贴近学生的实际。印度新课程要求学校在课程的设计和教学方式的采用等各方面都必须以儿童的身心发展情况为依据，关注儿童的"社会化问题"以及他们的"可接受能力"，教学要从学生的经验出发，充分开发孩子周围的教学资源。

（2）都注重改善学生的学习方式

中国一直致力于改变过于强调接受学习、死记硬背、机械训练的现状，倡导学生积极主动地学习，培养学生搜集和处理信息的能力，发现问题、分析问题和解决问题的能力，合作探究的能力。课标也指出"除接受学习外，动手实践、自主探索与合作交流同样是学习数学的重要方式，学生应当有足够的时间和空间经历观察、实验、猜测、计算、推理、验证等活动过程"①。印度课程框架和教学大纲中都明确提出反对死记硬背的学习方式，认为学生的学习不仅仅是获得知识和技能，更重要的是在数学探索中获得体验和解决问题的能力，所以学生要有足够的时间去体验，积累数学活动经验。教师只是学习的引导和帮助者，学生才是学习活动的主体。教学活动要给予学生足够的时间让他们积极主动地学习。

（3）都主张建立发展性评价体系

由于长期受到应试教育的影响，中国的学习评价过分强调甄别与选拔的功能，过于关注学习的结果和知识与技能方面的评价，对于学习过程、情感与态度方面缺乏足够的重视。为了改变这种现状，体现素质教育的理念，主张建立发展性的评价体系，真正发挥评价促进学生全面发展、教师不断提高的目标。印度课标指出：评价是教学过程不可分割的一部分，它有利于帮助学习者和教师反思和评估自己的行为；为了发挥评价的价值，必须进行准确、客观的评价。为了减轻评价给学生造成的心理压力，摒弃以考查知识的记忆情况为目的的评价，使学生轻松、愉快地学习。印度不断更新评价理念，积极探索有效的评价方式，将教师评价与学生自评相结合，将开卷考试、没有时间限制的考试等考试形式引入评价体系。

（4）对信息技术的重视程度不同

新课标强调信息技术的运用要合理、有效，解决数学上的难点，促进学生更好的理解与思考。由此可见，中国注重信息技术在数学课程中的运用，但是新技术的运用主体更加偏向于教师。印度为了让学生更好地学习数学，

---

①中华人民共和国教育部.义务教育数学课程标准（2011年版）[M].北京：北京师范大学出版社，2012：34.

提出了每个学校必须为学生提供计算机软硬件设施的要求。为了帮助学生从实验中探索数学事实，学校必须在已有的科学实验室中建立数学基地，使这个科学实验室转变成"科学—数学"实验室，作为数学和科学的探测中心。在小学数学学习中，印度要求学生熟练地掌握计算机技术，拥有运用计算机分析、解释图表中的数据的能力。因此，印度相对于中国来说，更加重视信息技术在数学教学中的运用，对于学生计算机能力的要求也比较高。

(5) 对学科联系的关注程度有别

中国新一轮基础教育改革削弱了学科界限，强调多学科的综合，建立九年一贯的课程门类和课时比例，倡导均衡、全面和有选择性的课程结构。印度课标也指出："为了让学生在数学学习中体验成就感，不断扩充数学资源，加强数学与其他学科的联系非常有必要①。"印度是一个多民族、多宗教、多人口、多语言的国家，其语言的多样性世界罕见。由于其特殊的国情和文化特点，在教材编订和课堂教学中，更为注重多种语言的融合以及不同学科间的联系。印度的各学科之间相互渗透，课程设置中，印度的科学课分为环境科学和社会科学，社会科学主要是通过语言、数学、环境科学等学科渗透，在数学教学中不仅要教授数学知识还要渗透社会科学等其他学科的知识。由于其国情的特殊性，印度更为注重数学学科与其他学科的联系。

三、中印小学数学课程目标的比较

数学课程目标反映了数学课程对未来公民在与数学相关的基本素质方面的要求，是教师进行教学设计、开展教学活动的依据，也是编写教材以及教学质量评估的主要依据，在课程标准中举足轻重。

(一) 中国小学数学课程目标

中国课标努力体现义务教育的普及性、基础性和发展性，强调义务教育数学课程应从以获取数学知识、技能和能力为首要目标，转变为首先关注学

---

① National curriculum framework 2005 [EB/OL] .http://www.ncert.nic.in/welcome.htm.

生的情感、态度、价值观和一般能力的发展，并使学生获得作为公民适应现代生活所必需的基本的数学知识和技能。①中国数学课程目标分为总目标和学段目标两个部分。

为了促进学生的终身可持续发展，课标还从"知识技能""数学思考""问题解决"和"情感态度"四个方面对总目标做了具体阐述。课程目标的四个方面是一个密不可分的有机整体，数学思考、问题解决、情感态度的发展离不开知识技能的学习，知识技能的学习必须有利于其他三个目标的实现。②教学中应该同时关注，不能偏废其一。此外，中国课标引用了国际上广泛采用的目标行为动词，主要分为两类：一类是刻画知识技能的目标动词，如"了解""理解""掌握"等；一类是刻画数学活动水平的过程性目标动词，如"经历""体验""探索"等，行为动词的差异反映了课标对学生数学学习的不同要求。

（二）印度小学数学课程目标

印度课标每一阶段都强调推理和概念的掌握，认为数学教育的主要目标是培养学生的抽象思维和逻辑思维，发现和解决问题的能力而不是机械的数学知识。数学教学应加强孩子的思维能力、推理能力、想象能力以及提出问题解决问题的能力，获得高质量的数学教育是每个孩子的权利③。印度课标中没有关于数学课程目标的详细介绍，但是通过对文本内容的总结概括以及《国家课程框架》中的相关描述，可以看出印度课程总目标主要包括以下内容。

●通过算数活动，掌握数、量、图形中所包含的基本知识和技能，有条理地解决实际问题。

●培养学生数学思维，增强提出问题和解决问题的能力，发展学生的估算及数学思想。

———————————

①刘久成.小学数学课程 60 年 [M] .镇江：江苏大学出版社，2011：178.

②中华人民共和国教育部.义务教育数学课程标准（2011 年版） [M] .北京：北京师范大学出版社，2012：22.

③Syllabus I-XII [EB/OL] .http://www.ncert.nic.in/index.html.

●培养孩子正在做数学的信心和能力，具有学习的基础和发展做数学的兴趣。

●培养学生创新意识和发散思维。

从总体上看，中国课标以培养创新意识和创新型人才为目标，从"知识技能""过程方法""情感态度与价值观"三个维度对学生的学习提出了更为全面的要求。通过对比不难发现，中印两国课程目标在以上三个维度方面存在很多相似之处。

（三）两国数学课程目标比较分析

1. 共同关注"双基"教育

重视"双基"是中国数学教育的传统内容，义务教育的基础性决定了"双基"教育在基础教育中的重要地位。为了培养创新能力和个性，中国课标在"双基"的基础上强调"四基"即基础知识、基本技能、基本思想和基本活动经验。新课标强调获取知识和技能的结果与获取知识的过程并存；强调客观性的数学事实与主观性的数学活动经验并存；强调对基础知识和技能的理解和运用；强调用发展的眼光审视和选择基础知识和基本技能。为了减轻学生的压力，改变中小学"教的太多，学的或理解的太少"的现状。印度主张"不要试图把所有的都教给学生，那是对儿童的创造性和构建知识的能力缺乏信心"。因此新一轮的课改着重对教科书进行了重新修订，减少学习内容，减少死记硬背，但这与印度重视"双基"教育并不矛盾。印度课标每一阶段都强调概念的掌握，课程内容的每一板块又细化为多个知识点，课程内容的范围之广足以看出其对学生基础知识与基本技能方面的重视。

2. 都重视问题解决，培养创新能力

提高问题解决能力是世界各国共同追求的数学教育目标。问题解决能力的培养能为学生提供发现和创新的机会，培养学生的数学思维能力、分析和解决问题的能力。中印两国都重视问题解决能力的培养，中国将"问题解决"作为课程目标的四个维度之一，表明"问题解决"作为必不可少的课程内容

之一，是学生必须达到的目标。印度长期以来都奉行死记硬背、机械训练的教学方式。这样的教学方式造就了一大批墨守成规的学生。早在 1993 年印度国家咨询委员会就发布了《没有负担的学习》大力呼吁减轻学生负担，让儿童快乐地成长，避免死记硬背和机械训练，培养学生的开放性思维和创新意识才是最重要的。从此印度开始深入的批判死记硬背的教学方式，要求"课程必须保证儿童找到属于自己的声音，培养保护他们的好奇心"，要鼓励他们提出问题，调查探究，交流分享，并将他们的经验与学校知识相结合，而不是简单地记忆和只以一种方式获得答案。

3. 目标达成方式不同

中国课程目标的四个方面是一个密不可分的有机整体，且相互融合，课程目标的达成主要是通过数学学习，将直接经验与间接经验相结合，经历问题探索与发现的过程，从而掌握基本知识和技能，感受数学与实际生活的联系。印度课标多次强调数学活动的重要性，以期通过数学活动，掌握数、量、图形中所包含的基本知识和技能，解决实际问题。在解决问题的过程中体会数学活动的快乐，增强学习数学的兴趣，培养将数学运用于学习、生活的态度。由此可以看出印度课程目标主要通过数学活动达成，数学活动贯穿于数学学习的全过程，是教学活动的基本方法。

四、中印小学数学课程内容的比较

由于文化与教育背景的差异，中印两国数学课程内容虽然存在一定差异，但是整体内容基本相似。鉴于两国学段和领域划分的差异，为了便于比较，本章将参照中国领域划分，分别从数与代数、图形与几何、统计与概率几部分进行具体比较。

（一）数与代数内容比较

"数与代数"部分是小学教育阶段最基本、最主要的课程内容，是学习其他数学内容的基础。"数与代数"的思想与方法对于学生理解数学的意义，进而发展问题解决能力以及形成正确、完整的数学观具有十分重要的作用。

1. "数与代数"领域具体内容

（1）第一学段"数与代数"课程内容

为了对两国第一学段数与代数内容进行更直观的比较，笔者将印度课标内容按中国内容划分为：数的认识、数的运算、常见的量、探索规律四部分。

① "数的认识"课程内容的比较

表 13.3　第一学段"数的认识"内容对照表

	中国	印度
数的认识	·理解万以内的数 ·理解各数位上的数字表示的意义 ·感受大数的意义并能进行估算 ·用数表示物体个数、顺序和位置 ·理解符号<,=,>的含义 ·初步认识分数,能比较同分母分数的大小 ·初步认识小数,能比较一位小数的大小	·认识万以内的数,并能进行估算 ·了解数的整体结构和位置系统 ·认识简单的分数,列出一系列分数,并做出对比 ·初步认识小数,能在货币和长度中使用小数

由表 13.3 可知，两国第一学段中都包括了对万以内的数的认识、大数的估算、分数与小数的初步认识。虽然目标内容都包括比较大小，但是中国涉及">，=，<"三种数学符号的感受与认识，印度没有明确提出，中国在认数的范围上也更加广泛。此外，在分数与小数部分，中国要求能够比较同分母分数的大小，能比较一位小数的大小，印度要求不仅能够比较同分母分数的大小还要预测与已知分数接近的异分母的分数，且能进行小数和分数的相互转换。由此可见在分数与小数的要求方面印度明显高于我国。

② "数的运算"课程内容的比较

通过表 13.4 对比不难发现，印度与中国的"数与运算"都包括加减乘除四则运算。两国都强调估算、口算（心算），中国要求学生经历与他人交流各自算法的过程，印度强调算法的多样化，可见两国都强调算法。整数四则混合运算方面中国做了简单的要求，印度没有涉及，但是在口算（心算）方面，印度做了更高的要求，要求学生心算 10—100 之间的任意运算并且粗略心算和、差、积、商。

表 13.4　第一学段"数的运算"内容对照表

	中国	印度
数的运算	·口算 20 以内加减法和表内乘除法 ·口算百以内加减法和一位数乘除两位数 ·三位数加减法 ·一位数乘三位数、两位数乘两位数的乘法 ·三位数除以一位数的除法 ·简单的整数四则混合运算 ·同分母分数、小数加减法 ·估算并解释过程	·分解或组合 20 以内的数 ·20 以内数的加减法 ·100 以内加减法,分解或组合一个两位数 ·观察加法交换性,和 0 的性质使运算更简便 ·心算一位数、两位数的加减法 ·表内乘除法 ·心算一位数乘两位数 ·两到三位数的乘法 ·心算 10—100 之间的任意运算 ·会数大于 1000 的数字,会相应的加减乘除 ·使用非正式和常规的除法运算 ·心算粗略计算和,差,积,商 ·预测与已知分数接近的分数 ·进行小数和分数的相互转换

③ "常见的量"课程内容的比较

表 13.5　第一学段"常见的量"内容对照表

	中国	印度
常见的量	·了解人民币,认识元、角、分 ·认识钟表,了解 24 时计时法 ·认识年、月、日,了解它们之间的关系 ·认识重量单位:克、千克、吨,并能相互转化 ·能解决相关实际问题	·认识常用的纸币和硬币并进行加减乘除运算,能进行卢比与派森的兑换,会使用货币 ·做出汇率表 ·了解常用的重量单位,并会换算 ·了解体积与容积单位 ·理解 日,周,月,年的概念,了解它们之间关系 ·能根据日历找到具体日期 ·认识时钟,会用加减运算时间间隔

从表 13.5 可以看出,两国在这一部分的条目数相差不多,内容相似度也很高。中国课标将"常见的量"作为独立的一部分安排在第一学段,主要包括货币、时间、重量等相关的量。印度将同样的内容安排在"货币"与"测量"两个领域。在货币中,印度课标不仅要求学生认识货币、进行货币间的兑换,还要求学生做出汇率表,足见其对这一部分的重视。在重量单位方面,中国要求认识重量单位:克、千克、吨,并能相互转化,印度除了要求学生

掌握重量的大小单位，并会换算以外，还要求学生会目测物体的重量并进行检验。对于体积与容积单位的要求印度比中国有所提前。

④ "探索规律" 课程内容的比较

表 13.6　第一学段 "探索规律" 内容对照表

	中国	印度
探索规律	·探索简单的变化规律	·利用实例表示相等的概念 ·识别和描述重复模式、递增模式、递减模式 ·用数字、图形表示几何概念

由表 13.6 可知，印度相对于中国在 "探索规律" 这一部分给出了更为具体的描述，要求学生利用实例表示相等的概念，能够识别和描述重复模式、递增模式、递减模式，并能用数字、图形表示相关概念。

通过对中印两国第一学段 "数与代数" 领域各部分知识点进行统计分析，可以看出两国在这一领域不但知识点重复多，也有其他相似之处。印度相关标准整体多于中国，两国数的运算所占比重都是最大的，都很重视学生的运算能力的培养。但是中国在认数的范围上比印度广、对数的运算要求比较高。印度注重学生对运算的理解，强调算法多样化，在口算与估算方面的要求明显高于中国。

（2）第二学段 "数与代数" 课程内容的比较

参照中国第二学段的划分，从数的认识、数的运算、式与方程、正比例反比例、探索规律五部分对两国课标内容进行比较分析。

① "数的认识" 课程内容的比较

第二学段中数的认识与第一学段的内容呈现连贯性和连续性的特点，知识整体编排逻辑性较强。由表 13.7 可知，两国在这一阶段都安排了分数、小数、百分数、负数内容，都对大数的估算、因数和倍数做了一定要求。第二学段中，印度没有涉及质数、合数的内容，但是要求学生理解有理数的性质，理解幂的概念和指数法则，了解平方、平方根、立方、立方根。同样的内容中国安排在第三学段。

表 13.7 第二学段"数的认识"内容对照表

	中国	印度
数的认识	·认识万以上的数,了解十进制计数法,会用万、亿为单位表示大数 ·感受大数的意义,并能进行估计 ·用数描述事物的某些特征,进一步体会数在日常生活中的作用 ·知道 2,3,5 的倍数的特征,了解公倍数和最小公倍数 ·了解公因数和最大公因数 ·了解自然数、整数、奇数、偶数、质(素)数和合数。 ·理解小数、分数、百分数的意义,会进行小数、分数和百分数的转化 ·比较小数和分数的大小 ·了解负数的意义	·会对五位数进行估算,比较大小 ·熟悉八位数以下的数和高位数的近似值 ·括号的化简,倍数和因素,2,3,4,5,6,8,9,10,11 的整除规则 ·了解公倍数和最小公倍数,了解公因数和最大公因数 ·了解自然数,整数,数的性质 ·理解负数意义 ·理解比率和比例,百分数的意义,会进行小数、分数和百分数的转化 ·用数轴表示自然数、分数、负数 ·理解幂的概念和指数法则 ·了解有理数的性质,并在数轴上表示有理数 ·了解平方、平方根、立方、立方根

② "数的运算"课程内容的比较

表 13.8 第二学段"数的运算"内容对照表

	中国	印度
数的运算	·三位数乘除两位数 ·简单的整数四则混合运算 ·探索并了解运算律 ·体会加与减、乘与除的互逆关系 ·简单的分数、小数加、减、乘、除运算及混合运算 ·小数、分数和百分数的简单实际问题 ·了解常见的数量关系 ·交流算法,表达想法 ·选择合适的方法估算 ·用计算器运算	·分数、小数加减法 ·整数的乘除法 ·分数的倒数、乘除法 ·有理数的运算 ·小数的乘除法 ·常见的数量关系 ·了解运用运算律(交换的,结合的,分配的,加法的恒等式,乘法的恒等式) ·比率和比例及其简单应用

这一阶段两国都强调估算、理解运算之间关系,都要求了解运算律。中国课标中提到了计算器的使用,印度强调现代技术在数学课程中的运用,但是在数的运算中没有提到计算器的使用。可见印度更为强调学生运算与估算能力的提高。在高小阶段,还涉及百分比、利润、亏损、经常花销、打折、

税收方面的知识，要求学生理解简单利率和复合利率的区别，通过模型获得复合利率的表达式并应用于简单问题中。这方面的内容中国同样安排在第三学段。

③ "式与方程" 课程内容的比较

表 13.9　第二学段 "式与方程" 内容对照表

	中国	印度
式与方程	·用字母表示数 ·了解等量关系，并能用字母表示 ·能用方程表示简单情境中的等量关系 ·了解等式的性质，能用等式的性质解简单的方程	·用字母表示数 ·制作代数表达式(简单)包含一到两个变量 ·辨别常量、系数、幂 ·同类项和异类项 ·代数的加减法 ·解决一个变量的简单的线性方程 ·代数式的乘法、除法(系数应为整数) ·因式分解(仅简单例子)

由表 13.9 可知，第二学段对式与方程的要求中，印度明显高于我国。除了要求用字母表示数，用方程表示等量关系，了解等式的性质外，印度还涉及了代数式、整式与分式内容。

④ "探索规律" 课程内容的比较

表 13.10　第二学段 "探索规律" 内容对照表

	中国	印度
探索规律	·探索给定情境中隐含的规律或变化趋势	·观察典型例子，识别用公式表达出孩子们完成的任务 ·学生观察模型，识别和形成规则，整数的定义 ·通过典型例子和适当的应用题减少变量，然后归纳，用更多的例子来产生典型例子 ·通过观察典型从而进行总结归纳出指数的法则 ·推演出 2、3、5、9、10 可除性测试规则，用以使用普遍方式表达出的两位数或三位数的数字

由表 13.10 可知，在探索规律中，两国仍存在较大差异。中国表述较为概括，没有明确提出让学生发现什么规律。印度课标则有较为详细的相关内容。总体看来，两国在各部分的学习都安排了探索规律这一环节，希望学生自主探索，提高发现问题、解决问题的能力。

⑤ "正比例、反比例"课程内容的比较

第二学段中，中国要求学生在实际情境中理解正比例、反比例的含义，并能解决简单的问题，印度课标中相关内容安排在"比率与比例"一节中，涉及百分比使用以及简单利率与复合利率的应用，没有关于反比例的要求。

2. "数与代数"领域比较分析

（1）整体结构相似，侧重略有不同

两国数的认识和数的运算都占了相当大的比例，让学生正确理解数的概念，培养学生的数感。但是在具体内容上各有侧重，总的来说印度课标条目较多，两国知识点及分布各有特点，都包括自然数、分数、小数和负数的知识，但是印度课标重点在于使学生正确理解数的概念，培养学生的数感。一年级要求学习一百以内的数，理解两位数的含义，二年级学习三位数的读写与计算，理解分数和小数的基本性质及意义。印度课标更加注重数的拆分和组成，而中国课标更加强调数的读写[1]。印度关于数的性质只要求学习整数、自然数的性质，中国则系统介绍了奇数、偶数、质数、合数的性质。由此看出，中国更为注重知识的学科性和系统性。

（2）知识容量不同，深度有别

通过对比发现，印度课标在"数与代数"领域知识点容量整体高于中国。印度高小阶段涵盖了有理数的性质，幂的概念，指数法则，平方、平方根、立方、立方根，利率，代数式、整式与分式等内容，同样的内容中国则安排在第三学段。在"数的运算"方面两国都安排了整数、分数和小数的四则运算，让学生了解数的四则运算的意义，培养基本的运算能力并能运用数学知识解决具体的问题。但是在具体的计算要求以及学习重点方面略有差异。中国更为注重计算的过程。印度更为强调运算法则的意义。印度第二学段中数的运算所占比例有所降低，弱化算法和事实，而强调逻辑思维能力。中国注重培养基本知识与技能，相关内容所占比例较为均衡。此外，两国课标中常

---

[1]夏季.中印小学数学教科书比较研究 [D] .东北师范大学硕士论文，2010.

见的量都包括时间、长度、货币、质量以及容积体积，不同的是中国更加偏重量的单位的认识，印度强调对这些量的体验、估量和不同的方式描述。

（3）重视规律探索，培养创新意识

创新意识的培养是现代数学教育的基本任务，创新意识的培养应贯穿数学教育的始终。探索规律的教学则是培养学生创新意识的重要途径。小学数学中"探索规律"的内容主要是数、式、形的规律的探索，是小学数学知识体系的重要组成部分。中国课标在各领域公式、法则、算法等规律性知识的教学中，强调让学生经历发现、探索的过程，并将"探索规律"作为"数与代数"中独立的内容，分布在各个年级。探索规律的内容涉及具有较强的活动性和探究性，一些内容直接设计在教学实践活动中。

课标强调数学活动的重要性，数学活动作为重要的教学方法存在于整个小学阶段的教学之中，注重学生自主探索，发展创新意识，培养问题解决能力。课标强调孩子们学习的不是已知的定义，不应该从定义和解释开始讲授一个问题。概念和想法一般应该从观察模式、探索中发掘，然后试图用自己的话来定义。学生通过学习归纳的过程，检查概括能力的发展，帮助学生形成一种更好的逻辑和推理能力。

（二）图形与几何内容比较

几何课程是小学阶段学习的重要内容，还可以帮助学生发展空间观念。中国将"图形与几何"领域分为：图形的认识、测量、图形的运动、图形与位置四个方面。印度相关知识安排在几何、图形、测量三部分之中。虽然名称上略有差异，但基本内容大体相同。现根据中国划分线索分别从图形的认识、测量、图形的运动、图形与位置几方面对中印两国"图形与几何"领域具体内容进行比较分析。

1."图形与几何"领域具体内容

（1）第一学段"图形与几何"课程内容

①"图形的认识"课程内容比较

由表 13.11 可知，两国都要求识别一些简单的平面图形和立体图形，从不同角度观察物体的形状,都要求认识角,了解角的类型。在立体图形方面,印度不仅要求识别立体图形,进行分类,还要求学生在网点板上做出立体图形,中国只要求辨认长方体、正方体、圆柱和球等简单几何体。可见印度更加注重对学生空间观念的培养。此外,对于圆锥和圆的要求中国放在第二学段。

表 13.11　第一学段"图形的认识"内容对照表

	中国	印度
图形的认识	·辨认长方体、正方体、圆柱和球等几何体 ·能根据具体事物、照片或直观图辨认从不同角度观察到的简单物体 ·认识长方形、正方形的特征 ·认识角,了解直角、锐角和钝角 ·对平面图形和简单几何体进行分类 ·能辨认长方形、正方形、三角形、平行四边形、圆等简单图形	·收集周围的固体并进行归类、描述 ·归类平面图形 ·认识立体图形并认出立体图形的平面轮廓 ·描述平面图形特征 ·会用七巧板、瓷砖拼出不同图形 ·区分直线和曲线 ·通过几何特征描述图形 ·利用网点板做出圆柱和圆锥等立体图形 ·认出直角,锐角和钝角

② "测量"课程内容比较

表 13.12　第一学段"测量"内容对照表

	中国	印度
测量	·用不同方式测量物体长度的过程 ·认识长度单位千米、米、厘米,知道分米、毫米,能进行简单的单位换算 ·能估测一些物体的长度,并进行测量 ·认识周长,并能测量简单图形的周长,探索并掌握长方形、正方形的周长公式 ·认识面积,认识面积单位平方厘米、平方分米、平方米,能进行简单的单位换算 ·掌握长方形、正方形的面积公式,估计给定简单图形的面积	·不用统一单位测量物体长度 ·目测长度和距离 ·用标准单位测量长度,换算米和厘米 ·观察和比较容积大小,转换容积单位 ·使用非常规的单位称量物体重量,将单位转换如将 g 转换为 kg 等 ·目测容器体积并实际测量 ·计算简单几何图形的面积和周长 ·用和差积商计算重量、容积和长度 ·比较常用的体积,长度和重量的大小单位,并会换算

由表 13.12 可知,印度标准要求学生掌握的测量内容范围更广,除两国都要求掌握长度单位、面积单位、会测量物体长度,掌握长方形与正方形的周长和面积等内容,印度还要求学生学会目测,掌握容积单位,会计算物体的容积和重量,相关内容中国安排在第二学段,目测已不作要求。

③ "图形的运动"课程内容比较

表 13.13　第一学段"图形的运动"内容对照表

	中国	印度
图形的运动	·认识平移、旋转、轴对称现象 ·辨认简单图形平移后的图形 ·认识轴对称图形	·认识图形的平移 ·观察图形的对称性(平面图形、立体图形) ·旋转平面图形

由表 13.13 可知，第一学段中，两国"图形的运动"的内容基本相同，包括对称、平移和旋转三个部分，都基于现实生活中经常出现的运动现象，让学生观察和认识现实生活中图形变换的现象感受几何图形的魅力，提高学生研究图形的兴趣，培养学生的思维能力和空间观念。

④ "图形与位置"课程内容比较

表 13.14　第一学段"图形与位置"内容对照表

	中国	印度
图形与位置	·会用上、下、左、右、前、后描述物体的相对位置 ·给定东、南、西、北四个方向中的一个方向,能辨认其余三个方向,会用东北、西北、东南、西南描绘物体所在的方向	·观察和描述物体的运动方式,如滚动、滑动 ·描述物体的相对位置

由表 13.14 可知，图形与位置的标准中，两国都强调物体的相对位置。不同之处在于中国课标强调空间方向的辨认和描述，要求辨认东、南、西、北四个方向，会用东北、西北、东南、西南描绘物体所在的方向，印度没有涉及相关内容，但是要求观察和描述物体的运动方式。

中印两国图形的运动、图形与位置的标准条数相同，但是图形的认识和测量的标准，印度明显多于中国。内容上，两国的重点都是图形的认识和测量，但是在立体图形的要求上印度高于中国，且相关知识点（如圆、圆锥、容积）较中国有所提前。

（2）第二学段"图形与几何"课程内容的比较

同样将印度第二学段几何领域内容按照中国的划分进行比较。

① "图形的认识"课程内容

表 13.15　第二学段"图形的认识"内容对照表

	中国	印度
图形的认识	·了解线段、射线和直线 ·体会两点间线段最短,知道两点间的距离 ·了解周角、平角、钝角、直角、锐角之间的大小关系 ·了解平面上两条直线的平行和相交 ·认识平行四边形、梯形和圆,知道扇形,会用圆规画圆 ·认识三角形,了解两边之和大于第三边、内角和是180° ·认识等腰三角形、等边三角形、直角三角形、锐角三角形、钝角三角形 ·能辨认从不同方向看到的物体的形状图 ·认识长方体、正方体、圆柱和圆锥及展开图	·了解直线、线段、射线 ·了解三角形、平行四边形、圆以及简单多边形 ·了解平面上两条直线的平行和相交 ·了解角的种类————锐角,钝角,直角,平角,优弧角,周角,零角 ·会对三角形分类(基于边和角) ·了解四边形的种类————梯形,平行四边形,矩形,正方形,菱形及其性质 ·了解平角,补角,余角,邻角,对顶角 ·了解三角形的特性(外角特征、内角和、勾股定理) ·识别三维图形,了解其元素 ·运用直线尺,量角器,圆规 ·构造三维图形

在这一阶段"图形的认识"中两国都包含了线、角、三角形、四边形、圆、立体图形的相关内容,印度标准多于中国,知识容量更多,对于立体图形、三角形以及相交线与平行线的要求都高于中国,知识深度与广度上都明显高于中国。

② "测量"课程内容比较

表 13.16　第二学段"测量"内容对照表

	中国	印度
测量	·能用量角器量指定角的度数,能画指定度数的角 ·掌握三角形、平行四边形和梯形的面积公式 ·知道面积单位:千米、公顷 ·掌握圆的周长公式 ·会用方格纸估计不规则图形的面积 ·了解体积(包括容积)的意义及度量单位(米³、分米³、厘米³、升、毫升),能进行单位之间的换算 ·掌握长方体、正方体、圆柱的体积和表面积以及圆锥体积的计算方法 ·体验某些实物(如土豆等)体积的测量方法	·使用量角器测量角,使用圆规画给定角 ·归纳推演正方形、矩形周长,掌握圆的周长公式 ·掌握正方形、矩形、三角形、平行四边形、圆、梯形的面积公式 ·了解体积、容积的概念,使用基本单位 ·掌握正方体、长方体和圆柱的体积以及表面积计算公式

由表 13.16 可知，第二学段"测量"中两国基本内容都涉及角、周长、面积、体积与容积的测量以及相应单位之间的换算。整体而言，中国对测量知识的要求相对较高，除了要求掌握一些规则图形的面积公式外，还要求估算不规则图形的面积。

③"图形的运动"课程内容比较

表 13.17　第二学段"图形的运动"内容对照表

	中国	印度
图形的运动	·认识轴对称图形，对称轴 ·认识并操作图形的平移和旋转 ·按比例放大或缩小图形 ·运用平移、旋转和轴对称设计图案	·观察鉴别对称图形，认识对称轴 ·通过平移或旋转得到简单图形 ·了解反射对称与轴对称的区别 ·演示反射与轴对称的例子 ·通过重叠得到全等并将其扩展到简单的几何图形

由表 13.17 可知，第二学段中，两国都包括图形的平移、对称与旋转。中国要求掌握图形的放大与缩小，引入相似图形的概念。印度将相关内容安排在第一学段，第二学段中增加了反射这一概念且通过重叠引入全等概念。中国要求学生运用平移、旋转和轴对称设计图案，印度要求学生演示反射与轴对称。可见两国都注重通过观察、操作等活动让学生感受图形的运动。

④"图形与位置"课程内容比较

表 13.18　第二学段"图形与位置"内容对照表

	中国	印度
图形与位置	·了解比例尺；会按给定的比例进行图上距离与实际距离的换算 ·能根据物体相对于参照点的方向和距离确定其位置 ·描述简单的路线图 ·能用数对表示位置	·用坐标系描述位置 ·理解线路图

由表 13.18 可知，第二学段中中国引入比例尺的概念并要求学生进行图上距离与实际距离的换算，印度没有相关内容，但是同样要求学生认识简单的线路图，能够描述物体的具体位置。此外，中国要求学生用数对表示位置，印度则加入坐标几何的内容。

2."图形与几何"领域比较分析

（1）共同关注空间观念，内容分布各有特点

中印两国在"图形与几何"知识内容的安排上存在差异，但最终目标相同，都注重学生空间观念和几何直观的培养。中国从强调图形的度量和证明发展为图形的认识、测量、图形的运动、图形与位置四部分融合的内容体系，加强几何知识与实际生活的联系，从关注学生对图形基本知识的掌握到关注学生的体验过程，不断发展学生的空间观念和推理能力。与中国相比，印度更加注重帮助学生建立数学和生活的联系，而中国注重的是数学的学科性。在"空间与图形"中，中国注重系统知识的掌握，印度强调使学生充分体验数学与生活的联系以及数学从生活中的抽象过程，来帮助学生建构知识。

（2）对图形的实践性要求不同

在"图形与几何"的教学中，两国都主张密切联系学生实践经验，从身边的实物出发安排教学内容。中国从多角度刻画图形，提供了明确的目标和丰富的内容，发展空间观念和推理能力，但对于创造图形的要求较低。印度是一个善于运用色彩和图案的民族，对于图形的创造与绘制的要求较高。印度鼓励学生运用各种基本图形及这些图形的变换来组合成不同的图案，让学生感受图形的美。课标对每一阶段的图形学习都做出了"创建"的要求。此外，印度课标中多次提到了点子图的使用，通过在点子图上设计图案，培养学生动手画图的能力。为了培养学生的动手操作能力和学习兴趣，印度在教学中引进了中国的七巧板，鼓励学生发挥创造力拼出自己喜欢的图案。

（三）统计与概率内容比较

中国在小学阶段安排了简单的统计与概率的知识，结合实际问题反映数据统计的全过程，让学生了解现实世界中的随机现象。印度在每个年级都安排了"数据处理"的内容，让学生用不同方法收集、整理、分析数据，同时包括一些简单的概率知识。

1．"统计与概率"领域具体内容

（1）第一学段"统计与概率"课程内容

表 13.19　第一学段"统计与概率"内容对照表

	中国	印度
统计与概率	·对事物或数据进行分类 ·收集整理数据 ·简单分析数据	·收集简单数据 ·通过测量，收集数据 ·记录并整理数据 ·用条形图表示数据 ·收集两维定量数据，画条形图代表这些数据

由表 13.19 可知，中印两国第一学段统计与概率领域的主要内容都是关于统计的，都围绕数据的收集、分类、整理、分析展开，都要求学生"经历简单的数据收集和整理过程，了解调查、测量等收集数据的简单方法，并能用自己的方式（文字、图画、表格等）呈现整理数据的结果"。[①]两国都没有涉及概率的相关知识。

（2）第二学段"统计与概率"课程内容

第二学段中国将"统计与概率"领域的知识分为简单数据统计过程和随机现象发生的可能性两部分，印度相关知识同样安排在"数据处理"之中。为了便于比较，现根据中国的划分对该领域内容进行分析比较。

由表 13.20 可知，在简单数据统计过程中，两国标准条目相差不大，内容也基本一致，都要求认识简单的统计表和统计图，认识平均数，都强调设计统计活动检验结论和预测，没有涉及概率的内容。其中，对于中位数的要求印度较我国有所提前。在随机现象发生的可能性中，两国都要求了解简单的随机现象。印度要求通过掷硬币、骰子等方式了解随机事件的概念并通过观察重复事件整理的数据来预测某种结果的概率。中国没有明确提出概率的概念，而是要求能够对一些简单的随机事件发生的可能性大小做出定性描述。

---

① 中华人民共和国教育部.义务教育数学课程标准（2011 年版）[M].北京：北京师范大学出版社，2012：35.

表 13.20 第二学段"统计与概率"内容对照表

	中国	印度
简单数据统计过程	·经历简单的收集、整理、描述和分析数据的过程 ·设计简单的调查表,能选择适当的方法收集数据 ·认识条形统计图、扇形统计图、折线统计图 ·体会平均数的作用,能计算平均数 ·读懂简单的统计图表 ·能解释统计结果,根据结果做出简单的判断和预测	·会收集和组织数据,选取一个数据去检验假设 ·用给予的数据制作一个条形图,解释说明这个图 ·认识平均数、中位数 ·理解简单的统计图表 ·用饼形图将合理的数值简化 ·理解线图
随机现象发生的可能性	·了解简单的随机现象 ·描述简单现象发生的可能性	·通过尝试使用数据感知概率 ·了解随机事件的概念 ·合并组织随机事件 ·预测事件出现某种结果的概率

2. "统计与概率"领域比较分析

(1) 知识范围相似,注重发展统计观念

中印两国小学阶段"统计与概率"的内容主要包括三方面:收集、整理、分析数据;认识、制作并能分析统计图和统计表;掌握有关数据统计的一些知识。两国统计部分内容设置主要以数据处理为主。中国课标在第一学段要求经历数据的收集、整理和分析的过程,了解简单的数据处理方法,第二学段要求掌握一些简单的数据处理技能。印度课标将这部分内容命名为"数据处理"。可见其统计学习的重点也是要求学生掌握数据处理方面的知识和技能。所以,中印两国对于小学阶段的统计知识的设置大体相同,都注重加强知识与学生生活的联系,让学生在具体情境中亲身体验统计的过程,都强调让学生从数据的角度思考与数据相关的问题,通过数据做出合理的判断,针对结论进行合理的反思。在收集、整理与分析数据中逐渐发展统计观念。

(2) 重视统计语言的运用

统计知识涉及列表、画图等内容,主要是要求学生会处理有关数据的问题。但是,学生在掌握制表、画图等基本技能的基础上,还要能够对数据进行解释、分析。所以,中印两国都意识到统计语言的重要性,要求学生能够描述、分析数据，解释统计结果。两国都重视统计语言的培养，要求学生在掌握统计知识和技能制表、画图的同时，也能够用正确的数学语言解释、分析数据并交流。印度在初小阶段多次明确提出跟老师讨论得出结论，高小阶段则要求通过统计语言的培养，学会用学到的数学知识解释生活中的一些现象，可以使知识本身与生活更加贴近，让学生感受数学与生活的联系，体会数学的价值。

五、中印小学数学课程标准中教材编写建议的比较

数学教材为学生学习数学、教师教授数学提供了蓝本，是连接"数学课程目标"与"数学课堂教学"的最主要桥梁。中印两国都在课标中安排了教材编写建议部分，以期为教材编写工作者提供一定的参考。

（一）内容呈现方式不同

中国《课标（2011年版)》实施建议部分包括：教学建议、评价建议、教材编写建议、课程资源开发与利用建议四部分，印度教材编写建议是按学段分别表述的，内容极其详尽，条目众多，对教材编写工作者有更强的指导性。此外，根据学段分别表述，根据儿童发展特点和知识水平提出不同的建议，适度增强了课标的科学性和适用性。虽然两国教材编写建议在呈现方式上存在一定差异，但是都体现了许多共同的理念。例如都主张学习素材应尽量与学生的生活现实、数学现实、其他学科现实相联系；知识的编排要体现螺旋上升的原则；教材内容设计要有一定的弹性，满足学生的不同需求。

（二）都重视数学学习与儿童现实生活的联系

中国课标强调"数学素材的选用应当充分考虑学生的认知水平和活动经验，在反映数学本质的前提下尽可能地贴近学生的现实，以利于他们经历从现实情境中抽象出数学知识与方法的过程[①]。"为了改变知识与儿童实际生活相脱离的现状，印度新一轮课程改革强调以儿童为中心，从儿童经验、实际

[①]中华人民共和国教育部.义务教育数学课程标准（2011年版）[M].北京：北京师范大学出版社，2012：58.

出发，选取贴近儿童生活、贴近实际的素材。基于学生校内和校外生活相联系的基本理念，在教材内容的选择上非常重视知识和生活的联系，培养学生解决实际问题的能力。初小阶段学生感知的生活面较窄，学生已有的数学知识主要源于现实生活。因此，教材中的图画以及素材大多来自于学生现实生活中常见的实物，通过呈现生活中常见的实物来体现数学与生活的联系，发展学生的数学抽象。随着学生运算能力的加强，知识与生活的联系主要体现在解决实际问题上。

（三）都关注数学活动，内容呈现体现过程性

中国课标指出"教材编写不是单纯的知识介绍，学生学习也不是单纯地模仿、练习和记忆。因此，教材应选用合适的学习素材，介绍知识的背景；设计必要的数学活动，让学生通过观察、实验、猜测、推理、交流、反思等，感悟知识的形成和应用"。[①]印度课标认为：数学应该成为一个有探索性和创造性的学科，而不是寻找老旧的答案或者运用一些难以理解的算法来解决复杂的问题。孩子们学习的目的不是已知的定义，不应该从定义和解释开始讲授一个问题。概念和想法一般应该从观察模式、探索中发掘，再试图用自己的话来定义。定义应该由学生在充分的讨论中概括出来，这样学生才能深刻地理解这个概念。数学教学中印度非常关注数学活动，强调教材内容的选择上体现过程性。

六、中印小学数学课程标准比较的启示

对中印两国小学数学课程标准的比较，可以发掘两国各自特点，便于借鉴吸收其有益的成分，为数学课程标准的完善提供理论与实践指导。

（一）坚持体系完善、目标多元、层次明显的特点

经过六十多年的探索与改革，中国小学数学教育体系已基本形成，小学数学课程标准的框架结构也比较完善。在课程目标方面，为了促进学生的终

---

①中华人民共和国教育部.义务教育数学课程标准（2011年版）[M].北京：北京师范大学出版社，2012：56.

身可持续发展，《课标（2011 年版)》将课程目标由原来的"知识技能""过程方法""情感态度价值观"三个方面，扩展为"知识技能""数学思考""问题解决"和"情感态度"四个方面，体现了数学学科多元化的特点。此外，中国课标中运用了大量的目标行为动词，目标要求体现了明显的层次性，教师对课标的内容要求也更加容易把握，在对学生进行学业评价时能够更加具体化。中国将一至六年级的学生分为两个学段，再分别对两个学段的学习内容加以规定，学习内容符合不同年龄段学生的生理、心理特点，难度、深度都根据年龄的增长而加深，体现出要求的层次性。相比之下，印度课标框架体系较为简单，仍需不断探索完善的课程标准制定模式。

（二）强调学科间知识渗透，加强学科联系

不同学科间相互联系、渗透是课程改革一个基本要求。印度是一个多人口、多民族、多宗教、多语言的国家，在教材编订和课堂教学中，更为注重多种语言的融合以及不同学科间的联系。印度强调理解知识的形成过程，关注知识的完整性以及知识与生活的联系，注重知识的整合，模糊学科的界限，淡化学科概念，注重培养社会生活能力。中国课标要求"改变课程结构过于强调学科本位、科目过多和缺乏整合的现状，整体设置九年一贯的课程门类和课时比例，并设置综合课程，以适应不同地区和学生发展的需求，体现课程结构的均衡性、综合性和选择性"。[①]但是各地区在具体实施效果上又有较大差距。中国应注重课程综合化，强调数学课程与其他学科的渗透。实现课程综合化有利于解决课程问题上的一些突出矛盾，如课程门类和课程内容无限"扩容"，教学内容重复和脱节等状况，增强课程与社会、生活实际的联系，培养青少年利用综合知识解决实际问题的能力。[②]

（三）注重数学活动设计，强化动手操作能力的培养

印度课标中多次提到数学活动的重要意义，强调从学生生活中的真实情

[①]中华人民共和国教育部.义务教育数学课程标准（2011 年版）[M].北京：北京师范大学出版社，2012：26.

[②]杨忠生.论学科间的相互渗透 [J].考试周刊，2012（5）:146–147.

境出发，让学生在"做"数学中学习知识、积累数学活动经验。此外，通过活动来展示学习的结果是印度基础教育阶段教育评价的一大特色。由于受行为主义学习理论的影响，印度强调通过学生的活动展示学生的学习结果。小学数学教育目标和内容包括知识技能、过程方法、情感态度价值观方面，通过活动展示来进行行为和情感价值的评价更为合适。数学教学过程不仅是知识传授的过程，更是学生"动手实践、自主探索与合作交流"的过程，也是学生积极参与、获取知识、合作交流的过程，更是学生动手能力、学习兴趣得以培养和激发的过程。①因此，数学学习每一个环节都必须注重数学活动的设计，重视培养学生的动手操作能力，鼓励其不断创新，激发每位学生的潜能，使不同的学生在数学上得到不同的发展。

（四）丰富"综合与实践"的内容设计

为了适应国际数学课程改革与发展的趋势，加强学生实践能力、探索能力与研究能力的培养，中国课标单独设置了"综合与实践"领域。但是综合实践活动的具体内容，课标中的分类不够详细。中国历来重视数学客观知识的教学，因此对"数与代数""图形与几何""统计与概率"等领域的研究和探讨也颇为完备，无论是从目标、内容或是教学建议、教材编写等方面都比"综合与实践"更详细。印度课标没有涉及"综合与实践"的内容，而是将数学活动贯穿于数学学习的全过程。中国课标应不断丰富数学综合与实践的内容，为一线教师提供教学资源，不断扩大数学综合与实践内容取材的范围，适当加大此领域在教材内容中所占的比重，探索多种形式，更好地发挥综合与实践活动的作用。

（五）优化实施建议，增强课标可操作性

印度2006年制定的基础教育各科教学大纲是现行的第一个全国性的统一课程文件。印度各邦享有高度的教育自主权，国家教学大纲作为全国统一的课程文件为各邦提供指导，在此基础上，国家鼓励各地区和各学校根据实际

---

① 伍芳兰.数学教学应当重视培养动手操作能力 [J].成功（教育），2011（3）：108.

情况制订适合自己的课程计划。所以印度课标相对于中国来说，极其精简。中国课标在文本最后安排了详细的实施建议与案例部分，帮助教师解决新课标实施过程中的困惑，帮助教师树立新型教学观、学生观和多元化的评价机制。教材编写建议为教材编写者提供了编写参考，内容十分周详，对新课标实施的每一方面都进行了具体的指导，大大降低了新课标实施者的难度。但是过于详细的描述很可能影响到课标的灵活性与弹性，针对中国各地区之间的不同差异，尤其是中西部地区相对落后的现状，应该适当增加课程目标的灵活性，鼓励各地区根据国家课程标准，自行制订有地方特色的课程计划，使不同地区、不同水平的学生都能够得到充分发展。

第十四章　中英小学数学课程标准比较

英国的全称是"大不列颠和北爱尔兰联合王国"。大不列颠岛包括英格兰、苏格兰、威尔士三个部分。英国是君主立宪制国家，在政治上实行民族区域自治。英国议会的教育立法主要适用于英格兰和威尔士。因此，一般在探讨英国教育时主要是指英格兰和威尔士的教育。

一、英国数学课程标准制定背景

20 世纪 80 年代末之前，英国没有一个关于数学课程的统一标准，数学教育处于放任自流的状态。自英国数学教育发展到第二次世界大战后，为了适应现代科学技术发展的要求，在 60 年代进行数学教育改革，对小学数学采用"加宽课程"的办法。加宽课程，是在数学教学中，增加测量练习、形状和空间、图表演示和逻辑思维等方面的内容。①

随着这一时期改革的推进，逐渐暴露出众多问题引起英国教育界和公众的争论，认为这样的改革导致教材难度过大，超出一般中小学生的智力发展水平，反而降低了学生的学习积极性。于是在 70 年代又掀起"恢复基础"运动，但是数学教育质量并未好转。由此，1978 年英国数学教育状况调查委员会对全国中小学数学教育进行全面考察，并针对调查出的问题改革数学教学

---

①马忠林，王鸿钧.数学教育史简编 [M] .南宁：广西教育出版社，1995：394.

内容、方法以及考试制度等。与此同时，由于英国在课程管理上，长期以来实行放任主义原则，即中央和地方教育行政机构从不干预初等和中等学校的课程设置、课程内容及教学方法等，将这一切都交给学校的校长甚至教师决定。①这一放任模式暴露出了教育上的很多问题，引起家长、教育部门的不满。于是在大众的要求之下，英国从 80 年代起进行数学教育改革，《1988 年教育改革法》的颁布彻底打破了原先松散的教学模式。同时成立了国家课程委员会，对中小学数学提出改革方案。数学学科也在《1988 年教育改革法》中被规定为核心学科之一。1989 年，经议会通过，由英国教育科学大臣和威尔士事务大臣签署命令，全国实行统一的国家课程，并颁布了英国历史上第一个统一的国家数学课程标准——"英国五至十六岁数学教学大纲"，其主要内容由两部分组成，分别是数学学习达成目标和数学学习计划。所谓目标是指在每一关键阶段结束时，不同能力水平和成熟水平的学生所应具备的知识、技能和理解力。所谓学习计划是指为达到某学科所规定的成绩目标，而应教授给学生的全部内容、知识、技能和过程。②

自 80 年代以来，英国数学课程主要发生两大变化：一是增加了政府的干预力度，二是增加了对如何实现课程标准的教学设计，从而帮助课程标准的执行。之后根据各学校实施国家统一课程的实际情况，英国教育部对数学课程在 1991 年和 1999 年之间分别作了三次修改。1999 年之后修改的数学课程标准形成了学习计划、达成目标和学习评价三方面内容。英国的国家数学课程是以命令形式公布的法定文件，对数学教学和学生的数学学习具有规定性指导作用，也为全国性考试评估提供依据，但是国家数学课程对教材编写并不具有约束力，学校可以根据实际需要对教材做出选择。

二、中英数学课程设计的比较

中英两国小学数学课程的设计具有很多相似点，但由于国家间各方面的

---

① 祝怀新.英国基础教育 [M] .广州：广东教育出版社，2003：53.

② 陈霞，赵中建.中英美三国课程标准之比较 [J] .外国教育研究,2005，(7)：19–23.

差别，也必然使得两国的小学数学课程标准中呈现出不同点。这里选取比较的文本分别是中国的《义务教育数学课程标准（2011 年版）》和英国 2011 年 11 月在教育部网站上更新的小学数学课程内容。

（一）中英数学课程文本形成比较分析

中国 2011 年义务教育数学课程标准是在 2001 年数学课程标准（实验稿）的基础上修订完成的。修订小组于 2005 年 5 月组建，由来自大学、科研机构、教学研究室和中小学的人员组成。修订组成员的不同背景体现了多元性，保证在研讨和修订过程中，从不同角度思考问题，听取来自不同方面的意见和建议，体现了修订过程是一个集体审议的过程，是一个不同意见碰撞、交流、吸收与融合的过程。[①]从修订过程来看，整个修订过程主要包括调查研究、研讨、征求意见等工作。修订组研究了历年征求到的意见和建议，在修订中认真分析并吸收了其中许多意见，使标准的修订工作建立在广泛交流的基础之上，保证了标准在不同的层面上的认同。[②]

英国为负责课程标准成立了一个专家组和一个咨询委员会。其中，国家课程评论专家组由四名成员组成，他们来自教育评估机构、高等教育机构、学校。专家组的职责有：通过对国家课程的结构和内容提出具体的建议来协助教育司进行评析；通过借鉴充足的证据来起草学习新计划和建立一个有关国家课程的详细结构，同时要考虑到世界各地成功教育司法管辖区提出的要求；负责征求教师、学科团体、学术界、企业、高等教育机构和其他有兴趣的组织的意见并做出反应；按照教育司要求的时间表完成他们的工作和提交最终建议等等。[③]另一个组织，咨询委员会由教育司长、专家组主席、曾经或

[①]教育部基础教育课程教材专家工作委员会.义务教育数学课程课标（2011 年版）解读 [M].北京：北京师范大学出版社，2012：34.

[②]史宁中，马云鹏，刘晓玫.义务教育数学课程标准修订过程与主要内容 [J].课程·教材·教法，2012，（3）：50-56.

[③]Department for Education.Expert Panel：Terms of reference ［EB/OL］.http：//www.education. gov.uk/schools/teachingandlearning/curriculum/nationalcurriculum/a0073091/expert-panel-terms-of- reference，2012-7-26.

当前卓有成就的中小学教师、一名高等教育代表、一名企业代表和一名英国教育标准署调查员组成。委员会的职责是凭借他们的特长和专长以及委员会成员的经验协助教育司进行课程评析，为课程评论过程中可能产生的战略性和交叉性问题从更为广阔的视角提供建议。[1]在具备了一套国家课程组织体系的基础之上，英国国家课程文本的形成也需要经历一个复杂的过程。英国政府会以发展一套能够使学生建立系统化的稳固知识的连贯课程为目标来进行国家课程的评议。伴随国家课程问题的产生，教育当局会集合由一些顶级教师、学者和企业代表组成的专家组和咨询委员会提出的意见和建议，向国务大臣提出评议内容。国务大臣再对国家课程的评议进行公布。[2]随着课程评议的公布，会再公布一个根据评议内容寻求证据的过程，要求在规定的时间段内寻求各方面的证据，对此感兴趣的组织会被邀请对处理这一系列问题做出反馈，并且他们的意见会被作为课程评议的参考。[3]一段时间后，这些有关评议的反馈内容会被拟成报告，英国政府再据此做出决策。因此整个过程体现出英国为国家课程标准的真正颁布和执行做出了充足的准备。

笔者认为，负责国家课程标准的工作应当分为两大部分，分别为课程标准的制定过程和执行阶段。中英两国都考虑到所制定的数学课程应当同时兼备科学性和有效性。比较中发现，中国在课程标准的制定组织方面做得比较完善，在考虑数学课程文本是否具有可行性的问题上，更加倾向于重视文本制定者的安排和制定的过程。而英国则对课程标准的执行阶段相当重视，课

---

①Department for Education. Advisory Committee: Terms of reference［EB/OL］.http://www.education.gov.uk/schools/teachingandlearning/curriculum/nationalcurriculum/a0073046/advisory - committee-terms-of-reference，2012-7-26.

②Department for Education. National Curriculum review launched［EB/OL］.http：//www.education.gov.uk/inthenews/pressnotices/a0073149/national -curriculum -review -launched，2013 - 3-5.

③Department for Education.Review of the National Curriculum in England：Summary report of the call for evidence［EB/OL］.https：//www.education.gov.uk/publications/standard/publication Detail/Page1/DFE-00136-2011，2011-12.

程文本修订小组也包含来自数学教育各方面的人才，在确保制定过程严谨的同时，也强调即使课程文本已通过各方面渠道获得了专家认同，还必须发布文件，征求社会意见。这样的做法不失为数学课程标准的有效性又增加了一道保护栏。当然这样的做法也存在弊端，造成整个课程标准的形成过程过于复杂，修订周期过长，数学教育更新不够及时。

（二）中英数学课程设计理念比较分析

课程的设计理念不仅体现在文本内容中，也蕴藏在课程的开发过程中。课程开发者在开发过程中会关注不同的因素，这些因素正体现出这个国家对于本学科课程的设计理念。以下将选取乔治·J.波斯纳博士所写的《课程分析》一书中列出的有关课程文本的规划因素来进行比较分析。

1. 课程目标：即学生应该获得的知识、技能或态度

《课标（2011年版）》在其总目标中可以体现出要求学生掌握数与代数、图形与几何、统计与概率三个数学方面的基础知识和技能，并能运用这些知识、技能参与综合实践活动，去发现、解决问题。在学习过程中掌握必要的数学思考方法，如建立数感、发展演绎推理、学会独立思考等。同时还要形成良好的学习态度，如自信心、学习好奇心等。

《英国数学课标》也要求学生掌握代数、几何及统计方面的知识，但是从其内容设置中可以看出，英国人很重视应用数学，强调学数学是为了什么，因此在每个学段的各项课程内容阐述之前，都会首先阐述使用和应用该方面知识的要求，包含问题解决、表达、推理三方面。中国在课程目标中也有类似的要求，但是与以课程目标的形式阐述相比，按照各部分特定的内容，分别阐述这三方面的要求，显得更加具有针对性和强调性。

2. 课程背后的原理或教育哲学：即学生要学这些内容的原因，所学内容的价值所在

《课标（2011年版）》在逐步地修订中，已经认识到如今的数学学习已不再是仅仅以掌握数学知识和技能为主要目标，课程总目标中提出的数学思考、解决问题、情感与态度方面的要求反映了中国已经认识到数学课程对于学生

可持续发展的教育价值。正如李忠教授在谈数学的意义与数学教育的价值中提到：一个中学生在他工作之后，有可能再没有遇到过一个几何题目或一个二次方程，但他从数学课程中所培养起来的思考能力以及推理能力，却伴随他的终生。①

英国数学学习向来注重应用和实用，所以自然在《英国数学课标》中也会把数学的使用和应用能力放在突出位置，这也是英国人学习数学的价值所在。

3. 目标对象特性：即为学生提供的课程考虑到学生的兴趣、能力和背景知识

从两国的课程标准内容中可以看出，课程安排都或多或少地考虑到小学生的特点。例如在图形与几何的学习中，两国都强调将抽象的几何现象同具体的情境或实例相结合，以便于小学生能够直观地理解。《课标（2011 年版)》多处提到要结合实例去理解诸如测量物体长度，平移、旋转现象；《英国数学课标》中提到利用"旋转玩具的轨迹"帮助学生理解旋转，利用"一根稻草""三公升多的水壶"帮助学生理解测量单位。这些提法都考虑到小学生的接受能力，能够从小学生的实际出发。

但是中英两国相比较而言，《课标（2011 年版)》能够更加全面地考虑到小学生，尤其是近两次的课标修订都越发强调"以人为本"的理念。主要体现在以下三点：第一，课程在强调数学知识学习的同时，也强调教学的内容和形式能够引起学生的兴趣，充分考虑到学习兴趣对于小学生后续学习的潜在力量。第二，坚持重视学生主体地位的思想，让学生自己动手，独立思考，学会学习。因此，除了在教学过程中强调让学生动手操作、实践以外，还特别开设出综合实践课程，要求安排一定的综合实践课时，确保学生有机会做中学，学中做。第三，全方面地考虑到对于小学生的教学应当尽可能多地结合实际，结合实例，特别是像数、代数这些比较抽象的内容。只有多结合情

①李忠.数学的意义与数学教育的价值 [J] .课程·教材·教法，2012（1)：58-62

境，才能有助于小学生理解。英国在以上三方面的考虑有欠周全，它只是在一般教学要求中提及教师应当考虑到学生会将自身的兴趣、经历与意志品质带进学校，要求教师把教育学的方法计划得足以使每一位学生能够全身心地投入到有效教学中去，而在具体的课程内容中并没有涉及。

4. 教师的训练和态度：即教师所能做的或应该做的

在中国，新课程理念强调转变教师角色，改变传统的单纯认为教师是知识的传授者的看法，新课程强调教师应当是学生学习的促进者和引导者。《课标（2011年版）》教学建议中就指出，教师应成为学生学习活动的组织者、引导者、合作者，为学生的发展提供良好的环境和条件。课程标准的要求在教学过程中师生关系的反映是一种主导主体说，也就是教师是教学的主导，学生是学习的主体，即教为主导，学为主体。在强调教师应当发挥主导作用的同时，应该最大程度地调动起学生的主动性。

《英国数学课标》中对教师的要求更倾向于留给教师自由发挥的空间，它没有明确地提出教学过程中教师与学生应当构建怎样的一种师生观，但是在标准中的一般教学要求里提到要求教师为学生安排适宜的学习挑战，回应学生多种多样的学习要求，为学生群体或个体克服一些潜在障碍。从这三方面的要求可以看出，课程标准只是为教师提出一个要求方向，并且这些要求是基于对学生在学习过程中的主动性发挥的考虑提出来的。

5. 评价：即对教学成功的界定

教学评价问题也是中国新课改的一个重要方面，《课标（2011年版）》强调课程评价应当体现评价主体的多元化和评价方式的多样化。这一教学评价方式是在"多元主义"价值观的支配下，在评价对象、评价主体、评价方式上呈现多样化的特点。其主要趋势是认识到学生个体发展的差异性和独特性，能从学生的实际出发。美国心理学家加德纳提出的多元智力理论中指出人类至少存在七种以上的智力，每种智力都有不同的表现方式，因此很难找到一种能够衡量所有人的统一评价标准。只有坚持多样化的评价方式，才是科学的，符合实际的。正因为如此，多样化的评价方式也必然要成为国际数学学习评价的改革趋势之一。

《课标（2011年版）》中要求评价内容的多维度，应当涉及知识与技能、过程与方法、情感态度价值观三维目标；评价主体多元化，应当综合考虑教师评价、家长评价、学生互评等方式；评价方式多样化，采取口头测验、课堂观察、成长记录袋等方式。《英国数学课标》中对于评价的方式也阐述得较为简略，它要求教师按照课程标准中的目标层次划分给予学生相应的评价，不失为一种较为有效的评价方式。但是从其目标层次中的具体内容来看，涉及的主要是数学知识和技能要求，评价维度并没有呈现多样化。

6.课程的其他部分：即它与其他学科的联系

中国本次课改已经意识到加强学科之间联系的重要性，但是在课程标准中还没有得到较好的体现。相反，在《英国数学课标》中体现出对学科之间联系的重视。在一般教学要求中，它明确提出确保教学与语言、与信息和技术、电子媒体等方面的联系，规定教师给予学生适当的机会，在诸如听、说、读、写、使用信息技术工具等方面要达到一定的层次。这些要求可以明确地让教师明白在数学教学的过程中应当发展和运用哪些有关其他学科的知识和能力，也是让学生有机会能够体会各学科间的融会贯通。

综上所述，从课程开发侧重点的分析来看，《课标（2011年版）》中体现出中国数学课程开发者意识到数学学习不仅仅是一个单纯获取数学知识和技能的过程，他们更加关注学生在数学学习中所应当培养起来的能力，所以他们在课程目标、课程评价方式的设置，对教师和学生的要求上都体现出要呈现多样化的趋势。特别是设置的综合实践课程足以体现课程开发者关注学生在习得数学知识、技能的基础之上应当能够运用和应用数学。这正是数学课程在试图改变中国学生数学成绩好，但能力差、创新不足等现状的体现。《英国数学课标》中则从课程目标、课程内容、课程评价等方面体现出课程开发者更加关注数学知识和技能本身的学习，它的学习计划、学习目标、课程内容都是紧紧围绕数学各方面知识展开的，它更关注学生应该切实掌握哪些知识技能，学生应该如何使用和运用这些知识技能。对于如何实现这些目标，如何更好地考虑学生的特点等都阐述得比较简略。这也造成了尽管英国数学课程强调数学知识技能，但是英国学生的数学水平却较低。根据英国教育监管部门的报告显示，很多 14~19 岁的英国孩子在数学方面是"不达标"的，而这正是由于小学阶段的数学基础较差。

三、中英小学数学课程目标的比较

课程目标即学生课程学习应达到的结果及其程度要求，是关于学生学习活动结束之后行为变化的阐述。课程目标直接受教育目的、培养目标的制约，是教育目的、培养目标在一门学科中的具体化，也是教师进行教学设计、开展教学活动的基本依据，它规定了学生学习应达到的水准。①

《课标（2011 年版）》中的总目标从知识技能、数学思考、问题解决和情感态度四个方面提出学生通过义务教育阶段的数学学习所应当达到的要求。学段目标则是分别阐述了两个学段在以上四个方面所应达到的要求。《英国数学课标》中的达成目标紧紧围绕数学知识要求，只是简单交代了达成目标涉及使用和应用数、数与代数、图形、空间和测量及处理数据四个模块内容。并且它根据不同的关键学段设置了目标水平，做出如表 14.3 的规定：

表 14.3　英国国家课程小学阶段学段划分

学段	达成目标层次范围	学生预期年龄/岁	学生预期达成目标层次
关键学段 1	1~3	7	2
关键学段 2	2~5	11	4

从中英两国课程目标内容对比来看，两者的侧重点不同。一方面，中国更倾向于将数学课程目标分块陈述，无论是在其总体目标还是学段目标中，始终坚持围绕四点提出相应的要求。而英国则倾向于将数学课程目标按照纵向发展加以陈述。在达成目标中按照学段将目标划分层次。在其课程内容之后单独列出一项目标水平描述（Attainment target level descriptions）也是从纵

---

①潘洪建，刘华，蔡澄.课程与教学论基础 [M] .镇江：江苏大学出版社，2012：75.

向划分水平层次，按照数与代数、图形空间与度量、数据处理三个知识块，将这三部分知识的学习分别分为八个纵向目标水平阶段逐一阐述。在每一个阶段结束时，学生应当达到哪一个水平目标，教师要根据学生的实际情况作出判断。例如第一阶段（一至二年级）的学习结束时，大多数小学生应当达到 1~3 等级的水平。最高水平 8 只是针对能力较强的学生而设定的。可见，中国更加重视学生在哪些方面获得进步，英国更加重视学生通过数学学习达到什么样的水平。

另一方面，《课标（2011 年版）》中提出的课程目标不仅仅围绕数学知识本身，它涉及数学领域内的各方面知识，同时涉及伴随数学学习过程中学生所应当培养起来的能力和态度。例如学会独立思考、学会与他人合作交流、了解数学的价值等。而《英国数学课标》中所有的目标内容都是紧紧围绕数学知识。例如其课程内容之后的水平目标中这样描述：

1. 小学生能够进行 10 个物体以内的数数、排序和加减法。他们能够进行涉及数字问题的阅读和书写。

2. 小学生能够独立数物体，能进行 10 以内加减法心算。他们开始理解数字中各数字的位置价值，并能由此来进行 100 以内数字的排序。他们能够在解决加减法问题时选择合适的运算方法。他们能够使用加法是减法的逆运算这一知识。他们能够使用心算策略来解决包含金钱和测量方面的数字问题。他们能够掌握数字的顺序，包含奇偶数。

从以上叙述可以看出，中国对于学生数学学习的要求包含有多方面，特别是考虑到数学学习给学生带来的后续学习的价值性。英国在课程标准中体现出标准制定者更多的只是关注数学知识本身，当然他们也很重视数学知识的实用性和应用性，但是对于数学学习的价值，数学学习过程中潜在能力的培养没有提出明确的要求。这样的做法使得教师教学的关注点也只是数学知识本身，而忽视学生其他有关数学能力的培养。这样反而导致教师为了达到教学目标，采取死记硬背等机械教学方式。一项近期调查显示，近半数英国中学生认为数学太没意思或太难。因此死记硬背的教学方式只能使学生更加不理解数学，更加讨厌数学。

但是英国课程目标的设置方式也有可取之处。《英国数学课标》中将课程目标划分水平，非常细致地将数与代数、图形空间度量、数据处理三个方面内容分别划分为八个目标水平，水平 1 到水平 8 按知识难度逐渐深入，逐渐提高要求，这样的目标水平划分方式使得每一个学段的学生以及不同学生所应当达到的要求更加明确、具体化，便于实际教学安排和教学评价。

四、中英小学数学课程内容的比较

（一）"数与代数"内容比较

数与代数部分是数学课程的重要内容之一。"数与代数"对于发展学生的数感、符号感和模型意识，具有其他内容不可替代的作用。同时，"数与代数"的思想与方法对于学生理解数学的意义，进而发展问题解决的能力以及形成正确、完整的数学观具有十分重要的作用。

1. 数与代数的内容范围基本相同

中英两国数学课程标准中的数与代数部分的主要课程内容对比如表 14.1 所示。

表 14.1　中英数与代数课程内容对比

国家 学段	中国	英国
第一学段	数的认识 数的运算 常见的量 探索规律	使用和运用数 数与数系 计算 解决数值问题 处理、描述和解释数据
第二学段	数的认识 数的运算 式与方程 正比例、反比例 探索规律	使用和运用数 数与数系 计算 解决数值问题

由表 14.1 可知，中英两国数学课程标准中数与代数知识体系的涵盖范围基本相同。表 14.1 中存在的差异主要是由于表述名称不同或内容归属范围造

成的。在第一学段中，《课标（2011年版）》中的数的认识、数的运算部分与《英国数学课标》中数与数系、计算两部分相对应，而其他几个相差较大的标题中，通过阅读其具体课程内容后会发现"解决数值问题"实际上相当于《课标（2011年版）》中解决一些常见量的问题，包括货币、质量、时间等问题，因此两者只是表述上的差别，内容上相差不大。其他一些标题下的内容基本是由于归属类别的不同而形成的。比如《英国数学课标》数与代数部分中的处理、描述和解释数据实际上就是《课标（2011年版）》中的统计与概率部分；式与方程在《英国数学课标》前两个学段中还未涉及；比例方面的知识在《英国数学课标》中则是被归属到数与代数知识中的数与数系部分，并没有单独列出。综上所述，中英两国在数与代数部分的内容范围设置大致相同，主要在编排和名称上存在差异。

2. 两国都重视数与代数基础知识学习

两国对于数与代数知识的内容阐述都比较详细，对这方面的基础知识都比较强调。但是在具体内容的深度要求上存在不同的差异。以下将结合表格，主要针对数的认识、数的运算两个方面做详细比较分析。

（1）数的认识

由表14.2可知，中英两国都提出认、读、写的要求。在第一学段中，看似英国对于数的认识方面的要求比较少。对于分数、小数的知识还没有涉及。这主要是由于两国学段划分的不同，三年级在英国数学课程中已经被归为第二学段，中国教材的编写也是到三年级才开始涉及分数、小数知识，所以实际上划分还是一致的。英国在一、二年级已经要求学生掌握奇偶数以及2、5、10倍数的特点，这些内容在中国放在了第二学段。相比之下，英国数学课程在这方面的要求难度要略大一些。总体来看，中英两国都看到了其作为数学学习根基的重要性，在相应的学段中都首要提出有关数的学习要求，并且由浅入深扩大数系的认识。

表 14.2　中英数的认识内容比较

第一学段		
国家 内容	中国	英国
整数	理解万以内数的意义	能数到 100 及以上的数 知道 2、5、10 的倍数形式,认识奇数、偶数
符号	理解符号>,=,<的含义	理解和使用 100 及以上数的大小比较
分数	初步认识分数;同分母分数大小比较	
小数	初步认识小数;两个一位小数大小比较	
第二学段		
整数	认识万以上的数,用万、亿表示大数,知道 2、5、10 的倍数特征 了解自然数、整数、奇数、偶数、质数、合数	任意两位数或三位数由小到大或由大到小的数 认识和描述 2、5、10 的倍数的数 20 以内的素数 10×10 以内的平方数
负数	认识万以上的数,用万、亿表示大数,知道 2、5、10 的倍数特征 了解自然数、整数、奇数、偶数、质数、合数	认识、会数负整数
符号		正确使用>,=,<符号
分数	理解百分数意义 分数和百分数的转化 分数大小比较	理解和使用几分之几 简单分数的大小比较和排序 百分数和分数间的关系
小数	小数大小比较 小数、分数、百分数的转化	认识一位和两位小数 将小数近似为整数

（2）数的运算

中英两国都很重视数学运算能力的培养，包括口算和笔算。学生在解决数学问题时，通过实施各种运算，可以提升运算能力，进而建立数感和符号意识。从表 14.3 可以看出，中英两国在数学运算方面主要涉及范围大致相同，包括加减法、乘除法以及运算律。但是由于两国划分的学段所对应的年级不同，中国第一学段为一至三年级，第二学段为四至六年级，英国第一学段为一至二年级，第二学段为三至六年级，所以单纯地从各学段来做知识内容的难度比较并不妥当。立足于整个小学阶段去衡量学生所应当获得的数学运算能力，中国的要求要略高。例如在加减法知识中，英国在小学阶段还没有涉及分数、小数加减法的知识。乘除法知识中，英国在小学阶段仅提出能计算100以内乘除法的要求，而中国在小学阶段提出能计算两位数乘两位数、三位数乘除以两位数的要求。因此，总体来看，中国数的运算难度要高于英国要求。

表 14.3 中英数的运算内容比较

国家　　　学段		中国	英国
第一学段	加减法	20 以内加减法 口算百以内加减法 两位数和三位数加减法 同分母分数、小数加减运算	认识加减法、认识加法交换律 知道 10 以内加减法的算理，由此推出 20 以内加减法算理 简单的加减法运算
	乘除法	表内乘除法 口算一位数乘除两位数 一位数乘两位数和三位数、两位数乘 两位数、两位数和三位数除以一位数	初步理解乘法和除法含义 口算 10 以内数字的两倍以及 20 以内 数字的一半 简单的乘法法运算
第二学段	加减法	简单分数、小数加减法	口算 20 以内所有数的加减法 两个两位数加减运算 笔算 1000 以内正整数加减法
	乘除法	三位数乘除两位数 简单分数、小数乘除法	10×10 以内乘法 口算 100 以内乘除法
	运算律	了解和运用运算律	

3. 两国都重视数学语言表达能力的培养

数与代数部分主要以数为学习对象，涉及数、数的运算、数学符号、数量关系等一系列比较抽象的内容。在小学阶段以数的运算为主要学习内容，因此这一内容的学习容易引起学生只会写，只会算，但不会说的问题。所以两国数学课程标准都考虑到这一问题，在这部分课程内容阐述中，适当地增加对数学语言表达的要求。比如《课标（2011 年版）》第二学段数与代数部分指出：会运用数描述事物的某些特征；数的运算部分指出：经历与他人交流各自算法的过程，并能表达自己的想法。《英国数学课标》在第一学段数与数系中指出：创造和描述数字形式；第二学段分数、百分比、比例部分指出：通过通分对简单分数进行比较和排序，并解释他们的方法和理由。这些要求都体现出将数学语言的要求融入数与代数学习之中。学生在学习这方面知识时，不仅仅会做，还会解释该怎么做。这样的方式有助于学生的数学思维和表达能力同步发展。这也是不同学科间相互联系的一个重要体现。特别是英国在其课程标准中非常重视数学学习的表达，不仅在对教师的教学要求中提出明确要求，在其后的每部分课程内容呈现之前都会强调数学表达的要求。这可能也是英国数学注重实用性和应用性的一个体现，它需要学生能够将所习得的数学知识清晰地在实际生活中展示出来。

4. 内容难度存在差异：中国课标要求总体高于英国课标

中英两国小学数学课程标准中数与代数部分的内容划分基本一致，但是在各部分内容的设置上，包括内容的数量、内容的难度都存在较大差异。

首先，《课标（2011 年版）》第一学段中，有关数的认识的要求有 7 条，数的运算 8 条，常见的量 5 条，探索规律 1 条。与之相应的《英国数学课标》第一学段中，数的认识 3 条，数的运算 5 条，常见的量 1 条，探索规律 0 条。《课标（2011 年版）》第二学段中，有关数的认识的要求有 9 条，数的运算 10 条，式与方程 4 条，正、反比例 4 条，探索规律 1 条。《英国数学课标》第二学段中，数的认识 5 条，数的运算 11 条，正、反比例 5 条，探索规律 0 条。

对比来看，《英国数学课标》数与代数部分的知识要求要低于《课标（2011 年版）》。由于两国在学段划分上存在差别，以下具体内容的比较将不考虑学段，而是针对整个小学阶段。数与代数部分的内容难度差异主要表现在以下几个方面：

（1）数的认识

对于数系的掌握水平，《课标（2011 年版）》中的两个学段都明确提出要求，分别为第一学段认识万以内的数，第二学段为万以上的数，而《英国数学课标》中只在第一学段提到会读写 20 以内的数，然后到 100 以上的数。第二学段则并没有提及。但从这个要求来看，在数系认识范围上，英国的要求要低于中国。在分数和小数的内容上，《课标（2011 年版)》在第一学段已经提出认识简单的分数、小数、同分母分数间大小比较以及四则运算的要求，第二学段则是更深一步要求理解分数、小数的意义，能进行它们间的相互转化、解决有关分数、小数的混合运算和简单的实际问题。而《英国数学课标》第一学段中没有提到对分数和小数的要求，第二学段也只是要求初步认识分数、小数以及它们在数轴上的位置关系、能够约分以及进行简单分数的大小比较。对于简单分数加减法在小学阶段没有任何要求，这一难度要求相较于中国的数学课程内容来说，确实降低了很多。在比和比例内容上，《课标（2011 年版)》和《英国数学课标》都在第二学段提出要求，中国不仅要求掌握有关比例的实际问题的解决、按比例画图、认识有关比例的量等内容，还强调学生在具体情境中理解正比例和反比例的含义，能利用正反比例关系来解释生活中的一些简单现象。而《英国数学课标》只是要求能解决有关比例的简单问题，要求较低。

（2）数的运算

在整数四则运算内容上，《课标（2011 年版)》提出达到能计算三位数乘两位数，三位数除以两位数的要求。《英国数学课标》提出达到能计算两位数乘三位数以及除数是两位数的除法的要求。在分数、小数的运算内容上，《课标（2011 年版)》提出达到分数和小数的加、减、乘、除运算及混合运算（两步）的要求。《英国数学课标》只提出会计算一位数乘或除小数的要求，对于分数与分数、分数与小数、小数与小数间的运算没有提出要求。以上中英数学课程标准中提出的要求都是在整个小学阶段结束前对相关内容所要达到的标准，所以在整个数的运算方面，英国对小学生数学计算能力的要求是明显低于中国的，这也是中国学生在数学计算能力方面较强的原因之一。

（3）探索规律

《英国数学课标》中没有单独提出探索规律方面的内容。从探索规律的重要性来看，数学中处处蕴藏着规律，学生探寻规律的过程也是思维训练的过程，同时在探寻规律的过程中所能调动起来的兴趣，以及形成的解决问题的策略和技巧都具有很好的积极作用。所以像《课标（2011 年版)》中那样明确提出探索规律的要求是值得肯定的。

（二）几何内容比较

义务教育几何课程内容有助于培养学生的逻辑思维能力，这是其他学科所无法取代的。所以中英两国小学数学课程标准中都明确安排了几何知识的学习。

1. 两国都重视学生在几何方面基础能力的培养

《课标（2011 年版)》中的图形与几何和《英国数学课标》中的图形、空间与度量的主要课程内容对比如表 14.4 所示：

表 14.4　中英图形与几何内容比较

内容＼国家	中国	英国
主要内容	图形的认识 测量 图形的运动 图形与位置	使用和运用图形、空间和测量 理解图形的模式和性质 理解位置与运动的性质 理解测量

从表 14.4 中可以看出基本上两国对此部分内容的划分比较一致，主要涉及图形的认识、位置和运动、测量三大部分内容。几何知识的学习除了要帮助学生构建一定的几何意识，更重要的是让学生在几何学习的过程中形成相应的操作能力以及思考能力。因此中英两国都很重视学生在几何方面的诸如操作、推理、实践等基础能力的培养。小学阶段的几何学习大多集中在对简单二维和三维图形特征的认识，在观察、认识图形的过程中发展学生的空间想象能力，能够在头脑中初步建立图形模式。同时几何知识学习的一个重要优势在于，它给学生提供了更多的动手和实践机会。这一机会不仅仅是为了更好地帮助学生理解图形的特征，也隐含着一些隐性功能，诸如培养学生独立动手操作能力、培养解决问题的能力、发展逻辑思维等。因此，中英两国对观察、操作等要求的一致性既是考虑到小学生学好几何的需要，也体现出

几何学习对学生的思维、推理等方面能力的培养具有不可取代的作用。

2. 两国都重视几何探究的学习过程

中英两国都很重视学生在学习几何过程中的探究，让学生去感知、体验学习的过程。比如《课标（2011年版）》中指出：结合具体情境，探索并掌握长方体、正方体、圆柱的体积和表面积以及圆锥体积的计算方法。[①]《英国数学课标》中指出：想象运动情境并且用恰当的语言描述运动；能识别或绘制网格上的不同方向的二维图形，在第一象限找出图形的坐标或利用坐标作图，然后在所有象限做同样的工作。[②]由于小学生的思维还处于以形象思维为主，几何又是一门依靠思维、想象的学科，很难通过机械式的死记硬背达成目标。而且它对学生的空间想象能力提出要求，学生如果在能够想象的情境下学习，会变得豁然开朗。相反，如果所学内容完全超出学生的思维和想象范围，那么填鸭式的教学只会让学生连一知半解都达不到。因此，如何将所教学的几何知识控制在学生能够想象的范围之内，一个重要的环节，即：直观地展现在学生面前能起到很好的消化吸收作用。学生有了足够的探索空间，可以在自己感兴趣的动手操作过程中去更加直观地感受知识，就可以很好地避免填鸭式的几何学习。在这一认同上，两国在几何方面都达成了共识，在课程内容中也都较好地体现出来。

3. 两国都重视几何学习结合实际生活

中英两国都重视将抽象的数学知识与生活实际相结合，让学生真正体验到在生活中学习数学。比如《课标（2011年版）》中指出体验某些实物（如土豆等）体积的测量方法；能从平移、旋转和轴对称的角度欣赏生活中的图案，并运用它们在方格纸上设计简单的图案。[③]《英国数学课标》中指出认识长度、

---

① 中华人民共和国教育部.义务教育数学课程课标（2011年版）[M].北京：北京师范大学出版社，2012：24.

② 曹一鸣.十三国数学课程标准评介（小学初中卷）[M].北京：北京师范大学出版社，2012：403.

③ 中华人民共和国教育部.义务教育数学课程课标（2011年版）[M].北京：北京师范大学出版社，2012：24.

质量、体积的标准度量单位，在问题中选择合适的度量单位，并用它们估计日常生活中物体的尺寸。[①]数学教育的现实价值在当今世界已经越显突出，过去很多家长、学生甚至教师都会认为数学不过是升学考试的一门功课，对未来的生活和工作几乎毫无作用。正如李忠教授在探讨数学的意义与数学的教育价值中所说：社会公众对于数学与数学教育的意义缺乏足够的了解，甚至存在许多误解。一般地，人们容易看到各种技术的进步及其对社会发展与人类生活带来的好处，而看不到背后的重要支撑——基础科学，尤其是数学。[②]所以要改变这一现状，必须着力于让孩子从小学习数学起就体会数学与生活实际的联系。在日常教学中让孩子结合实际去理解数学知识，让孩子始终感觉到是在生活中学习数学，数学与生活是息息相关的。而这一要求能够在教学中真正得到落实，就必须在数学课程标准中明确地提出要求。

4. 几何学习领域的名称存在差异

《课标（2011年版）》中的几何内容被命名为图形与几何，《英国数学课标》中的几何内容被命名为图形、空间与度量。其实中国对于这部分内容的名称是在2011年版最新数学课程标准中更名而成。在2001年版的数学课程标准中，这部分内容名为空间与图形。这一名称倒是类似于《英国数学课标》中的命名。但是笔者认为这一名称上的微小变动对这部分内容的影响并不太大。中国的课标做出这样的修改，可能是考虑到"几何"较之于"空间"更为宽泛，"空间"更多地强调学生的空间观念。[③]"几何"不仅包含了空间观念，而且还包括利用图形来描述、分析问题、解决数学问题。我国古代著作《墨子》中就提出：几何包括宇（空间）；直、平、同长、正、抟、中县（几何性质）；厚（几何量度）；圆、方、丸（几何图形、几何体）；几何位置关系

①曹一鸣.十三国数学课程标准评介（小学初中卷）[M].北京：北京师范大学出版社，2012：404.

②李忠.数学的意义与数学教育的价值 [J].课程·教材·教法，2012（1）：58-62.

③教育部基础教育课程教材专家工作委员会.义务教育数学课程课标（2011年版）解读 [M].北京：北京师范大学出版社，2012：199.

等，所以几何的知识点范畴显然是广于空间。从这层意义上来讲，将此部分内容命名为图形与几何显得更为全面。其次，通过阅读可以发现《课标（2011 年版）》中的图形与几何内容是包含测量内容的，而从上面的分析可以得知，"几何"知识点范围已经包含了测量内容，所以也就没有必要再单独提出"测量"了，也就是说"几何"是对"空间"和"度量"的综合。因此，从名称上来看，这一差异只是出于各自表达习惯的不同，在内容上不存在本质差别。

5. 学段要求存在差异，内容要求侧重点不同

中英两国小学阶段的数学课程标准在其划分的两个学段中，对几何知识掌握的要求存在以下主要差异：

（1）《英国数学课标》第一学段中关于图形的模式和性质中指出，要求学生能够创造二维和三维图形；第二学段中则要求能够逐渐精确地做出二维和三维图形或模型。而在《课标（2011 年版）》的两个学段中都没有类似的要求，只是第一学段要求会用长方形、正方形、三角形、平行四边形或圆拼图，对于创造甚至是三维图形的创造并没有涉及。

（2）《课标（2011 年版）》第一学段中已经要求学生认识直角、锐角和钝角，并且从中国教材安排的情况来看，这部分知识是被安排在小学二年级阶段。而二年级在英国是被归属在第一学段的，但是《英国数学课标》在第一学段中只要求学生认识直角，到第二学段才要求学生认识锐角和钝角。

（3）《课标（2011 年版）》第一学段的测量部分要求学生认识的长度单位包括千米、米、分米和厘米，并能进行它们之间的单位换算。《英国数学课标》的第一学段并不要求能进行单位间的换算，但是要求能够用这些长度单位去度量物体。

（4）《课标（2011 年版）》第一学段要求学生掌握长方形、正方形的周长和面积公式，对利用公式求简单图形的周长和面积提出要求。《英国数学课标》第一学段对图形面积没有提出要求，第二学段才涉及要求学生会算简单图形的面积和周长。

总体分析，两国在几何知识方面的侧重点有所不同。中国对于几何图形的创造、绘制的要求较少，更加重视几何图形的辨认、特征观察等。而英国更强调让学生自己绘制，自己操作。这是英国数学教育注重应用能力、实践能力培养在课程上的体现。自1982年英国Cockcroft报告公布以来，国家课程委员会对学校数学教育提出的培养要求指出：教师在制订计划时，不但要保证学生有充分时间从事数学实践活动，即使在基础知识和基本技能教学中，也要贯彻数学应用的思想。①课程中的这些要求符合英国数学教育的理念，也是如今英国学生给世界保留较好的实践能力印象的原因之一。

6. 设置理念存在差异：英国更注重结果，中国更注重过程

2011年版的《义务教育数学课程标准》是基于2001年"实验稿"修订完成的，与2001年版相比，在图形与几何内容方面整体提高了要求，特别是突出强调培养学生的空间观念。发展空间观念就要重视从实物到图形的抽象，因此课标中特别重视结合实物去学习几何知识。《英国数学课标》则相反，它希望通过知识的学习先培养出学生的逻辑思维，再回归实际，去解决问题。《英国数学课标》则通过培养逻辑思维，用图表和表格程序解决图形问题，使用动态几何来操纵几何构造，通过培养逻辑思维，提高注意力，增强分析及解决问题的能力，保证在图形、空间和测量之间能够建立起适当的联系。②所以，两国相比，中国更加重视知识结构的学习，重视学习的过程，通过结合实物可以帮助学生更好地学好几何知识，而英国更重视学习后的结果，即能够运用知识去解决问题。

造成这种差异，主要是由于历来英国更为重视学生的操作能力，所以特别强调学生的解决问题能力。但是，据第三次国际数学和科学研究调查了欧洲、太平洋地区和美国等26个国家近50万名9岁学生。报告表明，英国9岁学生的数学排名进一步下降，成绩远远落后于太平洋地区和东欧国家的同

①王林全.数学应用能力的系统化培养 [J] .中学数学，1993（2）：3-6.
②郭民.中英两国义务教育数学课程空间与图形的比较研究及启示 [J] .外国中小学教育，2012（2）：44-47.

龄儿童[①]。英国中小学生在分数运算、心算和几何方面表现得尤为差。也许英国教育部门也认识到这一问题，所以采取了一定的措施。比如适当加深数学内容的难度，提高学习要求。而这些举措也确实收到了一定的效果。据 BBC 英伦网 2008 年发布的消息显示，与四年前相比，无论是十岁年龄组还是十四岁年龄组的学生的数学成绩排名都有不同程度的提升。与英国的问题正好相反，中国一直在抱怨应试教育的弊端，学生的成绩好，但动手实践能力差。因此，近几年的数学课程改革一直很强调学生的综合实践能力，还在课程内容中增加了综合与实践部分。作为问题本身来说，只重视成绩而忽视实际操作能力，显然是不符合学科对于现实生活意义的要求。所以，采取适当的措施加以平衡是有必要的。可是从另一个角度来看，作为学习本身来说，如果也只是因为实践能力强，却得不出比较理想的成绩，学习本身也无从考量，并且毫无重视成绩的数学学习是否真正长久有助于生活实际，也是很有疑问的。所以，走向任意一个极端都是对数学教育无益的。只有将知识与实践平衡发展，才是真正有意义的数学学习。

（三）统计内容比较

《课标（2011 年版）》在两个学段中都安排了统计方面的知识，而《英国数学课标》中只在第二学段中设置了这方面内容，其命名为：处理数据。相比较而言，两国数学课程标准中的统计知识较之数与代数、几何方面的内容要少。

1. 统计内容知识范围基本相同

中英两国小学数学课程标准中的统计内容主要包括三方面的知识：收集、整理、分析数据；认识、制作并能分析统计图或统计表；掌握有关数据统计的一些知识，例如众数、平均数等。从这部分的内容设置可以看出，统计知识主要以学习处理数据为主。例如《课标（2011 年版）》中要求学习收集、整理、描述和分析数据，能用各种统计图来表示数据。《英国数学课标》中直

---

①张艺华.英国中小学生数学成绩低 [J] .世界教育信息,1997（11):28.

接以"处理数据"来命名这部分内容。可见统计知识主要也是要求学生掌握数据处理方面的知识和技能。因此，从整个统计知识的内容来看，两国对此方面的设置不谋而合。

2. 两国都重视统计语言的训练

统计方面的知识主要是要求学生会处理有关数据的问题，所以涉及列表、画图。但是，学生在掌握制表、画图能力的基础之上，还要能够解释、分析数据。《课标（2011年版）》中要求学生能够描述、分析数据，解释统计结果。《英国数学课标》中要求学生能够解释图表中的数据。两国都重视统计语言的培养，体现出要求学生在掌握统计知识和技能，能进行制表、画图等操作的同时，也能够用正确的数学语言来解释、分析数据。由此，展现出数学学习不只是要求会看、会做，也要求会说。尤其是在统计方面，借助统计语言的培养，可以将知识本身与生活更加贴近，学会用学到的数学知识解释生活中的一些现象，感受数学与实际的联系，体现出了数学的价值。正如英国学者迪雅斯（H.Dyasi）所指出的，"解释是智力活动与通过调查收集到的离散的事实相结合的结果。解释是科学探究活动的根本组成部分"[1]

3. 统计内容的知识难度存在差异

《英国数学课标》中的统计内容难度要高于《课标（2011年版）》。《课标（2011年版）》中统计和概率的内容较2001年"实验稿"删除了中位数、众数，后移或降低了一些要求，同时这部分的知识重点由过去重视统计技能转为提高学生的数据收集能力，发展统计观念。《英国数学课标》中的统计知识要求更加重视统计技能，重视理解一些统计学名词。例如要求能够构造频率表、知道众数、认识离散数据和连续数据。这些知识在中国现行《课标（2011年版）》中都未涉及。形成这样的差异主要是由于两国对于这方面知识的设置理念不同。英国依旧发扬其重视学生动手操作、实践能力的传统，所以在统计方面，更多地强调学生制作图表、处理数据的能力，更多地关注有

①祝怀新.英国基础教育 [M].广州：广东教育出版社,2003:160.

关统计方面的名词术语。中国在重视培养学生动手操作能力的同时，适当地降低一些知识要求，目的是要让学生在实践的过程中有足够的空间体会统计的价值，形成统计观念，而不再局限于知识本身的学习。

4. 统计知识要求侧重点不同

《课标（2011年版)》在两个学段中对统计概念只做出很少的要求，主要对数据分类、收集数据的方法、描述分析数据等方面提出要求。《英国数学课标》中也是较多篇幅地强调学生动手处理数据的能力，但是中英两国所强调的操作能力，其本质存在差异。《课标（2011年版)》要求学生在操作的过程中不只是提高实践能力，更要经历数据收集和整理的过程，体会统计知识的作用。而英国只是单纯地强调学生在统计方面的动手能力，对于让学生经历统计过程，发展统计意识没有做出任何要求。因此，两国在统计方面的要求侧重点不同，中国更关注过程，英国更关注实践本身。

（四）综合与实践内容比较

综合实践顾名思义，重点是要培养学生的动手实践能力。即在具体情境中，能够发现问题，解决问题。中国单独列出综合与实践的内容要求，而英国并没有单独列出。因此，本文对这部分内容不作详细比较。但是值得肯定的是，中国单独列出这部分内容是为了提高人们对这方面知识的关注度，期望在培养学生实践能力的同时培养学生的一种数学观，即让学生意识到数学与现实生活的联系，感受数学的价值。同时无可否认英国向来也很重视这一点，它虽然没有单独列出知识要求，但是在每一个知识领域中都首先提出相关知识的问题解决能力要求。相信这样的安排也是出于英国数学教育本身就很重视综合实践能力的传统的考虑，因此无需单独列出这部分内容。

五、中英小学数学课程实施建议的比较

《英国数学课标》中无实施建议部分，但是其一般教学要求类似于《课标（2011年版)》中的实施建议。本段将针对这两部分内容进行对比分析。

（一）实施建议部分的相同点

1. 两国都对教师提出相关要求

从名称上来看，无论是"实施建议"还是"教学一般要求"，都体现出对教学提出要求。《课标（2011年版）》中对教师的要求格外详细，单独列出了七条教学的建议。从这七条建议中可以看出数学课程标准对教师在处理教学目标、教学设计、课堂教学过程、学生关系方面都分别给出明确的要求。《英国数学课标》中对教师的教学提出三点要求：安排适宜的学习挑战，回应学生多种多样的学习需求，为学生群体与个体克服学习与评价中的潜在障碍。同时特别提出要为所有学生提供有效的学习机会，让学生正确使用语言、使用信息和通信技术。通过比较，值得肯定的是中英两国都看到了教师在教学过程中的重要地位，教师对于教学效果的好坏有着重要的导向作用，因此对教师提出相应的要求实际是在为教学工作的顺利展开打好必要的基础。

2. 两国都注意按照学生群体需要安排教学

根据教学应当遵循学生的个体差异性原理，中英两国的小学数学课程标准都提出要考虑学生的差异，按照学生群体的需要安排教学。在这一点上，尤其是《课标（2011年版）》中阐述得特别详细。主要表现在两方面的要求：①要重视学生在学习过程中所产生的各种需要，包括实践、互动、探索等，教师应当根据学生的这些需要给予恰当的组织和引导，从而在满足学生学习需要的基础上较好地实现教学任务。②要重视学生的个体差异性，对于学习有困难的学生给予关注和帮助，使这些学生在鼓励和自己的尝试中不断增强数学的兴趣和信心。《英国数学课标》中则提出教师应该运用适合其学生能力的方式方法去教授知识、技能；能够按照不同性别、不同种族以及特殊教育学生的不同需要，把教与学的方法计划得足以使每一个学生都能够全身心地投入到有效的教学中去。由此可见，两国都考虑到教学应当符合不同学生的发展需要。这一倾向实际体现出学生在学习过程中的主体地位，这一学生观认为教学不只是教师安排的教学活动，更是一个教师与学生相互交往互动的过程，它需要学生作为学习的主体积极地参与其中。

(二) 实施建议部分的相异点

1. 实施建议的内容体系存在差异

《课标 (2011 年版)》中的实施建议部分被划分为教学建议、评价建议、教材编写建议、课程资源开发与利用建议四个部分。这四部分建议涉及教学内容 (教材编写建议)、教学前准备 (课程资源开发与利用建议)、教学过程 (教学建议) 和教学后反馈 (评价建议) 四个主要的课程学习要素。显然,这样的内容体系比较完整,可以给予阅读者明确的指导。《英国数学课标》中的实施建议相较而言,略显单薄,主要只涉及教学过程中的教学建议。

从两国数学课程标准中实施建议的内容阐述来看,中国的实施建议理论性较强,以教育学、教育心理学原理为理论指导,内容涉及教学的任务、教学过程中的各种关系、学与教的系统过程等。这样显现出课程标准的科学性、系统性。但是理论性过强也带来了可行性较低的弊端。实施建议的主体以目标阐述为主,但对于具体的实施方法却没有给出指导。这样导致大多数教师并不知道在实际教学中如何操作,反而引起教师对数学课程标准失去信心。《英国数学课标》中的实施建议内容表述较为浅显,且基本不涉及理论性的内容,但是却易理解、易操作。例如:对于学有余力的学生,英国数学课标中指出对于那些在某一学习阶段其成绩远远高于期望水平的学生而言,他们需要更高水平的挑战活动。这时,教师可以通过扩展学习内容的范围和深度,甚至可以考虑利用来自不同学科内容去设计综合性活动,或者从即将要学习的较高学习水平中抽取材料,从而达到深化区别对待这些学生的目的。整条建议表述得非常具体,具有可操作性。

2. 所考虑的学生群体范围存在差异

在这点的探讨上,正如上文所述,中英两国都考虑到在教学过程中区别对待不同群体的学生,包括学有余力的和学习困难的两类极端学生。但是《英国数学课标》中考虑的学生群体范围更广,特别强调要考虑不同种族的学生、残疾的学生,甚至男女生之间的差别。

《英国数学课标》出于这方面的考虑是由于英国自身的历史文化造成的。

不列颠作为孤悬于欧洲大陆西北端的岛屿，历史上，伊比利亚人、克尔特人、罗马人、日耳曼人、盎格鲁-撒克逊人、丹麦人、诺曼人……曾先后登陆，在刀光剑影，王朝更迭中，这个汪洋中的岛国在不断地成为外来征服者的劫掠之地时，其文化业经过了不断的冲突和融合。[1]英国历史上的一代代入侵，一代代更迭，势必使这个国家拥有着不同种族的群体。但是这些年来，英国的种族歧视问题日益恶化，种族歧视案时有发生，种族歧视问题已成为英国国家平等社会、自由民主的敌人。英国政府也试图通过各种渠道尽可能减少种族歧视的严重性。英国 1976 年颁布的《种族关系法案》就规定了在就业、教育等方面应做到种族平等。所以《英国数学课标》中不可避免地要关注到种族人群。

对于考虑残疾学生的问题，《英国数学课标》则显得更为全面周到。每个国家都一定会存在残疾学生，他们在生理上已经存在缺陷，势必会出现与普通学生不一样的心理，例如：自卑、畏惧。他们的生理缺陷使得他们需要更多额外的"关照"，但是又不想过于被划分为异类区别对待。所以，鉴于这样的心理状态，将他们和普通学生的要求用同一文件去规定衡量，又会在实施建议中提出针对残疾学生群体的特殊扶持，就会避免置这类群体学生于尴尬的境地。《英国数学课标》中指出对于一些残疾学生来说，他们并不需要特殊的教育。在学习过程中，他们除了要借助一些用作日常生活一部分的设备帮助外（诸如轮椅、助听器、助视设备等），几乎不再需要利用其他额外资源就可以做到与同伴一起学习。同时，实施建议中还向教师提出增强残疾学生参与活动有效性的三条建议。在《课标（2011 年版）》中，表面看来并未考虑到残疾学生。实际上中国对于残疾学生教育同样重视。但是，因为中国的普通教育和特殊教育是相独立的两个部分，所以对残疾学生和普通学生的要求没有列在同一文件中。中国有单独的残疾人教育相关条例，比如 1994 年颁布的有关残疾人教育的专项行政法规《残疾人教育条例》以及各地方政府提

---

①易红郡.英国教育的文化阐释 [M] .上海：华东师范大学出版社，2009：2.

出的相关特殊教育规章等。也就是说，中国将普通教育与特殊教育同视为中国教育事业的两个独立部分。中国和英国在这方面形成的差异，主要是由于国家间的价值观差异，以及考虑问题的角度不同。但值得指出的是，两国的做法都各有利弊。

六、英国数学课程标准对中国的启示

（一）充分体现课程目标的评价功能

从课程目标的纵向划分来看，《英国数学课标》中的水平目标十分值得借鉴和学习。它将学生所应当达成的目标按照学段划分出目标层次，并且分别给出学生预期的年龄和预期达到的目标层次。中国对于两个学段的小学生分别在知识技能、数学思考、问题解决、情感态度四方面的要求只是一个总的提法。由于学生的发展具有差异性，对于课程标准提出的要求，有些学生在达成目标上有些困难，而有些学生却能远远超过这些要求，因此，我们所给出的目标如果只是一个规定好的内容，那么就很难发挥好它的评价功能。如果将目标能从一个既定的内容转变为一个灵活的范围，具有一定层次性地展现出来，那么在以课程目标为依据对学生进行评价时，就可以根据学生的个体差异以及学生在不同知识块的掌握程度去对照梯度性目标。因此，这一做法相较于中国的课程目标来看，它对学生在完成某一阶段的学习后，不仅仅能根据课程目标考察出学生是否达到这些基本目标，而且能够具体地划分出每名学生分别在这一目标范围中达到了哪一水平层次。这样的安排可以使教学评价更加有据可行，也更加清晰地为教师呈现出教学效果，便于判断学生的知识优势和薄弱点。

（二）实现课程标准制定和修订团队的结构优化

制定课程标准包括对课程标准的修订是一个国家教育改革的一个重要环节。因此，一个高质量的课程标准的形成一定需要来自各个领域的教育工作者的协同参与。施瓦布在 1971 年提出：五类人应参与讨论课程的开发。根据他的观点，至少在他所称的教育的"四个教育要素"（即学习者、教师、学科领域和环境）内，每个领域最少要有一名代表。此外，还应该有人来调整这些思想，也就是说应该有一名课程专家。①课程标准的制定是课程开发的后续环节之一，它同样需要多领域人员的参与。从中英两国的课程修订过程来看，都经历了相当一段时间的考虑和斟酌。中英两国都很重视从社会各方面群体寻求意见，一方面课程专家组的成员来自多种群体，除了有专业的学者外，还有一线优秀教师。另一方面课程的评定要经历全面的讨论，例如中国开展问卷调查，组织征求意见活动；英国发布评议报告，并向社会寻求证据。

但这一复杂过程中也存在一些问题：第一，课程标准的研制或修订应当需要更多的要素参与。中英两国的数学课程修订组织无论多么庞大，它始终将关注的焦点放在教育者、课程专家身上。课程标准的研制需要课程专家、教育学者、一线教师等人员通力协作，但是对于这些人员的安排比例是一个值得考虑的问题。当前中国数学课程标准的研制组织，虽然有一线教师的参与，但是来自中小学的教研员和教师比例远远低于来自大学的专家、教育者。第二，两国都忽视了学生在课程标准的修订过程中的重要地位。小学数学课程标准的制定无论多么完美，当落实到实际的数学教学中，只有小学生自己更加明白。我们有理由相信作为高年级的小学生是绝对有能力表达出他们对数学学习过程中的问题或建议。当然，小学生不一定要参与到课程标准的修订中，但是可以通过调查或研讨的方式让学生提出自己的看法和建议。这一环节并不能被访问一线教师所代替，因为任何成人的意见都一定多少赋予了自身的主观看法。我们更期待的是获得学生关于数学课程标准的直接观点，而非教师代替学生假想的结果。第三，就中英两国最终的决策方式来看，英国的教育决策更加程序化。中国课程标准的修订至颁布基本是由修订组织最终决定，也就是说，只是修订的过程中考虑到一部分其他群体的参与，一旦形成了最终决议，决定权仍然是在某个组织。而英国负责课程标准的组织，

---

①乔治·J.波斯纳.课程分析 [M] .仇光鹏，韩苗苗，张现荣译.上海：华东师范大学出版社，2007：34.

即使通过多方渠道形成了文件，也会采取先发布，征求社会意见的方式来进一步明确制定文件的有效性和采纳性。当然中英两国在这方面的差异，也导致中国课程标准修订的效率较高，而英国颁布出一项新的课程标准则需要相当长的时间，但是我们不得不承认英国这一慢效率的工作确实体现出其决策的公开化、公正化。因此，如何协调好效率和效果间的关系，也是值得深思的问题。

（三）兼顾数学课程的知识性和实用性

　　一直以来中国的数学学习的特色是注重"双基"，学生的解题能力较强。正是因为这种只会为解题而解题的非正态发展引发了人们对数学教育价值的思考，于是《课标（2011 年版）》中将"双基"扩展为"四基"。之所以将"双基"发展为"四基"除了知识层面的需要，主要是因为仅有"双基"还难以培养创新型人才，"双基"只是培养创新型人才的一个基础，但创新型人才不能仅靠熟练掌握已有的知识和技能来培养，获得数学思想和活动经验等也十分重要。[①]因此这一提法是对过去数学教育模式的反思，是在借鉴西方数学教育注重能力培养的基础之上，对课程目标的内涵延拓。这种延拓体现出现代教育追求多元化的目标，力求让数学教学返璞归真。

　　英国课程注重实用与能力的培养。他们把这类学习知识归类为"间接保全自己"所需要的知识。认为儿童除了掌握读、写、算的基础知识外，还应学习与谋生、赚钱、设计、生产等密切相关的知识。[②]因此，英国的数学教育一直因其对应用的重视而在崇尚演绎的西方显得非常独特。尤其是在经历了一系列的数学改革，如"新数学运动"的失败后，当今的英国数学教育进一步发扬了这种传统。[③]《英国数学课标》中将"运用和应用数学"单独列为一项课程目标，而且作为其他四项目标的灵魂与核心，它贯穿整个数学课程。

---

　　①顾沛.数学基础教育中的"双基"如何发展为"四基" [J].数学教育学报，2012（2）：14-16.

　　②祝怀新.英国基础教育 [M].广州：广东教育出版社，2003：149.

　　③吴泽菲.中国与英国初中数学课程比较 [J].外国教育研究,1998（1）：11-16.

"运用和应用数学"十分注意解决实际问题与日常生活问题，包括提出问题、设计任务、做出计划、收集信息等等，而不是局限在书本上现成的"问题"。例如，为研究最好的储蓄方式（或地点），就要去调查各家银行不同存款形式、期限的利率等等。[①]

但是英国在强调能力培养的同时，却又走向了另一个极端，忽视了知识教学。一方面课程内容难度较低，另一方面英国历来对数学教育的重视程度有限，所以即使曾经有过进步和提高，英国学生的数学水平还是令人担忧。报道称：英国近期公布的一系列研究显示，无论学生还是未来的老师，英国人的数学能力江河日下。[②]这样的发展趋势势必会威胁到英国的国际竞争力。政府必须果断采取措施，从中小学数学基础教育抓起。2012 年《解放日报》也有报道称"数学不受重视急煞英国人"。报道称：根据英国《每日邮报》2月 10 日报道，英国学校数十年低水平数学教育所引发的后果正在凸显。在一些大学里，不仅学生在面对稍微复杂一些的数学问题时毫无头绪，就连老师理解起来也很费力。报告显示甚至有的英国高校将数学学科从本科课程中删除。英国出现的这些数学教育问题主要还是源于英国数学基础教育的薄弱。英国数学基础教育的薄弱体现在：①小学数学课程内容较为简单，从以上的课程内容对比分析中可以看出，英国整个小学阶段的数学要求低于中国，起步教育的迟缓很容易导致整体数学教育水平跟不上。②英国家长和学生的不重视。由于英国学校不公布成绩或不排名，学生和家长也只是知道自己的成绩，不知道其他人的成绩，所以学生之间不会产生比较，自然学生的压力就很小。 ③学习时间分配有限。由于英国的学校录取时只要求学生成绩达到录取的下限，凡是达到录取下限的学生，决定他们录取与否的不是成绩的高低，而是由其他方面的才能或参与的社会活动来决定，所以学生就必须把时间同时分配在学习和其他各方面。综上所述，英国政府也已倍感本国数学教育问

---

①唐珩.英国大学取消数学课程 [N] .羊城晚报，2012-2-20.
②唐昀.英国数学教育水平越来越差 [N] .新民晚报，2011-6-24.

题的严重性。针对基础教育数学课程内容的难度较低的问题，英国将大规模修改国家课程大纲，加强小学数学基础教育。新大纲于 2014 年 9 月开始执行。此次大纲的修改将大幅提高英国基础教育的要求，向一些国家的先进基础教育标准看齐。英国政府采取的措施也是在力图实现知识与能力教育的均衡分配。

综上所述，各取其利、各避其弊才是明智的选择。正如黄跃雄认为：国情的不同决定了教育模式和教育内容的不同，不能简单比较，更不能下孰优孰劣的结论。中国的应试教育模式有其明显的弊端，这样的教育导致学生的综合素质、人文素质匮乏，孩子也得不到幸福的童年。所以，中国这几年尤为重视基础教育课程改革，力求为中国的孩子补上素质教育这一课。一些大学的招生方式也更加灵活新颖，目的就是引导学生及家长去重视素质教育。但不可否认的是，中国的教育模式也有其合理性和优势，例如中国培养出的学生明显具有扎实的基础知识，较强的思辨能力，而这些是在欧洲国家轻松的教育模式下所看不到的。因此，结合以上两点我们可以发现中国目前的教育如果能充分借鉴英国及西方教育的精髓，注重培养兴趣与价值观，尊重个性发展，注重实际运用，同时能结合中国教育方式的优势，保持对孩子一定的压力，相信能更有利于孩子的成长与发展。①

③唐珩.英国大学取消数学课程 [N] .羊城晚报，2012-2-20.

第十五章　中外小学数学课程标准比较的反思

综合分析上述中国与十三个国家小学数学课程标准的比较发现，各国小学数学课程标准的研制既存在一定的共性，也存在许多差异。其他国际比较研究也表明，同一个国家或地区颁布的课程标准，在各个方面具有惊人的相似性，而不同国家或地区颁布的课程标准，其体例、结构、表述与呈现方式等方面差异巨大。①数学课程标准比较的共同点可提供发展的定向与导引，不同点可为课标的编制与实施提供多元化的参考。因此，基于上述中外比较研究结果，作进一步的归纳、概括与反思，探析小学数学课程标准在编制、设计、实施等方面存在的规律与特征，对小学数学课程标准的认识与发展具有更为宏观的参考价值与导向功能。

一、小学数学课程设计比较研究的反思

（一）小学数学课程标准制定组织成员的多层面和多元化

不同群体对数学课程的不同要求、认识与看法，直接影响着数学课程标准的内容与编制。分析上述中国与十三个国家小学数学课程标准课程设计的比较，发现课程标准的编制主要有国家或地方行政力量与学术专业力量两个层面。如中国由教育部基础教育司组建国家数学课程标准研制工作组，芬兰

---

①刘兼.国家课程标准的框架和特点 [J] .人民教育，2001（11）：23-25.

由国家教育委员会主导，韩国由韩国教育人力资源部负责，美国的《共同核心州数学标准》由美国州长协会和州首席教育官员理事会负责，而各个州的数学课程标准由州的教育部门负责，加拿大没有全国统一的数学课程标准，由各个省的教育部负责。这显示了各国在数学课程标准制定中行政力量的介入、干涉与主导。

与此同时，具体制定与设计小学数学课程标准的专门小组，主要有高校或研究机构的数学教育研究者、一线教师、数学家等来自不同层面的人员组成。当然有时还要有其他人员参与，如南非基础教育部对课程进行改革与编制时，所组建的写作团队有 175 名人员担任 R–12 年级 CAPS 的研制工作，其中包括了 28 名母语和第一语言的翻译和 14 名第二语言的翻译。修订人员的选择主要是基于以下几个条件：学科教学上富有经验；批判性写作的能力；满足时间限制的能力；有学科知识水平；通讯基础设施。中国 2005 年 5 月组建的数学课程标准修订组，由 14 人组成，分别来自大学、科研机构、教学研究室和中小学。[①]这也体现了一种数学课程标准制定的国际化团队形式与趋势。

数学课程标准制定或修改成员的多层面、多元化构成，能有效保证在数学课程标准的研讨和修订过程中，能从不同角度思考问题，能听取来自不同方面的意见和建议，体现了数学课程的设计与制定是一个集体审议的过程，是一个不同意见碰撞、交流、吸收与融合的过程，不同层面权力与力量的有效结合与协调对课程标准制定与实施具有重要的影响。

（二）构建结构与功能完整的小学数学课程标准框架

课程标准的框架是指同一套课程标准的具体格式，主要是规范一个国家或地方的各个领域或各门课程在学生学习结果方面的陈述方式。[②]从上面十三章的课程标准框架的比较可以看出，各国的数学课程标准框架结构是不一样

①教育部基础教育课程教材专家工作委员会.义务教育数学课程课标（2011 年版）解读[M].北京：北京师范大学出版社，2012：34.

②崔允漷.国家课程标准与框架的解读 [J].全球教育展望，2001（8）：4–9.

的，当然至今也没有一个国际公认的框架模式。如中国的《义务教育数学课标（2011年版）》由五个部分构成，分别是前言、课程目标、课程内容、实施建议和附录。新西兰的数学课程标准框架模块基本与中国的相似。澳大利亚的课程标准由理念和目的、组织构成、课程、专业术语四个部分构成。俄罗斯的《国家教育标准》由教学目的、规定必学的最少内容、对培养毕业生水平的要求、示范性教学大纲四部分构成。南非CAPS-M基础阶段和中级阶段均包含介绍与背景；定义、目标、技能和内容；内容说明；评价四个部分。从框架模块内容的角度来分析，发现基本都包含说明性前言、课程目标、课程内容、相关的要求或建议等。

良好的框架结构除了是文件行文的需要，更重要的是有利于体现数学课程标准作为规范性文件的严肃性与正统性，有利于教师的阅读与理解。构建结构与功能完整的数学课程标准是课程标准发展的一个趋势与要求，"基于标准的改革"或"标准驱动的改革"需要课程标准的这一强势特征，相关的研究也表明课程标准文本的内容和结构经历了一个不断丰富、建构和转型的过程，当下数学课程标准已从早期的对课程内容的基本规定和说明，到对课程的性质、理念与设想、目标、内容、教材、资源的开发利用、教师专业发展等近乎全方位的规约都说明了这一点。①

（三）发挥课程设计理念在小学数学课程设计中的导向功能

课程设计的理念是对课程编制的一个总的看法，对课程目标的确定，对课程内容的选择与设计具有内在规约与导向作用。归纳中国与十三个国家在小学数学课程设计理念方面的比较，发现在小学数学课程设计理念方面具有如下的一些特征与启示。

一是强调数学的多元联系。强调数学与现实生活、社会文化、自然科学、其他学科等的联系与融合是现代数学课程设计的基本理念之一。如中澳的数

---

① 柯森.课程标准起源和演进的历史考察 [J].华南师范大学学报（社会科学版），2004（12）：94-101，159-160.

学课程均强调数学与文化；中芬的数学课程强调数学与自然事物；中荷的数学课程强调数学的生活化，要求数学与丰富的、有意义的情境联系起来；印度的小学数学课程标准也指出："为了让学生在数学学习中体验成就感，不断扩充数学资源，加强数学与其他学科的联系非常有必要。"在数学教学中不仅要教授数学自身的知识，还要设置或渗透其他相关学科的内容。

二是强调数学与现代信息技术的整合。现代信息技术与数学教学的有效整合已成为数学课程设计的一个基本趋势与要求，并已引起人们的广泛关注。上述中国与十三个国家小学数学课程标准的比较中基本都发现了这一要求与趋势。如中澳的小学数学课程标准要求数学与现代科学技术的联系；中芬的数学课程强调数学与信息和通信技术的联系；中荷的数学课程重视信息技术在数学教育中的整合与应用；中加要求融合信息技术，充实课程内容；中南强调要合理运用现代信息技术；中英明确提出要确保教学与语言、信息和技术、电子媒体等方面的联系，规定教师给予学生适当的机会，在诸如听、说、读、写、使用信息技术工具等方面要达到一定的层次。

三是强调学生评价方式的多元化。教师的教是为了学生的学，通过对学生的评价来检测、促进数学课程的实施或教学已成为一种共识。因此，为了学生的发展，为了构建有效的数学课程，对学生的数学学习进行多元化的评价已成为数学教育研究与发展的一个重要方向与议题。从比较的结果来看，中国数学课程标准强调评价内容要有多个维度、评价主体要多元化、评价方式要多样化等。从荷兰小学数学课程标准的整个评价维度安排上看，评价较多的是学习过程，重视学生情感态度、社会行为发展的评价。印度的课程标准指出，为了减轻评价给学生造成的心理压力，摒弃以考查知识的记忆情况为目的的评价，将教师评价与学生自评相结合，将开卷考试、没有时间限制的考试等考试形式引入评价体系。英国要求教师按照课程标准中的目标层次划分给予学生相应的评价。由此可见，数学课程与教学中学生评价的层次性、多元化、发展性成为一种普遍的共识与实践。

四是强调学生的主体性、发展性。关注学生的主体性，促进学生个性化发展性，是多国数学课程标准的一个基本要求与设计理念。如中印的比较显示两国的数学课程标准都突出学生的主体性地位。中芬两国的比较显示数学课程的教学任务之一是培养学生的数学思维，学习数学思想和广泛应用的解决问题的方法。教学要培养学生的创造力、严谨的思维，以及引导学生发现、提出并解决问题。中韩两国的比较显示数学课程要求数学教育不仅在于培养学生的认知能力，而且要激发学生对数学的兴趣和好奇心、培养学生数学学习的自信心和积极的态度，同时培养学生理解他人，相互关怀的良好品德。中荷两国课程标准充分考虑到数学学习对学生未来发展的意义，体现数学课程的发展性，突出学生发展的个体差异性，要求数学教育尊重学生的主体性地位。两国倡导自主探索、合作交流、动手实践等体现学生主体地位的数学学习方式，强调给学生充分的时间去观察、实验、推理、验证，主张从学生已有的社会生活经验和熟悉的生活情境出发，提供学生从事数学学习活动和运用数学语言交流的机会，促使学生能在自我探索、合作交流的过程中真正掌握数学知识与技能。中南比较显示由于两国教育观念的变化，教学从教师为中心转向以学生为中心，都提倡了自主、合作、探究的学习方式。日本《要领》侧重于学生生存能力、思考力、判断力、表现力的培养和学习欲望与习惯的养成。虽然中日从不同方面对学生提出了要求，但都是对学生自主性的关注。

二、小学数学课程目标比较研究的反思

数学课程是为教育学生而开设的，要通过数学教学达到一定的育人目标。因此，数学课程目标的设定与陈述与数学学科知识及学生的发展紧密相连。也就是说数学课程目标必然会涉及数学的学习领域与学段。除此之外，数学课程目标的设定还受到教育目的、社会文化、教育制度、经济发展等众多因素的影响，在众多特定影响因素与复杂关系的思考下，形成数学课程目标并细化到数学课程，如此导致不同国家数学课程目标之间的差别是繁杂多样的。不过在前期较为宏观比较的基础上，再次忽略细小枝节，进行脉络式的梳理，

发现包括中国在内的十四个国家的小学数学课程目标存在如下的一些共有特点。

（一）小学数学课程目标的呈现趋于层次化与结构化

综观中国与其他十三个国家小学数学课程目标比较的结果，发现小学数学课程目标的陈述形式呈现一种总分的结构。先是对小学数学课程目标给予概括性、整体性、全局性的简述，再通过不同的学段或学习领域进行细化，且具体的总分形式主要有以下三种。

一是"强学习领域，弱学段"总分式。这种陈述形式是先叙述数学课程的总体目标，再结合具体的数学学习领域分解总体课程目标，最后进一步结合具体的学段或年级进行细化。如澳大利亚的数学课程目标采取了"强学习领域，弱学段"总分式，根据教育目的先陈述数学课程的总目标，再结合不同的学习领域与课程内容，对目标进行具体的细化，相关解释再整合到具体的学段或年级。如俄罗斯、荷兰、加拿大安大略省、英国、南非的数学课程目标基本采用这种形式。其基本设计思路如下：

二是"强学段，弱学习领域"总分式。这种陈述形式是先叙述数学课程的总体目标，再根据所划分的学段分化总体课程目标，最后进一步结合具体的学习内容进行细化。如芬兰的课程目标主要采用这种形式。其基本设计思路如下：

三是"学习领域、学段平行"总分式。这种陈述形式是先叙述数学课程的总体目标，再较为明确地提出数学学习领域目标及学段目标，从两个方面分化总体课程目标，再结合具体的课程内容作进一步的细化。如中国中小学数学课程标准"知识与技能""过程与方法""情感态度与价值观"的三维课程总目标分化到"数与代数""图形与几何""统计与概率""综合与实践"四个学习领域，并明确提出了三个学段的课程目标。日本的《要领》也采用此形式结构。具体如下：

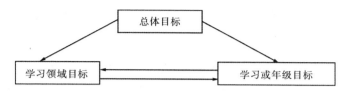

如此，从数学内容与学段两个维度细化课程总目标，构成了一个比较完整的数学课程目标体系。当然有些国家的数学课程目标不明显具有上述形式结构，如新加坡、印度的数学课程标准。总之，从以上对小学数学课程目标比较研究的分析可见，构建具有良好层次性、结构性的课程目标体系，根据学段与数学学习领域细化课程目标是数学课程标准编制的重要技术手段与设计趋向。

（二）小学数学课程目标的陈述趋于规范化

数学课程目标的陈述具体、规范，具有可操作性是其有效实施与贯彻的一个重要的前提条件。因此数学课程标准规范化、科学化的描述成为一项重要的陈述技术，相应的内容也有规范的术语。如中国、俄罗斯等国课程标准的结果获得性课程目标所使用的动词基本是一致的，都采用了"了解、获得、掌握、应用"等词语，还有些国家是部分的使用。这些都是描述结果性目标的学习水平与行为动词，专业人员及教师能常识性地知道其意义，且不会产生多义性的理解，有利于课程目标的理解与实施。

其他描述体验性目标的学习水平与行为动词，如经历（感受）水平中使用的经历、感受、参与、尝试、讨论、交流、合作、体验等，反应（认同）水平使用的欣赏、称赞、喜欢、感兴趣、关心、关注、帮助等，均在这些国家的课程目标的描述中有所出现与使用，且其意义趋于一致，使用趋于规范。

（三）小学数学课程目标强调学生的全面发展

从所比较的小学数学课程目标的内容上来看，除了课程目标的侧重存在差异，体现的文化传统各异，表述形式的不同外，同时也表现出了关注学生全面发展的共同特点与趋势。从数学"基础知识"和"基本技能"的要求来看，重视"双基"不仅在中国数学教育中受到重视，而且也是多个国家的一个共同特征。如俄罗斯、荷兰、印度等国家明确强调学生对"基础知识"和"基本技能"的掌握与学习。

从思维能力的角度来看，中国数学课程标准提出了学会"数学的思考"，运用数学的思维方式思考，增强发现和提出问题的能力、分析和解决问题的能力。澳大利亚的数学课程标准提出了培养学生的"个人交往和社会适应的能力"。俄罗斯的数学课程标准提出了发展学生的形象思维、逻辑思维和想象力，能够顺利地解决教学和实际中的问题，重视问题解决能力培养，要求发展学生创造性能力。芬兰的标准提出了数学的教学任务是培养学生的数学思维，学习数学思想和广泛应用的解决问题的方法，教学是为了培养学生的创造力、严谨的思维，以及引导学生发现、提出并解决问题。韩国的数学课程标准提出了培养理解数学的基础概念、原理、法则及其内部之间关系的能力，以及社会交往能力。美国的数学课程标准提出了促进学生数学实践能力的发展。印度的数学课程标准提出了培养学生数学思维，增强提出问题和解决问题的能力，发展学生的估算及数学思想，培养学生创新意识和发散思维。从中可以看出，各国的数学课程标准在能力层面上，已经超越了数学特有的思维能力，涉及了实践能力、创造能力、解决问题能力、交流能力等多个层面。

从情感态度方面来看，多个国家的小学数学课程标准对此也较为关注，从兴趣、态度、自信心、好奇心等不同层面提出了相关的要求。如俄罗斯的数学课程标准要求培养学生对数学的兴趣，力求将数学知识应用到日常生活中去。中国与荷兰的数学课程标准都强调学生的好奇心、求知欲的保持和培养，都强调学生需要建立自信心，需要进行意志的教育与锻炼。韩国要求激发学生对于数学学习的兴趣，理解数学的价值，培养对数学的积极态度，增强学好数学的信心，养成良好的学习习惯，具有初步的创新意识和科学态度。印度的数学课程标准要求培养学生做数学的信心和能力，具有学习的基础和发展做数学的兴趣。

综上可见，数学课程目标的内容或隐或显地均体现了知识、能力、情感三个维度，各国都关注学生的全面发展，关注学生知识、能力与情感均衡的全人教育。

三、小学数学课程内容比较研究的反思

一般来说，课程内容的设置是大多数课程改革的一个重点。小学数学课程内容作为课程标准的一个构成部分与其他部分相比，不仅包括小学阶段所学习的基本内容，还要涉及课程内容的设置形式，知识的领域划分、知识点的具体选取，与课程目标的联系等，所以内容较为庞杂。在此对十四国比较的结果仅从较为宏观的层面做一些简析。

（一）小学数学课程内容模块设置趋同化

虽然上述的比较是中国与其他十三个国家小学数学课程标准的分别比较，没有进一步的交叉分析，且存在研究者先入为主的以较为熟悉的中国格式或模块为参照的问题，但通过比较的结果与具体的课程内容来看，多个国家小学数学课程的主题内容基本是一致的，显示了数学课程模块的趋同化。如中国的小学数学课程内容主要包括"数与代数""图形与几何""统计与概率""综合与实践"四个领域，澳大利亚的小学数学课程内容主要包括"数与代数"（Number and Algebra）、"测量和几何"（Measurement and Geometry）、"统计与概率"（Statistics and Probability），虽然没有明确提出"综合与实践"的模块，但在相应的模块教学中均有相关的要求。虽然俄罗斯的小学数学课程没有进行学习领域的具体划分，但比较者经过内容的梳理与分类，也归纳出了三个相关领域的内容。南非 CAPS-M 将小学阶段数学课程内容分为五大领域，即"数字、运算和关系""模型、函数和代数""空间与图形（几何）""测量""数据处理"。与中国课程内容领域相比，南非缺少了"综合与实践"内容领域，但在具体内容领域分析中，会发现南非并非没有，而是将其融于其他内容领域中。尤其是"数字、运算和关系"领域中的"情境中解决问题"内容主题，非常强调问题解决能力以及与实际生活的联系，以便学生更好地适应社会。中国和加拿大安大略省对数学课程内容各个部分的称

谓不大一致，但是二者关于义务教育阶段数学课程内容的规定，大致相同。新西兰主要分为"数与代数""几何与测量"及"统计"三个部分。以上各国小学数学课程内容的比较显示了模块设置的一致性。

虽然，有些国家的小学数学课程内容没有采用或部分地采用了模块化处理，但也会显示出一种模块化的思想方法。如新加坡《大纲》中并没有明确提出"数与代数"的领域名称，而是直接从"整数""分数""小数"等方面进行阐述。而其小学几何内容则分成"几何"与"测量"两大部分。日本《要领》虽然按学年划分，分六个学年，但各学年分别安排了"数与计算、量与测量、图形、数量关系、算数活动"五个方面的内容。中英两国在数与代数部分的内容范围设置大致相同，主要在编排上存在差异。甚至有些模块的处理也有类似的结构。如比较发现中、日小学数学课程数与代数部分的运算编排体系相仿，图形与几何内容结构安排相似等。

（二）小学数学课程内容的知识点设置多样化

除了各个国家都强调各自文化传统、日常生活、地理特征及自然资源与数学知识的联系与结合等，虽然多个国家小学数学课程内容模块具有一致性，甚至学习的要求也基本一致，如多个国家的小学数学课程都重视学生基本能力的培养，重视数学学习探究的过程，重视数学与实际生活的结合等。但细化到具体的知识点或主题单元，中国与美国、韩国、荷兰、俄罗斯、日本等多国在小学数学课程内容的划分方式，知识容量，在数学知识的难度、深度与广度、设置的年级或学段、要达到的课程目标、知识点的选取等多个方面都存在较大差异。

如在"数与代数"学习领域，澳大利亚的"数与代数"部分明确设置了"货币与金融数学"的主题，设置了"模式"的内容来整合"数与代数"的内容，并以此为主线展开其相关内容，在运算能力方面也与中国小学数学课程标准的要求存在较大的差异。俄罗斯《标准》对"小数""负数""分数"三方面并未做出任何表述，此三方面的知识则是初中部分要求的知识，俄罗斯小学数学教学内容的深度及广度类似于我国的第一学段的知识要求。芬兰知识点的深度明显高于中国，体现了芬兰数学高难度的要求，如芬兰在第一学段就出现了代数的内容，中国在第三学段才出现，关于"数与代数"部分的内容难度和对学生要求的程度明显高于中国。而荷兰的目标内容只涉及"数"，代数的部分推迟到中学的数学课程，严格来说荷兰小学生的数学学习内容不包含代数。中国对数的认识要求高于美国。中国标准在数与代数内容要求领先于美国标准，在难度和深度上高于美国标准。日本在数的认识与运算方面，在第一学段要求的内容设置容量比中国多。中国的运算知识难度要深于英国小学数学的运算要求。

在"图形与几何"学习领域澳大利亚明确提出"测量"的几何学习领域，对测量内容较为重视。美国标准加入了几何坐标的知识及对图形分解的要求，在这一方面又高于中国标准的要求。新加坡《大纲》中关于运动与位置主要是"对称"和"镶套"两个内容。而在中国《课标（2011年版）》中包含了图形的平移、旋转和对称、方向、线路图、比例尺、确定位置等内容。中国对于图形与几何部分的知识要求显然高于日本。

在"统计与概率"学习领域，《澳大利亚课程标准》不仅要求了解随机事件发生可能性的大小，还要求会用分数、小数和百分数表示事件发生的概率，与中国的相比难度加大。在表征数据方面，安大略省标准中提到了评估数据表征方法，如何更好地表达数据的重要方面。中国标准只是给出了需要掌握的表示数据的方法，没有比较这些方法的要求。虽然在"统计与概率"部分中都要求学生要经历数据处理过程，发展统计观念，但统计与概率知识难度存在明显的不同。中国标准中"统计与概率"内容与美国的相比，中国的小学数学课程内容包含简单数据统计过程和随机现象发生的可能性两个部分，要求较高，难度较大。而美国标准主要是围绕数据表示、数据分析、利用数据统计图表解决相应问题，通过画标有刻度的图或直方图来表示一组分类的数据，说明美国标准更注重实际运用和学生动手能力的培养。中国与印度两国"统计与概率"领域内容的知识点大体相同，在概率内容的处理上，两国都提出了随机现象的概念，但是印度提出了概率的概念，中国没有明确提出，相关内容安排在第三学段。

以上各国三个学习领域相同的学习内容在学段、内容处理方式、难度、重点等存在的诸多差异，不仅说明了小学数学课程内容设置的多样化，也为课程实施提供了生成与超越本国标准的参照与依据。

（三）小学数学课程内容多采用螺旋上升式设置

分析多个国家小学数学课程内容的设置发现，"数与代数""测量和几何""统计与概率"等模块内容，基本都分布于整个小学阶段，在着眼于小学生认知与发展的同时，结合具体数学内容的特征，做了螺旋式设置，虽然在内容的设置、难度、重点、年级等方面存在很多差异，但都显示了课程内容的螺旋式上升处理，小学阶段数学课程的螺旋式设置基本形成了一种国际性的共识。

四、小学数学课程实施与评价比较研究的反思

由于各国教育体制与管理制度的不同，不同国家小学数学课程实施与评价的内容与设置也存在较大的差异。上述中国与十三个国家小学数学课程标准的比较中，由于一些国家的课程标准中未曾明确提出课程的实施与评价，因此，这里也主要针对六个国家的相关比较做出以下分析思考。

（一）小学数学课程实施与评价设置形式差异大

小学数学课程实施与评价的设置形式比较可见，既有显性的明确设置，又有隐性的渗透建议，设置形式上存在巨大差异。如中国《课标（2011年版）》将"实施建议"明确提出来，并作为课程标准文本的第四部分独立设置，从"教学建议""评价建议""教材编写建议"以及"课程资源开发与利用建议"四个方面分别加以阐释。而《澳大利亚课程标准》没有单独阐述"实施建议"和"评价建议"，主要渗透在各年级课程内容标准的"成就标准"和"明细"中。韩国《课程》中也没有明确提及课标的实施或实施建议，不过其中的第五、六部分中的"教学·学习方法"和"评价"的内容，相当于"教学建议"和"评价建议"。美国"共同核心州数学标准"没有单独的实施

建议部分，而是在过程标准和内容标准的教学实践方面给出了一些建议。南非 CAPS-M 中也没有实施建议这一单独部分，而是将评价列为专门的部分加以阐述，教学建议则是结合每个学期课程内容要点进行的，关于教材编写建议和课程资源开发与利用没有提及，只是关于基础阶段课堂中可利用的推荐资源做了说明。《新西兰一至八年级数学课程标准》中关于实施建议部分也没有单独的章节，分别将教学建议、评价建议及课程资源开发与利用建议等渗透于相关章节。《英国数学课标》中也没有实施建议部分，主要是其中的一般教学要求类似于实施建议。

从以上的归纳与梳理可以发现，从其设置形式来看，多数国家采用隐性渗透的形式设置小学数学课程实施与评价的建议，这一方面与课程管理的集中与分权有关，如中国较长的时间内一直是国家集中管理，提出了明确的课程与教学的指导建议。另一方面也可能是受先前教学大纲框架式思维的影响，为教师提供一定的指导建议，以在课程改革中提高教师的适应性。从长远观点来看，隐性的建议形式更有利于教师课程实施的创生，有利于增加课程实施的弹性空间。

（二）小学数学课程实施与评价的多元化与个性化

分析比较的结果，发现关注每一位学生的发展，处理全体学生和个体差异的关系，对学有困难、学有余力的学生分类指导等，是多个国家小学数学课程标准实施与评价的一个共同要求。与此同时，比较研究也发现除了上述的一些共同要求外，在此层面上还有更多的关注点与多元化思考。如《澳大利亚课程标准》明确提出了"学习者的多样性"的建议，对残疾学生（students with disabled）、天才学生（gifted and talented students）、移民学生（students for whom English is an additional language or dialect）分别提供了建议。《英国数学课标》除了提出教师应该运用适合其学生能力的方式或方法去教授知识、技能外，还要求教师能够按照不同性别、不同种族以及特殊教育学生的不同需要，把教与学的方法计划得足以使每一个学生都能够全身心地投入到有效的教学中去。还特别强调要考虑不同种族的学生、残疾的学生，甚至男女生之间的差别。其他多个国家在相关的内容上也或多或少地提出类似要求。

由此可见，关注每一个学生，关注具体的学生，个性化的教学与指导学生的学习成为各国制定小学数学课程的一个趋势与要点。

（三）小学数学课程评价的价值取向趋同化

虽然课程评价受各国传统文化、社会发展、教育制度、人格需要等多个方面的影响，但分析上述的比较研究结果发现，小学数学课程在评价主体多元化、评价方法多样化、评价内容过程化等价值取向的许多方面存在趋同化现象。如中澳两国都要求多个视角的课程评价，都要求使用多元化的评价方法。中韩两国都强调多元化评价。中南都强调评价的过程性，注重评价的多元化。且南非的 CAPS-M 中形成性评价是教学中最常用的评估类型。中国与新西兰两国均强调学生在学习活动中的主体地位，强调评价不是目的，而是一种手段，均强调评价内容的全面性，强调评价主体的多元化，评价方式的多样性。中英两国都注意按照学生群体需要安排教学。

五、小学数学课程标准比较研究启示的反思

综观上述中国与十三个国家小学数学课程标准的比较研究的结果与结论，最后都对小学数学课程标准的编制提出了相关的启示（建议），共 54 条。主要涉及以下四个层面。

（一）小学数学课程标准编制启示的反思

统计归纳发现对小学数学课程标准的编制所提出的启示共有二十四条，占十三章比较研究所有启示的 44.4%。内容包括：

一是小学数学课程标准编制的整体优化与提升。对此提出的启示共有十四条，从较为宏观的角度启示数学课程标准编制要注意的问题。具体如下所示。

●优化课程标准的制定过程；

●完善编制方式，加强统一性和连贯性；

●细化板块设计，提升数学语言规范性；

●统筹修订实施，保障稳定性和渐进性；

●适当改变内容标准的表现形式；

●适当改变某些知识的引入方式；

●坚持知识连贯，目标层次分明的特点；

●密切各板块联系，促进跨板块综合学习；

●改善文本呈现形式，优化课程标准结构；

●坚持体系完善、目标多元、层次明显的特点；

●兼顾数学课程的知识性和实用性；

●实现课程标准制定和修订团队的结构优化；

●数学课程标准要能力目标与内容目标整合；

●数学课程标准要理念清晰和重点突出。

以上的 14 点分别从数学课程标准的编制者、语言规范、陈述形式、内容的连贯性、系统化、理念等角度提出来的，从较为宏观的角度启示中国数学课程标准编制在这些方面的进一步提升与改进。

二是数学课程标准具体模块的优化与提升。对此提出的启示共有七条，从较为微观的角度启示小学数学课程标准编制的注意事项。具体如下所示。

●完善课程标准的框架结构；

●充实课程内容，优化案例指导作用；

●增强评价的可操作性，优化课程评价体系；

●课程内容设计要合理，不能一味降低难度；

●数学课程标准内容编制要系统并逐渐上升；

●课程标准中的评价建议要注重全面、实效；

●充分体现课程目标的评价功能。

以上七点分别是从课程标准的框架结构、课程评价、课程理念、课程内容等不同方面提出来的，说明在中国数学课程标准的一些相关模块得到认可的同时，还要进一步提升与优化模块内容的设计与编制。在数学教育实践中，对一线数学教师来说，课程与教学的实践性与可操作性更重要，因此这些具体模块的内容与他们的联系更紧密，他们也更关注具体模块的细节性内容与要求。

三是数学课程标准的编制要关注数学教育的传承与发展。对此提出的启示共有三条，从数学课程发展的角度提出数学课程标准的编制要注意数学教育的历史与本土特色。具体如下所示。

●重视传承创新，兼顾时代性与民族性；

●继承优良传统的基础上与各国数学教育进行优势互补；

●合理处理好优良传统与改革发展之间的关系。

以上三点进一步提示中国数学课程标准的编制要关注传承与发展的关系，特别在中国的数学教育发展中断裂式的改革较为普遍，缺少历史经验的传承与积累，简单的重复与表面创新并不少见。

(二) 小学数学课程内容启示的反思

通过分析发现针对小学数学课程内容的启示共有十三条，占十三章比较启示的24.1%，内容主要涉及以下几个方面。

一是增加数学与其他学科之间的渗透与联系。具体的五条启示如下。

●加强知识间的联系；

●进一步加强数学知识与其他学科间的联系；

●进一步加强数学知识之间的联系；

●增加跨学科目标内容，加强学科之间联系；

●强调学科间知识渗透，加强学科联系。

还有的提出了"注重多民族数学文化的融合"。由此可见，加强数学知识本身及其与其他学科的渗透与联系是现代数学课程内容发展的一个共识。中国的小学数学课程标准在此方面还要进一步的关注与加强。

二是强调数学的实践与应用。具体的三条启示如下。

●坚持加强数学知识的应用；

●注重知识领域中的实践运用，强化综合与实践领域的学习；

●丰富"综合与实践"的内容设计。

由此可见，基础教育中数学的应用性、实践性、生活化仍是数学课程内容的关注点之一，在小学数学课程改革中还要继续补充与完善。

三是关注小学数学课程的新设主题内容。具体的四条启示如下。

●注重估算教学的数感功能；

●课程内容应明确表达学生良好表现的标准，兼顾公平与卓越；

●课程标准中的课程内容应重视模型的建构；

●注重模型思想的渗透。

数感、数学建模、模型思想等是此轮数学课程改革所提出的新内容，这四条建议或启示说明从小学数学课程标准比较的角度，这些主题内容还有待于进一步的加强与完善。

（三）小学数学课程目标启示的反思

统计发现对小学数学课程目标提出的启示（建议）共有九条，占十三章比较研究启示的 16.7%。其中有六条启示强调对学生数学能力的关注与培养。具体内容如下。

●强调数学能力的同时重视一般能力的发展；

●注重学生思维和实践能力的培养，着眼于学生的长远发展；

●借鉴新加坡以"解决问题"为中心的能力培养；

●坚持重视"四基"，突出数学能力的培养；

●打好数学基础，培养学生扎实学力；

●注重数学活动设计，强化动手操作能力的培养。

能力的培养是数学教育的一项核心任务，以上比较的启示从不同的角度提出发展学生的一般能力、实践能力、扎实的学力等，对数学课程标准所规定的能力要求具有补充与提升的价值和意义。

另外三条比较的启示主要关注学生的个性差异。具体内容为：

●改善目标呈现形式，尊重学生个性差异；

●关注学生差异，扩大课程目标弹性；

●课程标准中的课程目标可根据不同的等级水平设置。

主要是从课程目标的呈现方式、目标的弹性、等级设置的角度，要求加强对小学生个性差异的关注。这也是数学课程发展的一个重要方面。以学生为本，关注每一个学生的成长与发展已成为现代数学教育的一个基本理念，也是中国此轮数学课程改革所强调的教育理念。

（四）小学数学课程实施启示的反思

在此把教学看成是课程实施的重要组成部分，经过统计发现对小学数学课程实施提出的启示共有八条，占十三章比较研究启示的 14.8%，主要从应用现代教育技术、关注其他群体的课程实施功能、优化与精简实施建议、优化教学活动方式等不同层面提出小学数学课程的启示与建议。具体如下所示。

●重视现代信息技术在教学中的使用；

●加大信息技术在数学中的应用，以适应世界课程开发潮流；

●在课程标准的实施过程中应加强对家长、社区参与的要求；

●转变教学观念，建构课程的实施平台；

●优化实施建议，增强课标的可操作性；

●完善课程实施措施，保障课程标准落实；

●适当精简实施建议，给课程实施者留有更大的弹性空间；

●合理对待"精英"教育，优化教学活动方式。

由此可见，多因素、多角度、多途径地考虑数学课程的实施，仍是中国数学课程改革的一个重要内容。构建课程实施平台、策略与方法，对数学课程改革的成功起到至关重要的作用。富兰（M. Fulan）指出，教育改革要取得成功，必须经历一个实施的过程，而不能停留于改革计划的采纳上。如此看来，课程实施便意味着要在实践中引发改革。他概括说："课程实施是把某种改革付诸实践的过程。它不同于采用某项改革（决定使用某种新的东西），实施的焦点是实践中发生改革的程度和影响改革程度的那些因素。"[①]

---

① 富兰.课程实施 [A] .胡森.简明国际教育百科全书·课程 [M] .江山野编译.北京：教育科学出版社，1991：156.

虽然中国此轮数学课程改革已经过了十几年的历程，课程标准由 2001 年版修改颁布了 2011 年版，但通过与十三个国家小学数学课程标准的比较发现还存在一些值得反思的地方，还存在许多需要提升与完善的地方。从国际数学课程与教学改革的角度来看，毫无疑问，目前课程标准的制定、修改和完善是各国课程改革过程中的一件大事。①

早在 1999 年，美国民间团体太平洋研究所通过比较世界各国具有代表性的基础教育课程标准，提出良好的课程标准应该做到九点："严谨、明晰、可测、具体、全面、学术、均衡、可控、积累"。②2003 年，美国教师联盟协会在《制定优异的标准》（Setting Strong Standards）的报告中指出，评价课程标准的九条准则：（1）标准必须着眼于学术；（2）标准应该按照小学、初中和高中逐年级或选定的年级序列分类安排；（3）标准必须足够明确、具体；（4）标准必须包括四门核心课程领域的重要内容；（5）标准必须兼顾内容和技能两方面；（6）标准要便于管理；（7）标准无须规定如何教；（8）标准要严格，创"世界一流"；（9）标准要撰写得足够明确，以便让所有利益相关者理解③。参照这些标准与原则，反思以上对中国与十三个国家小学数学课程标准比较结果的归纳与梳理，虽然中国的数学课程标准已成功地实验、修订与实施，推动了中国数学课程的改革与发展，但距离优良的数学课程标准，距离构建国际化水平的数学课程还有一定的路程要走，这也是对小学数学课程标准进行广泛比较研究的一个缘由。

---

①MacDonald，D.Curriculum change and the post−modern world：is the school curriculum reform movement an anachronism [J] .Journal of Curriculum Studies，2003 （35）.139−148.

②高峡.我国义务教育课程标准的深化研究 [EB/OL] .http：//www.cnier.ac.cn/snxx/yjjz/snxx_20070530104922_2851.htm1.

③AFT.Teachers，Setting Strong Standards [EB/OL]，http：//www.aft.org/pubs−reports/downloads/teachers/settingthesta−ge.pdf.

参考文献

（一）主要参考著作

[1] 中华人民共和国教育部.义务教育数学课程标准（2011 年版）［M］.北京：北京师范大学出版社，2012.

[2] 中华人民共和国教育部.全日制义务教育数学课程标准（实验稿）［M］.北京：北京师范大学出版社，2001.

[3] 史宁中.义务教育数学课程课标（2011 年版）解读［M］.北京：北京师范大学出版社，2012.

[4] 教育部基础教育课程教材专家工作委员会.义务教育数学课程标准（2011 年版）解读［M］.北京：北京师范大学出版社，2012.

[5] 李润泉，陈宏伯，蔡上鹤等.中小学数学教材五十年［M］.北京：人民教育出版社，2008.

[6] 钟启泉，崔允漷，张华.为了中华民族的复兴为了每位学生的发展《基础教育课程改革纲要（试行)》解读［M］.上海：华东师范大学出版社，2001.

[7] 钟启泉.国外中小学课程演进［M］.济南：山东教育出版社，2001.

[8] 王建磐.中国数学教育：传统与现实［M］.南京：江苏教育出版社，2009.

[9] 郑毓信.数学教育：动态与省思［M］.上海：上海教育出版社，2005.

[10] 郑毓信.国际视角下的小学数学教育［M］.上海：上海教育出版社，2004.

[11] 史宁中.数学思想概论—数量与数量关系的抽象［M］.北京：北京师范大学出版社，2012.

[12] ［美］乔治·J.波斯纳.课程分析［M］.上海：华东师范大学出版社，2007.

[13] ［美］吉纳·E.霍尔，雪莱·M.霍德.实施变革：模式、原则与困境［M］.吴晓玲译.杭州：浙江教育出版社，2004.

[14] ［苏］A.A.斯托利亚尔.数学教育学［M］.丁尔陞等译.北京：人民教育出版社，1984.

[15] ［美］杰罗姆·西摩·布鲁纳.教育过程［M］.北京：文化教育出版社，1982.

[16] ［加］M.富兰.课程实施［A］.胡森.简明国际教育百科全书·课程［M］.江山野

编译.北京：教育科学出版社，1991.

[17] 曹一鸣.十三国数学课程标准评介（小学初中卷）［M］.北京：北京师范大学出版社，2012.

[18] 王本陆.课程与教学论［M］.北京：高等教育出版社，2009.

[19] 潘洪建，刘华，蔡澄.课程与教学论基础［M］.镇江：江苏大学出版社，2012.

[20] 吴晓红.数学教育国际比较的方法论研究［M］.广州：广东教育出版社，2007.

[21] 刘久成.小学数学课程 60 年［M］.镇江：江苏大学出版社，2011.

[22] 金成梁，刘久成.小学数学课程与教学［M］.南京：南京大学出版社，2013.

[23] 范良火，黄毅英，蔡金发.华人如何学习数学［M］.南京：江苏教育出版社，2005.

[24] 于洪波.日本和美国教育问题研究［M］.济南：山东教育出版社，2008.

[25] 朱文芳.俄罗斯数学教育的最新进展［M］.北京：北京师范大学出版社，2011.

[26] 孔企平.小学数学课程与教学论［M］.杭州：浙江教育出版社，2003.

[27] 史宁中，马云鹏.基础教育数学课程改革的设计、实施与展望［M］.南宁：广西教育出版社，2009.

[28] 顾明远，梁忠义.世界教育大系——印度教育［M］.长春：吉林教育出版社，2000.

[29] 顾明远，薛理银.比较教育导论——教育与国家发展［M］.北京：人民教育出版社，1998.

[30] 马忠林，王鸿钧.数学教育史简编［M］.南宁：广西教育出版社，1995.

[31] 祝怀新.英国基础教育［M］.广州：广东教育出版社，2003.

[32] 易红郡.英国教育的文化阐释［M］.上海：华东师范大学出版社，2009.

[33] 教育科学技术部.数学课程［M］.（教育科学技术部第 2011–361 号文件分册 8）首尔：教育科学技术部，2011.

（二）主要参考论文

[1] 田慧生.我国基础教育课程改革：回顾与前瞻［J］.中国教育科学，2015（2）：83–103.

[2] 靳玉乐，张丽.中国基础教育新课程改革的回顾与反思［J］.课程·教材·教法，

2004（10）：9-14.

　　［3］刘久成.小学数学教材内容和结构改革六十年［J］.课程·教材·教法，2012（1）：70-76.

　　［4］汤雪峰.嬗变与坚守：中国小学数学课程110年［J］.福建教育，2014（9）：30-32

　　［5］康玥媛.澳大利亚全国统一数学课程标准评析［J］.数学教育学报，2011（5）：81-85.

　　［6］郭玉峰，由岫.澳大利亚数学课程的最新变化、特点及启示［J］.课程·教材·教法，2012（3）：118-121.

　　［7］汪霞.澳大利亚中小学培养目标和课程设置［J］.现代中小学教育，1998（1）：30-34.

　　［8］陈时见，王涛.比较教育借鉴认识论的历史意义与发展走向［J］.西南大学学报（社会科学版），2014（1）：52-57.

　　［9］靳占忠，孙健敏.精英教育的现代意蕴［J］.河北科技大学学报（社会科学版），2013（3）：93-103.

　　［10］张奠宙，赵小平.教什么永远比怎么教更重要［J］.数学教学，2007（10）：3-5.

　　［11］康玥媛，曹一鸣.中、澳、芬数学课程标准中内容分布的比较研究［J］.教育学报，2012（2）：41-45.

　　［12］吴甜.芬兰基础教育改革及对我国的启示［J］.基础教育参考，2005（9）：37-40.

　　［13］张民选.公平而卓越：世界教育发展的新追求［J］.教育发展研究，2008（19）：2-5.

　　［14］陆书环.韩国基础数学教育课程改革历程、趋势及其启示［J］.教育研究，1998（10）：56-61.

　　［15］梁荣华，王凌宇."全球化创造性人才教育"理念下的韩国基础教育课程改革——以2009年课程修订为中心［J］.外国教育研究，2012（2）：37-42.

　　［16］金康彪，贾宇翔.韩国高中数学课程标准评介［J］.数学教育学报，2013（5）：42-46.

　　［17］靳玉乐，张家军.国外基础教育课程目标的特点及其启示［J］.外国教育研究，

2000（4）：28-34.

[18] 崔允漷.国家课程标准与框架的解读 ［J］.全球教育展望，2001（8）：4-9.

[19] 史宁中，孔凡哲，秦德生等.中小学统计及其课程教学设计——数学教育热点问题系列访谈之二 ［J］.课程·教材·教法，2005（6）：45-50.

[20] 王有炜，郑汉华.韩国"弘益人间"理念对我国弘扬和培育民族精神的启示 ［J］.安徽技术师范学院学报，2005（5）：66-69.

[21] 孙启林，杨金成.面向 21 世纪的韩国基础教育课程改革——韩国第七次教育课程改革评析 ［J］.外国教育研究，2001（2）：4-9.

[22] 孔凡哲，崔英梅.韩国中小学数学课程新变化的经验教训及其启示 ［J］.教育科学研究，2011（6）：78-82.

[23] 马立平.美国小学数学内容结构之批评 ［J］.数学教育学报，2012（4）：1-15.

[24] 刘欣.加拿大安大略省教科书制度概览 ［J］.现代中小学教育，2008（2）：60-62.

[25] 郭民.中加两国高中数学课程中统计和概率内容比较 ［J］.外国教育研究，2007（9）：98-100.

[26] 陆兴发.新西兰教改的基本原则 ［J］.外国中小学教育，1994（1）：31-32.

[27] 赵菊珊.新自由主义与新西兰的教育改革 ［J］.外国教育研究，2001（1）：34-40.

[28] 陈霞，赵中建.中英美三国课程标准之比较 ［J］.外国教育研究，2005，（7）：19-23.

[29] 史宁中，马云鹏，刘晓玫.义务教育数学课程标准修订过程与主要内容 ［J］.课程·教材·教法，2012，（3）：50-56.

[30] 李忠.数学的意义与数学教育的价值 ［J］.课程·教材·教法，2012（1）：58-62

[31] 顾沛.数学基础教育中的"双基"如何发展为"四基" ［J］.数学教育学报，2012（2）：14-16.

[32] 刘兼.国家课程标准的框架和特点 ［J］.人民教育，2001（11）：23-25.

[33] 柯森.课程标准起源和演进的历史考察 ［J］.华南师范大学学报（社会科学版），2004（12）：94-101，159-160.

[34] 杨光富.美国首部全国《州共同核心课程标准》解读 ［J］.课程·教材·教法，

2011（3）：105–109.

　　［35］李建华.TIMSS2003 与美国数学课程评介［J］.数学通报，2005（3）：7–10.

　　［36］柳海民.教育过程中的"难度教育"价值及其设计思路［J］.课程·教材·教法，1994（11）：15–16.

　　［37］李晓明.新加坡的精英教育［J］.外国教育研究.2004（8）：17–20.

　　［38］刘鹏飞，史宁中，孔凡哲.义务教育数学课程学段划分的国际比较研究.［J］.外国中小学教育，2012（3）：49–53.

　　［39］史宁中，柳海民.素质教育的根本目的与实施路径［J］.教育研究，2007（8）：10–14.

　　［40］George J. Posner. Analyzing the Curriculum［M］. New York：The Mc Graw–Hill Companies，Inc.，2004.

　　［41］Sekerak J. & Sveda D. Is Mathematics Teaching Developing Learner's Key Competences［J］. Teaching of Mathematics，2008，14（1）：41–52.

　　［42］Common Core State Standards Initiative. Common Core State Standards for Mathematics［EB/OL］. http：//www.corestandards.org/assets/CCSSI_Math%20Standards.pdf，2012，2013–01–01.

　　［43］Richards J. Curriculum development in language teaching. Cambridge University Press，2001.

　　［44］Thomas PT. Using Standards to Make a Difference：Four Options［J］. Educational Horizons，1997：121–125.

　　［45］MacDonald D. Curriculum change and the post–modern world：Is the school curriculum–reform movement an anachronism［J］. Journal of Curriculum Studies，2003（35）：139–148.

　　［46］AFT. Teachers，Setting Strong Standards［EB/OL］. http：//www.aft.org/pubs–reports/downloads/teachers/settingthestage.pdf.